工学结合·基于工作过程导向的项目化创新系列教材
国家示范性高等职业教育土建类"十三五"规划教材

建筑工程法规

JIANZHU GONGCHENG FAGUI

主　审	何　俊
主　编	魏坤肖　范蕴秋
	张燕斌
副主编	庄　重　司效英
	黎雪君　邹颜昭
	王晓强　蔡兰峰
参　编	陈　晨　孙　舒
	孙智慧　范大明
	王志成

华中科技大学出版社
http://www.hustp.com

内 容 简 介

本书根据《中华人民共和国建筑法》《中华人民共和国招标投标法》《中华人民共和国合同法》《中华人民共和国劳动法》《建设工程安全生产管理条例》《建设工程质量管理条例》等相关法律法规,结合相关职业资格考试内容,对建设法规概论、建设市场准入法律制度、工程建设程序法律制度、建设工程招投标法律制度、建设工程合同法律制度、建设工程监理法规、建设工程质量管理法律制度、建设工程纠纷处理法律制度、建筑安全生产管理法规、土地管理法律制度等十章内容进行了较系统的阐述,并配置了一些针对性训练题。通过本书的学习,读者能够综合掌握建设工程法律法规基本知识及实际应用的案例。

为了方便教学,本书还配有电子课件等教学资源包,任课教师和学生可以登录"我们爱读书"网(www.ibook4us.com)免费注册并浏览,或者发邮件至 husttujian@163.com 免费索取。

本书适合全国高职院校建设类专业学生使用,也可作为建设行业职工培训学习教材。

图书在版编目(CIP)数据

建筑工程法规/魏坤肖,范蕴秋,张燕斌主编. —武汉:华中科技大学出版社,2017.1(2023.8 重印)
ISBN 978-7-5609-9734-6

Ⅰ.①建… Ⅱ.①魏… ②范… ③张… Ⅲ.①建筑法-中国-高等职业教育-教材 Ⅳ.①D922.297

中国版本图书馆 CIP 数据核字(2014)第 101447 号

建筑工程法规
Jianzhu Gongcheng Fagui

魏坤肖　范蕴秋　张燕斌　主编

策划编辑:康　序	
责任编辑:赵巧玲	
封面设计:匠心文化	
责任校对:张会军	
责任监印:朱　玢	
出版发行:华中科技大学出版社(中国•武汉)	电话:(027)81321913
武汉市东湖新技术开发区华工科技园	邮编:430223
录　　排:武汉正风天下文化发展有限公司	
印　　刷:武汉邮科印务有限公司	
开　　本:787 mm×1092 mm　1/16	
印　　张:16.25	
字　　数:413 千字	
版　　次:2023 年 8 月第 1 版第 6 次印刷	
定　　价:36.00 元	

本书若有印装质量问题,请向出版社营销中心调换
全国免费服务热线:400-6679-118　竭诚为您服务
版权所有　侵权必究

前言

本书根据《中华人民共和国建筑法》《中华人民共和国招标投标法》《中华人民共和国合同法》《中华人民共和国劳动合同法》《建设工程安全生产管理条例》《建设工程质量管理条例》和《中华人民共和国环境保护法》，以及其他与建设工程相关的法律法规，结合相关执业资格考试内容要求编写而成。

本书在内容上共分十个部分：建设法规概论、建设市场准入法律制度、工程建设程序法律制度、建设工程招投标法律制度、建设工程合同法律制度、建设工程监理法规、建设工程质量管理法律制度、建设工程纠纷处理法律制度、建筑安全生产管理法规、土地管理法律制度等。内容全面充实，系统地阐述了建设工程涉及的法律法规知识。本书在编写过程中，聘请建设行业企业专家共同研究，在编写提纲时，结合建设行业企业技术领域的实际和职业岗位（群）任职要求，参照建造师执业资格考试标准，尽量做到与本书各章内容紧密结合。

本书主要针对全国高职高专院校土木建筑类专业学生教学需要，也可以作为建设行业培训参考教材；本书力求结合学生将来可能从事的工作的性质和需要来选择内容，结合行业培训需要，突出行业特点，力求与相关执业资格考试相衔接，突出本书的针对性和实用性；努力关注建设法规的前沿动态，渗透最新的法律思想，吸收最新的法律内容，尽量使学生接受新观点，阅读新内容，突出新颖性；在结构体系上，以"法理、法条、法案"为主体，以规范建设活动的建设法规为基础，以法律为主线，以行政法规、部门规章为补充，对建设工程法律法规进行系统阐释。

本书由辽宁水利职业学院魏坤肖、辽宁建筑职业学院范蕴秋、内蒙古农业大学职业技术学院张燕斌主编，由内蒙古农业大学职业技术学院庄重、内蒙古机电职业技术学院司效英、新疆石河子职业技术学院黎雪君、汉江师范学院邹颜昭、鄂州职业大学王晓强、甘肃建筑职业技术学院蔡兰峰任副主编，由河北水利电力学院陈晨、泰州职业技术学院孙舒、日照职业技术学院孙智慧、长江工程职业技术学院范人明和王志成担任参编，全书由魏坤肖统稿，由安徽水利水电职业技术学院何俊教授担任主审。其中，魏坤肖编写了本书的学习情境1、学习情境2、学习情境5、学习情境6和学习情境10，范蕴秋编写了本书的学习情境7和学习情境8，张燕斌编写了本书的学习情境3、学习情境4和学习情境9，其他编写人员为本书的编写提供了大量的素材并参与了本书的部分审校工作。

为了方便教学，本书还配有电子课件等教学资源包，任课教师和学生可以登录"我们爱读书"网（www.ibook4us.com）免费注册并浏览，或者发邮件至 husttujian@163.com 免费索取。

由于编者水平有限，加上时间仓促，书中难免有疏漏之处，敬请广大读者和同行批评、指正。

编 者

2016 年 11 月

目录

学习情境1　建设法规概论 ·· (1)
　任务1　建筑法规的表现形式、效力和作用 ··· (2)
　任务2　建筑法律关系 ·· (5)
　任务3　《建筑法》的立法宗旨、适用范围及调整对象 ······································· (10)
　任务4　《建筑法》确立的基本制度 ··· (11)

学习情境2　建设市场准入法律制度 ··· (14)
　任务1　建筑许可的概念、特点和实行建筑许可的意义 ······································· (14)
　任务2　建筑工程施工许可、建筑企业资质管理、工程建设从业人员执业资格管理这三项
　　　　　法律制度及其有关法律规定 ··· (16)
　任务3　案例分析 ··· (33)

学习情境3　工程建设程序法律制度 ··· (35)
　任务1　工程建设程序概述 ·· (36)
　任务2　我国工程建设程序的立法现状 ·· (39)
　任务3　工程建设程序阶段的划分及各阶段所包含的内容 ·································· (40)
　任务4　案例分析 ··· (51)

学习情境4　建设工程招标投标法律制度 ·· (52)
　任务1　建设工程招标投标概述 ··· (53)
　任务2　招标、投标、开标、评标、定标的工作程序和内容 ······························· (59)
　任务3　违反招标投标法的法律责任 ··· (67)
　任务4　案例分析 ··· (72)

学习情境5　建设工程合同法律制度 ··· (75)
　任务1　合同法概述、合同的订立、合同的效力 ·· (76)
　任务2　合同的履行、变更和转让、合同的终止 ·· (84)
　任务3　违约责任、合同争议的解决 ··· (92)
　任务4　案例分析 ··· (100)

学习情境 6　建设工程监理法规 ……………………………………………………… (104)
- 任务 1　建设工程监理概述 ……………………………………………………… (105)
- 任务 2　建设工程监理的实施 …………………………………………………… (111)
- 任务 3　建设工程监理合同的特征和示范文本 ………………………………… (119)
- 任务 4　建设工程委托监理合同当事人的权利、义务和责任 ………………… (121)
- 任务 5　建设工程监理合同的订立、履行 ……………………………………… (128)
- 任务 6　案例分析 ………………………………………………………………… (132)

学习情境 7　建设工程质量管理法律制度 …………………………………………… (136)
- 任务 1　建设工程质量标准化管理制度 ………………………………………… (137)
- 任务 2　建设企业质量体系认证制度 …………………………………………… (140)
- 任务 3　建筑工程质量监督制度 ………………………………………………… (143)
- 任务 4　建设工程质量竣工验收制度 …………………………………………… (154)
- 任务 5　建设工程质量保修制度 ………………………………………………… (157)
- 任务 6　案例分析 ………………………………………………………………… (160)

学习情境 8　建设工程纠纷处理法律制度 …………………………………………… (163)
- 任务 1　建筑工程纠纷主要种类和法律解决途径 ……………………………… (163)
- 任务 2　民事诉讼制度 …………………………………………………………… (168)
- 任务 3　仲裁制度 ………………………………………………………………… (181)
- 任务 4　行政复议与行政诉讼制度 ……………………………………………… (188)
- 任务 5　案例分析 ………………………………………………………………… (192)

学习情境 9　建筑安全生产管理法规 ………………………………………………… (195)
- 任务 1　建设工程安全生产法规的作用和现状 ………………………………… (196)
- 任务 2　建筑安全生产管理的方针和原则 ……………………………………… (199)
- 任务 3　建筑安全生产管理的监督管理制度 …………………………………… (200)
- 任务 4　安全责任体系 …………………………………………………………… (210)
- 任务 5　安全生产管理 …………………………………………………………… (215)
- 任务 6　事故的应急救援和调查处理 …………………………………………… (222)

学习情境 10　土地管理法律制度 ……………………………………………………… (231)
- 任务 1　土地管理法律制度概述 ………………………………………………… (231)
- 任务 2　土地利用和保护 ………………………………………………………… (240)
- 任务 3　建设用地 ………………………………………………………………… (245)
- 任务 4　案例分析 ………………………………………………………………… (250)

参考文献 …………………………………………………………………………………… (254)

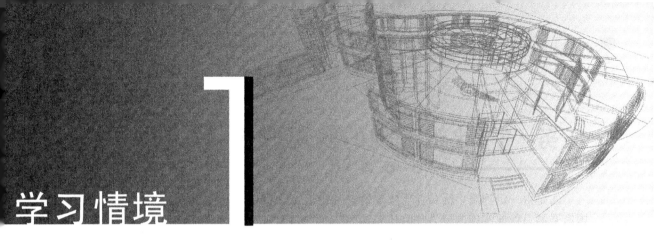

学习情境 1 建设法规概论

【学习目标】

(1) 掌握建筑法律关系的构成要素。
(2) 掌握《中华人民共和国建筑法》(以下简称《建筑法》)的适用范围和调整对象。
(3) 理解建设法律关系的产生、变更和终止。
(4) 理解《建筑法》确立的基本制度。

【能力目标】

具有准确分析建筑法律关系的要素,并进行建筑法律关系的产生、变更和终止的分析的能力。

【引例导入】

重庆綦江县彩虹桥位于綦江县城古南镇綦河上,是一座连接新、旧城区的跨河人行桥。该桥为中承式钢管混凝土提篮拱桥,桥长 140 米,主拱净跨 120 米,桥面总宽 6 米,净宽 5.5 米。1999 年 1 月 4 日 18 时 50 分,重庆市綦江县彩虹桥发生整体垮塌,造成 40 人死亡、14 人受伤,直接经济损失达 631 万元。重庆市綦江县彩虹桥垮塌事件震惊了全国,事故发生后的调查结果显示,造成此工程事故的直接原因是桥的设计、施工及管理都存在问题。造成该事故的间接原因主要有以下几个方面。

(1) 建设过程严重违反基本建设程序。未办理立项及计划审批手续,未办理规划、国土手续,未进行设计审查,未进行施工招投标,未办理建筑施工许可手续,未进行工程竣工验收。

(2) 设计、施工主体资格不合格。私人设计,非法出图;施工承包主体不合法;挂靠承包,严重违规。

(3) 管理混乱。綦江县个别领导行政干预过多,对工程建设的许多问题擅自决断,缺乏约束监督;建设业主与县建设行政主管部门职责混淆,责任不落实,工程发包混乱,管理严重失职;工程总承包关系混乱,总承包单位在履行职责上严重失职;施工管理混乱,设计变更随意,手续不全,技术管理薄弱,责任不落实,关键工序及重要部位的施工质量无人把关;材料及构配件进场管理失控,不按规定进行试验检测,外协加工单位加工的主拱钢管未经焊接质量检测合格就交付施工方使用;质监部门未严格审查项目建设条件就受理质监委托,且未认真履行职责,对项目未经验收就交付使用的错误做法未进行有效制止;工程档案资料管理混乱,无专人管理;未经验收,强行使用。

这是一起严重违反建筑法规的典型案例,该县建筑市场混乱无序,建设各方主体行为极不规范。那么,建筑法规的作用到底是什么呢?建筑法律关系又是怎样的呢?

任务 1 建筑法规的表现形式、效力和作用

法是由一定物质生活条件所决定的统治阶级意志的反映;它是由国家制定或认可的,并由国家强制力保证实施的行为规范体系;它规定了人们在一定社会中的权利和义务,从而确认和保证有利于统治阶级的社会关系和社会秩序。

法是一种规范,它确定了人的行为的自由程度,即在法律界限之内,人可以自由行为,超越了界限,不论是"左"还是"右",都应该被矫正。

法和法律从严格意义上来讲是有区别的。法律强调的是具体的、明确的规范,法则是这些具体规范的总和。所以,法是抽象的、伦理性的事;法律是具体的、应用性的事。从应用性的角度来看,我们更应该了解法律。

建筑法规是指有立法权的国家机关或其授权的行政机关制定的,旨在调整政府部门、企事业单位、社会团体、其他经济组织以及公民个人在建筑活动中相互之间所发生的各种社会关系的法律规范的总称。建筑活动是指各类房屋及其附属设施的建造和与其配套的线路、管道、设备的安装活动。

本章将分别阐明建筑法规的表现形式、效力和作用,建筑法律关系,《建筑法》的立法宗旨、适用范围及调整对象,《建筑法》确立的基本法律制度。

一、建筑法规的表现形式与效力

建筑法规的表现形式有宪法、法律、行政法规、部门规章、地方性法规与规章、技术法规,以及国际公约、国际惯例、国际标准等。

1. 宪法

宪法是国家的根本大法,具有最高的法律地位和效力,任何其他法律、法规都必须符合宪法的规定,而不得与之相抵触。宪法是建筑业的立法依据,同时又明确规定国家基本建设的方针和原则。

2. 法律

作为建筑法规表现形式的法律,是指行使国家立法权的全国人民代表大会及其常务委员会制定的规范性文件。其法律地位和效力仅次于宪法,在全国范围内具有普遍的约束力。如《建筑法》、《中华人民共和国招标投标法》(以下简称《招标投标法》)、《中华人民共和国城市房地产管理法》(以下简称《城市房地产管理法》)、《中华人民共和国城乡规划法》(以下简称《城乡规划法》)等,还有国家正在积极制定的其他法律。

3. 行政法规

行政法规是指作为国家最高行政机关的国务院制定颁布的有关行政管理的规范性文件。行政法规在我国立法体制中具有重要地位,其效力低于宪法和法律,在全国范围内有效。行政法规的名称一般为管理条例,如《建设工程质量管理条例》《建设工程勘察设计管理条例》《建设工程安全生产管理条例》《物业管理条例》等。

4. 部门规章

部门规章是指国务院各部门(包括具有行政管理职能的直属机构)根据法律和国务院的行政法规、决定、命令在本部门的权限范围内按照规定的程序所制定的规定、办法、暂行办法、标准等规

范性文件的总称。部门规章的法律地位和效力低于宪法、法律和行政法规。例如,中华人民共和国国家发展与改革委员会颁布的部门规章有《工程建设项目招标范围和规模标准规定》《工程建设项目自行招标试行办法》《招标公告发布暂行办法》等;建设部颁布的部门规章有《注册建造师管理规定》《注册造价工程师管理办法》《注册监理工程师管理规定》《建筑业企业资质管理规定》《建设工程勘察设计资质管理规定》《工程监理企业资质管理规定》《建筑业企业资质等级标准》等。

5. 地方性法规与规章

1) 地方性法规

地方性法规是指省、自治区、直辖市以及省级人民政府所在地的市和经国务院批准的较大的市[2015年3月修改为"设区的市",国务院1984年12月15日发文批准唐山市、大同市、包头市、大连市、鞍山市、抚顺市、吉林市、齐齐哈尔市、青岛市、无锡市、淮南市、洛阳市、重庆市(1997年3月直辖后不再是较大的市)13市,1988年3月5日批准宁波市,1992年7月25日批准邯郸市、本溪市、淄博市,1993年4月22日批准苏州市、徐州市]人民代表大会以及常委会制定的,只在本行政区域内具有法律效力的规范性文件。如《山西省建筑市场管理条例》《山东省建设工程招标投标管理条例》《北京市建筑市场管理条例》《新疆维吾尔自治区建筑市场管理条例》等。

2) 地方政府规章

地方政府规章是指由省、自治区、直辖市以及省级人民政府所在地的市和经国务院批准的较大的市人民地方政府制定颁布的规范性文件,如《辽宁省招标投标管理办法》《山东省建设工程施工招标投标暂行规定》《宁夏回族自治区建设工程造价管理规定》等。

地方政府规章的法律地位和效力低于上级和本级的地方性法规;地方性法规与地方政府规章的法律地位和效力低于宪法、法律、行政法规,只在本区域内有效。

部门规章之间、部门规章与地方性法规之间具有同等效力,在各自的权限范围内施行。

当部门规章与地方性法规对同一事项的规定不一致或不能确定如何适用时,由国务院提出意见。国务院认为适用地方性法规时,应当决定在该地方使用地方性法规的规定;认为适用部门规章时,应当提请全国人大常委会裁决。

当部门规章之间、部门规章与地方规章之间对同一事项的规定不一致时,由国务院裁决。

6. 技术法规

技术法规是国家制定或认可的,在全国范围内有效的技术规程、规范、标准、定额、方法等技术文件。技术法规是建筑业工程技术人员从事经济技术作业、建筑管理监测的依据,如预算定额、设计规范、施工规范、验收规范等。

7. 国际公约、国际惯例、国际标准

我国已经加入WTO,我国参加或与外国签订的调整经济关系的国际公约和双边条约,还有国际惯例、国际上通用的建筑技术规程都属于建筑法规的范畴,都应当遵守与实施。如FIDIC《土木工程施工合同条件》非常复杂,它涉及有形贸易、无形贸易、信贷、委托、技术规范、保险等诸多法律关系。这些法律关系的调整必须遵守我国承认的国际公约、国际惯例和国际通用的技术规程和标准。

我国现行的建筑法规主要是:中华人民共和国第十一届全国人民代表大会常务委员会第20次会议通过,自2011年7月1日起施行的《建筑法》;1999年8月30日第9届全国人民代表大会常务委员会第11次会议通过,自2000年1月1日起施行的《招标投标法》;2000年1月10日国务院第25次常务会议通过,1月30日国务院第279号令发布施行的《建设工程质量管理条例》;2000年9月20日经国务院第31次常务会议讨论通过,2000年9月25日公布施行的《建设工程勘察设计管理条例》；2003年11月12日国务院第28次常务会议通过，11月24日国务院第393号令发布，自2004年2月1日起施行的《建设工程安全生产管理条例》。除此之外，还包括所有调整建筑活动的法律规范，这些法律规范分布在我国的宪法、法律、行政法规、部门规章、地方性法规与规章、技术法规，以及国际公约、国际惯例、国际标准之中。

二、建筑法规的作用

在国民经济中，建筑业是一个重要的物质生产部门，建筑法规的作用就是保护、巩固和发展社会主义的经济基础，最大限度地满足人们日益增长的物质生活和文化生活的需要。具体来讲，建筑法规的作用主要有三点：规范指导建筑行为，保护合法建筑行为，处罚违法建筑行为。

（一）规范指导建筑行为

人们所进行的各种具体行为必须遵循一定的准则。只有在法律规定的范围内进行的行为才能得到国家的承认与保护，也才能实现行为人预期的目的。从事各种具体的建筑活动所应遵循的行为规范即建筑法律规范。建筑法规对人们建筑行为的规范性表现为以下几点。

（1）必须做的建筑行为（在法律规范中一般用"应当""必须"等字样）。如《建筑法》第五十八条规定的"建筑施工企业必须按照工程设计图纸和施工技术标准施工"，《建筑工程质量管理条例》第十七条规定的"建设单位应当严格按照国家有关档案管理的规定，及时收集、整理建设项目各环节的文件资料，建立、健全建设项目档案，并在建设工程竣工验收后，及时向建设行政主管部门或者其他有关部门移交建设项目档案"都为义务性的建筑行为规定。

（2）禁止做的建筑行为（在法律规范中一般用"不得""禁止"等字样）。如《招标投标法》第三十二条规定的"投标人不得相互串通投标报价，不得排挤其他投标人的公平竞争，损害招标人或者其他投标人的合法权益……禁止投标人以向招标人或者评标委员会成员行贿的手段谋取中标"，《建筑法》第十七条规定的"发包单位及其工作人员在建筑工程发包中不得收受贿赂、回扣或者索取其他好处。承包单位及其工作人员不得利用向发包单位及其工作人员行贿、提供回扣或者给予其他好处等不正当手段承揽工程"即为禁止性的建筑行为规定。

（3）授权某些建筑行为。即规定人们有权选择某种建筑行为。它既不禁止人们做出这种建筑行为，也不要求人们必须做出这种建筑行为，而是赋予了一种权利，做与不做都不违反法律，一切由当事人自主决定。如《建筑法》第二十四条规定的"建筑工程的发包单位可以将建筑工程的勘察、设计、施工、设备采购一并发包给一个工程总承包单位，也可以将建筑工程的勘察、设计、施工、设备采购的一项或者多项发包给一个工程总承包单位"，《建设工程安全生产管理条例》第三十五条规定的"施工单位在使用施工起重机械和整体提升脚手架、模板等自升式架设设施前，应当组织有关单位进行验收，也可以委托具有相应资质的检验检测机构进行验收；使用承租的机械设备和施工机具及配件的，由施工总承包单位、分包单位、出租单位和安装单位共同进行验收。验收合格的方可使用"就属于授权性的建筑行为。

正是由于有了上述法律的规定，建筑行为主体才明确了自己可以为、不得为和必须为的一定的建筑行为，并以此指导制约自己的行为，体现出建筑法规对具体建筑行为的规范和指导作用。

（二）保护合法建筑行为

建筑法规的作用不仅在于对建筑主体的行为加以规范和指导，还在于对一切符合法规的建筑行力给予确认和保护。这种确认和保护一般是通过建筑法规的原则规定反映的。如《建筑法》第四条规定的"国家扶持建筑业的发展，支持建筑科学技术研究，提高房屋建筑设计水平，鼓励节约能源和保护环境，提倡采用先进技术、先进设备、先进工艺、新型建筑材料和现代管理方式",第五条规定的"任何单位和个人都不得妨碍和阻挠依法进行的建筑活动"即属于保护合法建筑行为的规定。

(三)处罚违法建筑行为

建筑法规都有对违法建筑行为的处罚规定。处罚违法建筑行为是一种强制性手段。通过对违法建筑行为的处罚,客观上起到保护和鼓励合法建筑行为的积极作用。如《建筑法》第七十一条规定:"建筑施工企业违反本法规定,对建筑安全事故隐患不采取措施予以消除的,责令改正,可以处以罚款;情节严重的,责令停业整顿,降低资质等级或者吊销资质证书;构成犯罪的,依法追究刑事责任。建筑施工企业的管理人员违章指挥、强令职工冒险作业,因而发生重大伤亡事故或者造成其他严重后果的,依法追究刑事责任。"

随着全球一体化经济的加快和加深、市场经济机制的发育和完善,我国的建筑法律法规已经形成了一套相对完善的体系,为我们的建筑业做出了巨大的贡献。尽管如此,建筑法规在实际工程的实施中,仍然有很多的问题,因此,我们要进一步加强建筑法律法规体系的建设,为我国建筑业的发展与前进提供更加强大、更加有力的法律基础与法律保障。

任务 2 建筑法律关系

一、建筑法律关系的含义

人与人之间会形成各种各样的关系,这种关系统称为社会关系,如管理关系、合同关系等,一旦这个关系为法律所调整就变成了法律关系。社会关系的不同方面需要不同的法律规范去调整,由于各种法律规范所调整的社会关系和规定的权利义务不同,因而形成了内容和性质各不相同的关系,如行政法律关系、民事法律关系等。

建筑法律关系是由建筑法规所确认和调整的,在建筑业管理和建筑活动过程中所产生的具有权利、义务内容的社会关系,它是建筑法规与建筑领域中各种活动发生联系的途径。建筑法规是通过建筑法律关系来实现其调整相关社会关系的目的的。

二、建筑法律关系的构成要素

建筑法律关系的构成要素是建筑法律关系不可缺少的组成部分。建筑法律关系由建筑法律关系主体、建筑法律关系客体和建筑法律关系内容三要素构成。

(一)建筑法律关系主体

建设法律关系主体是指参加建筑业活动,受建设法律规范调整,在法律上享有权利和承担义务的当事人。建筑法律关系主体主要有自然人、法人和其他组织,它包括政府相关部门、业主方、承包方、中介组织,以及中国建设银行、公民个人等。

1. 政府相关部门

政府相关部门主要有国家权力机关和国家行政机关。

1)国家权力机关

国家权力机关是指全国人民代表大会及其常务委员会和地方各级人民代表大会及其常务

委员会。

国家权力机关参加建筑法律关系的职能是审查、批准国家建设计划和国家预、决算,制定和颁布建筑法律,监督和检查国家各项建筑法律的执行。

2) 国家行政机关

国家行政机关是依照国家宪法和法律设立的依法行使国家行政职权,组织管理国家行政事务的机关。它包括国务院及其所属各部、各委、地方各级人民政府及其职能部门。参与建筑法律关系的国家行政机关主要有以下几种。

① 国家计划机关:主要是中央和省、自治区、直辖市两级的发展和改革委员会。其职权是负责编制长、中期和年度建设计划,组织计划的实施,督促各部门严格执行工程项目的建设程序等。

② 国家建设主管机关:主要指住房和城乡建设部。其职权是:研究拟定城市规划、村镇规划、工程建设、城市建设、村镇建设、建筑业、住宅房地产业、勘察设计咨询业、市政公用事业等建设法规的部门规章,进行行业管理;指导全国城市规划、村镇规划、城市勘察和市政工程测量工作;制定工程建设实施阶段的国家标准;指导全国建筑活动;指导全国城市和村镇建设等。

③ 国家建设监督机关:主要包括国家财政机关、中国人民银行、国家审计机关、国家统计机关等。

④ 国家建设各业务主管机关:例如交通运输部、铁道部、水利部、工业和信息化部等,负责本部门、本行业的建设管理工作。

2. 业主方

业主方可以是房地产开发公司,也可以是工厂、学校、医院,还可以是个人或各级政府委托的资产管理部门。在我国建筑市场上,业主方一般被称为建设单位或甲方。国际将建筑工程的发包主体称为业主方。

业主方作为建筑活动的权利主体,是从可行性研究报告被批准开始的,任何一个社会组织,当它的建设项目的可行性研究报告没有被批准之前,建设项目尚未被正式确认,它是不能以权利主体的资格参加工程建设的。当建设项目具有独立的总体设计,单独列入建设计划,并获得国家批准时,这个社会组织方能成为建设单位,也才能以已经取得的法人资格及自己的名义对外进行经济活动和实施法律行为。

建设单位作为工程的需要方,是建设投资的支配者,也是工程建设的组织者和监督者。

3. 承包方

承包方是指有一定生产能力、机械设备、流动资金,具有承包工程建设任务的营业资格,在建筑市场中能够按照业主方的要求提供不同形态的建筑产品,并最终得到相应工程价款的建筑企业。按照生产的主要形式,承包方主要有勘察、设计单位,建筑安装施工企业,建筑装饰施工企业,混凝土构配件、非标准预制件等生产厂家,商品混凝土供应站,建筑机械租赁单位以及专门提供建筑劳务的企业等。在我国建筑市场上,承包方一般被称为建筑企业或乙方,在国际工程承包中习惯称其为承包商。

4. 中介组织

中介组织一般应为法人,中介组织是指具有相应的专业服务资质,在建筑市场中受发包方、承包方或政府管理机构的委托,对工程建设进行估算测量、咨询代理、建设监理等高智能服务并取得服务费用的咨询服务机构和其他建设专业中介服务组织。建筑市场中介组织可分为多种类型,例如:建筑业协会及其下属的设备安装、机械施工、装饰装修、产品厂商等专业分会,建设监理协会;为工程建设服务的专业会计师事务所、律师事务所、资产与资信评估机构、公证机构、合同纠纷的仲裁调解机构,招标代理机构,工程技术咨询公司、监理公司,质量检查、监督、认证机构以及其他产品检测、鉴定机构等。

5. 中国建设银行

中国建设银行是我国专门办理工程建设贷款和拨款、管理国家固定资产投资的专业银行。其主要业务范围是:管理国家工程建设支出预、决算;制定工程建设财务管理制度;审批各地区、各部门的工程建设财务计划和清算;经办工业、交通、运输、农垦、畜牧、水产、商业、旅游等企业的工程建设贷款及行政事业单位和国家指定的基本建设项目的拨款;办理工程建设、地质勘查单位、建筑安装企业、工程建设物资代销企业的收支结算;经办有关固定资产的各项存款,发放技术改造贷款;管理和监督企业的挖潜、革新、改造资金的使用等。

6. 公民个人

公民个人在建筑活动中也可成为建设法律关系的主体。例如,建筑企业工作人员同企业签订劳动合同后,即成为建设法律关系主体。

(二)建设法律关系客体

建设法律关系客体是指建设法律关系主体享有的权利和承担的义务所共同指向的事物。在通常情况下,建筑法律关系主体都是为了某一客体,彼此才设立一定的权利、义务,从而产生建筑法律关系,这里的权利、义务所指向的事物,便是建筑法律关系的客体。它既包括有形的产品(建筑物),也包括无形的产品(各种服务)。它凝聚着承包方的劳动,业主则以资金的方式来取得它的使用价值。在不同的生产交易阶段,建筑产品又表现为不同的形态。

建设法律关系客体的表现形式可分为以下几类。

1. 表现为财的客体

在建筑法律关系中表现为财的客体主要是建设资金。

2. 表现为物的客体

表现为物的客体主要是建筑材料,例如,钢材、木材、水泥,以及由各种建筑材料构成的建筑物等。此外,还有各种机械设备。

3. 表现为行为的客体

在建筑法律关系中,行为多表现为完成一定的工作,如勘察、设计、施工、检查、验收等活动。

4. 表现为非物质财富的客体

法律意义上的非物质财富是指人们脑力劳动的成果或智力方面的创作,例如,设计单位提供的设计图纸。

(三)建设法律关系内容

建设法律关系内容是指建设法律关系主体对他方享有的权利和承担的义务。建筑法律关系的内容要由相关的法律或合同来确定,是建设主体的具体要求,决定着建设法律关系的性质,它是连接主体的纽带。例如,开发权、所有权、经营权,以及保证工程质量的经济义务和法律责任等都是建设法律关系的内容。

根据建筑法律关系主体地位的不同,其权利义务关系表现为两种不同情况:一是基于主体双方地位平等基础上的对等的权利和义务关系;二是在主体双方地位不平等基础上产生的不对等的权利和义务关系,如政府有关部门对建设单位和施工企业依法进行监督和管理活动时所形成的法律关系。

我国建设法规中大部分规定的都是建设法律关系的内容。

三、建设法律关系的产生、变更和终止

（一）建设法律关系的产生、变更和终止的概念

1. 建设法律关系的产生

建设法律关系的产生是指建设法律关系的主体之间形成了一定的权利和义务关系。例如，某建设单位与施工单位签订了建筑工程承包合同，双方产生了相应的权利和义务，此时，受建设法规调整的建设法律关系即告产生。

2. 建设法律关系的变更

建设法律关系的变更是指建设法律关系的三要素发生变化。

1）主体变更

① 主体数目发生变化。主体数目发生变化表现为主体数目的增加或减少。例如，总承包方将所承揽的工程进行分包会导致主体数目的增加。

② 主体改变。主体改变也称为合同转让，由另一个新的主体代替原主体享有权利，承担义务。

2）客体变更

客体变更是指建设法律关系中权利、义务所指向的事物发生变化。客体变更可以是其范围的变更，也可以是其性质的变更。

① 客体范围的变更。客体范围的变更主要表现为客体的规模、数量发生了变化。例如，由于设计变更，增、减某些工程量所引起的客体规模或数量发生变化。

② 客体性质的变更。客体性质的变更主要表现为原有的客体已经不复存在，而由新的客体代替了原有的客体。例如，由于设计变更，将原有合同中的桥梁变为涵洞。

3）内容变更

建设法律关系主体与客体的变更，必然会导致相应的权利和义务的变更，即内容发生变更。内容变更主要表现为以下两种形式。

① 权利增加。例如，建设单位与施工单位之间经过协商修改了原合同，由施工单位提供工程师的办公场所。往往一方的权利增加，另一方的义务会随之增加。

② 权利减少。往往一方的权利减少，另一方的义务会随之减少。例如，建设单位与施工单位之间经过协商约定，将原合同中的"定时支付工程款"修改为"达到一定的工程量后支付工程款"，这就导致了施工单位请求工程款次数的权利减少。

3. 建设法律关系的终止

建设法律关系的终止是指某类建设法律关系主体之间的权利、义务不复存在，彼此丧失了约束力。建设法律关系的终止可分为自然终止、协议终止和违约终止三种。

1）自然终止

建设法律关系的自然终止是指某类建设法律关系所规范的权利、义务顺利得到履行，取得了各自的利益，从而使该法律关系达到完结。例如，施工单位按时竣工，建设单位也依照合同约定支付了工程价款，则其法律关系自然终止。

2）协议终止

建设法律关系的协议终止是指建设法律关系主体之间协商解除某类建设法律关系权利或

义务,致使该法律关系归于消灭。协议终止有两种表现形式。

(1) 即时协商。即时协商是指当事人双方就终止法律关系事宜即时协商,达成一致意见后终止其法律关系。

(2) 约定终止条件。约定终止条件是指当事人在签订合同时就约定了终止条件,当具备该条件时,不需要与另一方当事人协商,一方当事人即可终止其法律关系。

3) 违约终止

建设法律关系的违约终止是指建设关系主体一方违约,或发生不可抗力,致使某类建设法律关系规定的权利不能实现。

(二) 建设法律关系产生、变更和终止的原因

建设法律关系并不是由建筑法律规范本身直接产生的,它只有在一定的情况下才能产生,而这种法律关系的变更和终止也是由一定的情况决定的。这种引起建筑法律关系产生、变更和终止的情况,即人们通常所说的建筑法律事实。建筑法律事实是建筑法律关系产生、变更和终止的原因。

1. 建筑法律事实的概念

建筑法律事实是建筑法律规范所确定的,能够引起建筑法律关系产生、变更或解除的客观现象和客观事实。建筑法律关系不会自然而然地产生,也不能仅凭建筑法律规范的规定,就可在当事人之间产生具体的建筑法律关系。只有通过一定的建筑法律事实,才能在当事人之间产生一定的建筑法律关系,或者使原来的建筑法律关系变更或解除。不是任何事实都可成为建筑法律事实,只有当建筑法规把某种客观情况同一定的法律后果联系起来时,这种事实才被认为是建筑法律事实,成为产生建筑法律关系的原因,从而和法律后果形成因果关系。

2. 建筑法律事实的类型

建筑法律事实按是否包含当事人的意志分为两类。

1) 事件

事件是指法律规范所规定的不以当事人的意志为转移的法律事实。当建筑法律规范规定把某种自然现象和建筑权利义务关系联系在一起的时候,这种现象就成为法律事实的一种,即事件。这是建筑法律关系产生、变更或终止的原因之一。如洪水灾害导致工程施工延期,致使建筑安装合同不能履行等。事件可分为:①自然事件,如出生或死亡,地震、海啸、台风等;②社会事件,如战争、政府禁令、暴乱等;③意外事件,如爆炸事故、触礁、失火等。

2) 行为

行为是指能够引起权利义务关系产生、变更或解除的,以人的意志为转移的法律事实。它包含两层意思:一是法律行为必须是有行为能力的人实施的行为,只有在法律特别规定时,才能产生法律后果;二是法律行为必须是有意识的行为,但在许多时候,法律也要求为"无意识的行为"承担责任,此时称之为无过错责任。对于无过错责任,必须要有法律的规定,否则当事人不承担责任。

行为依照行为方式的不同分为积极行为和消极行为。积极行为是指当事人积极实施了某种行为,称之为作为;消极行为是指当事人消极地不去实施某种行为,称之为不作为。不论是作为还是不作为,都具有法律行为的性质,都可以产生、变更或终止法律关系。

在建筑活动中,行为通常表现为以下几种。

（1）合法行为。合法行为是指实施了建筑法规所要求或允许做的行为，或者没有实施建筑法规所禁止做的行为。合法行为要受到法律的肯定和保护，产生积极的法律后果，如根据批准的可行性研究报告进行的初步设计的行为、依法签订建筑工程承包合同的行为等。

（2）违法行为。违法行为是指受法律禁止的侵犯其他主体的建设权利和建设义务的行为。违法行为要受到法律的矫正和制裁，产生消极的法律后果，如：违反法律规定或因过错不履行建设工程合同；没有国家批准的建设计划，擅自动工建设等行为。

（3）行政行为。行政行为是指国家授权机关依法行使对建筑业管理权而发生法律后果的行为。如国家建设管理机关下达基本建设计划，监督执行工程项目建设程序的行为。

（4）立法行为。立法行为是指国家机关在法定权限内通过规定的程序，制定、修改、废止建筑法律规范性文件的活动，如国家制定、颁布建筑法律、法规、条例、标准定额等行为。

（5）司法行为。司法行为是指国家司法机关的法定职能活动。它包括各级检察机构所实施的法律监督，各级审判机构的审判、调解活动等，如人民法院对建筑工程纠纷案件做出判决的行为。

任务 3 《建筑法》的立法宗旨、适用范围及调整对象

一、《建筑法》的立法宗旨

任何一项法律制度或者政策性措施的出台，都有着它的一定目的，这就是所谓的立法宗旨。《建筑法》也不例外，《建筑法》第一条规定："为了加强对建筑活动的监督管理，维护建筑市场秩序，保证建筑工程的质量和安全，促进建筑业健康发展，制定本法。"此条即规定了《建筑法》的立法宗旨。

二、《建筑法》的适用范围

法律适用范围是指法律的效力范围，包括：法律的时间效力，即法律从什么时候开始发生效力和什么时候失效；法律的空间效力，即法律适用的地域范围；法律对人的效力，即法律对什么人（指具有法律关系主体资格的自然人、法人和其他组织）适用。

1. 关于《建筑法》的时间效力问题

《全国人民代表大会常务委员会关于修改〈中华人民共和国建筑法〉的决定》已由中华人民共和国第十一届全国人民代表大会常务委员会第二十次会议于2011年4月22日通过，自2011年7月1日起施行。

2. 关于《建筑法》的空间效力问题（《建筑法》适用的地域范围）

《建筑法》第二条规定其空间效力为"在中华人民共和国境内从事建筑活动，实施对建筑活动的监督管理，应当遵守本法。"由此可知，《建筑法》的适用范围是中华人民共和国境内，也就是中华人民共和国主权所及的全部领域内。当然，按照我国香港、澳门两个特别行政区基本法的规定，只有列入这两个地区的基本法附件的全国性法律，才能在这两个特别行政区适用。《建筑法》没有被列入这两个地区的基本法的附件中，因此，《建筑法》不适用于我国已恢复行使主权的香港特别行政区和澳门特别行政区。香港特别行政区和澳门特别行政区的建筑立法，应由这两

个特别行政区的立法机关自行制定。

3. 关于《建筑法》对人的效力问题

《建筑法》适用的主体范围是一切从事建筑活动的主体和各级依法负有对建筑活动实施监督管理的政府机关。

三、《建筑法》的调整对象

《建筑法》的第二条对适用该法规定的建筑活动的范围做了限定,即适用《建筑法》的建筑活动的范围是各类房屋建筑及其附属设施的建造和与其配套的线路、管道、设备的安装活动。

（1）《建筑法》中所称的"各类房屋建筑"是指具有顶盖、梁柱和墙壁,供人们生产、生活等使用的建筑物,包括民用住宅、厂房、仓库、办公楼、影院、体育馆、学校校舍等各类房屋;"附属设施"是指与房屋建筑配套建造的围墙、水塔等附属的建筑设施;"配套的线路、管道、设备的安装活动"是指与建筑配套的电气、通信、燃气、给水、排水、空气调节、电梯、消防等线路、管道和设备的安装活动。

（2）《建筑法》中所称的"建筑活动"不是建设活动,不包括建设活动的全过程,只包括建设活动的一部分,即建造与安装活动。

此外,根据《建筑法》第八十三条的规定,省、自治区、直辖市人民政府确定的小型房屋建筑工程的建筑活动不直接适用《建筑法》,而是参照适用。依照法律规定作为文物保护的纪念建筑物和古建筑等的修缮,按照文物保护的有关法律规定执行。抢险救灾及其他临时性房屋建筑和农民自建低层住宅的建筑活动,不适用《建筑法》。根据《建筑法》第八十四条的规定,军用房屋建筑工程建筑活动的具体管理办法,由国务院、中央军事委员会依据《建筑法》制定。

任务 4 《建筑法》确立的基本制度

《建筑法》是一部规范建筑活动的重要法律。它以规范建筑市场行为为起点,以建筑工程质量和安全为重点,确立了建筑活动的一些基本制度。

一、建筑许可制度

《建筑法》第二章明确规定了建筑许可制度,包括建筑工程施工许可的条件及从事建筑活动的单位的资质审查制度和有关人员的资格审查制度。

实行建筑许可制度,旨在有效地保证建筑工程的质量和安全,也是国际上的通行做法,如日本、韩国、挪威、英国、德国以及我国台湾地区的建筑立法,都明确地规定了建筑许可制度。建筑许可制度包括建筑施工许可制度和从业资格许可制度。实践证明,实行施工许可制度,既可以监督建设单位尽快建成拟建项目,防止闲置土地、影响社会公众利益,又能保证建设项目开工后,能够顺利进行,避免由于不具备施工条件盲目上马,给参与建筑工程的各方造成不必要的损失,同时也有助于建设行政主管部门对在建项目实施有效的监督管理。实行从业资格制度,有利于确保从事建筑活动的单位和个人的素质,提高建筑工程的质量,确保建筑工程的安全生产。

二、建筑工程发包与承包制度

建筑工程发包与承包作为构成建筑工程承发包商业活动不可分割的两个方面,是指建设单位或者招标代理单位(发包方)通过招标方式将待完成的勘察、设计、施工等工作的全部或其中一部分委托施工企业、勘察设计单位等(承包方)去完成,并按照双方的约定支付一定的报酬,通过合同确定双方当事人的权利义务的一种法律行为。

实行建筑工程发包与承包制度,一改传统的计划分配任务的体制,使建设单位、勘察设计单位和建筑业企业通过市场竞争来选择建筑工程的承包者,这是发展社会主义市场经济的客观要求。为此,《建筑法》规定应当实行建筑工程发包与承包制度,并针对建筑工程发包与承包中存在的突出问题,规定了建筑工程发包与承包应当遵循的基本原则以及行为规范,如实行招标发包和直接发包的要求,不得违法将建筑工程肢解发包,总承包单位分包时须经建设单位认可,禁止承包单位将其承包的建筑工程转包给他人等。

三、建筑工程监理制度

建筑工程监理是指工程监理单位受建设单位的委托,按照合同约定,对建筑工程实施管理,收取一定酬金,并对建设单位负责的一种行为。其主要任务是:控制建设投资、建设工期和建筑工程的质量,保障建筑工程合同的实施,协调有关单位之间的工作关系。

建筑工程监理是我国建筑领域中管理体制改革的重大举措之一,也是社会主义市场经济发展的客观要求。我国自1988年开始推行建筑工程监理制度,至今已在全国全面铺开。在国际上,建筑工程监理制度早已成为通行的做法,许多发达国家如美国、日本、欧共体国家等已经形成一套完整的法律制度。实践证明,在我国推行建筑工程监理制度,对控制建设投资和建设工期、保证建筑工程的质量和建筑安全生产具有重要的意义和作用。

《建筑法》在总结我国推行建筑工程监理制度实践经验的基础上,借鉴和吸收国际上的通行做法,明确规定了建筑工程监理的任务,工程监理单位的资质和责任以及有关要求等。

四、建筑安全生产管理制度

建筑安全生产是建筑活动的生命线。建筑安全生产管理是建筑活动管理的最重要的内容之一。一般来说,建筑安全既有建筑产品自身的安全,也有其毗邻建筑物的安全,还包括施工人员的人身安全和施工安全,而建筑物的质量,最终往往是通过建筑物的安全和使用情况来体现的。由此可见建筑安全生产的重要性。

建筑安全生产管理制度通常由安全生产责任制度、群防群治制度、安全技术措施制度、安全生产教育培训制度、安全生产检查制度、建筑安全生产政府监督管理制度和伤亡事故报告制度等组成。安全生产责任制度是建筑安全生产各项制度的核心,安全技术措施制度是建筑安全生产的条件,安全生产教育培训制度是建筑安全生产的前提,建筑安全生产政府监督管理制度和安全生产检查制度是建筑安全生产的保障,而伤亡事故报告制度是调查处理事故的基础。

《建筑法》根据建筑安全生产的特点和内容,在建筑活动的各个阶段、各个环节中,都紧扣安全问题加以规范,如规定设计、施工应当符合建筑安全规程和技术规范,采取安全技术措施,施工现场应当实行封闭管理,建筑施工实行安全生产责任制度,建筑施工企业应当建立、健全安全生产教育培训制度,建筑行政主管部门实施对建筑安全生产的管理,施工中发生事故要按规定向有关部门报告等。总之,《建筑法》中把建筑安全生产贯穿于建筑活动的全过程,并规定进行全过程的监督管理,明确了建筑安全生产的基本方针。

五、建筑工程质量监督制度

建筑工程质量监督制度是指由政府有关部门委托的专门机构对建筑工程质量进行的监督,其监督的依据是有关法律、法规、技术标准以及设计文件。实行建筑工程质量监督制度是工程质量管理工作的一项重要措施。为了保证建筑工程质量监督的有效进行,应当对从事建筑活动的单位进行质量体系认证,同时要明确勘察设计单位、建筑施工企业,以及建筑材料、建筑构配件和设备供应单位在建筑工程质量方面的责任,还要严格实行建筑工程竣工验收制度,严把竣工验收关。此外,建筑工程交付使用后,对建筑工程要实行质量保修制度。

《建筑法》紧扣建筑活动的各个阶段、各个环节,明确规定了建筑活动各有关方面在保证建筑工程质量中的责任,并在建筑工程质量管理方面明确了以下几项制度:一是企业质量体系认证制度,二是企业质量责任制度,三是建筑工程竣工验收制度,四是建筑质量保修制度。此外,《建筑法》还规定了发生质量问题应当承担的法律责任。

学习情境 2 建设市场准入法律制度

【学习目标】

(1) 掌握建筑许可的基本概念、施工许可证的申领条件及程序。
(2) 理解建设工程施工许可证的有效期与延期。
(3) 掌握工程建设从业单位的资质等级划分。
(4) 掌握建筑业企业资质类别划分、申请与许可、延续与变更。
(5) 了解工程建设从业人员执业资格制度。

【能力目标】

(1) 具有申领施工许可证的能力。
(2) 具有申请建筑业企业单位资质的能力。
(3) 具有严格执行建筑许可法律制度的能力。

【引例导入】

2001年,某房地产公司与出租汽车公司(以下合并简称建设方)合作,在某市市区共同开发房地产项目。该项目包括两部分,一部分是6.3万平方米的住宅工程,另一部分是与住宅相配套的3.4万平方米的综合楼。该项目的住宅工程各项手续和证件齐备,自1998年开工建设到2001年4月已经竣工验收。由于合作双方对综合楼工程是作为基建计划还是开发计划申报问题没能统一意见,从而使该工程的各项审批手续未能办理。由于住宅工程已竣工验收,配套工程急需跟上,在综合楼施工许可证未经审核批准的情况下开始施工。该行为被市监督执法大队发现后及时制止,并责令停工。

问题:建设方在综合楼项目的建设中有何过错,应如何处理?

本案中,建设方在综合楼项目的建设中违反了《建筑法》关于建筑许可的有关规定。那么在《建筑法》中有哪些建筑许可的规定来规范建设行为呢?

任务 1 建筑许可的概念、特点和实行建筑许可的意义

一、建筑许可的概念

建筑许可是指建设行政主管部门或者其他有关行政主管部门准许、变更或终止公民、法人

和其他组织从事建筑活动的具体行政行为。实行建筑许可制度旨在有效保证建设工程质量和安全,也是国际上的通行做法。《建筑法》规定的建筑许可包括施工许可与从业资格两种。实践证明,实行施工许可制度,既可以保证建设工程的合法性和可行性,监督建设单位尽快建成拟建项目,防止闲置土地、影响社会公共利益,又能保证建设项目开工后顺利进行,避免由于不具备施工条件而盲目上马,给参与建设工程的单位造成不必要的损失,同时也有助于建设行政主管部门对在建项目实施有效的监督管理。实行从业资格制度,有利于确保从事建设活动的单位和个人的素质,提高建设工程的质量,保证建设工程的安全和国家财产的安全。

二、建筑许可的特点

建筑许可有五个方面的特点。

(1) 建筑许可行为的主体是建设行政主管部门,而不是其他行政机关,也不是其他公民、法人或组织。

(2) 建筑许可是以对建设工程开工和从事建筑活动的单位和个人资格实施行政监督管理为目的的。

(3) 许可的反面是禁止。建筑工程开工和从事建筑活动,只有在符合特定条件的情况下才允许进行,否则,就有可能对国家、社会或公民造成危害,法律将予以禁止。

(4) 建筑许可是依据建设单位或者从事建筑活动的单位和个人的申请而做出的行政行为。申请是许可的必要条件。

(5) 建筑许可的有关事项与条件必须依据法律法规的规定进行,不能随意设置。

三、实行建筑许可的意义

《建筑法》对三项许可证制度做出明确规定,体现了国家对建设活动作为一种特殊的经济活动,进行从严和事前控制的管理,具有非常重要的意义。

(1) 实行建筑许可制度有利于国家对基本建设实施必要的宏观调控管理。

实行建筑许可制度有利于国家对基本建设进行宏观调控,既可以监督建设单位尽快建成拟建项目,防止闲置土地、影响公众利益,又能保证建设项目开工后能够顺利进行,避免由于不具备条件盲目上马,给参与建设的各方造成不必要的损失,同时也有助于建设行政主管部门对在建项目实施有效的监督管理。

(2) 实行建筑许可制度有利于规范建筑市场,保证建筑工程质量和建筑安全生产,维护社会经济秩序,提高投资效益,保障公民生命财产和国家财产安全。

实行建筑许可制度,即确立了建筑市场的准入条件,使不具备条件者,不得进入建筑市场,从而保证了从事工程建设活动的单位和人员的应有能力及素质,规范了建筑市场的交易秩序,有利于形成建筑市场主体的良性竞争。

(3) 实行建筑许可制度既有利于确保从事建筑活动的单位和人员素质,又有利于维护他们的合法权益。

建筑工程施工许可证、建筑工程规划许可证、建设用地规划许可证、安全生产许可证以及从事建设活动的单位资质证书和个人从业资格证书等,都是国家法律确认的证书,其包含的能力权利和合法权益受国家强制力的保障。

随着我国社会经济体制改革的不断深入,工程建设行政许可等行政许可制度也在进行着深刻的变革,特别是中共十八大(中国共产党第十八次全国代表大会)以来,国务院多次发布了有关取消和下放行政审批事项的决定通知,其核心目的就在于进一步深化行政体制改革,深入推进简政放权,加快政府职能转变,提高行政效率,促进依法行政,努力使市场在资源配置中起决定性作用。在这一背景下,行政许可法律制度的内涵、报告方法,以及其目标、意义,都会发生深刻的历史性变化。

任务 2　建筑工程施工许可、建筑企业资质管理、工程建设从业人员执业资格管理这三项法律制度及其有关法律规定

一、施工许可证制度

建筑工程施工许可证制度,是指建设工程开始施工以前,由建设行政主管部门对建设工程是否符合开工条件进行审查,符合条件的发给施工许可证,不符合条件的则不能开工。国家实行建筑工程施工许可证制度,就是通过对建设工程所应具备的基本条件进行审查,保证建设工程的顺利进行,达到事前控制的目的。

《建筑法》第七条规定:"建筑工程开工前,建设单位应当按照国家有关规定向工程所在地县级以上人民政府建设行政主管部门申请领取施工许可证"。

2014年10月25日开始施行新的《建筑工程施工许可管理办法》(1999年10月15日建设部令第71号发布、2001年7月4日建设部令第91号修正的《建筑工程施工许可管理办法》同时废止)。

(一)施工许可证的适用范围

我国目前对建设工程开工条件的审批,存在着颁发"施工许可证"和批准"开工报告"两种形式。多数工程是办理施工许可证,仅部分工程采用批准开工报告。

1. 需要办理施工许可证的建设工程

《建筑法》规定,建筑工程开工前,建设单位应当按照国家有关规定向工程所在地县级以上人民政府建设行政主管部门申请领取施工许可证。

《建筑工程施工许可管理办法》进一步规定,在中华人民共和国境内从事各类房屋建筑及其附属设施的建造、装修装饰和与其配套的线路、管道、设备的安装,以及城镇市政基础设施工程的施工,建设单位在开工前应当依照本办法的规定,向工程所在地的县级以上人民政府建设行政主管部门申请领取施工许可证。

2. 不需要办理施工许可证的建设工程

1)限额以下的小型工程

按照《建筑法》的规定,国务院建设行政主管部门确定的限额以下的小型工程,可以不申请办理施工许可证。

《建筑工程施工许可管理办法》规定,工程投资额在30万元以下或者建筑面积在300平方米以下的建筑工程,可以不申请办理施工许可证。省、自治区、直辖市人民政府建设行政主管部

门可以根据当地的实际情况,对限额进行调整,并报国务院建设行政主管部门备案。

2) 抢险救灾等工程

《建筑法》规定,抢险救灾及其他临时性房屋建筑和农民自建低层住宅的建筑活动,不适用《建筑法》。

3. 不重复办理施工许可证的建设工程

为避免同一建设工程的开工由不同行政主管部门重复审批的现象,《建筑法》规定,按照国务院规定的权限和程序批准开工报告的建筑工程,不再领取施工许可证。这有两层含义:一是实行开工报告批准制度的建设工程,必须符合国务院的规定,其他任何部门的规定均无效;二是开工报告与施工许可证不要重复办理。

4. 另行规定的建设工程

《建筑法》规定,军用房屋建筑工程建筑活动的具体管理办法,由国务院、中央军事委员会依据《建筑法》制定。据此,军用房屋建筑工程是否实行施工许可,由国务院、中央军事委员会另行规定。

5. 实行开工报告的建设工程

开工报告审查的内容主要包括:资金到位情况,投资项目市场预测,设计图纸是否满足施工要求,现场条件是否具备"三通一平"等的要求。

(二) 申领建筑工程施工许可证的法定条件

《建筑法》规定,建设单位应当按照国家有关规定向工程所在地县级以上人民政府建设行政主管部门申请领取施工许可证。

建设单位(又称业主或项目法人)是建设项目的投资者。如果建设项目是政府投资,则建设单位为该建设项目的管理单位或使用单位。为建设工程开工和施工单位进场做好各项前期准备工作是建设单位应尽的义务。因此,施工许可证的申请领取,应该是由建设单位,而不是由施工单位或其他单位负责。

《建筑法》规定,申请领取施工许可证,应当具备以下几个条件。

1. 已经办理该建筑工程用地批准手续

《中华人民共和国土地管理法》(以下简称《土地管理法》)规定,任何单位和个人进行建设,需要使用土地的,必须依法申请使用国有土地。依法申请使用的国有土地包括国家所有的土地和国家征收的原属于农民集体所有的土地。建设单位取得建设工程用地土地使用权,可以通过出让、转让和划拨等方式。经批准的建设项目需要使用国有建设用地的,建设单位应当持法律、行政法规规定的有关文件,向有批准权的县级以上人民政府土地行政主管部门提出建设用地申请,经土地行政主管部门审查,报本级人民政府批准。

办理用地批准手续是建设工程依法取得土地使用权的必经程序,也是建设工程取得施工许可的必要条件。如果没有依法取得土地使用权,就不能批准建设工程开工。

2. 在城市规划区的建筑工程,已经取得规划许可证

在城市规划区,规划许可证包括建设用地规划许可证和建设工程规划许可证。在乡、村规划区内进行乡镇企业、乡村公共设施和公益事业建设的,必须核发乡村建设规划许可证。

《城乡规划法》规定,在城市、镇规划区内以划拨方式提供国有土地使用权的建设项目,经有关部门批准、核准、备案后,建设单位应当向城市、县人民政府城乡规划主管部门提出建设用地规划许可申请,由城市、县人民政府城乡规划主管部门依据控制性详细规划核定建设用地的位置、面积、允许建设的范围,核发建设用地规划许可证。建设单位在取得建设用地规划许可证后,方可向县级以上地方人民政府土地主管部门申请用地,经县级以上人民政府审批后,由土地主管部门划拨土地。

以出让方式取得国有土地使用权的建设项目,在签订国有土地使用权出让合同后,建设单位应当持建设项目的批准、核准、备案文件和国有土地使用权出让合同,向城市、县人民政府城乡规划主管部门领取建设用地规划许可证。

在城市、镇规划区内进行建筑物、构筑物、道路、管线和其他工程建设的,建设单位或者个人应当向城市、县人民政府城乡规划主管部门或者省、自治区、直辖市人民政府确定的镇人民政府申请办理建设工程规划许可证。

《建设用地规划许可证》的内容一般包括用地单位、用地项目名称、用地位置、用地性质、用地面积、建设规模、附图及附件等。《建设工程规划许可证》的内容则一般包括用地单位、用地项目名称、位置、宗地号及子项目名称、建筑性质、栋数、层数、结构类型、计容积率面积及各分类面积,附件包括总平面图、各层建筑平面图、各向立面图和剖面图。这两个规划许可证,分别是申请用地和确认有关建设工程符合城市规划要求的法律凭证。所以,只有取得规划许可证后,方可申请办理施工许可。

3. 施工场地已经基本具备施工条件

需要拆迁的,其拆迁进度符合施工要求施工场地应该具备的基本施工条件,通常要根据建设工程项目的具体情况决定。例如:已进行场区的施工测量,设置永久性经纬坐标桩、水准基桩和工程测量控制网;搞好"三通一平"或"五通一平"或"七通一平";施工使用的生产基地和生活基地,包括附属企业、加工厂站、仓库堆场,以及办公、生活、福利用房等;强化安全管理和安全教育,在施工现场要设安全纪律牌、施工公告牌、安全标志牌等。实行监理的建设工程,一般要由监理单位查看后填写"施工场地已具备施工条件的证明",并加盖单位公章确认。

4. 已经确定施工企业

《建筑工程施工许可管理办法》规定:按照规定应当招标的工程没有招标,应当公开招标的工程没有公开招标,或者肢解发包工程,以及将工程发包给不具备相应资质条件的企业的,所确定的施工企业无效。建筑工程的施工必须由具备相应资质的施工企业来承担。因此,在建筑工程开工前,建设单位必须依法通过招标或直接发包的方式确定承包该建设工程的施工企业,并签订建设工程承包合同,明确双方的责任、权利和义务。否则,建筑工程的施工将无法进行。

5. 有满足施工需要的技术资料,施工图设计文件已按规定进行了审查

这一项包括两个方面:一方面要有满足施工需要的施工图设计文件;另一方面要有满足施工的技术资料。

施工图设计文件是建筑工程实施所必需的基本而关键的技术文件,也是在施工过程中保证建设工程质量的重要依据。这就要求设计单位要按工程的施工顺序和施工进度,安排好施工图纸的配套交付计划,保证满足施工的需要。特别是在开工前,必须有满足施工需要的施工图纸和技术资料。《建设工程勘察设计管理条例》规定,编制施工图设计文件,应当满足设备材料采购、非标准设备制作和施工的需要,并注明建设工程合理使用年限。在按图施工的建设模式下,施工图设计质量是施工质量保证的前提。此外,我国已建立施工图设计文件的审查制度。施工图设计文件不仅要满足施工需要,还应当按照规定进行审查。《建设工程质量管理条例》第十一条规定,施工图设计文件未经审查批准的,不得使用。

技术资料一般包括地形、地质、水文、气象等自然条件资料和主要原材料、燃料来源,水电供应和运输条件等技术经济条件资料。掌握客观、准确、全面的技术资料,是建设工程质量和安全的重要保证。在建设工程开工前,必须有能够满足施工需要的技术资料。

6. 有保证工程质量和安全的具体措施

《建筑工程施工许可管理办法》规定,施工企业编制的施工组织设计中有根据建筑工程特点制定的相应质量、安全技术措施。建立工程质量安全责任制并落实到人。专业性较强的工程项目编制了专项质量、安全施工组织设计,并按照规定办理了工程质量、安全监督手续。

《建设工程质量管理条例》第十三条规定,建设单位在领取施工许可证或者开工报告前,应当按照国家有关规定办理工程质量监督手续。《建设工程安全生产管理条例》规定,建设单位在申请领取施工许可证时,应当提供建设工程有关安全施工措施的资料。建设行政主管部门在审核发放施工许可证时,应当对建设工程是否有安全施工措施进行审查,对没有安全施工措施的,不得颁发施工许可证。

7. 建设资金已经落实

建设资金的落实是建设工程开工后能顺利实施的关键。《建筑工程施工许可管理办法》明确规定,建设工期不足1年的,到位资金原则上不得少于工程合同价的50%,建设工期超过1年的,到位资金原则上不得少于工程合同价的30%。建设单位应当提供本单位截至申请之日无拖欠工程款情形的承诺书或者能够表明其无拖欠工程款情形的其他材料,以及银行出具的到位资金证明,有条件的可以实行银行付款保函或者其他(第三方)担保。

8. 法律、行政法规规定的其他条件

由于施工活动本身很复杂,各类工程的施工方法、建设要求等也不同,申请领取施工许可证的条件很难在一部法律中采用列举的方式全部涵盖,而且,国家对建设活动的管理还在不断完善,施工许可证的申领条件也会发生变化,所以,《建筑法》为今后法律、行政法规可能规定的施工许可证申领条件做了特别规定。需要说明的是,只有全国人大及其常委会制定的法律和国务院制定的行政法规,才有权增加施工许可证新的申领条件,其他如部门规章、地方性法规、地方规章等都不得规定增加施工许可证的申领条件。

需要注意的是,上述八个方面的法定条件必须同时具备,缺一不可。建设行政主管部门应当自收到申请之日起15日内,对符合条件的申请颁发施工许可证。此外,《建筑工程施工许可管理办法》还规定,必须申请领取施工许可证的建筑工程未取得施工许可证的,一律不得开工。任何单位和个人不得将应该申请领取施工许可证的工程项目分解为若干限额以下的工程项目,规避申请领取施工许可证。

(三)施工许可证的申领程序及其管理规定

1. 施工许可证的申领程序

《建筑法》规定,建设单位要取得施工许可证,必须在建设工程开工前提出申请。《建筑工程施工许可管理办法》对申请办理施工许可证的程序进行如下规定:①建设单位向发证机关领取《建筑工程施工许可证申请表》;②建设单位持加盖单位及法定代表人印鉴的《建筑工程施工许可证申请表》,并附《建筑法》第四条规定的证明文件,向发证机关提出申请;③发证机关在收到建设单位报送的《建筑工程施工许可证申请表》和所附证明文件后,对符合条件的,应当自收到申请之日起15日内颁发施工许可证;对证明文件不齐全或者失效的,应当当场或者自收到申请之日起5日内一次告知建设单位需要补正的全部内容,审批时间可以自证明文件补正齐全后做相应顺延;对不符合条件的,应当自收到申请之日起15日内书面通知建设单位,并说明理由。

建筑工程在施工过程中,建设单位或者施工单位发生变更的,应当重新申请领取施工许可证。建设行政主管部门对符合条件的申请不批准或未在规定时间内颁发施工许可证,建设单位可以根据《行政复议法》的规定向复议机关申请行政复议,对行政复议决定不服的,可以向人民法院提起行政诉讼;也可根据《行政诉讼法》的规定直接向人民法院提起行政诉讼。

2. 施工许可证的有效期和延期

《建筑法》《建筑工程施工许可管理办法》都做了相应规定,建设单位应当自领取施工许可证之日起 3 个月内开工。因故不能按期开工的,应当在期满前向发证机关申请延期,并说明理由;延期以 2 次为限,每次不超过 3 个月。既不开工又不申请延期或者超过延期次数、时限的,施工许可证自行废止。也就是说,施工许可证的有效期最长可达 9 个月,如果超过 9 个月开工,施工许可证将失去法律效力。

3. 中止施工和恢复施工

《建筑法》《建筑工程施工许可管理办法》都做了相应的规定,在建的建筑工程因故中止施工的,建设单位应当自中止施工之日起 1 个月内向发证机关报告,报告内容包括中止施工的时间、原因、在施部位、维修管理措施等,并按照规定做好建筑工程的维护管理工作。

建筑工程恢复施工时,应当向发证机关报告;中止施工满 1 年的工程恢复施工前,建设单位应当报发证机关核验施工许可证。

(四)违法行为应承担的法律责任

办理施工许可证或开工报告违法行为应承担的主要法律责任如下。

1. 未经许可擅自开工应承担的法律责任

《建筑法》规定:"违反本法规定,未取得施工许可证或者开工报告未经批准擅自施工的,责令改正;对不符合开工条件的责令停止施工,可以处以罚款。"

《建设工程质量管理条例》规定,建设单位未取得施工许可证或者开工报告未经批准,擅自施工的,责令停止施工,限期改正,处工程合同价款1%以上2%以下的罚款。

2. 规避办理施工许可证应承担的法律责任

《建筑工程施工许可管理办法》规定,对未取得施工许可证或者为规避办理施工许可证将工程项目分解后擅自施工的,由有管辖权的发证机关责令改正,对不符合开工条件的,责令停止施工,并对建设单位和施工单位分别处以罚款。

3. 骗取和伪造施工许可证应承担的法律责任

《建筑工程施工许可管理办法》规定,建设单位采用欺骗、贿赂等不正当手段取得施工许可证的,由原发证机关撤销施工许可证,责令停止施工,并处 1 万元以上 3 万元以下罚款;构成犯罪的,依法追究刑事责任。

建设单位隐瞒有关情况或者提供虚假材料申请施工许可证的,发证机关不予受理或者不予许可,并处 1 万元以上 3 万元以下罚款;构成犯罪的,依法追究刑事责任。建设单位伪造或者涂改施工许可证的,由发证机关责令停止施工,并处 1 万元以上 3 万元以下罚款;构成犯罪的,依法追究刑事责任。

依照《建筑工程施工许可管理办法》规定,给予单位罚款处罚的,对单位直接负责的主管人员和其他直接责任人员处单位罚款数额 5% 以上 10% 以下罚款。

单位及相关责任人受到处罚的,作为不良行为记录予以通报。

二、从业单位资质管理

从业单位资格许可包括从业单位的条件和从业单位的资质。《建筑法》规定了从事建筑活动的建筑施工企业、勘察单位、设计单位、工程监理单位、工程造价咨询单位进入建筑市场应当具备的条件和资质审查制度。

（一）从业单位的条件

《建筑法》规定，从事建筑活动的建筑施工企业、勘察单位、设计单位、工程监理单位，应当具备下列条件。

1. 有符合国家规定的注册资本

注册资本反映的是企业法人的财产权，也是判断企业经济力量的依据之一。从事经营活动的企业组织，都必须具备基本的责任能力，能够承担与其经营活动相适应的财产义务。这既是法律权利与义务相一致、利益与风险相一致的反映，也是保证债权人利益的需要。因此建筑施工企业、勘察单位、设计单位、工程监理单位在申请设立注册登记时，应当达到国家规定的注册资本的数量标准。关于上述单位应当具有的最低注册资本的具体数额，应当按照其他有关法律、行政法规的规定执行。根据《建筑业企业资质管理规定》的有关规定，建筑业企业资质等级标准由国务院建设行政主管会同国家有关部门制定。此外，需要注意的是，设立从事建筑活动的有限责任公司或股份有限公司时，其注册资本必须符合《中华人民共和国公司法》（以下简称《公司法》）的有关规定。

2. 有与其从事的建筑活动相适应的具有法定执业资格的专业技术人员

由于建筑活动是一种专业性、技术性很强的活动，所以从事建筑活动的建筑施工企业、勘察单位、设计单位和工程监理单位必须有与其从事的建筑活动相适应的专业技术人员，如注册建筑师、注册结构师和注册监理师等，而且这些专业技术人员必须具有法定的执业资格，即经过国家统一考试合格并依法批准注册。建筑工程的规模和复杂程度各不相同，因此，建筑活动所要求的专业技术人员的级别和数量也不同。

3. 有从事相关建筑活动所应有的技术装备

具有与其建筑活动相关的技术装备是建筑施工企业、勘察单位、设计单位和工程监理单位进行正常施工、勘察设计和监理工作的重要的物质保障。没有相应技术装备的单位，不得从事建筑活动。

4. 法律、行政法规规定的其他条件

建筑施工企业、勘察单位、设计单位和工程监理单位除了应具备上述三项条件外，还应当具有从事经营活动所应具备的其他条件。按照《中华人民共和国民法通则》（以下简称《民法通则》）规定，法人应当有自己的名称、组织机构和场所。按照《公司法》的规定，设立从事建筑活动的有限责任公司和股份有限公司，股东或发起人必须符合法定人数；股东或发起人共同制定公司章程；有公司名称，建立符合要求的组织机构；有固定的生产经营场所和必要的生产条件等。

（二）从业单位资质

《建筑法》的规定从法律上确定了从业资格许可制度。

1. 建筑业企业资质

建筑业企业是指从事土木工程、建筑工程、线路管道设备安装工程的新建、扩建、改建等施工活动的企业。

2014年11月6日,住房和城乡建设部发布的《建筑业企业资质标准》(建市〔2014〕159号)和2015年1月22日发布的《建筑业企业资质管理规定》(住房和城乡建设部令第22号)对建筑施工企业的资质等级与标准、申请与许可、延续与变更、监督管理、法律责任、业务范围等做了明确规定。

1) 建筑业企业序列资质等级划分和从业范围

建筑业企业资质分为施工总承包、专业承包和施工劳务三个序列。

(1) 施工总承包资质。

施工总承包企业资质划分为12个资质类别。其资质等级的划分:通信工程和机电工程分为一、二、三共3个等级,其他类别均划分为特级、一、二、三共4个等级。

取得施工总承包资质的企业(以下简称施工总承包企业),可以对工程实行总承包或者对主体工程实行施工承包。施工总承包企业可以对所承接的施工总承包工程内各专业工程全部自行施工,也可以将专业工程或劳务作业依法分包给具有相应资质的专业承包企业或劳务分包企业。

(2) 专业承包资质。

专业承包序列分为36个类别。专业承包序列资质等级设置上共有3种类型:分为一、二、三3个等级;分为一、二2个等级;不分等级。其中分为一、二、三3个等级的居多,共20类。分为一、二2个等级的有电子与智能化工程、消防设施工程、防水防腐保温工程、建筑装修装饰工程、建筑幕墙工程、公路交通工程、铁路铺轨架梁工程、机场场道工程、民航空管工程及机场弱电系统工程、机场目视助航工程、港航设备安装及水上交管工程、核工程、海洋石油工程等。不分等级的有预拌混凝土、模板脚手架、特种工程等3类。

取得专业承包资质的企业(以下简称专业承包企业),可以承接施工总承包企业分包的专业工程和建设单位依法发包的专业工程。专业承包企业可以对所承接的专业工程全部自行施工,也可以将劳务作业依法分包给具有相应资质的施工劳务企业。

(3) 施工劳务资质。

施工劳务序列不分类别和等级。

取得施工劳务资质的企业(以下简称劳务分包企业),可以承接施工总承包企业或专业承包企业分包的劳务作业。

2) 建筑业企业资质的申请

《建筑业企业资质管理规定》规定,企业应当按照其拥有的资产、主要人员、已完成的工程业绩和技术装备等条件申请建筑业企业资质,经审查合格,取得建筑业企业资质证书后,方可在资质许可的范围内从事建筑施工活动。

首次申请或者增项申请建筑业企业资质,应当申请最低等级资质。

企业申请建筑业企业资质,应当提交以下材料:建筑业企业资质申请表及相应的电子文档,企业法人营业执照副本复印件,企业章程复印件,企业资产证明文件复印件,企业主要人员证明文件复印件,企业资质标准要求的技术装备的相应证明文件复印件,企业安全生产条件有关材料复印件,按照国家有关规定应提交的其他材料。

建筑施工企业的资质按照地域、级别分别实行分级申请和审批。新设立的建筑企业,到工商行政管理部门办理登记注册手续并取得企业法人营业执照后,方可到建设行政主管部门的资质管理部门办理资质申请手续。

3)建筑业企业资质的许可

(1)国务院住房城乡建设主管部门负责实施下列建筑业企业资质的许可:施工总承包资质序列特级资质、一级资质及铁路工程施工总承包二级资质;专业承包资质序列公路、水运、水利、通信、铁路、民航方面的专业承包一级资质及铁路、民航方面的专业承包二级资质;涉及多个专业的专业承包一级资质。申请以上所列资质的,应当向企业工商注册所在地省、自治区、直辖市人民政府住房城乡建设主管部门提出申请。其中,国务院国有资产管理部门直接监管的建筑企业及其下属一层级的企业,可以由国务院国有资产管理部门直接监管的建筑企业向国务院住房城乡建设主管部门提出申请。

省、自治区、直辖市人民政府住房城乡建设主管部门应当自受理申请之日起20个工作日内初审完毕,并将初审意见和申请材料报国务院住房城乡建设主管部门。

国务院住房城乡建设主管部门应当自省、自治区、直辖市人民政府住房城乡建设主管部门受理申请材料之日起60个工作日内完成审查,公示审查意见,公示时间为10个工作日。其中,涉及公路、水运、水利、通信、民航等方面资质的,由国务院住房城乡建设主管部门会同国务院有关部门审查。

(2)企业工商注册所在地省、自治区、直辖市人民政府住房城乡建设主管部门负责实施下列建筑业企业资质的许可:施工总承包资质序列二级资质及铁路、通信工程施工总承包三级资质;专业承包资质序列一级资质(不含公路、水运、水利、铁路、民航方面的专业承包一级资质及涉及多个专业的专业承包一级资质);专业承包资质序列二级资质(不含铁路、民航方面的专业承包二级资质);铁路方面专业承包三级资质;特种工程专业承包资质。

(3)企业工商注册所在地设区的市人民政府住房城乡建设主管部门负责实施下列建筑业企业资质的许可:施工总承包资质序列三级资质(不含铁路、通信工程施工总承包三级资质);专业承包资质序列三级资质(不含铁路方面专业承包资质)及预拌混凝土、模板脚手架专业承包资质;施工劳务资质;燃气燃烧器具安装、维修企业资质。

4)建筑业企业资质的延续与变更

建筑业企业资质证书有效期届满,企业继续从事建筑施工活动的,应当于资质证书有效期届满3个月前,向原资质许可机关提出延续申请。资质许可机关应当在建筑业企业资质证书有效期届满前做出是否准予延续的决定;逾期未做出决定的,视为准予延续。

企业在建筑业企业资质证书有效期内名称、地址、注册资本、法定代表人等发生变更的,应当在工商部门办理变更手续后1个月内办理资质证书变更手续。

企业发生合并、分立、重组以及改制等事项,须承继原建筑业企业资质的,应当申请重新核定建筑业企业资质等级。

企业须更换、遗失补办建筑业企业资质证书的,应当持建筑业企业资质证书更换、遗失补办申请等材料向资质许可机关申请办理。资质许可机关应当在2个工作日内办理完毕。

企业遗失建筑业企业资质证书的,在申请补办前应当在公众媒体上刊登遗失声明。

企业申请建筑业企业资质升级、资质增项,在申请之日起前1年至资质许可决定做出前,有下列情形之一的,资质许可机关不予批准企业的资质升级申请和增项申请:超越本企业资质等级或以其他企业的名义承揽工程,或允许其他企业或个人以本企业的名义承揽工程的;与建设单位或企业之间相互串通投标,或以行贿等不正当手段谋取中标的;未取得施工许可证擅自施工的;将承包的工程转包或违法分包的;违反国家工程建设强制性标准施工的;恶意拖欠分包企业工程款或者劳务人员工资的;隐瞒或谎报、拖延报告工程质量安全事故,破坏事故现场,阻碍对事故调查的;按照国家法律、法规和标准规定需要持证上岗的现场管理人员和技术工种作业人员未取得证书上岗的;未依法履行工程质量保修义务或拖延履行保修义务的;伪造、变造、倒卖、出租、出借或者以其他形式非法转让建筑业企业资质证书的;发生过较大以上质量安全事故或者发生过两起以上一般质量安全事故的;其他违反法律、法规的行为。

建筑业企业可以申请一项或多项建筑业企业资质,申请多项建筑业企业资质的,应当选择等级最高的一项资质为企业主项资质。

任何单位和个人不得涂改、伪造、出借、转让《建筑业企业资质证书》;不得非法扣压、没收《建筑业企业资质证书》。

5) 建筑业企业资质的监督管理

国务院住房城乡建设主管部门负责全国建筑业企业资质的统一监督管理。国务院交通运输、水利、工业信息化等有关部门配合国务院住房城乡建设主管部门实施相关资质类别建筑业企业资质的管理工作。

省、自治区、直辖市人民政府住房城乡建设主管部门负责本行政区域内建筑业企业资质的统一监督管理。省、自治区、直辖市人民政府交通运输、水利、通信等有关部门配合同级住房城乡建设主管部门实施本行政区域内相关资质类别建筑业企业资质的管理工作。

《建筑业企业资质管理规定》规定了建设行政主管部门监督管理的法定职责和权力。

2. 工程勘察设计单位资质

2007年6月26日,建设部发布了《建设工程勘察设计资质管理规定》,该规定对勘察设计单位的资质等级、标准及承包工程范围,资质申请与审批,监督与管理等做了明确的规定。

从事建设工程勘察、工程设计活动的企业,应当按照其拥有的注册资本、专业技术人员、技术装备和勘察设计业绩等条件申请资质,经审查合格,取得建设工程勘察、工程设计资质证书后,方可在资质许可的范围内从事建设工程勘察、工程设计活动。取得工程勘察、工程设计资质证书的企业,可以从事资质证书许可范围内相应的建设工程总承包业务,可以从事工程项目管理和相关的技术与管理服务。

1) 工程勘察设计单位资质等级和业务范围

工程勘察设计单位资质分为工程勘察资质和工程设计资质两个大类。

(1) 工程勘察资质分为工程勘察综合资质、工程勘察专业资质和工程勘察劳务资质。

工程勘察综合资质只设甲级;工程勘察专业资质设甲级、乙级,根据工程性质和技术特点,部分专业可以设丙级;工程勘察劳务资质不分等级。

取得工程勘察综合资质的企业,可以承接各专业(海洋工程勘察除外)、各等级工程勘察业务;取得工程勘察专业资质的企业,可以承接相应等级相应专业的工程勘察业务;取得工程勘察劳务资质的企业,可以承接岩土工程治理、工程钻探、凿井等工程勘察劳务业务。

(2) 工程设计资质分为工程设计综合资质、工程设计行业资质、工程设计专业资质和工程设计专项资质。

工程设计综合资质只设甲级;工程设计行业资质、工程设计专业资质、工程设计专项资质设甲级、乙级;根据工程性质和技术特点,个别行业、专业、专项资质可以设丙级;建设工程专业资质可以设丁级。

取得工程设计综合资质的企业,可以承接各行业、各等级的建设工程设计业务;取得工程设计行业资质的企业,可以承接相应行业相应等级的工程设计业务及本行业范围内同级别的相应专业、专项(设计施工一体化资质除外)工程设计业务;取得工程设计专业资质的企业,可以承接本专业相应等级的专业工程设计业务及同级别的相应专项工程设计业务(设计施工一体化资质除外);取得工程设计专项资质的企业,可以承接本专项相应等级的专项工程设计业务。

建设工程勘察、工程设计资质标准和各资质类别、级别企业承担工程的具体范围由国务院建设主管部门同国务院有关部门制定。

2) 工程勘察设计单位资质的申请与审批

建设工程勘察、设计资质的申请由建设行政主管部门定期受理。

申请工程勘察甲级资质、工程设计甲级资质,以及涉及铁路、交通、水利、信息产业、民航等方面的工程设计乙级资质的,应当向企业工商注册所在地的省、自治区、直辖市人民政府建设主管部门提出申请。其中,国务院国资委管理的企业应当向国务院建设主管部门提出申请;国务院国资委管理的企业下属一层级的企业申请资质,应当由国务院国资委管理的企业向国务院建设主管部门提出申请。

省、自治区、直辖市人民政府建设主管部门应当自受理申请之日起20日内初审完毕,并将初审意见和申请材料报国务院建设主管部门。

国务院建设主管部门应当自省、自治区、直辖市人民政府建设主管部门受理申请材料之日起60日内完成审查,公示审查意见,公示时间为10日。其中,涉及铁路、交通、水利、信息产业、民航等方面的工程设计资质,由国务院建设主管部门送国务院有关部门审核,国务院有关部门在20日内审核完毕,并将审核意见送国务院建设主管部门。

工程勘察乙级及以下资质、劳务资质、工程设计乙级(涉及铁路、交通、水利、信息产业、民航等方面的工程设计乙级资质除外)及以下资质许可由省、自治区、直辖市人民政府建设主管部门实施。具体实施程序由省、自治区、直辖市人民政府建设主管部门依法确定。

省、自治区、直辖市人民政府建设主管部门应当自做出决定之日起30日内,将准予资质许可的决定报国务院建设主管部门备案。

新设立的建设工程勘察、设计企业,到工商行政管理部门办理登记注册手续并取得企业法人营业执照后,方可到建设行政主管部门提出资质申请。

新设立的建设工程勘察、设计企业,其资质等级最高不超过乙级,并设定两年的暂定期。

企业在资质暂定期有效期满前两个月内,可以申请转为正式资质等级,申请时须提供企业近两年的资质年检合格证明材料。

由于企业改制或者企业分立、合并后组建的建设工程勘察、设计企业,其资质等级根据实际达到的资质条件按照规定审批程序核定。

3) 工程勘察设计单位资质的监督与管理

国务院建设主管部门对全国的建设工程勘察、设计资质实施统一的监督管理。国务院铁路、交通、水利、信息产业、民航等有关部门配合国务院建设主管部门对相应的行为资质进行监督管理。

县级以上地方人民政府建设主管部门负责对本行政区域内的建设工程勘察、设计资质实施监督管理。县级以上人民政府交通、水利、信息产业等有关部门配合同级建设主管部门对相应的行为资质进行监督管理。上级建设主管部门应当加强对下级建设主管部门资质管理工作的监督检查,及时纠正资质管理中的违法行为。

有下列情形之一的,资质许可机关或者其上级机关,根据利害关系人的请求或者依据职权,可以撤销工程勘察、工程设计资质:①资质许可机关工作人员滥用职权、玩忽职守做出准予工程勘察、工程设计资质许可的;②超越法定职权做出准予工程勘察、工程设计资质许可的;③违反资质审批程序做出准予工程勘察、工程设计资质许可的;④对不符合许可条件的申请人做出工程勘察、工程设计资质许可的;⑤依法可以撤销资质证书的其他情形。

以欺骗、贿赂等不正当手段取得工程勘察、工程设计资质证书的,应当予以撤销。

有下列情形之一的,企业应当及时向资质许可机关提出注销资质的申请,交回资质书,资质许可机关应当办理注销手续,公告其资质证书作废:①资质证书有效期届满未依法申请延续的;②企业依法终止的;③资质证书依法被撤销、撤回,或者吊销的;④法律、法规规定的应当注销资质的其他情形。

有关部门应当将监督检查情况和处理意见及时告知建设主管部门。资质许可机关应将涉及铁路、交通、水利、信息产业、民航等方面的资质被撤回、撤销和注销的情况及时告知有关部门。

企业应当按照有关规定,向资质许可机关提供真实、准确、完整的企业信用档案信息,企业的信息档案应当包括企业基本情况、业绩、工程质量和安全、合同违约等情况。

投诉举报和处理、行政处罚等情况应当作为不良行为记入其信用档案。企业的信用档案信息按照有关规定向社会公示。

3. 工程建设监理企业资质

《工程监理企业资质管理规定》对工程监理企业资质等级与标准、资质申请与审批、监督与管理等做了明确规定。

从事工程建设监理活动的企业,应当按照本规定取得工程监理企业资质,并在工程监理企业资质证书(以下简称资质证书)许可的范围内从事工程监理活动。

1) 工程监理企业资质等级和业务范围

工程监理企业资质分为综合资质、专业资质和事务所资质。其中,专业资质按照工程性质和技术特点划分为14个工程类别。综合资质、事务所资质不分级别。专业资质分为甲级、乙级;其中,房屋建筑、水利水电、公路和市政公用专业资质可设立丙级。

综合资质可以承担所有专业工程类别建设工程项目的工程监理业务。

专业甲级资质可承担相应专业工程类别建设工程项目的工程监理业务,专业乙级资质可承担相应专业工程类别二级以下(含二级)建设工程项目的工程监理业务,专业丙级资质可承担相应专业工程类别三级建设工程项目的工程监理业务。

事务所资质可承担三级建设工程项目的工程监理业务,但是,国家规定必须实行强制监理的工程除外。

工程监理企业可以开展相应类别建设工程的项目管理、技术咨询等业务。

2) 工程建设监理企业资质的申请与审批

(1) 综合资质、专业甲级资质。

申请综合资质、专业甲级资质的,应当向企业工商注册所在地的省、自治区、直辖市人民政府建设主管部门提出申请。

省、自治区、直辖市人民政府建设主管部门应当自受理申请之日起20日内初审完毕,并将初审意见和申请材料报国务院建设主管部门。

学习情境 2
建设市场准入法律制度

国务院建设主管部门应当自省、自治区、直辖市人民政府建设主管部门受理申请材料之日起 60 日内完成审查,公示审查意见,公示时间为 10 日。其中,涉及铁路、交通、水利、通信、民航等专业工程监理资质的,由国务院建设主管部门送国务院有关部门审核。国务院有关部门应当在 20 日内审核完毕,并将审核意见报国务院建设主管部门。国务院建设主管部门根据初审意见审批。

(2) 专业乙级、丙级资质和事务所资质。

专业乙级、丙级资质和事务所资质,由企业所在地省、自治区、直辖市人民政府建设主管部门审批。

专业乙级、丙级资质和事务所资质许可、延续的实施程序由省、自治区、直辖市人民政府建设主管部门依法确定。

省、自治区、直辖市人民政府建设主管部门应当自做出决定之日起 10 日内,将准予资质许可的决定报国务院建设主管部门备案。

工程监理企业资质,原则上每年集中审批一次,与企业资质年检同时进行。

3) 工程建设监理企业资质的监督管理

国务院建设主管部门负责全国工程监理企业资质的统一监督管理工作。国务院铁路、交通、水利、信息产业、民航等有关部门配合国务院建设主管部门实施相关资质类别工程监理企业资质的监督管理工作。

省、自治区、直辖市人民政府建设主管部门负责行政区域内工程监理企业资质的统一监督管理工作。省、自治区、直辖市人民政府交通、水利、信息产业等有关部门配合同级建设主管部门实施相关资质类别工程监理企业资质的监理管理工作。县级以上人民政府建设主管部门和其他有关部门应当依照有关法律法规和《工程监理企业资质管理规定》,加强对工程监理企业资质的监督管理。

工程监理企业取得工程监理企业资质后不再符合相应资质条件的,资质许可机关根据利害关系人的请求或者依据职权,可以责令其限期改正;逾期不改的,可以撤回其资质。

有下列情形之一的,资质许可机关或者其上级机关,根据利害关系人的请求或者依据职权,可以撤销工程监理企业资质:①资质许可机关工作人员滥用职权、玩忽职守做出准予工程监理企业资质许可的;②超越法定职权做出准予工程监理企业资质许可的;③违反资质审批程序做出准予工程监理企业资质许可的;④对不符合许可条件的申请人做出准予工程监理企业资质许可的;⑤依法可以撤销资质证书的其他情形。

以欺骗、贿赂等不正当手段取得工程监理企业资质证书的,应当予以撤销。

有下列情形之一的,工程监理企业应当及时向资质许可机关提出注销资质的申请,交回资质证书,国务院建设主管部门应当办理注销手续,公告其资质证书作废:①资质证书有效期届满,未依法申请延续的;②工程监理企业依法终止的;③工程监理企业资质依法被撤销、撤回或吊销的;④法律、法规规定的应当注销资质的其他情形。

三、从业人员执业资格管理

执业资格制度是指对具备一定专业学历、资历的从事建筑活动的专业技术人员,通过考试和注册确定其执业的技术资格,获得相应建筑工程文件签字权的一种制度。

对从事建筑活动的专业技术人员实行执业资格制度是非常必要的。《建筑法》第十四条对此做出了规定:"从事建筑活动的专业技术人员,应当依法取得相应的执业资格证书,并在执业资格证书许可的范围内从事建筑活动。"法律做出这样明确的规定主要有以下几点原因。

一是深化我国建筑工程管理体制改革的需要。我国对从事建筑活动的单位实行资质审查制度比较早。这种管理制度虽然从整体上管住了单位的资格,但对专业技术人员的个人技术资格缺乏定量的评定。专业技术人员的责、权、利不明确,常常出现高资质单位承接的业务由低水平的专业技术人员来完成的现象,影响了建筑工程质量和投资效益的提高。实行专业技术人员执业资格制度有利于克服上述种种问题,保证建筑工程由具有相应资格的专业技术人员主持完成设计、施工、监理任务。

二是使我国工程建设领域与国际惯例接轨,适应对外开放的需要。当前,世界上大多数发达国家对从事涉及公众生命和财产安全的建筑活动的专业技术人员都制定了严格的执业资格制度,如美国、英国、日本、加拿大等。我国已经加入WTO,我国的专业技术人员要走向世界,其他国家和地区的专业技术人员也要进入中国建筑市场,建立专业技术人员执业资格制度有利于对等互认和加强管理。

三是加速人才培养,提高专业技术人员业务水平和队伍素质。执业资格制度有一套严格的考试和注册办法与继续教育的要求,这种激励机制有利于促进建筑工程质量、专业技术人员业务水平和从业能力的不断提高。

(一)注册建造师执业资格

注册建造师是指通过考核认定或考试合格取得中华人民共和国建造师资格证书,并按照《工程监理企业资质管理规定》注册,取得中华人民共和国建造师注册证书和执业印章,担任施工单位项目负责人及从事相关活动的专业技术人员。未取得注册证书和执业印章的,不得担任大中型建设工程项目的施工单位项目负责人,不得以注册建造师的名义从事相关活动。

1. 注册建造师资格考试

凡遵守国家法律、法规,具备下列条件之一者,可以申请参加一级建造师执业资格考试:取得工程类或工程经济类大学专科学历,工作满6年,其中从事建设工程项目施工管理工作满4年;取得工程类或工程经济类大学本科学历,工作满4年,其中从事建设工程项目施工管理工作满3年;取得工程类或工程经济类双学士学位或研究生班毕业,工作满3年,其中从事建设工程项目施工管理工作满2年;取得工程类或工程经济类硕士学位,工作满2年,其中从事建设工程项目施工管理工作满1年;取得工程类或工程经济类博士学位,从事建设工程项目施工管理工作满1年。

凡遵纪守法并具备工程类或工程经济类中等专科以上学历并从事建设工程项目施工管理工作满2年,可报名参加二级建造师执业资格考试。

参加建造师执业资格考试合格,由各省、自治区、直辖市人民政府人事部门颁发执业资格证书。一级建造师执业资格证书在全国范围内有效,二级建造师执业资格证书在所在行政区域内有效。

2. 建造师注册

1)注册条件

注册建造师实行注册执业管理制度,注册建造师分为一级注册建造师和二级注册建造师。

经过考试取得中华人民共和国建造师资格证书人员,经过注册方能以注册建造师的名义执业。

申请初始注册时应当具备以下条件:①经考核认定或考试合格取得资格证书;②受聘于一个相关单位;③达到继续教育要求;④没有《注册建造师管理规定》中规定不予注册所列情形。

申请人有下列情形之一的,不予注册:①不具有完全民事行为能力的;②申请在两个或者两个以上单位注册的;③未达到注册建造师继续教育要求的;④受到刑事处罚,刑事处罚尚未执行完毕的;⑤因执业活动受到刑事处罚,自刑事处罚执行完毕之日起至申请注册之日止不满5年的;⑥因前项规定以外的原因受到刑事处罚,自处罚决定之日起至申请注册之日止不满3年的;⑦被吊销注册证书,自处罚决定之日起至申请注册之日止不满2年的;⑧在申请注册之日前3年内担任项目经理期间,所负责项目发生过重大质量和安全事故的;⑨申请人的聘用单位不符合注册单位要求的;⑩年龄超过65周岁的;⑪法律、法规规定不予注册的其他情形。

2) 注册程序

取得建造师资格证书并受聘于一个建设工程勘察、设计、施工、监理、招标代理、造价咨询等单位的人员,应当通过聘用单位向单位工商注册所在地的省、自治区、直辖市人民政府建设主管部门提出注册申请。

取得一级建造师资格证书的人员申请注册,由省、自治区、直辖市人民政府建设主管部门受理后提出初审意见,并将初审意见和全部申报材料报国务院建设主管部门审批;涉及铁路、公路、港口与航道、水利水电、通信与广电、民航专业的,国务院建设主管部门应当将全部申报材料送同级有关部门审核。符合条件的,由国务院建设主管部门核发《中华人民共和国一级建造师注册证书》,并核定执业印章编号。

取得二级建造师资格证书的人员申请注册,由省、自治区、直辖市人民政府建设主管部门负责受理和审批,具体审批程序由省、自治区、直辖市人民政府建设主管部门依法确定。对批准注册的,核发由国务院建设主管部门统一样式的《中华人民共和国二级建造师注册证书》和执业印章,并在核发证书后30日内送国务院建设主管部门备案。

3) 注册有效期

注册证书和执业印章是注册建造师的执业凭证,由注册建造师本人保管、使用。注册证书与执业印章有效期为3年。

初始注册者可自资格证书签发之日起3年内提出申请。逾期未申请者,须符合本专业继续教育的要求后方可申请初始注册。

3. 注册建造师的执业

建造师是以专业技术为依托、以工程项目管理为主业的注册人员,近期以施工管理为主。

建造师受聘并受企业委派,可以建造师的名义担任建设工程项目施工的项目经理,从事其他施工活动的管理,从事法律、行政法规或国务院建设行政主管部门规定的其他业务。

在行使项目经理职责时,一级注册建造师可以担任《建筑业企业资质等级标准》中规定的所有级别建筑业企业资质的建设工程项目施工的项目经理;二级注册建造师可以担任二级建筑业企业资质的建设工程项目施工的项目经理。

大中型工程项目的项目经理必须逐步由取得注册建造师执业资格的人员担任,这是国家的强制性要求;但是否委派某一位注册建造师担任项目经理或担任哪一个项目的项目经理,则由建筑业企业自主决定,这是企业行为。

建设工程施工活动中形成的有关工程施工管理文件,应当由注册建造师签字并加盖执业印章。施工单位签署质量合格的文件上,必须有注册建造师的签字盖章。注册建造师在每一个注册有效期内均应当达到国务院建设主管部门规定的继续教育要求。

4. 注册建造师的继续教育

继续教育分为必修课和选修课,在每一注册有效期内各为60学时。经继续教育达到合格标准的,颁发继续教育合格证书。

继续教育的具体要求由国务院建设主管部门会同国务院有关部门另行规定。

5. 注册建造师的权利和义务

注册建造师享有下列权利:①使用注册建造师名称;②在规定范围内从事执业活动;③在本人执业活动中形成的文件上签字并加盖执业印章;④保管和使用本人注册证书、执业印章;⑤对本人执业活动进行解释和辩护;⑥接受继续教育;⑦获得相应的劳动报酬;⑧对侵犯本人权利的行为进行申述。

注册建造师应当履行下列义务:①遵守法律、法规和有关管理规定,恪守职业道德;②执行技术标准、规范和规程;③保证执业成果的质量,并承担相应责任;④接受继续教育,努力提高执业水准;⑤保守在执业中知悉的国家秘密和他人的商业、技术等秘密;⑥与当事人有利害关系的,应当主动回避;⑦协助注册管理机关完成相关工作。

6. 法律责任

《注册建造师管理规定》详细规定了注册建造师禁止性的法律责任,包括警告、令其改正、没收违法所得、罚款、撤销注册建造师的注册等。

(二)注册监理工程师

注册监理工程师是指经考试取得《中华人民共和国监理工程师资格证书》(以下简称资格证书),并按照《注册监理工程师管理规定》注册,取得《中华人民共和国注册监理工程师注册执业证书》(以下简称注册证书)和执业印章,从事工程监理及相关业务活动的专业技术人员。

未取得注册证书和执业印章的人员,不得以注册监理工程师的名义从事工程监理及相关业务活动。最新的注册监理工程师管理法规是2005年12月31日通过,2006年4月1日起施行的《注册监理工程师管理规定》,对注册监理工程师的注册、执业、权利、义务以及法律责任等做出了具体规定,同时废止了1992年6月4日建设部颁布的《监理工程师资格考试和注册试行办法》。

1. 注册监理工程师考试

考试工作由国务院建设行政主管部门、人事部共同负责,日常工作委托国务院建设行政主管部门建筑监理协会承担,具体考务工作委托人事部人事考试中心组织实施。

凡中华人民共和国公民,具有工程技术或工程经济专业大专(含)以上学历,遵纪守法并符合以下条件之一的,均可报名参加监理工程师执业资格考试:①具有按照国家有关规定评聘的工程技术或工程经济专业中级专业技术职务,并任职满3年;②具有按照国家有关规定评聘的工程技术或工程经济专业高级专业技术职务。

2. 监理工程师注册

通过考试取得资格证书的人员,经过注册方能以注册监理工程师的名义执业。

注册监理工程师依据其所学专业、工作经历、工程业绩,按照《工程监理企业资质管理规定》划分的工程类别,按专业注册。每人最多可以申请两个专业注册。

取得资格证书并受聘于一个建设工程勘察、设计、施工、监理、招标代理、造价咨询等单位的人员,应当通过聘用单位向单位工商注册所在地的省、自治区、直辖市人民政府建设主管部门提出注册申请;省、自治区、直辖市人民政府建设主管部门受理后提出初审意见,并将初审意见和全部申报材料报国务院建设主管部门审批;符合条件的,由国务院建设主管部门核发注册证书和执业印章。

3. 注册监理工程师执业

取得资格证书的人员,应当受聘于一个具有建设工程勘察、设计、施工、监理、招标代理、造价咨询等一项或者多项资质的单位,经注册后方可从事相应的执业活动。从事工程监理执业活动的,应当受聘并注册于一个具有工程监理资质的单位。注册监理工程师可以从事工程监理、工程经济与技术咨询、工程招标与采购咨询、工程项目管理服务以及国务院有关部门规定的其他业务。工程监理活动中形成的监理文件由注册监理工程师按照规定签字盖章后方可生效。

修改经注册监理工程师签字盖章的工程监理文件,应当由该注册监理工程师进行;因特殊情况,该注册监理工程师不能进行修改的,应当由其他注册监理工程师修改,并签字、加盖执业印章,对修改部分承担责任。

4. 注册监理工程师权利和义务

注册监理工程师享有下列权利:①使用注册监理工程师称谓;②在规定范围内从事执业活动;③依据本人能力从事相应的执业活动;④保管和使用本人的注册证书和执业印章;⑤对本人执业活动进行解释和辩护;⑥接受继续教育;⑦获得相应的劳动报酬;⑧对侵犯本人权利的行为进行申诉。

注册监理工程师应当履行下列义务:①遵守法律、法规和有关管理规定;②履行管理职责,执行技术标准、规范和规程;③保证执业活动成果的质量,并承担相应责任;④接受继续教育,努力提高执业水准;⑤在本人执业活动所形成的工程监理文件上签字、加盖执业印章;⑥保守在执业中知悉的国家秘密和他人的商业、技术秘密;⑦不得涂改、倒卖、出租、出借或者以其他形式非法转让注册证书或者执业印章;⑧不得同时在两个或者两个以上单位受聘或者执业;⑨在规定的执业范围和聘用单位业务范围内从事执业活动;⑩协助注册管理机构完成相关工作。

5. 法律责任

《注册监理工程师管理规定》对注册监理工程师在执业过程中禁止为的行为规定了处罚规定,包括给予警告,责令其改正,处以罚款;有违法所得的,处以违法所得3倍以下且不超过3万元的罚款;造成损失的,依法承担赔偿责任;构成犯罪的,依法追究刑事责任等。

(三)注册造价工程师执业资格

注册造价工程师,是指通过全国造价工程师执业资格统一考试或者资格认定、资格互认,取得中华人民共和国造价工程师执业资格,并按照注册造价工程师管理办法注册,取得注册证书和执业印章,从事工程造价活动的专业人员。未取得注册证书的执业印章的人员,不得以注册造价工程师的名义从事工程造价活动。国务院建设行政主管部门2006年12月颁布新的《注册造价工程师管理办法》,并于2007年3月1日起施行,同时废止2000年1月颁发的《造价工程师注册管理办法》。

1. 注册造价工程师考试

造价工程师执业资格考试实行全国统一大纲、统一命题、统一组织的办法。考试每年举行一次,考试时间一般安排在10月中旬。原则上只在省会城市设立考点。

具备以下条件之一者,均可参加造价工程师执业资格考试。①工程造价专业大专毕业后,从事工程造价业务工作满5年;工程或工程经济类大专毕业后,从事工程造价业务工作满6年。②工程造价专业本科毕业后,从事工程造价业务工作满4年;工程或工程经济类本科毕业后,从事工程造价业务工作满5年。③获上述专业第二学士学位或研究生班毕业和取得硕士学位后,从事工程造价业务工作满3年。④获上述专业博士学位后,从事工程造价业务工作满2年。

造价工程师执业资格考试合格者,由各省、自治区、直辖市人事(职改)部门颁发人事部统一印制的、人事部与建设部用印的《造价工程师执业资格证书》。该证书在全国范围内有效。

2. 造价工程师注册

取得执业资格的人员,经过注册方能以注册造价工程师的名义执业。注册证书和执业印章是注册造价工程师的执业凭证,应当由注册造价工程师本人保管、使用。

经考试取得执业资格的人员申请注册的,应当向聘用单位工商注册所在地的省、自治区、直辖市人民政府建设主管部门(以下简称省级注册初审机关)或者国务院有关部门(以下简称部门注册初审机关)提出注册申请。初始注册和延续注册的有效期均为4年。

3. 执业范围

注册造价工程师执业范围包括:①建设项目建议书、可行性研究投资估算的编制和审核,项目经济评价,工程概算、预算、结算、竣工结(决)算的编制和审核;②工程量清单、标底(或者控制价)、投标报价的编制和审核,工程合同价款的签订及变更、调整,工程款支付与工程索赔费用的计算;③建设项目管理过程中设计方案的优化、限额设计等工程造价分析与控制,工程保险理赔的核查;④工程经济纠纷的鉴定。

4. 权利和义务

注册造价工程师权利:使用注册造价工程师名称,依法独立执行工程造价业务,在本人执业活动中形成的工程造价成果文件上签字并加盖执业印章,发起设立工程造价咨询企业,保管和使用本人的注册证书和执业印章,参加继续教育。

注册造价工程师应当履行下列义务:遵守法律、法规、有关管理规定,恪守职业道德;保证执业活动成果的质量;接受继续教育,提高执业水平;执行工程造价计价标准和计价方法;与当事人有利害关系的,应当主动回避;保守在执业中知悉的国家秘密和他人的商业、技术秘密。

注册造价工程师应当在本人承担的工程造价成果文件上签字并盖章。

修改经注册造价工程师签字盖章的工程造价成果文件,应当由签字盖章的注册造价工程师本人进行;注册造价工程师本人因特殊情况不能进行修改的,应当由其他注册造价工程师修改,并签字盖章;修改工程造价成果文件的注册造价工程师对修改部分承担相应的法律责任。

5. 法律责任

注册造价工程师应当按照《注册造价工程师管理办法》进行注册和执业,应当履行注册造价工程师的法定职责和义务,对违反《注册造价工程师管理办法》中规定的禁止行为的,管理办法详细规定了应当承担的法律责任。

任务 3 案例分析

案例 2-1

基本案情：2006年建筑队与某县邮电局联系承建邮电楼工程，因该队是四级建筑队无资格建设，12月23日建筑公司同邮电局签订了承建邮电楼工程合同，合同约定"不得转让搞第二次承包"，签约后建筑公司在该县建设银行开设了账户收拨管理承包费用。2007年1月15日、22日，建筑公司同建筑队（不具有相应的资质等级）分别签订了《建筑安装工程联营协议书》和《邮电楼工程联营施工细则》，该细则中规定，由建筑公司对某县邮电局总承包，将该工程交给建筑队全面组织实施；建筑公司与建设单位进行有关事项的洽谈，对建设单位办理工程款的拨收手续，并按工程进度和建筑队购买材料情况分拨给建筑队；建筑队负责材料的采购、提运、保管使用等职责。该工程动工后，建筑公司向建设单位出具了"委托杨某为我公司派驻邮电楼工程工地负责人"的委托书。在杨某组织施工期间，于2007年1月4日建筑队派在该工地的管理人员雷某代表工地同原告（砖厂）签订了购机砖合同，盖了建筑队的公章。原告从2007年3月起先后供给工地机砖222 500块，共计22 200元，被告（建筑队）尚欠18 924.5元。邮电楼工程完工交付使用后，所欠货款仍未付，原告多次找杨某付款，杨某均以应找建筑公司给付或者待邮电楼工程承包合同纠纷解决后再付应付，原告未找建筑公司给付。2010年3月，原告起诉建筑公司。一审法院审理中追加建筑队为被告参加诉讼。原告认为："邮电楼工程承包合同是建筑公司与邮电局签订的，建筑队队长只是工地负责人，建筑队不是该工程承包方。"原告请求依法判决由建筑公司承担所欠货款及逾期利息，并承担被告追收款的差旅费损失300元和本案诉讼费用。

被告建筑公司辩称："邮电楼工程虽是我公司与邮电局签订的承建合同，实际是我公司与建筑队协作联营修建，根据所签《建筑安装工程联营协议书》和《邮电楼工程联营施工细则》的规定，由建筑队对工程具体实施。在具体实施中是建筑队与原告产生购销关系所形成的债务纠纷。从购销关系形成至今原告都在找建筑队，现在原告起诉我公司承担债务是完全没有道理的，此债务应该由建筑队承担。"

被告建筑队辩称："所欠原告货款18 924.5元属实。邮电楼工程是建筑公司承建，经费也是建筑公司管理，建筑队是建筑公司委托的工地负责人和施工单位，帮助建筑公司履行承包合同。所购材料已全部用于该工程，建筑队向建筑公司上交了管理费，《建筑安装工程联营协议书》和《邮电楼工程联营施工细则》是建筑队同建筑公司的问题，与原告无关，本债务应由建筑公司承担。"

案例分析：本案的实质在于确认购方主体，以确定债务承担人。由于签订和履行购机砖合同期间，建筑队与建筑公司签有承建邮电楼工程联营协议，杨某既是建筑队的法定代表人又是建筑公司委托上述工程工地的负责人，致使普通购机砖合同中购方主体复杂化。本案判决认为购机砖合同属于购销合同，与建筑工程承包合同是两个法律关系，对购销合同建筑队应当独立承担法律责任。

对建筑工程承包合同，如果建设单位某县邮电局与建筑队有纠纷，由于建筑队不具有合同主体资格（因不具有相应的资质等级），因此不能独立承担责任，这时邮电局应当起诉建筑公司。

必须指出的是，《建筑法》第二十六条第二款规定，禁止建筑施工企业以任何形式允许其他单位或者个人使用本企业的资质证书、营业执照,以本企业的名义承揽工程。本案中某建筑公司与某建筑工程队签订所谓《联营协议和实施细则》,允许某建筑工程队以其名义承揽工程的行为,违反法律禁止性规定,依法应当承担法律责任。

《建筑法》第六十六条规定:建筑施工企业转让、出借资质证书或者以其他方式允许他人以本企业的名义承揽工程的,责令改正,没收违法所得,并处罚款,可以责令停业整顿,降低资质等级;情节严重的,吊销资质证书。对因该项承揽工程不符合规定的质量标准造成的损失,建筑施工企业与使用本企业名义的单位或者个人连带赔偿责任。

案例 2-2

基本案情:2005年4月22日,某水泥厂与某建设公司订立《建设施工合同》及《合同总纲》,双方约定:由某建筑公司承建水泥厂第一条生产线主厂房及烧成车间配套工程的土建项目。开工日期为2005年5月15日。建筑材料由水泥厂提供,建设公司垫资150万元人民币,在合同订立15日内汇入水泥厂账户。建设公司付给水泥厂10万元保证金,进场后再付10万元押图费,待图纸归还水泥厂后再予以退还等。

合同订立后,建筑公司于同年5月前后付给水泥厂103万元,水泥厂退还13万元,实际占用90万元。其中10万元为押图费,80万元为垫资款,比约定的垫资款少70万元。同年5月,建筑公司进场施工。从5月24日至10月26日,建筑公司共向水泥厂借款173 539元。后因建设公司未按约支付全部垫资款及工程质量存在问题,发生纠纷;建设公司于同年7月停止施工。已完成的工程有窑头基础混凝土、烟囱、窑尾、增温塔等。

水泥厂于同年11月向人民法院起诉。一审法院在审理中委托建设工程质量安全监督站对已建工程进行鉴定。结论为:窑头基础混凝土和烟囱不合格应予拆除。另查明,已建工程总造价为2 759 391元。窑头基础混凝土造价84 022元,烟囱造价20 667元,两项工程拆除费用为52 779元,水泥厂投入工程建设的钢筋、水泥等建筑材料折合人民币70 738元;合格工程定额利润为5 404元;砂石由建设公司提供。还查明:水泥厂与建设公司订立合同和工程施工时,尚未取得建设用地规划许可证、建设工程规划许可证和施工许可证。

案例评析:

《建筑法》正式确立了建筑工程施工许可制度。《建筑法》第七条规定:"建筑工程开工前,建设单位应当按照国家有关规定向工程所在地县级以上人民政府建设行政主管部门申请领取施工许可证;但是,国务院建设行政主管部门确定的限额以下的小型工程除外。按照国务院的权限和程序批准开工报告的建筑工程,不再领取施工许可证。"因此,依法领取施工许可证是工程建设项目必须遵守的强制性规定,也是工程建设行为合法的必要条件。如果违反了这一法律强制性规定,施工合同将是无效的。此外,根据《建筑法》第八条的规定,取得施工许可证的前提是取得土地使用证、规划许可证。因此,工程建设项目施工必须"三证"齐全,即必须同时具备土地使用证、规划许可证、施工许可证。

本案中,由于发包人水泥厂没有依法取得建设用地规划许可证和建设工程规划许可证,属于违法建设,其签订的工程施工合同应属于无效合同。同时,尽管法律规定领取施工许可证是建设单位的责任,但施工单位不经审查而签订了合同,也要承担一定的过错责任。

学习情境 3 工程建设程序法律制度

【学习目标】

(1) 掌握工程建设和工程建设程序的概念。

(2) 熟悉我国工程建设程序各阶段的主要内容。

(3) 熟悉项目建议书、可行性研究报告的概念和主要内容。

(4) 熟悉工程设计的主要阶段。

(5) 熟悉工程竣工验收及保修阶段的主要内容。

【能力目标】

(1) 能熟练掌握基本建设程序各阶段的工作内容。

(2) 能熟练掌握可行性研究报告的内容、作用及编制的步骤。

【引例导入】

甲方：M 通用机械厂

乙方：N 集团第八分公司

甲方为使本厂的自筹招待所尽快发挥效益，2009 年 3 月在施工图还没有完成的情况下，就和乙方签订了施工合同，并拨付了工程备料款。意在早做准备，加快速度，减少物价上涨的影响。乙方按照甲方的要求进场做准备，搭设临时设施，租赁了机械工具并购进了大批建筑材料等待开工。当甲方拿到设计单位的施工图及设计概算时，出现了问题：甲方原计划自筹项目总投资 150 万元，设计单位按甲方提出的标准和要求设计完成后，设计概算达到 215 万元。一旦开工，很可能造成中途停建，如果不开工，施工队伍已进场做了大量工作。经各方面研究决定："方案另议，缓期施工。"甲方将决定通知乙方后，乙方很快送来了索赔报告。

M 通用机械厂基建科：

我方按照贵厂招待所工程的施工合同要求准时进场（2009 年 3 月 20 日）并做了大量准备工作。鉴于贵方做出"缓期施工"的时间难以确定，我方必须考虑各种可能以减少双方更大的损失。现将自进场以来所发生的费用报告如下：

临时材料库及工棚搭设费，工人住宿、食堂、厕所搭建费，办公室、传达室、新改建大门费（接到图纸后时间内），已购运进场材料费，已为施工办理各种手续费用，上交有关税费，共计 40.5 万元。

甲方认真核实了乙方费用证据及实物，同意乙方退场决定，并对实际发生的损失进行了补偿。

这是一个违反建设程序的案例,工程建设要先设计后施工,工程建设中的自筹资金要满足工程需要,工程建设要量力而行,这些都是建设工作中的基本经验。不按照基本建设程序仓促上马,急于取得经济效益,而最终却得到了相反的结果。一个工程的建设,当它违背了客观规律,脱离了科学决策时,后果往往是严重的。

工程建设为国民经济的发展和人民生活的改善提供了重要的物质技术基础,并对众多产业的振兴发挥了促进作用,因此,它在国民经济中占有相当重要的地位,国家也十分重视运用法律手段,通过制定和实施工程建设管理法规,加强对工程建设的管理。本章介绍了我国工程建设程序的概念及阶段和环节的划分,并重点介绍了工程建设前期阶段、准备阶段、实施阶段及竣工验收和保修阶段的工作内容。

任务 1　工程建设程序概述

一、工程建设项目

(一) 工程建设项目的概念

工程建设项目是指土木建筑工程、线路管道和设备安装工程、建筑装修装饰工程等工程项目的新建、扩建和改建,是形成固定资产的基本生产过程及与之相关的其他建设工作的总称。

工程建设项目是项目中最为常见、最为典型的一类项目,它是以实物形态表示的具体项目,比如说建一座办公楼,建一座工厂,建一个公园等都属于工程建设项目,项目的进行过程都涉及具体的建设活动,最终都要形成实物形态的建设成果。在我国,工程项目多是固定资产投资项目。

(二) 工程建设项目的分类

工程建设项目可以从不同的角度进行分类,常用的分类方法有以下几种。

(1) 按项目的目标,分为经营性项目和非经营性项目。

经营性项目,通过投资以实现所有者权益的市场价值最大化为目标,以投资牟利为行为趋向。绝大多数生产或流通领域的建设项目都属于这类项目。

非经营性项目,不以追求项目的经营为目的,其中包括本身没有经营活动、没有收益的项目,如城市道路、路灯、公共绿化、航道疏浚、水利灌溉渠道、植树造林等项目。

(2) 按项目的产品(或服务)属性,分为公共项目和非公共项目。

公共项目是指为满足社会公众需要,生产或提供公共物品(包括服务)的项目,如上述前一类非经营性项目。公共物品的特征具有非排他性,有很大一类物品无法或不应收费。人们一般认为,由政府生产或提供的公共物品可以增进社会福利,是政府的一项合适的举措。

非公共项目是指除公共项目以外的其他项目,相对于"政府部门提供的公共物品"的是"私人部门提供的商品",其重要特征是供应商能够向那些想消费这种商品的人收费并因此得到利润。

(3) 按项目的投资管理形式,分为政府建设项目和企业建设项目。

政府建设项目是指使用政府性资金的建设项目以及有关的投资活动。政府性资金包括：财政预算投资资金（含国债资金），利用国际金融组织和外国政府贷款的主权外债资金，纳入预算管理的专项建设资金，法律、法规规定的其他政府性资金。政府按照资金来源、项目性质和宏观调控需要，分别采用直接投资、资本金注入、投资补助、转贷、贴息等方式进行投资。

不使用政府性资金的建设项目统称为企业建设项目。

（4）按项目与企业原有资产的关系，分为新建项目和改扩建项目。

改扩建项目与新建项目的区别在于：改扩建项目是在原有企业基础上进行建设的，在不同程度上利用了原有企业的资源，以增量带动存量，以较小的新增投入取得较大的新增效益。建设期内项目建设与原有企业的生产同步进行。

（5）按项目的融资主体，分为新设法人项目和既有法人项目。

新设法人项目由新组建的项目法人为项目进行融资，其特点是：项目投资由新设法人筹集的资金和债务资金构成，由新设项目法人承担融资责任和风险，从项目投产后的财务效益情况考察偿债能力。

既有法人项目要依托现有法人为项目进行融资，其特点是：拟建项目不组建新的项目法人，由既有法人统一组织融资活动并承担融资责任和风险；拟建项目一般是在既有法人资产和信用的基础上进行的，并形成增量资产；从既有法人的财务整体状况考察融资后的偿债能力。

（6）按建设性质，分为基本建设项目（新建、扩建等扩大生产能力的项目）和更新改造项目（以改进技术、增加产品品种、提高质量、治理"三废"、劳动安全、节约资源为主要目地的项目）。

基本建设项目一般是指在一个总体设计或初步设计范围内，由一个或几个单位工程组成，在经济上进行统一核算，行政上有独立组织形式，实行统一管理的建设单位。

更新改造项目是指对企业、事业单位原有设施进行技术改造或固定资产更新的辅助性生产项目和生活福利设施项目。

基本建设项目一般包括以下几个具体部分。

（1）新建项目：一般是指从无到有，平地起家，新开始建设的项目。包括新建的企业、事业和行政单位及新建输电线路、铁路、公路、水库等独立工程。现有企、事业和行政单位的原有基础很小，经建设后，其新增的固定资产价值超过其原有的固定资产价值（原值）三倍以上，也属于新建。

（2）扩建项目：一般是指为扩大原有产品的生产能力，在厂内或其他地点增建主要生产车间（或主要工程）、矿井、独立的生产线或总厂之下的分厂的企业。事业单位和行政单位在原单位增建业务用房（如学校增建教学用房、医院增建门诊部或病床用房、行政机关增建办公楼等），也属于扩建项目。

（3）改建项目：一般是指现有企业、事业单位为了技术进步、提高产品质量、增加花色品种、促进产品升级换代、降低消耗和成本、加强资源综合利用和"三废"治理及劳保安全等，采用新技术、新工艺、新设备、新材料等对现有设施、工艺条件等进行的技术改造和更新（包括相应配套的辅助性生产、生活设施建设）。有的企业为充分发挥现有的生产能力，进行填平补齐而增建不直接增加本单位主要产品生产能力的车间等，也属于改建项目。

（4）迁建项目：一般是指为改变生产力布局或由于环境保护和安全生产的需要等原因而搬

迁到其他地方建设的项目。在搬迁到其他地方建设过程中,不论其建设规模是维持原规模,还是扩大规模,都按迁建统计。

(5) 恢复项目：一般是指因自然灾害、战争等原因,使原有固定资产全部或部分报废,又投资建设,进行恢复的项目。在恢复建设过程中,不论其建设规模是按原规模恢复,还是在恢复的同时进行扩建,都按恢复统计。尚未建成投产或交付使用的单位,因自然灾害等原因毁坏后,仍按原设计进行重建的,不属于恢复,而按原设计性质统计。如按新的设计进行重建,其建设性质根据新的建设内容确定。

(6) 按项目建设规模分类。

为适应对工程建设项目分级管理的需要,国家规定基本建设项目分为大型、中型、小型三类；更新改造项目分为限额以上和限额以下两类。

划分项目等级的原则如下。

① 按批准的可行性研究报告(初步设计)所确定的总设计能力或投资总额的大小,依据国家颁布的《基本建设项目大中小型划分标准》进行分类。

② 凡生产单一产品的项目,一般按产品的设计生产能力划分；生产多种产品的项目,一般按其主要产品的设计生产能力划分；产品分类较多,不易分清主次,难以按产品的设计能力划分时,可按投资总额划分。

③ 对国民经济和社会发展具有特殊意义的某些项目,虽然设计能力或全部投资不够大、中型项目标准,经国家批准已列入大、中型计划或国家重点建设工程的项目,也按大、中型项目管理。

④ 更新改造项目一般只按投资额分为限额以上和限额以下项目,不再按生产能力或其他标准划分。

⑤ 基本建设项目的大、中、小型和更新改造项目限额的具体划分标准,根据各个时期经济发展和实际工作中的需要而有所变化。

现行国家的有关规定如下。

① 按投资额划分的基本建设项目,属于生产性建设项目中的能源、交通、原材料部门的工程项目,投资额达到 5 000 万元以上的为大、中型项目；其他部门和非工业建设项目,投资额达到 3 000 万元以上为大、中型建设项目。

② 按生产能力或使用效益划分的建设项目,以国家对各行各业的具体规定作为标准。

③ 更新改造项目只按投资额标准划分,能源、交通、原材料部门投资额达到 5 000 万元及其以上的工程项目和其他部门投资额达到 3 000 万元及其以上的项目为限额以上项目,否则为限额以下项目。

④ 一部分工业、非工业建设项目,在国家统一下达的计划中,不作为大、中型项目安排。如分散零星的江河治理、国有农场、植树造林、草原建设等；原有水库加固,并结合加高大坝、扩大溢洪道和增修灌区配套工程的项目,除国家指定者外,不作为大、中型项目；分段整治,施工期长,年度安排有较大伸缩性的航道整治疏浚工程；科研、文教、卫生、广播、体育、出版、计量、标准、设计等事业的建设,新建工程按大、中型标准划分,改、扩建工程除国家指定者外,一律不作为大、中型项目；城市的排水管网、污水处理、道路、立交桥梁、防洪、环保等工程；城市的一般民用建筑包括集资统一建设的住宅群、办公楼和生活用房等；名胜古迹、风景点、旅游区的恢复、修

建工程;施工队伍以及地质勘探单位等独立的后方基地建设(包括工矿业的农副业基地建设);采取各种形式利用外资或国内资金兴建的旅游饭店、旅馆、贸易大楼、展览馆、科教馆等。

(7) 按项目在国民经济中的作用,分为生产性项目和非生产性项目。

生产性项目:直接用于物质生产或直接为物质生产服务的项目,主要包括工业项目(含矿业)、建筑业项目、地质资源勘探及农林水有关的生产项目、运输邮电项目、商业和物资供应项目等。

非生产性项目:直接用于满足人民物质和文化生活需要的项目,主要包括文教卫生、科学研究、社会福利、公用事业建设、行政机关和团体办公用房建设等项目。

二、工程建设程序

工程建设程序是在认识工程建设客观规律基础上总结提出的,是工程建设全过程中各项工作都必须遵守的先后次序。它也是工程建设各个环节相互衔接的顺序。

工程建设是社会化生产,它有着产品体积庞大、建造场所固定、建设周期长、占用资源多的特点。在建设过程中,工作量极大,牵涉面很广,内外协作关系复杂,且存在着活动空间有限和后续工作无法提前进行的矛盾。因此,工程建设就必然存在着一个分阶段、按步骤,各项工作按序进行的客观规律,例如,先勘察、后设计,先设计、后施工,先竣工验收、后投产运营等。这种规律是不可违反的,如果人为将工程建设的顺序颠倒,就会造成严重的资源浪费和经济损失。所以,世界各国对这一规律都十分重视,都对之进行了认真探索和研究,不少国家还将研究成果以法律的形式固定下来,强迫人们在从事工程建设活动时遵守,我国也制定颁行了不少有关工程建设程序方面的法规。当然,随着社会的发展和对工程建设认识的不断加深,我们又会总结出更加科学、合理的工程建设程序。

任务 2 我国工程建设程序的立法现状

随着经济体制的改革和各项建设事业的不断发展,工程建设程序也在不断变化,逐步完善,逐步科学化和规范化。当前,我国尚无一部专门的工程建设程序法律,涉及工程建设程序方面的法律、法规大多是部门规章和规范性文件,主要有以下几种。

1. 法律

《中华人民共和国建筑法》
《中华人民共和国城乡规划法》
《中华人民共和国土地管理法》
《中华人民共和国招标投标法》
《中华人民共和国环境影响评价法》

2. 行政法规

《建设工程勘察设计管理条例》(2015年修订版)
《国务院关于投资体制改革的决定》(2004年)

3. 部门规章

《关于简化基本建设项目审批手续的通知》(1984年)
《关于颁发建设项目进行可行性研究的试行管理办法的通知》(1983年)

《关于编制建设前期工作计划的补充通知》(1983年)
《关于建设项目经济评价工作的若干规定》(1987年)
《关于大型和限额以上固定资产投资项目建议书审批问题的通知》(1988年)
《工程建设项目实施阶段程序管理暂行规定》(1995年)
《工程建设项目报建管理办法》(1994年)

任务 3　工程建设程序阶段的划分及各阶段所包含的内容

依据我国现行工程建设程序法规的规定,我国工程建设程序阶段划分框架图如图3-1所示。

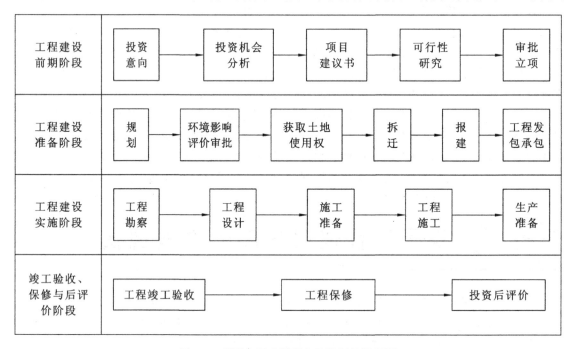

图3-1　我国工程建设程序阶段划分框架图

从图中可知,我国工程建设程序共分为工程建设前期阶段、工程建设准备阶段、工程建设实施阶段,以及竣工验收、保修及后评价阶段四个阶段,每个阶段又各包含若干环节。各阶段、各环节的工作应按规定顺序进行。当然,工程项目的性质不同,规模不一,同一阶段内各环节的工作会有一些交叉,有些环节还可省略,在具体执行时,可根据本行业、本项目的特点,在遵守工程建设程序的大前提下,灵活开展各项工作。

一、工程建设前期阶段

工程建设前期阶段即决策分析阶段,这一阶段主要是对工程项目进行选择和对工程项目投资的合理性进行考察。对投资者来讲,这是进行战略决策,它将从根本上决定其投资效益,因此十分重要。这个阶段主要包含投资意向、投资机会分析、项目建议书、可行性研究、审批立项五个环节。

学习情境 3
工程建设程序法律制度

1. 投资意向

投资意向是投资主体发现社会存在合适的投资机会所产生的投资愿望。它是工程建设活动的起点,也是工程建设得以进行的必备条件。

2. 投资机会分析

投资机会分析是投资主体对投资机会所进行的初步考察和分析,在认为机会合适,有良好的预期效益时,则可进一步的行动。

3. 项目建议书

项目建议书是投资机会分析结果文字化后所形成的书面文件,以方便投资决策者分析、抉择。

项目建议书应对拟建工程的必要性、客观可行性和获利的可能性逐步进行论述。它是由国务院各部委、省、市、自治区以及有关的企事业单位,根据国家经济发展的长远规划和行业、地区规划,经济建设方针,技术经济政策和建设任务,结合资源情况、建设布局等条件,在调查、预测的基础上向国家或上级主管部门提出的项目建议。

项目建议书的内容视项目的不同而有繁有简,但一般应包括以下几个方面的内容。

（1）项目提出的必要性和依据。

（2）产品方案、拟建规模和建设地点的初步选择或设想。

（3）资源情况、建设条件、协作关系等的初步分析。

（4）投资估算和资金筹措的初步设想。

（5）项目的建设进度安排。

（6）经济效益和社会效益的初步分析。

项目建议书的呈报可以供项目审批机构做出初步决策。它可以减少项目选择的盲目性,为下一步可行性研究打下基础。项目建议书经批准后,可以进行详细的可行性研究工作,但并不表明项目非上不可,项目建议书不是项目的最终决策。

4. 可行性研究

项目建议书一经批准,即可着手开展项目可行性研究工作。可行性研究是指对工程项目在技术上是否可行和在经济上是否合理进行科学的分析和论证,为项目决策提供科学依据。

1）可行性研究阶段主要解决的问题

① 进行市场研究,以解决项目建设的必要性问题。

② 进行工艺技术方案的研究,以解决项目建设的可行性问题。

③ 进行财务和经济分析,以解决项目建设的合理性问题。

凡经可行性研究未通过的项目,不得进行下一步的工作。

2）可行性研究报告的作用

投资项目的可行性研究,是项目建设前期极其重要的一项工作,是项目建设程序的重要组成部分,是开展投资建设时期各项工作的基本依据,对建设项目实现决策的科学化和取得良好的经济效益具有极其重要的作用。具体来讲,可行性研究的基本作用有以下几个方面。

（1）作为建设项目投资决策的依据。

可行性研究作为一种投资决策方法,从市场、技术、工程建设、经济及社会等多方面对建设项目进行全面综合的分析和论证,依其结论进行投资决策可大大提高投资决策的科学性。

(2) 作为编制设计文件的依据。

可行性研究报告一经审批通过,意味着该项目正式批准立项,可以进行初步设计。在可行性研究工作中,对项目选址、建设规模、主要生产流程、设备选型等方面都进行了比较详细的论证和研究,设计文件的编制应以可行性研究报告为依据。

(3) 作为向银行贷款的依据。

在可行性研究工作中,详细预测了项目的财务效益、经济效益及贷款偿还能力。世界银行等国际金融组织,均把可行性研究报告作为申请工程项目贷款的先决条件。我国的金融机构在审批建设项目贷款时,也都以可行性研究报告为依据,对建设项目进行全面、细致的分析评估,确认项目的偿还能力及风险水平后,才做出是否贷款的决策。

(4) 作为建设项目与各协作单位签订合同和有关协议的依据。

在可行性研究工作中,对建设规模、主要生产流程及设备选型等都进行了充分的论证。建设单位在与有关协作单位签订原材料、燃料、动力、工程建筑、设备采购等方面的协议时,应以批准的可行性研究报告为基础,保证预定建设目标的实现。

(5) 作为环保部门、地方政府和规划部门审批项目的依据。

建设项目开工前,须地方政府批拨土地,规划部门审查项目建设是否符合城市规划,环保部门审查项目对环境的影响。这些审查都以可行性研究报告中总图布置、环境及生态保护方案等方面的论证为依据,因此,可行性研究报告为建设项目申请建设执照提供了依据。

(6) 作为施工组织、工程进度安排及竣工验收的依据。

可行性研究报告对以上工作都有明确的要求,所以可行性研究又是检验施工进度及工程质量的依据。

(7) 作为建设项目后评估的依据。

建设项目后评估是指在项目建成运营一段时间后,评价项目实际运营效果是否达到预期目标。建设项目的预期目标是在可行性研究报告中确定的,因此,建设项目后评估应以可行性研究报告为依据评价项目目标的实现程度。

3) 可行性研究报告的内容

可行性研究工作完成后,需要编写出反映其全部工作成果的"可行性研究报告"。就其内容来看,各类项目的可行性研究报告内容不尽相同,但一般应包括以下基本内容:

(1) 项目提出的背景、投资的必要性和研究工作依据;
(2) 需求预测及拟建规模、产品方案和发展方向的技术经济比较和分析;
(3) 资源、原材料、燃料及公用设施情况;
(4) 项目设计方案及协作配套工程;
(5) 建厂条件与厂址方案;
(6) 环境保护、防震、防洪等要求及其相应措施;
(7) 企业组织、劳动定员和人员培训;
(8) 建设工期和实施进度;
(9) 投资估算和资金筹措方式;
(10) 经济效益和社会效益。

4) 可行性研究的步骤

(1) 准备工作。

明确研究目的、内容和基本要求,讨论可行性研究的范围及目标,制订可行性研究计划及进度,落实研究费用、执行和协作人员,搜集相关基础资料、指标、标准、规范等。

(2) 调查研究。

市场调查是对项目所在地的经济发展状况进行调查,预测市场的供求量、价格、竞争能力等,以便确定项目的经济规模、构成及目标市场定位等。

资源调查是对建设地点调查项目用地的地质、水文、气象和市政设施、基础设施及交通等现状,为各设计阶段以及技术经济分析提供资料。

进行技术经济研究,调查项目产品、服务的市场需求量(包括购买欲望和购买能力)、价格、市场竞争情况等,调查市场结构、原材料、能源、工艺、运输、人力等情况,确定"生产什么"。将项目所生产出来的这些产品或服务与国家政策和宏观经济调控方针进行对照,确定"能否生产"。

(3) 方案选择和优化。

根据市场和资源调查分析,建立若干可供选择的开发方案,进行反复的方案论证和比较,采用技术经济分析研究的方法,研究论证项目在技术上的可行性,评选出合理的方案,并进一步确定项目规模、构成、开发进度等。

(4) 财务评价和国民经济评价。

在对上述确定的最佳方案进行投资、成本、价格、收入等分析的基础上,对选出的不同方案估计投资费用、经营费用、收益,同时做出项目经济财务分析、评价,在对方案进行详细财务评价的同时,还要对建设项目进行国民经济评价,论证项目经济的合理性和盈利能力。

(5) 编制可行性研究报告,提出结论性意见和建议。

5. 审批立项

审批立项是有关部门对可行性研究报告的审查批准程序,审查通过后即予以立项,正式进入工程项目的建设准备阶段。可行性研究报告经过正式批准后,将作为初步设计的依据,不得随意修改和变更。当在建设规模、产品方案、建设地点、主要协作关系等方面有变动以及突破原定投资控制数时,应报请原审批单位同意,并正式办理变更手续。可行性研究报告经批准,建设项目才算正式"立项"。

2004年7月,国务院颁布的《国务院关于投资体制改革的决定》(以下简称《决定》)对原有的投资体制进行了一系列改革,并确定了对不使用政府投资建设的项目,一律不再实行审批制,区别不同情况实行核准制和备案制。其中,出于维护社会公共利益的目的,政府仅对重大项目和限制类项目进行核准,其他项目无论规模大小,均改为备案制。《决定》明确了中国目前投资项目的审核体制主要分为三类:审批制、核准制、备案制。

1) 审批制

在实际操作中,政府投资建设的项目往往关乎国家安全和社会公众利益,且该等项目还常常涉及不能由市场自发主动地进行有效配置的经济和社会领域。因此,《决定》并未完全废除审批制,在政府投资建设项目中仍保留了该项制度。对政府直接投资或以资本金注入方式投资的项目,须报送审批项目建议书和可行性研究报告。对投资补贴、贷款贴息、转贷的项目,只审批资金申请报告。

2) 核准制

《决定》的附件《政府核准的投资项目目录》(2014年本)(以下称《投资目录》)中对核准制的适用范围做了说明,即核准制适用于不使用政府性资金投资建设的重大和限制类固定资产投资项目。《投资目录》中规定"由国务院投资主管部门核准"的项目,由国务院投资主管部门会同行业主管部门核准,其中重要项目报国务院核准;"由地方政府投资主管部门核准"的项目,由地方政府投资主管部门会同同级行业主管部门核准。省级政府可根据当地情况和项目性质,具体划分各级地方政府投资主管部门的核准权限,但《投资目录》明确规定"由省级政府投资主管部门核准"的,其核准权限不得下放。

《投资目录》将须经核准的项目分为农林水利、能源、交通运输、信息产业、原材料、机械制造、轻工烟草、高新技术、城建、社会事业、金融、外商投资、境外投资等十三个类别。由于外商投资项目和境外投资项目的特殊性,一般分别立法规定投资项目核准办法(不含外商投资项目及境外投资项目)、外商投资项目核准办法、境外投资项目核准办法等三类。省级人民政府均参照该种体例制定了适用于本行政区域范围内的项目核准办法及目录。外商投资项目管理将于下文单列阐述。

对实行核准制的项目,企业仅需向政府提交项目申请报告即可,不再经过批准项目建议书、可行性研究报告和开工报告的程序。项目申请报告主要是对该项目"外部性"和"公共性"做出评价,是可行性研究报告的简化版,申请报告已不再包括投资项目市场前景、经济效益、产品技术方案等需要由企业自主判断决策的内容,仅把原可行性研究报告的内容中"须政府决策"部分留在了项目申请报告中,即要求政府从投资项目的合法性、环境和生态影响、经济和社会效果、资源利用和能源耗用等方面对其进行分析。

3)备案制

除国家法律法规和国务院专门规定禁止投资的项目以外,不使用政府性资金投资建设《投资目录》以外的项目适用备案制。对实行备案制的项目,企业仅需要按属地原则向地方主管部门备案即可。

二、工程建设准备阶段

工程建设准备是为勘察、设计、施工创造条件所做的建设现场、建设队伍、建设设备等方面的准备工作。这一阶段包括规划、环境影响评价审批、获取土地使用权、拆迁、报建、工程发包与承包等主要环节。

(一)规划

在规划区内建设的工程必须符合城市规划或村庄、集镇规划的要求。其工程选址和布局,必须取得城市规划行政主管部门或村、镇规划主管部门的同意、批准。在城市规划区内进行工程建设的,要依法先后领取城市规划行政主管部门核发的"选址意见书""建设用地规划许可证""建设工程规划许可证",方能进行获取土地使用权、设计、施工等相关建设活动。

(二)环境影响评价审批

1. 概念

建设项目环境影响评价是指对规划和建设项目实施后可能造成的环境影响进行分析、预测和评价,提出预防或者减轻不良环境影响的对策和措施。环境影响评价是实施可持续发展战略,预防因建设项目实施后对环境造成不良影响,促进经济、社会和环境的协调发展的重要因素;是根据环境标准的要求来控制项目的污染、改善环境,并将环境保护工作纳入整个项目的发展与运行计划中去的重要工作;是强化环境管理的有效手段,对确定积极发展方向和保护环境等一系列重大决策都有重要作用。

2. 分类管理

《中华人民共和国环境影响评估法》（以下简称《环境影响评估法》）第三章第十六条规定："国家根据建设项目对环境的影响程度，对建设项目的环境影响评价实行分类管理。建设单位应当按照下列规定组织编制环境影响报告书、环境影响报告表或者填报环境影响登记表。"

（1）可能造成重大环境影响的，应当编制环境影响报告书，对产生的环境影响进行全面评价。通常，这些建设项目包括以下内容。

① 原料、产品或生产过程中涉及的污染物种类多、数量大或毒性大、难以在环境中降解的建设项目。

② 可能造成生态系统结构重大变化、重要生态功能改变或生物多样性明显减少的建设项目。

③ 可能对脆弱生态系统产生较大影响或可能引发和加剧自然灾害的建设项目。

④ 容易引起跨行政区环境影响纠纷的建设项目。

⑤ 所有流域开发、开发区建设、城市新区建设和旧区改建等区域性开发活动或建设项目。

（2）可能造成轻度环境影响的，应当编制环境影响报告表，对产生的环境影响进行分析或者专项评价。通常，这些建设项目包括以下内容。

① 污染因素单一，而且污染物种类少、产生量小或毒性较低的建设项目。

② 对地形、地貌、水文、土壤、生物多样性等有一定影响的，但不改变生态系统结构和功能的建设项目。

③ 基本不对环境敏感区造成影响的小型建设项目。

（3）对环境影响很小、不需要进行环境影响评价的，应当填报环境影响登记表。通常，这些建设项目包括以下内容。

① 基本不产生废水、废气、废渣、粉尘、恶臭、噪声、震动、热污染、放射性、电磁波等不利环境影响的建设项目。

② 基本不改变地形、地貌、水文、土壤、生物多样性等，不改变生态系统结构和功能的建设项目。

③ 不对环境敏感区造成影响的小型建设项目。

3. 审批

环境影响评价文件，由建设单位报有审批权的环境保护行政主管部门审批，未报审或报审后未获批准的，该项目不得开工建设，其他工程建设主管部门也不得核准该项目的相关建设行为。

（三）获取土地使用权

《土地管理法》规定，农村和城市郊区的土地（除法律规定属国家所有者外）属于农民集体所有，其余的土地都归国家所有。工程建设用地都必须通过国家对土地使用权的出让或划拨而取得，须在农民集体所有的土地上进行工程建设的，也必须先由国家征用农民土地，然后再将土地使用权出让或划拨给建设单位或个人。

通过国家出让而取得土地使用权的，应向国家支付出让金，并与市、县人民政府土地管理部门签订书面出让合同，然后按合同规定的年限与要求进行工程建设。由国家划拨取得土地使用权的，虽不向国家支付出让金，但在城市要承担拆迁费用，在农村和郊区要承担土地原使用者的补偿费和安置补助费,其标准由各省、直辖市、自治区规定。

出让或征用耕地 1000 亩(1 亩≈666.667 m²)以上,其他土地 2000 亩以上的由国务院批准;出让或征用省、自治区行政区域内的土地,由省、自治区人民政府批准;出让或征用耕地 3 亩以下,其他土地 10 亩以下的,由县人民政府批准;省辖市、自治州人民政府及直辖市的区、县人民政府对出让土地使用权的批准权限,由省、自治区或直辖市人大常委会决定;征用直辖市行政区域内的土地,由直辖市人民政府批准。

(四) 拆迁

在取得土地使用权后,一般都要对建设用地上的原有房屋和附属物进行拆迁。国务院颁发的《城市房屋拆迁管理条例》规定,任何单位和个人需要拆迁房屋的,都必须持国家规定的批准文件、拆迁计划和拆迁方案,向县级以上人民政府房屋拆迁主管部门提出申请,经批准并取得房屋拆迁许可证后,方可拆迁。拆迁人和被拆迁人应签订书面协议,被拆迁人必须服从城市建设的需要,在规定的搬迁期限内完成搬迁,拆迁人对被拆迁人(被拆房屋及附属物的所有人、代管人及国家授权的管理人)依法给予补偿,并对被拆迁房屋的使用人进行安置。对违章建筑、超过批准期限的临时建筑的被拆迁人和使用人,则不予补偿和安置。

(五) 报建

建设项目被批准立项后,建设单位或其代理机构必须持工程项目立项批准文件、银行出具的资信证明、建设用地的批准文件等资料,向当地建设行政主管部门或其授权机构进行报建。凡未报建的工程项目,不得办理招标手续和发放施工许可证,设计、施工单位不得承接该项目的设计、施工任务。

(六) 工程发包与承包

建设单位或其代理机构在上述准备工作完成后,须对拟建工程进行发包,以择优选定工程勘察设计单位、施工单位或总承包单位。工程发包与承包有招标投标和直接发包两种方式,为鼓励公平竞争,建立公正的竞争秩序,国家提倡招标投标方式,并对许多工程强制进行招标投标,详细内容请参看学习情境 4。

三、工程建设实施阶段

1. 工程勘察

建设工程勘察是指为满足工程建设的规划、设计、施工、运营及综合治理等的需要,对地形、地质及水文等状况进行测绘、勘探测试,并提供相应成果和资料的活动,岩土工程中的勘测、设计、处理、监测活动也属工程勘察范畴。

勘察与设计是密不可分的,设计必须在进行工程勘察,取得足够的地质、水文等基础资料之后才能进行。另外,勘察工作也服务于工程建设的全过程,在工程选址、可行性研究、工程施工等各阶段,也必须进行必要的勘察。

2. 工程设计

设计是工程项目建设的重要环节,它是对拟建工程的实施在技术上和经济上所进行的全面而详尽的安排,是基本建设计划的具体化,同时是组织施工的依据。工程项目的设计工作一般划分为两个阶段,即初步设计和施工图设计。重大项目和技术复杂项目可根据需要增加技术设计阶段。

1) 初步设计

初步设计是根据可行性研究报告的要求所做的具体实施方案,目的是阐明在指定的地点、时间和投资控制数额内,拟建项目在技术上的可能性和经济上的合理性,并通过对工程项目所做出的基本技术经济规定编制项目总概算。

初步设计不得随意改变被批准的可行性研究报告所确定的建设规模、产品方案、工程标准、建设地址和总投资等控制目标。如果初步设计提出的总概算超过可行性研究报告总投资的10%以上或其他主要指标需要变更时,应说明原因和计算依据,并重新向原审批单位报批可行性研究报告。

2) 技术设计

应根据初步设计和更详细的调查研究资料,进一步解决初步设计中的重大技术问题,如工艺流程、建筑结构、设备选型及数量确定等,使工程建设项目的设计更具体、更完善,技术指标更好。

3) 施工图设计

施工图设计是指根据初步设计或技术设计的要求,结合现场实际情况,完整地表现建筑物外形、内部空间分割、结构体系、构造状况以及建筑群的组成和周围环境的配合。它还包括各种运输、通信、管道系统、建筑设备的设计。在工艺方面,应具体确定各种设备的型号、规格及各种非标准设备的制造加工图。

3. 施工准备

施工准备包括施工单位在技术、物质方面的准备和建设单位取得开工许可两个方面的内容。

1) 施工单位技术、物质方面的准备

工程施工涉及的因素很多,过程也十分复杂,所以,施工单位在接到施工图后,必须做好细致的施工准备工作,以确保工程顺利建成。它包括熟悉、审查图纸,编制施工组织设计,向下属单位进行计划、技术、质量、安全、经济责任的交底,下达施工任务书,准备工程施工所需的设备、材料等活动。

2) 取得开工许可

建设单位在具备以下条件时,方可按国家有关规定向工程所在地县级以上人民政府建设行政主管部门申领施工许可证:已经办好该工程用地批准手续;在城市规划区的工程,已取得规划许可证;需要拆迁的,拆迁进度满足施工要求;施工企业已确定;有满足施工需要的施工图纸和技术资料;有保证工程质量和安全的具体措施;建设资金已落实并满足有关法律、法规规定的其他条件。未取得施工许可证的建设单位不得擅自组织开工。已取得施工许可证的,应自批准之日起三个月内组织开工。因故不能按期开工的,可向发证机关申请延期,延期以两次为限,每次不超三个月。既不按期开工又不申请延期或超过延期时限的,已批准的施工许可证自行作废。

4. 工程施工

工程项目经批准开工建设,项目即进入了施工阶段。项目开工时间,是指工程建设项目设计文件中规定的任何一项永久性工程第一次正式破土开槽开始施工的日期。不需要开槽的工程,正式开始打桩的日期就是开工日期。铁路、公路、水库等需要进行大量土方、石方工程的,以开始进行土方、石方工程的日期作为正式开工日期。工程地质勘查、平整场地、旧建筑物的拆除、临时建筑、施工用临时道路和水、电等工程开始施工的日期不能算作正式开工日期。分期建设的项目分别按各期工程开工的日期计算,如二期工程应根据工程设计文件规定的永久性工程开工的日期计算。

工程施工管理具体包括施工调度、施工安全、文明施工、环境保护等几个方面的内容。

(1) 施工调度是进行施工管理,掌握施工情况,及时处理施工中存在的问题,严格控制工程的施工质量、进度和成本的重要环节。施工单位的各级管理机构均应配备专职调度人员,建立和健全各级调度机构。

(2) 施工安全是指施工活动中,对职工身体健康与安全、机械设备使用的安全及物资的安全等应有保障制度和所采取的措施。根据《建设工程现场管理规定》,施工单位必须执行国家有关安全生产和劳动保护的法规,建立安全生产责任制,加强规范化管理,进行安全交底、安全教育和安全宣传,严格执行安全技术方案,定期检修、维护各种安全设施,做好施工现场的安全保卫工作,建立和执行防火管理制度,切实保障工程施工的安全。

(3) 文明施工是指施工单位应推行现代管理方法,科学组织施工,保证施工活动整洁、有序、合理地进行。具体内容有按施工总平面布置图设置各项临时设施,施工现场设置明显标牌,主要管理人员要佩带身份标志。机械操作人员要持证上岗,施工现场的用电线路、用电设施的安装使用和现场水源、道路的设置要符合规范要求等。

(4) 环境保护是指施工单位必须遵守国家有关环境保护的法律、法规,采取措施控制各种粉尘、废气、噪音等对环境的污染和危害。如不能控制在规定的范围内,则应事先报请向有关部门批准。

5. 生产准备

生产准备是指工程施工临近结束时,为保证建设项目能及时投产使用所进行的准备活动,如招收和培训必要的生产人员,组织人员参加设备安装调试和工程验收,组建生产管理机构,制定规章制度,收集生产技术资料和样品,落实原材料、外协产品、燃料、水、电的来源及其他配合条件等。建设单位要根据建设项目或主要单项工程的生产技术特点,及时组成专门班子或机构,有计划地做好这一工作。

四、工程竣工验收、保修与后评价阶段

(一) 工程竣工验收

当工程项目按设计文件的规定内容和施工图纸的要求全部建完后,便可组织验收。竣工验收是工程建设过程的最后一环,是投资成果转入生产或使用的标志,也是全面考核基本建设成果、检验设计和工程质量的重要步骤。竣工验收对促进建设项目及时投产,发挥投资效益及总结建设经验,都有重要的作用。通过竣工验收,可以检查建设项目实际形成的生产能力或效益,也可避免项目建成后继续消耗建设费用。

1. 工程竣工验收的程序

根据《建设项目(工程)竣工验收办法》《工程建设监理规定》和《建设工程质量监督管理规定》及其他相关法律规范的规定,建筑工程竣工验收的具体程序如下。

1）施工单位做竣工预检

竣工预检是指工程项目完工后,要求监理工程师验收前,由施工单位自行组织的内部模拟验收。预检是顺利通过正式验收的可靠保证,一般也邀请监理工程师参加。

2）施工单位提交验收申请报告

施工单位决定正式提请验收后向监理单位送交验收申请报告,监理工程师收到验收申请报告后参照工程合同要求、验收标准等进行仔细审查。

3）根据申请报告做现场实验

监理工程师审查完验收申请报告后,若认为可以验收,则应由监理人员组成验收班子对竣工的工程项目进行初验,在初验中发现的质量问题,应及时以书面通知或以备忘录的形式通知施工单位,并令其按有关的质量要求进行修理甚至返工。

4）正式竣工验收

在监理工程师初检合格的基础上,一般由建设单位牵头,组织设计单位、施工单位、工程监理单位及质量监督站、消防、环保等行政部门参加,在规定的时间内正式验收,正式的竣工验收书必须有建设单位、施工单位、监理单位等各方签字方为有效。

2. 工程竣工验收的条件

《建筑法》及《建设工程质量管理条例》等相关法规规定,交付竣工验收的工程,必须具备下列条件:

(1) 完成建设工程设计和合同约定的各项内容;

(2) 有完整的技术档案和施工管理资料;

(3) 有工程使用的主要建筑材料、建筑构配件和设备的进场试验报告;

(4) 有勘察、设计、施工、工程监理等单位分别签署的质量合格文件;

(5) 有施工单位签署的工程保证书。

竣工验收的依据是已批准的可行性研究报告、初步设计或扩大初步设计、施工图和设备技术说明书以及现行施工技术验收的规范和主管部门(公司)有关审批、修改、调整的文件等。

工程验收合格后,方可交付使用。此时,承发包双方应尽快办理固定资产移交手续和工程结算,将所有工程款项结算清楚。

(二) 工程保修

根据《建筑法》及相关法规的规定,工程竣工验收交付使用后,在保修期限内,承包单位要对工程中出现的质量缺陷承担保修与赔偿责任。

1. 工程项目保修的期限

保修的期限应当按照保证建筑物合理寿命内正常使用,维护使用者合法权益的原则确定。按照国务院《建设工程质量管理条例》,建设项目保修期有如下规定:

(1) 基础设施工程、房屋建筑的地基基础工程和主体结构工程,为设计文件规定的该工程的合理使用年限;

(2) 屋面防水工程、有防水要求的卫生间、房间和外墙面的防渗漏为 5 年;

(3) 供热与供冷系统为 2 个采暖期和供热期;

(4) 电气管线、给排水管道、设备安装和装修工程为 2 年;

(5)其他项目的保修期限由承发包双方在合同中规定。建设工程的保修期,自竣工验收合格之日起计算。

2. 工程保修费用处理

关于保修费用的处理问题,根据修理项目的性质、内容,以及检查修理等多种因素的实际情况而定。

(1)由于承包单位未按国家有关规范、标准和设计要求施工造成的质量缺陷,由承包单位负责返修并承担经济责任。

(2)由于设计方面的原因造成的质量缺陷,由设计单位承担经济责任,可由施工单位负责维修,其费用按有关规定通过建设单位向设计单位索赔,不足部分由建设单位负责协同有关方解决。

(3)因建筑材料、建筑构配件和设备质量不合格引起的质量缺陷,属于承包单位采购的或经其验收同意的,由承包单位承担经济责任;属于建设单位采购的,由建设单位承担经济责任。

(4)因使用单位使用不当造成的损坏问题,由使用单位自行负责。

(5)因地震、洪水、台风等不可抗拒原因造成的损坏问题,施工单位、设计单位不承担经济责任,由建设单位负责处理。

(三)投资后评价

1. 概念

建设项目后评价是指对已经完成的工程建设项目或规划的目的、执行过程、效益、作用和影响所进行的系统的、客观的分析。通过对投资活动实践的检查总结,确定投资预期的目标是否达到,项目或规划是否合理有效,项目的主要效益指标是否实现;通过分析评价找出成败的原因,总结经验教训,并通过及时有效的信息反馈,为未来项目的决策和提高完善投资决策管理水平提出建议,同时也为被评项目实施运营中出现的问题提出改进建议,从而达到提高投资效益的目的。

2. 作用

项目后评价对提高建设项目决策科学化水平、改进项目管理和提高投资效益等方面发挥着极其重要的作用。主要表现在以下几个方面:

(1)总结项目管理的经验教训,提高项目管理的水平;

(2)提高项目决策科学化的水平;

(3)为国家投资计划、政策的制定提供依据;

(4)为银行部门及时调整信贷政策提供依据;

(5)可以对企业经营管理进行"诊断",促使项目运营状态的正常化。

3. 后评价机构

我国建设项目后评价的组织机构不应该是项目原可行性研究单位和前评估单位,也不应该是项目实施过程中的项目管理机构,可以是以下一些单位:

(1)国家计划部门项目后评估机构;

(2)国务院各主管部门项目后评估机构;

(3)地方政府项目后评估机构;

(4)银行项目后评估机构;

(5)其他投资主体的项目后评估机构。

任务 4 案例分析

1. 背景

2006年,某市一服装厂为扩大生产规模需要建设一栋综合大楼,10层框架结构,建筑面积20 000 m²。通过工程监理招标,该市某建设监理有限公司中标并与该服装厂于2006年7月16日签订了委托监理合同,合同价款34万元;通过施工招标,该市某建筑公司中标,并与服装厂于2006年8月16日签订了建设工程施工合同,合同价款4 200万元。合同签订后,建筑公司进入现场施工。在施工过程中,服装厂发现建筑公司工程进度拖延并出现质量问题,为此双方出现纠纷,并告到当地政府主管部门。当地政府主管部门在了解情况时,发现该服装厂的综合楼工程未办理规划许可、开工审批手续。

2. 问题

本案中该服装厂有何违法行为?应该如何处理?

3. 分析

(1) 该服装厂未办理综合楼工程的规划许可、开工审批手续,故综合楼工程属违法建设项目。根据《建筑法》第七条规定,建筑工程开工前,建设单位应当按照国家有关规定向工程所在地县级以上人民政府建设行政主管部门申请领取施工许可证。该服装厂未办理开工审批手续,即未申请领取施工许可证就让建筑公司开工建设,违反了工程建设程序,属于违法擅自施工。

另外,该服装厂不具备申请领取施工许可证的条件。根据《建筑法》第八条的规定,在城市规划区的建筑工程,已经取得规划许可证。该服装厂未办理该项工程的规划许可证,就不具备申请领取施工许可证的条件。所以,该服装厂即使申请也不可能获得施工许可证。

(2) 该服装厂应该承担的法律责任。《建筑法》第六十四条规定,未取得施工许可证或者开工报告未经批准擅自施工的,责令改正,对不符合开工条件的责令停止施工,可以处以罚款。《建设工程质量管理条例》第五十七条规定,建设单位未取得施工许可证或者开工报告未经批准,擅自施工的,责令停止施工,限期改正,处工程合同价款1%以上2%以下的罚款。结合本案情况,对该工程应该责令停止施工,限期改正,对建设单位处以罚款,其额度在42万元至84万元之间。

此外,《建筑工程施工许可管理办法》第十二条规定,对于未取得施工许可证或者为规避办理施工许可证将工程项目分解后擅自施工的,由有管辖权的发证机关责令停止施工,限期改正,对建设单位和施工单位分别处以罚款。《建筑工程施工许可管理办法》规定:本办法中的罚款,法律、法规有幅度规定的从其规定;无幅度规定的,有违法所得处5 000元以上30 000元以下的罚款,没有违法所得的处5 000元以上10 000元以下的罚款。因此,对建筑公司也要处以5 000元以上30 000元以下的罚款。

对该服装公司违反规划许可的问题,由城乡规划主管部门依据《中华人民共和国城乡规划法》(以下简称《城乡规划法》)给予相应的处罚。至于原有的施工进度、质量等纠纷,则应当依据合同的约定,选择和解、调解、仲裁、诉讼等法律途径解决。

学习情境 4
建设工程招标投标法律制度

【学习目标】

(1) 了解工程招标投标的相关概念。
(2) 掌握有关招标项目的范围和规模标准、招标投标活动的原则。
(3) 熟悉工程招标投标的基本程序。
(4) 熟悉违反《中华人民共和国招标投标法》等法律法规的法律责任。

【能力目标】

(1) 能熟练掌握必须招标投标的工程项目范围和规模标准。
(2) 能熟练掌握工程招标、投标的工作程序。
(3) 能熟练掌握工程招标、投标、开标、评标的法律规定。
(4) 能熟练进行无效标书的认定。

【引例导入】

某建筑工程具备招标条件,决定进行公开招标。招标人委托某招标代理机构 K 进行招标代理。招标方案由 K 招标代理机构编制,经招标人同意后实施。招标文件规定本项目采取公开招标、资格后审方式选择承包人,同时规定投标有效期为 90 日。2007 年 10 月 12 日下午 4:00 点整为投标截止时间,2007 年 10 月 14 日下午 2:00 点在某某会议室召开开标会议。

2007 年 9 月 15 日,K 招标代理机构在国家指定媒介上发布招标公告。招标公告内容如下:

(1) 招标人的名称和地址;
(2) 招标代理机构的名称和地址;
(3) 招标项目的内容、规模及标段的划分情况;
(4) 招标项目的实施地点和工期;
(5) 对招标文件收取的费用。

2007 年 9 月 18 日,招标人开始出售招标文件。2007 年 9 月 22 日,有两家外省市的施工单位前来购买招标文件,被告知招标文件已停止出售。

截至 2007 年 10 月 12 日下午 4:00,即投标文件递交截止时间,共有 48 家投标单位提交了投标文件。在招标文件规定的时间进行开标,经招标人代表检查投标文件的密封情况后,由招标代理机构当众拆封,宣读投标人名称、投标价格、工期等内容,并由投标人代表对开标结果进行了签字确认。

随后,招标人依法组建的评标委员会对投标人的投标文件进行了评审,最后确定了 A、B、C

学习情境 4 建设工程招标投标法律制度

三家投标人分别为某合同段第一、第二、第三中标候选人。招标人于 2007 年 10 月 28 日向 A 投标人发出了中标通知书,A 中标人于当日确认收到此中标通知书。此后,自 10 月 30 日至 11 月 30 日,招标人又与 A 投标人就合同价格进行了多次谈判,于是 A 投标人将价格在正式报价的基础上下浮了 0.5%,最终双方于 12 月 3 日签订了书面合同。

请分析:本案招投标程序有哪些不妥之处?为什么?

在本案例招投标的过程中存在若干问题,如招标投标的程序及一些时间规定、中标人确定及合同签订等,所以要规范建筑招标投标活动,必须遵循招标投标法规的相关规定。

我国从 20 世纪 80 年代初开始便在建设工程领域引入了招标投标制度,受 1982 年开始的鲁布革水电站引水工程国际招标投标活动的冲击,促使我国从 1992 年通过试点后大力推行招标投标制。2000 年 1 月 1 日,《招标投标法》开始实施,标志着我国正式确立了招标投标的法律制度。建设工程项目的招标与投标活动是在市场经济条件下进行大宗货物买卖和建设工程项目的发包与承包过程中所采用的一种竞争和交易方式。其典型的特点是:需方设定其所需的物资、建设工程、服务项目等的功能、质量、数量、价格、实施期限、方式为主要的标的,在遵循公开、公平、公正和诚实信用的原则下,吸引不特定的供方通过投标竞争,需方则从中选择最佳的合作伙伴与其按合同条件共同实现标的物的行为。它具有公平竞争、节省和合理使用资金、保证建设项目质量优越性和缩短工程建设工期等特点。

任务 1 建设工程招标投标概述

一、招标投标法律制度

《招标投标法》基本上是针对建设工程发包活动而言的,其中大量采用了国际惯例或通用做法,推动我国招标体制产生巨大的变革。

以《招标投标法》为核心,以行政法规、部门规章和地方法律法规为补充,构建了我国建设工程招投标法律体系。2000 年 5 月 1 日,经国务院批准,国家发展和改革委员会(原称国家发展计划委员会)发布了《工程建设项目招标范围和规模标准规定》;2000 年 7 月 1 日,国家发展和改革委员会又发布了《工程建设项目自行招标试行办法》和《招标公告发布暂行办法》;2001 年 7 月 5 日,国家发展和改革委员会、商务部、建设部、铁道部、交通部、信息产业部、水利部联合发布了《评标委员会和评标办法暂行规定》。在这一时期,建设部也连续颁布了第 79 号令《工程建设项目招标代理机构资格认定办法》、第 89 号令《房屋建筑和市政基础设施工程施工招标投标管理办法》以及《房屋建筑和市政基础设施工程施工招标文件范本》(2003 年 1 月 1 日起施行)、第 107 号令《建筑工程施工发包与承包计价管理办法》(2001 年 12 月)等。

2011 年 12 月 20 日,中华人民共和国国务院第 613 号令颁布了《中华人民共和国招标投标法实施条例》,该条例旨在有效贯彻《招标投标法》,细化行为规范,统一交易规则,总结经验教训,针对目前虚假招标、串标围标、违法交易等突出问题,完善相应的行政监管和法律惩防措施,并为招标投标体制机制的创新和持久健康发展提供相应的法规依据。《工程建设项目施工招标投标办法》(第 30 号令)于 2013 年 4 月修订,更加规范了工程建设项目施工招标投标活动。这些法律法规完善了我国建设工程招标投标法律体系。

二、招标投标基本内容

（一）招标投标的概念

招标投标是在市场经济条件下进行工程建设、货物买卖、财产出租、中介服务等经济活动的一种竞争形式和交易方式，是引入竞争机制订立合同（契约）的一种法律形式。它是指招标人对工程建设、货物买卖、劳务承担等交易业务，事先公布选择采购的条件和要求，招引他人承接，若干或众多投标人做出愿意参加业务承接竞争的意思表示，招标人按照规定的程序和办法择优选定中标人的活动。

建设工程招标是指招标人在发包建设项目之前，公开招标或邀请投标人，根据招标人的意图和要求提出报价，择日当场开标，以便从中择优选定中标人的一种经济活动。

建设工程投标是工程招标的对称概念，指具有合法资格和能力的投标人根据招标条件，经过初步研究和估算，在指定期限内编制标书，根据实际情况提出自己的报价，通过竞争企图被招标人选中，并等待开标后决定能否中标的一种交易方式。

从法律意义上来讲，建设工程招标一般是建设单位（或业主）就拟建的工程发布通告，用法定方式吸引建设项目的承包单位参加竞争，进而通过法定程序从中选择条件优越者来完成工程建设任务的法律行为。建设工程投标一般是经过特定审查而获得投标资格的建设项目承包单位，按照招标文件的要求，在规定的时间内向招标单位填报投标书，并争取中标的法律行为。

（二）招标投标的意义

（1）实行建设项目的招标投标基本形成了由市场定价的价格机制，使工程价格更加趋于合理。

（2）实行建设项目的招标投标能够不断降低社会平均劳动消耗水平，使工程价格受到有效控制。

（3）实行建设项目的招标投标便于供求双方更好地相互选择，使工程价格更加符合价值基础，进而更好地控制工程造价。

（4）实行建设项目的招标投标有利于规范价格行为，使公开、公平、公正的原则得以贯彻。

（5）实行建设项目的招标投标能够减少交易费用，节省人力、物力、财力，进而使工程造价有所降低。

（三）建设工程招标投标适用范围

1. 建设工程招标的范围

《招标投标法》第三条规定，凡在中华人民共和国境内进行下列工程建设项目，包括项目的勘察、设计、施工、监理以及与工程建设有关的重要设备、材料等的采购，必须进行招标。一般包括：

1）大型基础设施、公用事业等关系社会公共利益、公共安全的项目

(1)根据国家发展和改革委员会发布的《工程建设项目招标范围和规模标准规定》，关系社会公共利益、公众安全的基础设施项目包括：

① 煤炭、石油、天然气、电力、新能源等能源项目；

② 铁路、公路、管道、水运、航空，以及其他交通运输业等交通运输项目；

③ 邮政、电信枢纽、通信、信息网络等邮电通信项目；
④ 防洪、灌溉、排涝、引(供)水、滩涂治理、水土保持、水利枢纽等水利项目；
⑤ 道路、桥梁、地铁和轻轨交通、污水排放及处理、垃圾处理、地下管道、公共停车场等城市设施项目；
⑥ 生态环境保护项目；
⑦ 其他基础设施项目。

(2) 根据国家发展和改革委员会发布的《工程建设项目招标范围和规模标准规定》，关系社会公共利益、公众安全的公用事业项目包括：
① 供水、供电、供气、供热等市政工程项目；
② 科技、教育、文化等项目；
③ 体育、旅游等项目；
④ 卫生、社会福利等项目；
⑤ 商品住宅，包括经济适用住房；
⑥ 其他公用事业项目。

2) 全部或者部分使用国有资金投资或国家融资的项目

(1) 根据国家发展和改革委员会发布的《工程建设项目招标范围和规模标准规定》，使用国有资金投资的项目包括：
① 使用各级财政预算资金的项目；
② 使用纳入财政管理的各种政府性专项建设基金的项目；
③ 使用国有企业事业单位自有资金，并且国有资产投资者实际拥有控制权的项目。

(2) 根据国家发展和改革委员会发布的《工程建设项目招标范围和规模标准规定》，国家融资项目包括：
① 使用国家发行债券所筹资金的项目；
② 使用国家对外借款或者担保所筹资金的项目；
③ 使用国家政策性贷款的项目；
④ 国家授权投资主体融资的项目；
⑤ 国家特许的融资项目；
⑥ 使用国际组织或者外国政府贷款、援助资金的项目。

(3) 根据国家发展和改革委员会发布的《工程建设项目招标范围和规模标准规定》，使用国际组织或者外国政府资金的项目包括：
① 使用世界银行、亚洲开发银行等国际组织贷款资金的项目；
② 使用外国政府及其机构贷款资金的项目；
③ 使用国际组织或者外国政府援助资金的项目。

2. 建设工程招标的规模标准

《工程建设项目招标范围和规模标准规定》中规定的上述各类建设工程项目的勘察、设计、施工、监理，以及与工程建设有关的重要设备、材料等的采购，达到下列标准之一的，必须进行招标。

(1) 施工单项合同估算价在200万元人民币以上的。
(2) 重要设备、材料等货物的采购，单项合同估算价在100万元人民币以上的。

(3) 勘察、设计、监理等服务的采购,单项合同估算价在 50 万元人民币以上的。

(4) 单项合同估算价低于第(1)、(2)、(3)项规定的标准,但项目总投资额在 3 000 万元人民币以上的。

3. 可以不进行招标的项目

属于下列情形之一的,经项目主管部门批准,可以不进行招标,采用直接委托的方式发包建设任务。

(1) 涉及国家安全、国家秘密或者抢险救灾而不适宜招标的。

(2) 属于利用扶贫资金实行以工代赈、需要使用农民工的。

(3) 需要采用不可替代的专利或者专有技术的。

(4) 施工企业自建自用的工程,且该施工企业资质等级符合工程要求的。

(5) 在建工程追加的附属小型工程或者主体加层工程,且承包人未发生变更的。

(6) 需要向原中标人采购工程、货物或者服务,否则将影响施工或者功能配套要求的。

(7) 国家法律法规规定的其他特殊情形。

(四) 招标投标活动遵循的基本原则

招标投标制度是市场经济的产物,并伴随着市场经济的发展而逐步推广,必然要遵循市场经济活动的基本原则。《招标投标法》第五条规定,招标投标活动应当遵循公开、公平、公正和诚实信用的原则。

1. 公开原则

要求招标投标活动具有较高透明度,包括信息公开、开标程序公开、评标标准公开和中标结果公开。

2. 公平原则

要求招标人严格按照已规定的条件、标准、程序等同等地对待所有的潜在投标人,给予所有投标人平等参与竞争的机会,不得有意排斥、歧视任何一方,不得限制公平竞争。

3. 公正原则

要求所有招标投标活动必须按照规定的时间和程序进行,以尽可能保障招标投标各方的合法权益,做到程序公正;招标投标标准应当具有唯一性,对所有投标人实行同一标准,确保标准公正。

4. 诚实信用原则

要求招标人、投标人都应以诚实、守信、善意、实事求是的态度参与招投标活动,不得尔虞我诈,不得以损害他人、国家和社会利益为代价获取不法利益。

(五) 招标方式

《招标投标法》第十条规定,招标方式分为公开招标和邀请招标。

1. 公开招标

公开招标又称为无限竞争招标,是由招标单位通过报刊、广播、电视等方式发布招标广告,有投标意向的承包商均可参加投标资格审查,审查合格的承包商可购买或领取招标文件,参加投标的招标方式。

公开招标方式的优点是:投标的承包商多,竞争范围大,业主有较大的选择余地,有利于降低工程造价,提高工程质量和缩短工期。其缺点是:由于投标的承包商多,招标工作最大,组织工作复杂,需要投入较多的人力、物力,招标过程所需时间较长,因而此类招标方式主要适用于投资额度大、工艺、结构复杂的较大型工程建设项目。

公开招标的特点一般表现为以下几个方面。

1) 公开招标是最具竞争性的招标方式

它参与竞争的投标人数量最多,且只要符合相应的资质条件便不受限制,只要承包商愿意便可参加投标,在实际生活中,常常少则十几家,多则几十家甚至上百家,因而竞争程度最为激烈。它可以最大限度地为一切有实力的承包商提供一个平等竞争的机会,招标人也有最大容量的选择范围,可在为数众多的投标人之间择优选择一个报价合理、工期较短、信誉良好的承包商。

2) 公开招标是程序最完整、最规范、最典型的招标方式

它形式严密,步骤完整,运作环节环环相扣。公开招标是适用范围最为广阔、最有发展前景的招标方式。在国际上,谈到招标通常都是指公开招标。在某种程度上,公开招标已成为招标的代名词,因为公开招标是工程招标通常使用的方式。

3) 公开招标是所需费用最高、花费时间最长的招标方式

由于竞争激烈,程序复杂,组织招标和参加投标需要做的准备工作和需要处理的实际事务比较多,特别是编制、审查有关招标投标文件的工作量十分大。

2. 邀请招标

邀请招标又称为有限竞争性招标。这种方式不发布广告,业主根据自己的经验和所掌握的各种信息资料,向有承担该项工程施工能力的 3 个以上(含 3 个)承包商发出投标邀请书,收到邀请书的单位有权利选择是否参加投标。邀请招标与公开招标一样都必须按规定的招标程序进行,要制定统一的招标文件,投标人都必须按招标文件的规定进行投标。

国务院发展计划部门确定的国家重点建设项目和各省、自治区、直辖市人民政府确定的地方重点建设项目,以及全部使用国有资金投资或者国有资金投资占控股或者主导地位的工程建设项目,应当公开招标;有下列情形之一的,经批准可以进行邀请招标。

(1) 项目技术复杂或有特殊要求,只有少量几家潜在投标人可供选择的。

(2) 受自然地域环境限制的。

(3) 涉及国家安全、国家秘密或者抢险救灾,适宜招标但不宜公开招标的。

(4) 拟公开招标的费用与项目的价值相比不值得的。

(5) 法律、法规规定不宜公开招标的。

邀请招标方式的优点是:参加竞争的投标商数目可由招标单位控制,目标集中,招标的组织工作较容易,工作量比较小。其缺点是:由于参加的投标单位相对较少,竞争性范围较小,因此招标单位对投标单位的选择余地较少,如果招标单位在选择被邀请的承包商前所掌握的信息资料不足,则会失去发现最适合承担该项目的承包商的机会。

3. 公开招标和邀请招标的区别

(1) 发布信息的方式不同。公开招标发布信息的方式是招标公告,而邀请招标是投标邀请书。

(2) 选择承包人的范围不同。公开招标是面向全社会,一切潜在的对招标项目感兴趣的法人和其他经济组织都可以参加投标竞争。邀请招标所针对的对象是事先已了解的法人和其他经济组织,投标人数量有限。

(3) 公开程度不同。公开招标中所有的活动都必须严格按照预先程序及标准公开进行,而邀请招标的公开程度要相对逊色一些。

(4) 时间和费用不同。公开招标程序复杂,所花费的时间和费用相对较多。

(六) 招标组织方式

《招标投标法》第十二条规定:"招标人具有编制招标文件和组织评标能力的,可以自行办理招标事宜。任何单位和个人不得强制其委托招标代理机构办理招标事宜。依法必须进行招标的项目,招标人自行办理招标事宜的,应当向有关行政监督部门备案。"如果招标人不具备自行招标的条件,则招标人有权自行选择招标代理机构,委托其办理招标事宜。招标组织方式主要包括自行招标和代理招标两类。

1. 自行招标

为了保证招标行为的规范化,达到招标投标方式选择最合适承包人的预期目的,招标人自行招标应满足以下条件。

(1) 具有项目法人资格或者法人资格。

(2) 具有与招标项目规模和复杂程度相适应的工程技术、经济、财务和工程管理等方面专业技术力量。

(3) 有从事同类工程建设项目招标的经验。

(4) 设有专门的招标机构或者拥有 3 名以上专职招标业务人员。

(5) 有组织编制招标文件、开标、评标、定标的能力。

(6) 熟悉和掌握招标投标法及有关法规规章。

同时,《招标投标法》还规定,依法必须进行招标的项目,招标人自行办理招标事宜的,应当向有关行政监督部门备案。

2. 代理招标

建设工程代理招标是指工程招标代理机构接受招标人的委托,从事工程的咨询、勘察、设计、施工、监理以及与工程建设有关的重要设备(进口机电设备除外)、材料采购招标的代理业务的行为。代理招标能够帮助不具有编制招标文件和组织评标能力的招标人选择能力强和资信好的投标人,以保证工程项目的顺利实施和建设目标的实现。

申请工程招标代理资格的机构应当具备下列条件。

(1) 是依法设立的中介组织,具有独立法人资格。

(2) 与行政机关和其他国家机关没有行政隶属关系或者其他利益关系。

(3) 有固定的营业场所和开展工程招标代理业务所需设施及办公条件。

(4) 有健全的组织机构和内部管理的规章制度。

(5) 具备编制招标文件和组织评标的相应专业力量。

(6) 具有可以作为评标委员会成员人选的技术、经济等方面的专家库。

(7) 法律、行政法规规定的其他条件。

3. 招标代理机构的资质等级

工程招标代理机构资质等级分为甲、乙两级。甲级工程招标代理机构资格按行政区划,由省、自治区、直辖市人民政府建设行政主管部门初审,报国务院建设行政主管部门认定。乙级工程招标代理机构资格由省、自治区、直辖市人民政府建设行政主管部门认定,报国务院建设行政主管部门备案。

任务 2 招标、投标、开标、评标、定标的工作程序和内容

建设工程招标投标程序是指建设工程活动按照一定的时间、空间顺序运作的顺序、步骤和方式。始于相关招标准备工作,终于发出中标通知书并签订合同。《招标投标法》中规定的招标工作包括招标、投标、开标、评标、定标几个主要阶段。建设工程招标投标是由一系列前后衔接、层次明确的工作步骤构成的。工程招投标程序框架图如图4-1所示。

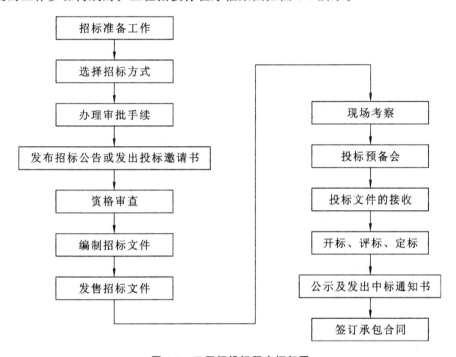

图4-1 工程招投标程序框架图

一、招标

(一)招标准备工作

工程建设招标活动必须有一个专门组织机构,即招标委员会或招标小组,具备编制招标文件和组织评标的能力,才可以自行组织招标;如果不具备法定条件,则应委托招标代理机构组织招标。

(二)选择招标方式

《招标投标法》第十六条规定:"招标人采用公开招标方式的,应当发布招标公告。依法必须进行招标的项目的招标公告,应当通过国家指定的报刊、信息网络或者其他媒介发布。"招标人采用邀请招标方式的,应当向3个以上具备承担招标项目的能力、资信良好的特定的法人或者其他组织发出投标邀请书。

招标公告应当载明招标人的名称和地址、招标项目的性质、数量、实施地点和时间以及获取

招标文件的办法等事项。

在一般情况下应当采用公开招标,邀请招标只有在招标项目符合一定的条件时才可以采用。

(三)办理审批手续

依法必须进行招标的工程建设项目,按工程建设项目审批管理规定,凡应报送项目审批部门审批的,招标人必须将招标范围、招标方式、招标组织形式等有关招标内容报项目审批部门核准。对采用邀请招标的,一般要经过相关行政主管机关批准。

招标申请书是招标人向政府主管机构提交的要求开始组织招标、办理招标事宜的一种文书。其主要内容包括招标工程具备的条件、招标的工程内容和范围、拟采用的招标方式和对投标人的要求、招标人或者招标代理人的资质等。

(四)发布招标公告或发出投标邀请书

1. 招标公告与投标邀请书的内容

招标公告是指采用公开招标方式的招标人(或招标代理机构)向所有潜在的投标人发出的一种广泛的通告。投标邀请书是指采用邀请招标方式的招标人向3个以上具备承担招标项目能力、资信良好的特定法人或者其他组织发出的参加投标的邀请。

根据《工程建设项目施工招标投标办法》第十四条的规定,招标公告或者投标邀请书应当至少载明下列内容:①招标人的名称和地址;②招标项目的内容、规模、资金来源;③招标项目的实施地点和工期;④获取招标文件或者资格预审文件的地点和时间;⑤对招标文件或者资格预审文件收取的费用;⑥对招标人的资质等级的要求。

2. 招标公告的发布

为了规范招标公告发布行为,保证潜在投标人平等、便捷、准确地获取招标信息,根据《招标投标法》,国家发展和改革委员会于2000年7月1日颁布了《招标公告发布暂行办法》。该办法对依法必须招标项目的招标公告发布活动做出了以下主要规定。

1)发布的媒介

依法必须招标项目的招标公告必须在指定媒介发布。招标公告的发布应当充分公开,任何单位和个人不得非法限制招标公告的发布地点和发布范围。依法必须指定媒介发布招标项目的招标公告,不得收取费用,但发布国际招标公告的除外。指定媒介应与招标人或其委托的招标代理机构就招标公告的内容进行核实,经双方确认无误后在收到招标公告文本之日起7日内发布招标公告。

国家发改委根据国务院授权,按照相对集中、适度竞争、分布合理的原则,指定发布依法必须招标项目招标公告的报纸、信息网络等媒介,对招标公告发布活动进行监督。

2)招标公告发布的相关规定

拟发布的招标公告文本应当由招标人或其委托的招标代理机构的主要负责人签名并加盖公章。招标人或其委托的招标代理机构发布招标公告,应当向指定媒介提供营业执照(或法人证书)、项目批准文件的复印件等证明文件。

招标人或其委托的招标代理机构应至少在一家指定的媒介发布招标公告。指定报纸在发布招标公告的同时,应将招标公告如实抄送指定网络。招标人或其委托的招标代理机构在2个以上媒介发布的同一招标项目的招标公告的内容应当相同。

（五）资质审查

《招标投标法》第十八条规定："招标人可以根据招标项目本身的要求，在招标公告或者投标邀请书中，要求潜在投标人提供有关资质证明文件和业绩情况，并对潜在投标人进行资格审查；国家对投标人的资格条件有规定的，依照其规定。招标人不得以不合理的条件限制或者排斥潜在投标人，不得对潜在投标人实行歧视待遇。"

1. 资格审查的类型

资格审查分为资格预审和资格后审。资格预审是指在投标前对潜在投标人进行的资格审查。资格后审是指在开标后对投标人进行的资格审查。进行资格预审的，一般不再进行资格后审，但招标文件另有规定的除外。

采取资格预审的，招标人可以发布资格预审公告。招标人应当在资格预审文件中载明资格预审的条件、标准和方法，包括资格预审申请书格式、申请人须知以及需要投标申请人提供的企业资质、业绩、技术装备、财务状况和拟派出的项目经理与主要技术人员的简历、业绩等证明材料。采取资格后审的，招标人应当在招标文件中载明对投标人资格要求的条件、标准和方法。

经资格预审后，招标人应当向资格预审合格的潜在投标人发出资格预审合格通知书，告知获取招标文件的时间、地点和方法，并同时向资格预审不合格的潜在投标人告知资格预审结果。在资格预审合格的投标申请人过多时，可以由招标人从中选择不少于7家资格预审合格的投标申请人。资格预审不合格的潜在投标人不得参加投标。

2. 资格审查的内容

资格审查应主要审查潜在投标人或者投标人是否符合下列条件：①具有独立订立合同的权利；②具有履行合同的能力，包括专业、技术资格和能力，资金、设备和其他物质设施状况，管理能力，经验、信誉和相应的从业人员；③没有处于被责令停业，投标资格被取消，财产被接管、冻结，破产状态；④在最近3年内没有骗取中标和严重违约及重大工程质量问题；⑤法律、行政法规规定的其他资格条件。

资格审查时，招标人不得以不合理的条件限制、排斥潜在投标人或者投标人，不得对潜在投标人或者投标人实行歧视待遇。任何单位和个人不得以行政手段或者其他不合理方式限制投标人的数量。

（六）编制招标文件

1. 招标文件的内容

招标文件是确定招标投标基本步骤与内容的基本文件，是整个招标中最重要的一环，它关系到招标的成败。《招标投标法》第十九条规定："招标人应当根据招标项目的特点和需要编制招标文件。招标文件应当包括招标项目的技术要求、对投标人资格审查的标准、投标报价要求和评标标准等所有实质性要求和条件以及拟签订合同的主要条款。"

根据《工程建设项目施工招标投标办法》第二十四条的规定，招标人根据施工招标项目的特点和需要编制招标文件，招标文件一般包括下列内容：①投标公告或投标邀请书；②投标人须知；③合同主要条款；④投标文件格式；⑤采用工程量清单招标的，应当提供工程量清单；⑥技术条款；⑦设计图纸；⑧评标标准和方法；⑨投标辅助材料。

2. 招标文件的修改

《招标投标法》第二十三条规定，招标人对已发出的招标文件进行必要的澄清或者修改的，应当在招标文件要求提交投标文件截止时间至少 15 日前,以书面形式通知所有招标文件收受人。该澄清或者修改的内容为招标文件的组成部分。

3. 招标文件的时限

根据《招标投标法》第二十四条的规定,招标人应当确定投标人编制投标文件所需要的合理时间;但是,依法必须进行招标的项目,自招标文件开始发出之日起至投标人提交投标文件截止之日止,最短不得少于 20 日。对建筑工程设计招标,《建筑工程设计招投标管理办法》第十一条规定:"招标人要求投标人提交投标文件的时限为:特级和一级建筑工程不少于 45 日;二级以下建筑工程不少于 30 日;进行概念设计招标的,不少于 20 日。"

4. 标底及保密的规定

《工程建设项目施工招标投标办法》第三十四条规定:"招标人可根据项目特点决定是否编制标底。编制标底的,标底编制过程和标底在开标前必须保密。"《招标投标法》第二十二条规定:"招标人不得向他人透露已获取招标文件的潜在的投标人的名称、数量以及可能影响公平竞争的有关招标投标的其他情况。招标人设有标底的,标底必须保密。"

招标项目编制标底的,应根据批准的初步设计、投资概算,依据有关计价办法,参照有关工程定额,结合市场供求状况,综合考虑投资、工期和质量等方面的因素合理确定。标底由招标人自行编制或委托中介机构编制。一个工程只能编制一个标底。任何单位和个人不得强制招标人编制或报审标底,或干预其确定标底。招标项目可以不设标底,进行无标底招标。

(七)发售招标文件

招标文件一般按照套数发售。向投标人供应招标的文件套数可以根据招标项目的复杂程度等来确定,一般是一个投标人一套。投标人应当负担自己投标的所有费用,购买招标文件及其他有关文件的费用不论中标与否都不予退还。

(八)组织踏勘现场和标前会议

招标人根据招标项目的具体情况,可以组织潜在投标人踏勘现场,向其介绍工程场地和周围环境的有关情况。踏勘现场后,招标人应组织标前会议。标前会议也称投标预备会,是招标人按投标须知规定的时间和地点召开的会议。对于投标人欲在针对招标文件和现场踏勘中提出的问题,招标人应以书面形式做出解答。该解答的内容为招标文件的组成部分。

二、投标

(一)建设工程投标主体

1. 投标人应具备的条件

建设工程投标人是响应建设工程招标、参加投标竞争的法人或其他组织。投标人应当具备以下条件:

(1)投标人应当具备承担招标项目的能力。投标人应当具备与投标项目相适应的技术力量、机械设备、人员、资金等方面的能力,具有承担该招标项目的能力。参加投标项目是投标人的营业执照中的经营范围所允许的,并且投标人要具备相应的资质等级。

(2)投标人应当符合招标文件规定的资格条件。《招标投标法》第二十六条规定:"国家有关规定对投标人资格条件或者招标文件对投标人资格条件有规定的,投标人应当具备规定的资格条件。"

2. 联合体投标

1）联合体的概念

投标联合体是两个以上的法人或者其他组织为共同投标组成的,以一个投标人的身份共同参与投标的非法人组织。在工程实践中,联合体投标联合各方的优势,有利于实现对工程建设项目的控制。

2）联合体的资格条件

联合体各方均应当具备承担招标项目的相应能力,国家有关规定或者招标文件对投标人资格条件有规定的,联合体各方均应当具备规定的相应资格条件。由同一专业、不同资质等级单位组成的联合体,根据"就低不就高"的原则,按照资质等级较低的单位确定联合体的资质等级。

3）联合体各方的权利和义务

联合体各方应当签订共同投标协议,明确约定各方拟承担的工作和责任,并将共同投标协议连同投标文件一并提交招标人。联合体中标的,联合体各方应当共同与招标人签订合同,就中标项目向招标人承担连带责任。

联合体各方签订共同投标协议后,不得再以自己名义单独投标,也不得组成新的联合体或参加其他联合体在同一项目中投标。联合体参加资格预审并获通过的,其组成的任何变化都必须在提交投标文件截止之日前征得招标人的同意。如果变化后的联合体削弱了竞争,含有事先未经过资格预审或者资格预审不合格的法人或者其他组织,或者使联合体的资质降到资格预审文件中规定的最低标准以下,招标人有权拒绝。联合体各方必须指定牵头人,授权其代表所有联合体成员负责投标和合同实施阶段的主办、协调工作,并应当向招标人提交由所有联合体成员法定代表人签署的授权书。联合体投标的,应当以联合体各方或者联合体中牵头人的名义提交投标保证金。以联合体中牵头人名义提交的投标保证金,对联合体各成员具有约束力。

（二）建设工程投标文件编制

投标文件是投标人根据招标人在招标文件中的要求,并结合自身的情况而编制以提供给招标人的一系列文件。根据《招标投标法》的规定,投标文件应当对招标文件提出的实质性要求和条件做出响应。招标项目属于建设施工的,投标文件的内容应当包括拟派出的项目负责人与主要技术人员的简历、业绩和拟用于完成招标项目的机械设备等。投标人根据招标文件载明的项目实际情况,拟在中标后将中标项目的部分非主体、非关键性工作进行分包的,应当在招标文件中载明。

《工程建设项目施工招标投标办法》第三十六条规定,投标人应当按照招标文件的要求编制投标文件,投标文件应当对招标文件提出的实质性要求和条件做出响应。投标文件一般包括下列内容:投标函、投标报价、施工组织设计、商务和技术偏差表。

投标人在招标文件要求提交投标文件的截止时间前,可以补充、修改或者撤回已提交的投标文件,并书面通知招标人。补充、修改的内容为投标文件的组成部分。

（三）建设工程投标担保

投标担保是指为防止投标人不审慎进行投标活动而设定的一种担保形式。招标人不希望投标人在投标有效期内随意撤回标书或中标后不能提交履约保证金和签订合同。

根据《工程建设项目施工招标投标办法》第三十七条的规定,招标人可以在招标文件中要求投标人提交投标保证金,投标保证金除现金外,可以是银行出具的银行保函、保兑支票、银行汇票或现金支票。投标保证金一般不得超过投标总价的2%,但最高不得超过80万元人民币。投标保证金有效期应当超出投标有效期30日。投标人应当按照招标文件要求的方式和金额,将投标保证金随投标文件提交给招标人。投标不按招标文件的要求提交投标保证金的,该投标文件将被拒绝,作废标处理。

投标保证金被没收的情形有以下两种:①投标人在有效期内撤回其投标文件;②中标人未能在规定期限内提交履约保证金或签署合同协议。

(四)建设工程投标文件的送达

《招标投标法》第二十八条规定:"投标人应当在招标文件要求提交投标文件的截止时间前,将投标文件送达投标地点。招标人收到投标文件后,应当签收保存,不得开启。投标人少于三个的,招标人应当依照本法重新招标。在招标文件要求提交投标文件的截止时间后送达的投标文件,招标人应当拒收。"

三、开标

(一)开标形式

开标是招标人按照招标公告或者投标邀请函规定的时间、地点,当众开启所有投标人投标文件,宣读投标人名称、投标价格和投标文件的其他主要内容的过程。

《招标投标法》第三十四条规定:"开标应当在招标文件确定的提交投标文件截止时间的同一时间公开进行;开标地点应当为招标文件中预先确定的地点。"第三十五条规定:"开标由招标人主持,邀请所有投标人参加。"

(二)开标程序

《招标投标法》第三十六条详细规定了开标的程序及其注意事项,具体内容如下。

(1)检查投标文件的密封情况。开标时,由投标人或者其推选的代表检查投标文件的密封情况,也可以由招标人委托的公证机构检查并公证。招标人委托公证机构公证的,应当遵守司法部于1992年10月19日制定实施的《招标投标公证程序细则》的有关规定。

(2)拆封投标文件。经确认无误后,由工作人员当众拆封。

(3)宣读投标人名称、投标价格和投标文件的其他主要内容。

开标过程应当记录,并存档备查。在宣读投标人名称、投标价格和投标文件的其他主要内容时,招标主持人对公开开标所读的每一项,按照开标时间的先后顺序进行记录,开标机构应当事先准备好开标记录的登记表册,开标填写后作为正式记录,保存于开标机构。开标记录的内容包括:项目名称、招标号、刊登招标公告的日期、发售招标文件的日期、购买招标文件的单位名称、投标人的名称及报价、截标后收到投标文件的处理情况等。

(三)开标时投标文件无效的几种情形

根据《房屋建筑与市政基础设施工程施工招标投标管理办法》第三十五条的规定,在开标时,投标文件出现下列情形之一的,应当作为无效投标文件,不得进入评标:

(1)投标文件未按照招标文件的要求予以密封的;

(2)投标文件中的投标函未加盖投标人的企业及企业法定代表人印章的,或者企业法定代表人委托代理人没有合法、有效的委托书(原件)及委托代理人印章的;

(3)投标文件的关键内容字迹模糊、无法辨认的;

(4)投标人未按照招标文件的要求提供投标保函或者投标保证金的;

(5)组成联合体投标的,投标文件未附联合体各方共同投标协议的。

四、评标

评标是招标人根据招标文件的要求,对投标人所报送的投标文件进行审查及评议的过程。评标应在开标后立即进行。评标的目的在于从技术、经济、法律、组织和管理等方面对每份投标书加以分析评标,以推荐合格的中标候选人,或直接确定中标人。

(一)评标委员会

1. 评标委员会的组成

评标委员会也叫作评标专家委员会,是由招标人聘请各方面的专家组成,具有独立实施评标职能的组织。《招标投标法》第三十七条规定:"评标由招标人依法组建的评标委员会负责。依法必须进行招标的项目,其评标委员会由招标人的代表和有关技术、经济等方面的专家组成,成员人数为五人以上单数,其中技术、经济等方面的专家不得少于成员总数的三分之二。"

2. 评标专家资格

为保证评标的质量,参加评标的专家必须是具有较高的专业水平,并有丰富的实际工作经验,对相关业务相当熟悉的专业技术人员。

评标专家应符合下列条件:

(1)从事相关专业领域工作满8年并具有高级职称或者同等专业水平;

(2)熟悉有关招标投标的法律法规,并具有与招标项目相关的实践经验;

(3)能够认真、公正、诚实、廉洁地履行职责。

有下列情形之一的,不得担任评标委员会成员:

(1)投标人或者投标主要负责人的近亲属;

(2)项目主管部门或者行政监督部门的人员;

(3)与投标人有经济利益关系,可能影响对投标公正评审的;

(4)曾因在招标、评标,以及其他与招标投标有关活动中从事违法行为而受过行政处罚或刑事处罚的。

3. 评标专家人选的确定

为防止招标人选定评标专家的主观随意性,《招标投标法》规定:"评标专家由招标人从国务院有关部门或者省、自治区、直辖市人民政府有关部门提供的专家名册或者招标代理机构的专家库内的相关专业的专家名单中确定。一般招标项目可以采取随机抽取方式,特殊招标项目可以由招标人直接确定。与投标人有利害关系的人不得进入相关项目的评标委员会,已经进入的应当更换。为了避免在评标中,评标委员会的成员受投标人的贿买而替某投标人说话,评标委员会成员的名单在中标结果确定前应当保密。"

(二)评标时废标的情形

《工程建设项目施工招标投标办法》规定,投标文件有下列情形之一的,由评标委员会初审后按废标处理:

(1)无单位盖章并无法定代表人或法定代表人授权的代理人签字或盖章的;

(2)未按规定的格式填写,内容不全或关键内容字迹模糊、无法辨认的;

(3)投标人递交两份或多份内容不同的投标文件,或在一份投标文件中对同一招标项目报有两个或多个报价,且未声明哪一个有效的,按招标文件规定提交备选投标方案的除外;

（4）投标人名称或组织结构与资格预审时不一致的；
（5）未按招标文件要求提交投标保证金的；
（6）联合体投标未附联合体各方共同投标协议的。

（三）评标的原则和方法

评标应当以招标文件确定的评标标准和方法为依据，以"公正、科学、严谨"为原则。任何单位和个人不得非法干预、影响评标的过程和结果，评标工作应该在严格保密的情况下进行。评标方法包括经评审的最低投标价法、综合评估法或者法律以及行政法规允许的其他评标方法。

（四）评标的结果

评标委员会完成评标后，应当向招标人提出书面评标报告，并抄送有关行政监督部门。评标报告应当如实记载以下内容：基本情况和数据表，评标委员会成员名单，开标记录，符合要求的投标一览表，废标情况说明，评标标准、评标方法或者评标因素一览表，经评审的价格或者评分比较一览表，经评审的投标人排序，推荐的中标候选人名单与签订合同前要处理的事宜，澄清、说明、补正事项纪要。

评标报告由评标委员会全体成员签字。对评标结论持有异议的评标委员会成员，可以以书面方式阐述其不同意见和理由。评标委员会成员拒绝在评标报告上签字且不陈述其不同意见和理由的，视为同意评标结论。评标委员会应当对此做出书面说明并记录在案。向招标人提交书面评标报告后，评标委员会即宣告解散。评标过程中使用的文件、表格以及其他资料应当即时归还招标人。评标委员会推荐的中标候选人应当限定为1～3人，并标明排列顺序。招标人也可以授权评标委员会直接确定中标人。

五、定标

（一）确定中标人

招标人应该在评标报告中确定中标人或授权委托招标委员会直接确定中标人。中标人的投标应当符合下列条件：

（1）能够最大限度地满足招标文件中规定的各项综合评价标准；
（2）能够满足招标文件的实质性要求，并且经评审的投标价格最低，但是投标价格低于成本的除外。

使用国有资金投资或者国家融资的项目，招标人应当确定排名第一的中标候选人为中标人。排名第一的中标候选人放弃中标、因不可抗力提出不能履行合同，或者招标文件规定应当提交履约保证金而在规定的期限内未能提交的，招标人可以确定排名第二的中标候选人为中标人。排名第二的中标候选人因同样原因不能签订合同的，招标人可以确定排名第三的中标候选人为中标人。

（二）中标通知书

中标通知书是指招标人在确定中标人后，向中标人发出的通知其中标的书面凭证。对未中标的其他投标人，招标人也应当向其发出未中标的通知书，告知中标结果。

中标通知书对招标人和中标人具有法律效力。招标人和中标人应当在法律规定的时限内订立书面合同。《招标投标法》第四十六条规定："招标人和中标人应当自中标通知书发出之日起三十日内,按照招标文件和中标人的投标文件订立书面合同。招标人与中标人不得再行订立背离合同实质性内容的其他协议。"合同实质性内容包括投标价格、投标方案等涉及招标人和中标人权利和义务关系的实体内容。

中标通知书发出后,由于招标人或投标人一方原因致使在三十日之内没有签订建设工程合同,如招标人改变中标结果,或者中标人放弃中标项目的,有过错一方必须承担法律责任。由于建设工程合同必须以书面方式签订,所以根据《中华人民共和国合同法》(以下简称《合同法》)的有关规定,仅发出中标通知书并不代表合同成立,因此有过错一方须承担缔约过失责任,而不是违约责任。

(三) 履约担保与付款担保

要求中标人提供履约担保是国际工程惯例。履约担保除可以采用履约保证金这种形式外,还可以采用银行、保险公司或担保公司出具履约保函,通常为建设工程合同金额的10%左右。在招标文件中,招标人应当就提交履约担保的方式做出规定,中标人应当按照招标文件中的规定提交履约担保,中标人不按照招标文件的规定提交履约担保的,将失去订立合同的资格,其提交的投标保证金不予退还。

同样,投标人也可要求招标人提供付款担保。建设工程合同中设立付款担保条款,是为了保证招标人(发包人)按合同约定向中标人(承包人)支付工程款。根据《合同法》的规定,当事人应当遵循公平原则确定双方的权利和义务,建设工程合同当事人的权利和义务应当是对等的。

《工程建设项目施工招标投标办法》第六十二条规定:"招标人要求中标人提供履约保证金或其他形式履约担保的,招标人应当同时向中标人提供工程款支付担保。招标人不得擅自提高履约保证金,不得强制要求中标人垫付中标项目建设资金。"

(四) 招标投标书面报告

根据《工程建设项目施工招标投标办法》第六十五条的规定,依法必须进行施工招标的项目,招标人应当自发出中标通知书之日起15日内,向有关行政监督部门提交招标投标情况的书面报告。书面报告至少应包括下列内容:

(1) 招标范围;
(2) 招标方式和发布招标公告的媒介;
(3) 招标文件中投标人须知、技术条款、评标标准和方法、合同主要条款等内容;
(4) 评标委员会的组成和评标报告;
(5) 中标结果。

任务 3 违反招标投标法的法律责任

为了保护国家利益、社会公共利益和招标投标活动当事人的合法权益,规范招标投标活动,保证工程项目质量,我国以法律的形式规范工程招标投标的各过程,违者将负一定的法律责任。

一、招标人的法律责任

1. 根据《招标投标法》的规定,招标人有下列法律责任

(1) 必须进行招标的项目而不招标的,将必须进行招标的项目化整为零或者以其他任何方式规避招标的,责令限期改正,可以处项目合同金额 5‰以上 1‰以下的罚款;对全部或者部分使用国有资金的项目,可以暂停项目执行或者暂停资金拨付;对单位直接负责的主管人员和其他直接责任人员依法给予处分。

(2) 招标人以不合理的条件限制或者排斥潜在投标人的,对潜在投标人实行歧视待遇的,强制要求投标人组成联合体共同投标的,或者限制投标人之间竞争的,责令改正,可以处 1 万元以上 5 万元以下的罚款。

(3) 依法必须进行招标的项目的招标人向他人透露已获取招标文件的潜在投标人的名称、数量或者可能影响公平竞争的有关招标投标的其他情况的,或者泄露标底的,给予警告,可以并处 1 万元以上 10 万元以下的罚款;对单位直接负责的主管人员和其他直接责任人员依法给予处分;构成犯罪的,依法追究刑事责任。所列行为影响中标结果的,中标无效。

(4) 依法必须进行招标的项目,招标人违反《招标投标法》规定,与投标人就投标价格、投标方案等实质性内容进行谈判的,给予警告;对单位直接负责的主管人员和其他直接责任人员依法给予处分。所列行为影响中标结果的,中标无效。

(5) 招标人在评标委员会依法推荐的中标候选人以外确定中标人的,依法必须进行招标的项目在所有投标被评标委员会否决后自行确定中标人的,中标无效,责令改正,可以处中标项目金额 0.5%以上 1%以下的罚款;对单位直接负责的主管人员和其他直接责任人员依法给予处分。

(6) 招标人与中标人不按照招标文件和中标人的投标文件订立合同的,或者招标人、中标人订立背离合同实质性内容的协议的,责令改正;可以处中标项目金额 0.5%以上 1%以下的罚款。

2. 根据《中华人民共和国招标投标法实施条例》的规定,招标人有下列法律责任

(1) 招标人有下列情形之一的,由有关行政监督部门责令改正,可以处 10 万元以下的罚款:
① 依法应当公开招标而采用邀请招标;
② 招标文件、资格预审文件的发售、澄清、修改的时限,或者确定的提交资格预审申请文件、投标文件的时限不符合招标投标法和本条例规定;
③ 接受未通过资格预审的单位或者个人参加投标;
④ 接受应当拒收的投标文件。

招标人有前款第①项、第③项、第④项所列行为之一的,对单位直接负责的主管人员和其他直接责任人员依法给予处分。

(2) 招标人超过本条例规定的比例收取投标保证金、履约保证金或者不按照规定退还投标保证金及银行同期存款利息的,由有关行政监督部门责令改正,可以处 5 万元以下的罚款;给他人造成损失的,依法承担赔偿责任。

依法必须进行招标的项目的招标人有下列情形之一的,由有关行政监督部门责令改正,可以处中标项目金额 10‰以下的罚款;给他人造成损失的,依法承担赔偿责任;对单位直接负责的主管人员和其他直接责任人员依法给予处分:
① 无正当理由不发出中标通知书;
② 不按照规定确定中标人;
③ 中标通知书发出后无正当理由改变中标结果;
④ 无正当理由不与中标人订立合同;
⑤ 在订立合同时向中标人提出附加条件。

二、投标人的法律责任

1. 根据《招标投标法》的规定，投标人有下列法律责任

（1）投标人相互串通投标或者与招标人串通投标的，投标人以向招标人或者评标委员会成员行贿的手段谋取中标的，中标无效，处中标项目金额5‰以上10‰以下的罚款，对单位直接负责的主管人员和其他直接责任人员处单位罚款数额5%以上10%以下的罚款；有违法所得的，并处没收违法所得；情节严重的，取消其1～2年内参加依法必须进行招标的项目的投标资格并予以公告，直至由工商行政管理机关吊销营业执照；构成犯罪的，依法追究刑事责任。给他人造成损失的，依法承担赔偿责任。

（2）投标人以他人名义投标或者以其他方式弄虚作假，骗取中标的，中标无效，给招标人造成损失的，依法承担赔偿责任；构成犯罪的，依法追究刑事责任。依法必须进行招标的项目的投标人有前款所列行为尚未构成犯罪的，处中标项目金额5‰以上10‰以下的罚款，对单位直接负责的主管人员和其他直接责任人员处单位罚款数额5%以上10%以下的罚款；有违法所得的，并处没收违法所得；情节严重的，取消其1～3年内参加依法必须进行招标的项目的投标资格并予以公告，直至由工商行政管理机关吊销营业执照。

2. 根据《中华人民共和国招标投标法实施条例》的规定，投标人有下列法律责任

（1）投标人相互串通投标或者与招标人串通投标的，投标人向招标人或者评标委员会成员行贿谋取中标的，中标无效；构成犯罪的，依法追究刑事责任；尚不构成犯罪的，依照《招标投标法》第五十三条的规定处罚。投标人未中标的，对单位的罚款金额按照招标项目合同金额依照招标投标法规定的比例计算。

投标人有下列行为之一的，属于《招标投标法》第五十三条规定的情节严重行为，由有关行政监督部门取消其在1～2年内参加依法必须进行招标的项目的投标资格：

① 以行贿谋取中标；
② 3年内2次以上串通投标；
③ 串通投标行为损害招标人、其他投标人或者国家、集体、公民的合法利益，造成直接经济损失30万元以上；
④ 其他串通投标情节严重的行为。

投标人自本条第②款规定的处罚执行期限届满之日起3年内又有该款所列违法行为之一的，或者串通投标、以行贿谋取中标情节特别严重的，由工商行政管理机关吊销营业执照。

法律、行政法规对串通投标报价行为的处罚另有规定的，从其规定。

（2）投标人以他人名义投标或者以其他方式弄虚作假骗取中标的，中标无效；构成犯罪的，依法追究刑事责任；尚不构成犯罪的，依照《招标投标法》第五十四条的规定处罚。依法必须进行招标的项目的投标人未中标的，对单位的罚款金额按照招标项目合同金额依照《招标投标法》规定的比例计算。

投标人有下列行为之一的，属于《招标投标法》第五十四条规定的情节严重行为，由有关行政监督部门取消其在1～3年内参加依法必须进行招标的项目的投标资格：

① 伪造、变造资格、资质证书或者其他许可证件骗取中标；
② 3年内2次以上使用他人名义投标；
③ 弄虚作假骗取中标给招标人造成直接经济损失30万元以上；

④ 其他弄虚作假骗取中标情节严重的行为。

投标人自本条第②款规定的处罚执行期限届满之日起 3 年内又有该款所列违法行为之一的,或者弄虚作假骗取中标情节特别严重的,由工商行政管理机关吊销营业执照。

(3) 出让或者出租资格、资质证书供他人投标的,依照法律、行政法规的规定给予行政处罚;构成犯罪的,依法追究刑事责任。

三、中标人的法律责任

1. 根据《招标投标法》的规定,中标人有下列法律责任

(1) 中标人将中标项目转让给他人的,将中标项目肢解后分别转让给他人的,违反本法规定将中标项目的部分主体、关键性工作分包给他人的,或者分包人再次分包的,转让、分包无效,处转让、分包项目金额 5‰ 以上 10‰ 以下的罚款;有违法所得的,并处没收违法所得;可以责令停业整顿;情节严重的,由工商行政管理机关吊销营业执照。

(2) 招标人与中标人不按照招标文件和中标人的投标文件订立合同的,或者招标人、中标人订立背离合同实质性内容的协议的,责令改正,可以处中标项目金额 5‰ 以上 10‰ 以下的罚款。

(3) 中标人不履行与招标人订立的合同的,履约保证金不予退还,给招标人造成的损失超过履约保证金数额的,还应当对超过部分予以赔偿;没有提交履约保证金的,应当对招标人的损失承担赔偿责任。中标人不按照与招标人订立的合同履行义务,情节严重的,取消其在 2~5 年内参加依法必须进行招标的项目的投标资格并予以公告,直至由工商行政管理机关吊销营业执照。因不可抗力不能履行合同的,不适用前两款规定。

2. 根据《中华人民共和国招标投标法实施条例》的规定,中标人有下列法律责任

(1) 中标人无正当理由不与招标人订立合同,在签订合同时向招标人提出附加条件,或者不按照招标文件要求提交履约保证金的,取消其中标资格,投标保证金不予退还。对依法必须进行招标的项目的中标人,由有关行政监督部门责令改正,可以处中标项目金额 10‰ 以下的罚款。

(2) 招标人和中标人不按照招标文件和中标人的投标文件订立合同,合同的主要条款与招标文件、中标人的投标文件的内容不一致,或者招标人、中标人订立背离合同实质性内容的协议的,由有关行政监督部门责令改正,可以处中标项目金额 5‰ 以上 10‰ 以下的罚款。

(3) 中标人将中标项目转让给他人的,将中标项目肢解后分别转让给他人的,违反《招标投标法》和本条例规定将中标项目的部分主体、关键性工作分包给他人的,或者分包人再次分包的,转让、分包无效,处转让、分包项目金额 5‰ 以上 10‰ 以下的罚款;有违法所得的,并处没收违法所得;可以责令停业整顿;情节严重的,由工商行政管理机关吊销营业执照。

四、招标代理机构的法律责任

《招标投标法》第五十条规定:招标代理机构违反本法规定,泄露应当保密的与招标投标活动有关的情况和资料的,或者与招标人、投标人串通损害国家利益、社会公共利益或者他人合法权益的,处 5 万元以上 25 万元以下的罚款,对单位直接负责的主管人员和其他直接责任人员处单位罚款数额 5% 以上 10% 以下的罚款;有违法所得的,并处没收违法所得;情节严重的,暂停直至取消招标代理资格;构成犯罪的,依法追究刑事责任;给他人造成损失的,依法承担赔偿责任。

《中华人民共和国招标投标法实施条例》第六十五条规定:招标代理机构在所代理的招标项

目中投标、代理投标或者向该项目投标人提供咨询的,接受委托编制标底的中介机构参加受托编制标底项目的投标或者为该项目的投标人编制投标文件、提供咨询的,依照《招标投标法》第五十条的规定追究法律责任。

五、评标委员会成员的法律责任

1. 根据《招标投标法》的规定,评标委员会有下列法律责任

《招标投标法》第五十六条规定,评标委员会成员收受投标人的财物或者其他好处的,评标委员会成员或者参加评标的有关工作人员向他人透露对投标文件的评审和比较、中标候选人的推荐以及与评标有关的其他情况的,给予警告,没收收受的财物,并可以处3000元以上5万元以下的罚款,对有所列违法行为的评标委员会成员取消担任评标委员会成员的资格,不得再参加任何依法必须进行招标的项目的评标;构成犯罪的,依法追究刑事责任。

2. 根据《工程建设项目施工招标投标办法》的规定,评标委员会有下列法律责任

《工程建设项目施工招标投标办法》规定,评标过程有下列情况之一的,评标无效,应当依法重新进行评标或者重新进行招标,有关行政监督部门可处3万元以下的罚款。

(1) 使用招标文件没有确定的评标标准和方法的。

(2) 评标标准和方法含有倾向或者排斥投标人的内容,妨碍或者限制投标人之间的竞争,且影响评标结果的。

(3) 应当回避担任评标委员会成员的人参与评标的。

(4) 评标委员会的组建及人员组成不符合法定要求的。

(5) 评标委员会及其成员在评标过程中有违法行为,且影响评标结果的。

《工程建设项目施工招标投标办法》规定,评标委员会成员在评标过程中擅离职守,影响评标程序正常进行,或者在评标过程中不能客观公正地履行职责的,由有关行政监督部门给予警告;情节严重的,取消担任评标委员会成员的资格,不再参加任何招标项目的评标,并处1万元以下的罚款。

3. 根据《中华人民共和国招标投标法实施条例》的规定,评标委员会有下列法律责任

(1) 依法必须进行招标的项目的招标人不按照规定组建评标委员会,或者确定、更换评标委员会成员违反《招标投标法》和本条例规定的,由有关行政监督部门责令改正,可以处10万元以下的罚款,对单位直接负责的主管人员和其他直接责任人员依法给予处分;违法确定或者更换的评标委员会成员做出的评审结论无效,依法重新进行评审。

(2) 评标委员会成员有下列行为之一的,由有关行政监督部门责令改正;情节严重的,禁止其在一定期限内参加依法必须进行招标的项目的评标;情节特别严重的,取消其担任评标委员会成员的资格:

① 应当回避而不回避;

② 擅离职守;

③ 不按照招标文件规定的评标标准和方法评标;

④ 私下接触投标人;

⑤ 向招标人征询确定中标人的意向或者接受任何单位或者个人明示或者暗示提出的倾向或者排斥特定投标人的要求;

⑥ 对依法应当否决的投标不提出否决意见;

⑦ 暗示或者诱导投标人做出澄清、说明或者接受投标人主动提出的澄清、说明；

⑧ 其他不客观、不公正履行职务的行为。

（3）评标委员会成员收受投标人的财物或者其他好处的，没收收受的财物，处3000元以上5万元以下的罚款，取消担任评标委员会成员的资格，不得再参加依法必须进行招标的项目的评标；构成犯罪的，依法追究刑事责任。

六、国家机关工作人员及招标专业人员的法律责任

《招标投标法》第六十二条规定："任何单位违反本法规定，限制或者排斥本地区、本系统以外的法人或者其他组织参加投标的，为招标人指定招标代理机构的，强制招标人委托招标代理机构办理招标事宜的，或者以其他方式干涉招标投标活动的，责令改正；对单位直接负责的主管人员和其他直接责任人员依法给予警告、记过、记大过的处分，情节较重的，依法给予降级、撤职、开除的处分。个人利用职权进行前款违法行为的，依照前款规定追究责任。"

《招标投标法》第六十三条规定，对招标投标活动依法负有行政监督职责的国家机关工作人员徇私舞弊、滥用职权或者玩忽职守，构成犯罪的，依法追究刑事责任；不构成犯罪的，依法给予行政处分。

《中华人民共和国招标投标法实施条例》第七十八条规定，取得招标职业资格的专业人员违反国家有关规定办理招标业务的，责令改正，给予警告；情节严重的，暂停一定期限内从事招标业务；情节特别严重的，取消招标职业资格。

任务 4 案例分析

案例 4-1

1. 背景

某办公楼工程建设面积6000 m²，共4层，施工图纸及有关技术资料齐全，现决定对该项目进行施工招标，于是委托咨询公司编制了两个标底，又向A、B、C三家自己熟悉的公司发出了邀请，还在网上公布了招标信息，共有A、B、C、D、E 5家公司参加投标。在招标过程中，招标人将一个标底透露给了A、B、C三家公司，A、B、C三家公司又自行商定由B公司中标，然后把部分工程再转包给A、C公司。在开标过程中，由于B公司标书未密封，当即宣布B公司为废标。经评标委员会评审，D公司综合评分最高，A公司报价最低（低于成本）。但招标人还是定了A公司中标。A公司收到中标通知书后32天与招标人签订了工程承包合同，A公司暗地让B公司以A公司的名义承担了主体工程建设任务，将其中的防水工程交给C公司施工（C公司只有土建施工资质，无防水施工资质）。在施工过程中B公司使用了不合格建筑材料，造成质量不合格，但建设单位要求A公司承担赔偿修补责任。竣工验收后，A公司以拖欠工程款为由拒不交接工程。

2. 问题

（1）指出本工程在招标至竣工过程中发生的错误？

（2）A公司是否应承担责任？为什么？

（3）本工程可否采用邀请招标方式邀请A、B、C三家公司投标？

(4) 宣布 B 公司为废标,对吗?

3. 分析

(1) 答:

①招标单位编制了两个标底,按《招标投标法》的规定,一个工程只能编制一个标底。

②招标人向 A、B、C 三公司透露标底,属于招标人与投标人之间的串通投标行为。

③A、B、C 三公司商讨由 B 公司中标,属于投标人之间的串通投标行为。

④招标人不应该确定 A 公司中标,应该是 D 公司中标,因为 A 公司标底已经低于成本价。

⑤A 公司将主体工程让给 B 公司施工,属于让他人以自己名义承担施工任务。

⑥A 公司将防水工程分包给 C 公司,属于违法分包,C 公司不具备相应资质。

⑦A 公司不应该不交接工程,工程通过验收后必须交给业主。

⑧A 公司收到中标通知后 32 天签订合同不对,应是发出中标通知书后 30 日内签订合同。

(2) 答:A 应该承担责任,因为 A 公司与业主签订了承包合同。

(3) 答:不可以采用邀请招标,因为该工程建筑面积 6000 m^2,共 4 层,不是特殊工程,也不复杂,必须进行公开招标。

(4) 答:B 公司为废标,因为投标书未密封。

案例 4-2

1. 背景

某省重点工程项目计划于 2014 年 12 月 28 日开工,由于工程复杂,技术难度高,一般的施工队伍难以胜任,业主自行决定采取邀请招标方式,并于 2014 年 9 月 8 日向通过资格预审的 A、B、C、D、E 五家施工承包企业发出了投标邀请书。该五家企业均接受了邀请,并于规定时间(9 月 20 日至 22 日)购买了招标文件。

招标文件中规定,10 月 18 日下午 4 时是招标文件规定的投标截止时间。评标标准:能够最大限度地满足招标文件中规定的各项综合评价标准。

在投标截止时间之前,A、B、D、E 四家企业提交了投标文件,但 C 企业于 10 月 18 日下午 5 时才送达,原因是中途堵车。10 月 21 日下午由当地招投标监督管理办公室主持进行了公开开标。

评标委员会成员由 7 人组成,其中招标人代表 3 人(包括 E 企业总经理 1 人、D 企业副总经理 1 人、业主代表 1 人),技术经济方面专家 4 人。评标委员会于 10 月 28 日提出了书面评标报告。B、A 企业综合得分分别为第一名、第二名。招标人考虑到 B 企业投标报价高于 A 企业,要求评标委员会按照投标价格标准将 A 企业排名第一、B 企业排名第二。11 月 10 日,招标人向 A 企业发出了中标通知书,并于 12 月 12 日签订了书面合同。

2. 问题

(1) 业主自行决定采取邀请招标方式的做法是否妥当?说明理由。

(2) C 企业投标文件是否有效?说明理由。

(3) 请指出开标工作的不妥之处,说明理由。

(4) 请指出评标委员会成员组成的不妥之处,说明理由。

(5) 招标人要求按照价格标准评标是否违法?说明理由。

(6) 合同签订的日期是否违法?说明理由。

3．分析

（1）不妥。根据《招标投标法》第十一条的规定，省、自治区、直辖市人民政府确定的地方重点项目中不适宜公开招标的项目，要经过省、自治区、直辖市人民政府批准，方可进行邀请招标。因此，本案业主自行对省重点工程项目决定采取邀请招标方式的做法是不妥的。

（2）无效。根据《招标投标法》第二十八条的规定，在招标文件要求提交投标文件的截止时间后送达的投标文件，招标人应当拒收。本案 C 企业的投标文件送达时间迟于投标截止时间，因此，该投标文件应被拒收。

（3）根据《招标投标法》第三十四条的规定，开标应当在招标文件确定的提交投标文件的截止时间的同一时间公开进行。

本案招标文件规定的投标截止时间是 10 月 18 日下午 4 时，但迟至 10 月 21 日下午才开标，是不妥之处之一。

根据《招标投标法》第三十五条的规定，开标应由招标人主持。本案由属于行政监督部门的当地招投标监督管理办公室主持，是不妥之处之二。

（4）根据《招标投标法》第三十七条的规定，与投标人有利害关系的人不得进入评标委员会。本案由 E 企业总经理、D 企业副总经理担任评标委员会成员是不妥的。

《招标投标法》还规定评标委员技术、经济等方面的专家不得少于成员总数的 2/3。本案技术经济方面专家比例为 4/7，低于规定的比例要求。

（5）违法。根据《招标投标法》第四十条的规定，评标委员会应当按照招标文件确定的评标标准和方法，对投标文件进行评审和比较。

招标文件规定的评标标准是：能够最大限度地满足招标文件中规定的各项综合评价标准。按照投标价格评标不符合招标文件的要求，属于违法行为。

（6）违法。根据《招标投标法》第四十六条的规定，招标人和中标人应当自中标通知书发出之日起 30 内，按照招标文件和中标人的投标文件订立书面合同。本案 11 月 10 日发出中标通知书，迟至 12 月 12 日才签订书面合同，两者的时间间隔已超过 30 天，即招标人必须在 12 月 10 日前与中标单位签订书面合同。

学习情境 5 建设工程合同法律制度

【学习目标】

(1) 了解合同的类别及其主要条款。
(2) 掌握《合同法》的基本法律规定。
(3) 掌握合同订立的程序。
(4) 掌握合同解除的法定条件。
(5) 理解在双务合同中的同时履行抗辩权、先履行抗辩权和不安抗辩权三项制度。

【能力目标】

(1) 能够运用所学的合同知识解决实际问题。
(2) 具有严格执行建设工程合同、保障建设项目顺利履行的意识和能力。

【引例导入】

　　2008年奥运场馆项目法人招标工作开始于2002年8月。在北京市计委举行了2008年奥运会比赛场馆及相关设施项目法人招标资格预审和意向征集新闻发布会之后,共有39名有意向的申请人对资格预审和意向征集做出了响应,其中7名申请人递交了资格预审和意向方案申请文件。经过评审,确定了5名申请人为合格申请人,进入投标阶段。2003年6月30日,在北京市计委和国信招标有限公司的主持下,国家体育场项目合作法人招标项目开标,中国中信集团联合体、北京建工集团联合体等4家联合体于开标前递交了投标文件。2003年7月4日至6日,由10名国内专家和7名国外专家组成的评标委员会对3份有效投标文件进行了评审。综合评分第一名为北京建工集团联合体,第二名为中国中信集团联合体,第三名为筑巢国际联合体。评标委员会推荐北京建工集团联合体、中国中信集团联合体为中标候选人。2003年7月18日,经过两次会议讨论后确定北京建工集团联合体为中标人,并向中标人和未中标人发出了通知书。2003年7月21日,招标人和中标人开始进行正式谈判。2003年7月24日,由于北京建工集团联合体内部成员的原因,招标人与中标人之间的谈判破裂,北京建工集团联合体未能与相关各方草签国家体育场协议等合同。2003年8月1日,按照有关法律、法规以及招标文件的规定,招标人取消了北京建工集团联合体中标人资格。2003年8月2日,招标人向另一个中标候选人中国中信集团联合体发出了中标通知书,并与中国中信集团联合体进行正式谈判。2003年8月5日,参与谈判的各方达成共识,并在最终确认的合同文本上进行了小签。2003年8月9日,中信集团联合体与北京市政府等草签了合同协议。至此,国家体育场项目法人合作方招标及签约工作圆满结束。

奥运场馆项目招标过程充分体现了建设工程合同订立的整个程序:要约邀请,要约,承诺,并最终签订建设工程合同。

任务 1 合同法概述、合同的订立、合同的效力

一、合同法概述

(一) 合同的概念

合同是一种法律行为,是当事人各方在平等、自愿的基础上产生的民事法律行为。

《合同法》中规定:"本法所称合同是平等主体的自然人、法人、其他组织之间设立、变更、终止民事权利义务关系的协议。"

(二) 合同的法律特征

(1) 合同是一种法律行为,法律行为是人们有意识进行的、旨在引起法律后果的行为。签订合同,为实施法律行为。合同依法成立,不履行合同就要承担法律责任。

(2) 合同是两个或两个以上当事人意愿表示一致的法律行为,并且遵循自愿、公平、诚实信用的原则。《合同法》第四条规定,当事人依法享有自愿订立合同的权利,任何单位和个人不得非法干预。

(3) 合同当事人的法律地位平等。合同当事人无论是法人,还是自然人或其他社会组织,在法律上的地位是平等的。《合同法》第三条规定,合同当事人的法律地位平等,一方不得将自己的意志强加给另一方。

(4) 合同是当事人的合法行为,合同当事人依法签订的合同受到法律的保护,从而产生预期的法律效果;相反,违反法律法规强制性规定签订的合同,不仅合同无效,还要由此承担相应的法律责任。《合同法》第七条规定,当事人订立、履行合同,应当遵守法律、行政法规,尊重社会公德,不得扰乱社会经济秩序,损害社会公共利益。

(三) 合同的基本原则

1. 平等原则

该原则是指合同人的法律地位平等,即享有民事权利和承担民事义务的资格是平等的,一方不得将自己的意志强加给另一方。

2. 自愿原则

合同当事人依法享有自愿订立合同的权利,不受任何单位和个人的非法干预。《合同法》对自愿原则有以下含义:第一,合同当事人有订立或不订立合同的自由;第二,当事人有权选择合同相对人;第三,合同当事人有权决定合同的内容;第四,合同当事人有权决定合同形式的自由。

3. 公平原则

合同人应当遵循公平原则以确定各方的权利和义务。在合同的订立和履行中,合同当事人应当正当行使合同权利和履行合同义务,兼顾他人利益,使当事人的利益能够均衡。在双务合同中,一方当事人在享有权利的同时,也要承担相应的义务,取得的利益要与付出的代价相适应。建设工程合同作为双务合同也不例外,如果建设工程合同显失公平,则属于可变更或者可

撤销的合同。

4. 诚实信用原则

建设工程合同当事人行使权利、履行义务应当遵循诚实信用原则。这是市场经济中形成的道德准则，要求人们在交易活动（订立和履行合同）中讲究信用，恪守诺言，诚实不欺。该原则具体包括：在合同订立阶段，如招标投标时，在招标文件和投标文件中应当如实说明自己和项目的情况；在合同履行阶段应当相互协作，如在发生不可抗力时，应当相互告知，并尽量减少损失。合同当事人行使权利、履行义务应当遵循诚实信用原则。

5. 遵守法律法规和公序良俗原则

建设工程合同的订立和履行，应当遵守法律法规和公序良俗原则。建设工程合同的当事人应当遵守《民法通则》《建筑法》《合同法》《招标投标法》等法律法规，只有将建设工程合同的订立和履行纳入法律的轨道，才能保障建设工程的正常秩序。从词意上来理解，公序良俗就是公共秩序和善良风俗。善良风俗应当是以道德为核心的，是某一特定社会应有的准则。

二、合同的订立

《合同法》规定，当事人订立合同，采取要约、承诺的方式。

（一）要约

1. 要约的概念

要约在商业活动中又称发盘、发价、出盘、出价、报价。《合同法》第十四条规定了要约的概念，要约是希望和他人订立合同的意思表示。可见，要约是一方当事人以缔结合同为目的，向对方当事人所做的意思表示。发出要约的人称为要约人，接受要约的人称为受要约人。

在建设工程合同签订过程中，承包方向发包方递交投标文件的投标行为就是一种要约行为，投标文件中应包含建设工程合同应具备的主要条款，如工程造价、工程质量、工程工期等内容，作为要约的投标对承包方具有法律约束力，表现在承包方在投标生效后无权修改或撤回投标，以及一旦中标就必须与发包方签订合同，否则要承担相应责任等。

2. 要约的构成要件

要约的构成要件是指一项要约发生法律效力必须具备的条件。根据《合同法》第十四条的规定，要约的构成要件如下。

1) 要约人是特定当事人以缔结合同为目的向相对人所做的意思表示

特定当事人是指做出要约的人是可以确定的主体。要约的相对人一般是特定的人，但也可以是不特定人，例如商业广告内容符合要约其他条件的，可以视为要约。

2) 要约内容应当具体确定

所谓"具体"，是指要约的内容必须能够包含使合同成立的必要条款，但不要求要约包括合同的所有内容。所谓"确定"，是指要约内容必须明确，不能含糊不清。

3) 要约应表明一旦经受要约人承诺，要约人受该意思表示约束

要约应当包含要约人愿意按照要约所提出的条件同对方订立合同的意思表示，要约一经受要约人同意，合同即告成立，要约人就要受到约束。

只有具备上述三个要件，才能构成一个有效的要约，并使要约产生约束力。

3. 要约的方式

要约的方式包括：

① 书面形式，包括寄送订货单、信函、电报、传真、电子邮件等在内的数据电文等；
② 口头形式，可以是当面对话，也可以是打电话；
③ 行为。

除法律明确规定外，要约人可以视具体情况自主选择要约形式。

4. 要约的生效

要约的生效是指要约开始发生法律效力。自要约生效起，其一旦被有效承诺，合同即告成立。《合同法》第十六条规定，要约到达受要约人时生效。

生效的情形具体可表现为：

① 口头形式的要约自受要约人了解要约内容时发生效力；
② 书面形式的要约自到达受要约人时发生效力；
③ 采用数据电子文件形式的要约，当收件人指定特定系统接收电文的，自该数据电文进入该特定系统的时间（视为到达时间），该要约发生效力；若收件人未指定特定系统接收电文的，自该数据电文进入收件人任何系统的首次时间（视为到达时间），该要约发生效力。

5. 要约的撤回

要约的撤回是指在要约发生法律效力之前，要约人使其不发生法律效力而取消要约的行为。《合同法》第十七条规定："要约可以撤回。撤回要约的通知应当在要约到达受要约人之前或者与要约同时到达受要约人。"

6. 要约的撤销

要约的撤销是指在要约发生法律效力之后，要约人使其丧失法律效力而取消要约的行为。《合同法》第十八条规定："要约可以撤销。撤销要约的通知应当在受要约人发出承诺通知之前到达受要约人。"

为了保护当事人的利益，《合同法》第十九条同时规定了有下列情形之一的，要约不得撤销：

① 要约人确定了承诺期限或者以其他形式明示要约不可撤销；
② 受要约人有理由认为要约是不可撤销的，并已经为履行合同做了准备工作。

要约的撤回与要约的撤销在本质上是一样的，都是否定了已经发出去的要约。其区别在于：要约的撤回发生在要约生效之前，而要约的撤销则是发生在要约生效之后。

7. 要约的消灭

要约的消灭即要约的失效，是指要约生效后，因特定事由而使其丧失法律效力，要约人和受要约人均不受其约束。要约因如下原因而消灭。

① 要约人依法撤销要约。要约因要约人依法撤销而丧失效力，如上文所述。
② 拒绝要约的通知到达要约人。受要约人拒绝要约的方式通常有通知和保持沉默。

要约因被拒绝而消灭，一般发生在受要约人为特定的情况下。对不特定人所做的要约（如内容确定的悬赏广告），并不因某特定人表示拒绝而丧失效力。

③ 承诺期限届满，受要约人未做出承诺。若要约人在要约中确定了承诺期间，则该期间届满时要约丧失效力；若要约人未确定承诺期间，则在经过合理期间后要约丧失效力。

④ 受要约人对要约内容做出实质性变更。在受要约人回复时,对要约的内容做实质性变更的,视为新要约,原要约失效。

8. 要约邀请

要约邀请是指行为人做出的邀请他方向自己发出要约的意思表示。要约邀请虽然也是为订立合同做准备,但是为了引发要约,而本身不是要约,例如招标公告、拍卖公告、一般商业广告、寄送价目表、招标说明书等。但商业广告的内容符合要约规定的,视为要约。

在建设工程合同签订的过程中,发包方发布招标通告或招标邀请书的行为就是一种要约邀请行为,其目的在于邀请投标人投标。在建设工程合同签订程序中有一个显著的特点:受要约人(承诺人)是特定的,而要约人是不特定的。

(二) 承诺

1. 承诺的概念

承诺是指受要约人同意要约的意思表示,即受要约人同意接受要约的条件以成立合同的意思表示。一般而言,要约一经承诺并送达于要约人,合同即告成立。

2. 承诺的构成要件

承诺必须符合一定条件才能发生法律效力。承诺必须具备以下条件。

1) 承诺必须由受要约人向要约人做出

受要约人或其授权代理人可以做出承诺,除此以外的第三人即使知道要约的内容并做出同意的意思表示,也不是承诺。承诺是对要约的同意,承诺只能由受要约人向要约人本人或其授权代理人做出,合同才能成立;向受要约人以外的其他人做出的意思表示,不是承诺。

2) 承诺应在要约规定的期限内做出

要约以信件或者电报做出的,承诺期限自信件载明的日期或者电报交发之日开始计算。信件未载明日期的,自投寄该信件的邮戳日期开始计算。要约以电话、传真等快速通信方式做出的,承诺期限自要约到达受要约人时开始计算。只有在规定的期限到达的承诺才是有效的。超过期限到达的承诺,其有效与否要根据不同的情形具体分析,对此,请参见"承诺超期与承诺延误"的内容。

3) 承诺的内容应当与要约的内容一致

承诺是完全同意要约的意思表示,承诺的内容应当与要约的内容一致,但并不是说承诺的内容对要约内容不得做丝毫变更,这里的一致是指受要约人必须同意要约的实质性内容。

所谓实质性变更是指有关合同标的、质量、数量、价款或酬金、履行期限、履行地点和方式、违约责任和争议解决办法等的变更。若受要约人对要约的上述内容做变更,则不是承诺,而是受要约人向要约人发出的新要约。

若承诺对要约的内容做出非实质性变更的,除要约人及时表示反对或者要约表明承诺不得对要约的内容做出任何变更的以外,该承诺有效,合同的内容以承诺的内容为准。

4) 承诺的方式必须符合要约要求

《合同法》第二十二条规定,承诺应当以通知的方式做出,但根据交易习惯或者要约表明可以通过行为做出承诺的除外。

所谓以行为承诺,是指如果要约人对承诺方式没有特定要求,承诺可以明确表示,也可由受要约人的行为来推断。所谓的行为通常是指履行的行为,比如预付价款、装运货物或在工地上开始工作等。

缄默是不做任何表示，即不行为，与默示不同。默示不是明示但仍然是表示的一种方法，而缄默与不行为是没有任何表示，所以不构成承诺。但是，如果当事人约定或者按照当事人之间的习惯做法，承诺以缄默与不行为来表示，则缄默与不行为又成为一种表达承诺的方式。但是，如果没有事先的约定，也没有习惯做法，而仅仅由要约人在要约中规定，如果不答复就视为承诺是不行的。

3. 承诺生效

《合同法》规定，承诺应当在要约确定的期限内到达要约人。承诺不需要通知，在根据交易习惯或者要约的要求做出承诺的行为时生效。

采用数据电文形式订立合同的，收件人指定特定系统接收数据电文的，该数据电文进入该特定系统的时间，视为到达时间；未指定特定系统的，该数据电文进入收件人的任何系统的首次时间，视为到达时间。

要约没有确定承诺期限的，承诺应当依照下列规定到达：

① 要约以对话方式做出的，应当即时做出承诺，但当事人另有约定的除外；

② 要约以非对话方式做出的，承诺应当在合理期限内到达。

4. 承诺超期与承诺延误

承诺超期是指受要约人主观上超过承诺期限而发出承诺导致承诺迟延到达要约人。

受要约人超过承诺期限发出承诺的，除要约人及时通知受要约人该承诺有效的以外，为新要约。

承诺延误是指受要约人发出的承诺由于外界原因而延迟到达要约人。

受要约人在承诺期限内发出承诺，按照通常情形能够及时到达要约人，但因其他原因承诺到达要约人时超过承诺期限的，除要约人及时通知受要约人因承诺超过期限不接受该承诺的以外，该承诺有效。

5. 承诺的撤回

承诺的撤回，是指承诺发出后，承诺人阻止承诺发生法律效力的意思表示。

承诺可以撤回。撤回承诺的通知应当在承诺通知到达要约人之前或者与承诺通知同时到达要约人。

鉴于承诺一经送达要约人即发生法律效力，合同也随之成立，所以撤回承诺的通知应当在承诺通知到达要约人之前或者与承诺通知同时到达要约人。若撤回承诺的通知晚于承诺通知到达要约人，此时承诺已经发生法律效力，合同已经成立，则承诺人就不得撤回其承诺。

需要注意的是，要约可以撤回，也可以撤销，但是承诺却只可以撤回，不可以撤销。

在建设工程合同订立过程中，招标人经过评标后确定了中标人，应向中标人发出书面中标通知书，该中标通知书就是招标人对中标人的承诺。双方的合同关系也紧随着中标通知书的到达而成立。

在招投标中，发包方经过开标、评标过程，最后发出中标通知书，确立承包方的行为即为承诺。《招标投标法》规定，招标人和中标人应当自中标通知书发出之日起三十日内，按照招标文件和中标人的投标文件订立书面合同。因此，确定中标单位后，发包方和承包方各自均有权利要求对方签订建设工程合同，也有义务与对方签订建设工程合同。

三、合同的效力

合同生效是指合同具备生效条件而产生法律效力。所谓产生法律效力,是指合同对当事人各方产生法律拘束力,即当事人的合同权利受法律保护,当事人的合同义务具有法律上的强制性。

1. 合同生效应当具备的条件

合同成立后,必须具备相应的法律条件才能生效。合同生效应当具备下列条件。

1) 当事人具有相应的民事权利能力和民事行为能力

订立合同的人必须具备相应的民事权利能力和民事行为能力。

在建设工程合同中,合同当事人一般都应当具有法人资格,并且承包人还应当具备相应的资质等级。否则,当事人就不具有相应的民事权利能力和民事行为能力,订立的建设工程合同无效。

2) 意思表示真实

所谓意思表示真实,是指表意人的表示行为真实反映其内心的效果意思,即表示行为应当与效果意思相一致。

3) 不违反法律或者社会公共利益

不违反法律或者社会公共利益,是合同有效的重要条件。所谓不违反法律和社会公共利益,是就合同的目的和内容而言的。不违反法律或者社会公共利益,实际是对合同自由的限制。

2. 合同的生效时间

1) 合同生效时间的一般规定

依法成立的合同,自成立时生效。具体来讲,口头合同自受要约人承诺时生效;书面合同自当事人双方签字或者盖章时生效;法律规定应当采用书面形式的合同,当事人虽然未采用书面形式但已经履行全部或者主要义务的,可以视为合同有效。合同中有违反法律或社会公共利益条款的,当事人取消或改正后,不影响合同中其他条款的效力。

法律、行政法规规定应当办理批准、登记等手续生效的,依照其规定。

2) 附条件和期限合同的生效时间

当事人可以对合同生效约定附条件或者约定附期限。附条件的合同包括附生效条件的合同和附解除条件的合同两类。附生效条件的合同,自条件成就时生效;附解除条件的合同,自条件成就时失效。当事人为了自己的利益而不正当阻止条件成就的,视为条件已经成就;不正当促成条件成就的,视为条件不成就。附生效期限的合同,自期限届至时生效;附终止期限合同,自期限届满时失效。

附条件合同的成立与生效不是同一时间,合同成立后虽然并未开始履行,但任何一方不得撤销要约和承诺,否则应承担缔约过失责任,赔偿对方因此而受到的损失。合同生效后,当事人双方必须忠实履行合同约定的义务。如果不履行或未正确履行义务,应按违约责任条款的约定追究责任。一方不正当地阻止条件成就,视为合同已生效,同样要追究其违约责任。

3. 合同效力与仲裁条款

合同成立后,合同中的仲裁条款是独立存在的,合同的无效、变更、解除、终止,不影响仲裁协议的效力。如果当事人在施工合同中约定通过仲裁解决争议,不能认为合同无效而导致仲裁条款无效。若因一方的违约行为,另一方按约定的程序终止合同而发生了争议,仍然应当由双方选定的仲裁委员会裁定施工合同是否有效以及对争议的处理。

4. 效力待定的合同

效力待定合同是指合同虽已成立,但因不完全符合有关生效要件的规定,其效力能否发生尚待确定的合同。这种合同须由作为权利人的第三人做出追认或者拒绝的意思表示才能确定自身的效力。第三人对此追认,合同有效,对此拒绝,合同无效。在第三人追认或者拒绝前,该合同效力处于待定状态。效力待定合同包括以下几种。

1) 限制民事行为能力人订立的合同

如果限制民事行为能力人未经其法定代理人许可,与相对人订立了与自己年龄、智力或者精神健康状况不相适应的合同,其法定代理人追认的,该合同自始有效;未追认的,该合同自始无效。

2) 无权代理人订立的合同

无权代理人与相对人订立的合同,若被代理人追认,该合同自始有效;代理人拒绝追认,该合同自始无效,由无权代理人与相对人承担无效合同的法律后果。无权代理包括根本没有代理权、超越代理权限和代理权终止以后的代理。

3) 法人或者其他组织的法定代表人、负责人越权订立的合同

《合同法》第五十条规定,法人或者其他组织的法定代表人、负责人超越权限订立的合同,除相对人知道或者应当知道其超越权限的以外,该代表行为有效。

4) 无处分权人订立的处分权利人财产的合同

当事人通过合同处分财产,应当对该财产享有处分权。法律不允许将不具有处分权的财产作为合同的标的,这样的合同通常为无效合同。但在合同订立后,得到权利人追认的或者取得处分权的,合同有效。

5. 无效合同

1) 无效合同的概念

无效合同是指当事人违反了法律规定的条件而订立的,国家不承认其效力,不给予法律保护的合同。无效合同从订立之时起就没有法律效力,不论合同履行到什么阶段,合同被确认无效后,这种无效的确认要溯及合同订立时。

2) 合同无效的情形

(1) 一方以欺诈、胁迫的手段订立,损害国家利益的合同。

欺诈是指一方当事人故意告知对方虚假情况,或者故意隐瞒真实情况,诱使对方当事人做出错误意思表示的行为。例如,施工企业伪造资质等级证书与发包人签订施工合同。胁迫是指以给公民及其亲友的生命健康、荣誉、名誉、财产等造成损害,或者以给法人的荣誉、名誉、财产等造成损害为要挟,迫使对方做出违背真实的意思表示的行为。例如,材料供应商以败坏施工企业名誉为要挟,迫使施工企业与其订立材料买卖合同。

并非所有通过欺诈、胁迫的手段订立的合同都是无效合同,只有合同损害了国家利益才能导致合同无效。没有损害国家利益的合同是可撤销的合同。

(2) 恶意串通,损害国家、集体或第三人利益的合同。

恶意是指行为人明知或者应知某种行为将造成对国家或者第三者的损害而故意为之。恶意串通的合同是指当事人同谋,共同订立某种合同,造成国家、集体或者第三人利益损害的合

同。这种情况在建设工程领域中较为常见的是投标人串通投标,或者招标人与投标人串通,损害国家、集体或第三人利益。投标人、招标人通过这样的方式订立的合同是无效的。

(3) 以合法形式掩盖非法目的的合同。

以合法形式掩盖非法目的是指当事人实施的行为在形式上是合法的,但在内容上或者目的上是非法的。以合法形式掩盖非法目的的合同并不要求造成损害后果,即无论造成损害与否,只要符合上述特征,即可构成。

(4) 损害社会公共利益的合同。

如果合同违反公共秩序和善良风俗(即公序良俗),就会损害社会公共利益,这样的合同也是无效的。例如,施工单位在劳动合同中规定雇员应当接受搜身检查的条款,或者在施工合同的履行中规定以债务人的个人作为担保的约定,都属于无效的合同条款。

(5) 违反法律、行政法规的强制性规定的合同。

3) 无效合同的免责条款

合同免责条款是指当事人约定免除或者限制其未来责任的合同条款。当然,并不是所有的免责条款都无效,合同中的下列免责条款无效。

① 造成对方人身伤害的。
② 因故意或者重大过失造成对方财产损失的。

上述两种免责条款具有一定的社会危害性。造成对方人身伤害是侵犯了对方的人身权,造成对方财产损失是侵犯了对方的财产权。人身权和财产权是法律赋予公民的权利,如果合同中的免责条款对此权利予以了侵犯,则该条款就是违法的条款。这样的免责条款自然就是无效的。

4) 无效合同的法律后果

合同被确认无效后,合同规定的权利义务即为无效。履行中的合同应当终止履行,尚未履行的不得继续履行。对因履行无效合同而产生的财产后果应当依法进行处理。

(1) 返还财产。

合同被确认无效后,当事人依据该合同所取得的财产,应当返还对方;不能返还的,应当作价补偿。建设工程合同如果无效一般都无法返还财产,因为无论是勘察设计成果还是工程施工,承包人的付出都是无法返还的。因此,一般应当采用作价补偿的方法处理。

(2) 赔偿损失。

合同被确认无效后,有过错的一方应赔偿对方因此而受到的损失。如果双方都有过错,应当根据过错的大小各自承担相应的责任。

(3) 追缴财产,收归国有。

双方恶意串通,损害国家或者第三人利益的,国家采取强制性措施将双方取得的财产收归国库或者返还第三人。无效合同不影响善意第三人取得合法权益。

6. 可变更或可撤销的合同

合同的变更或撤销是指意思表示不真实,法律允许撤销权人通过行使撤销权,使已经生效的合同效力归于消灭或使合同内容变更。

合同被撤销后的法律后果与合同无效的法律后果相同,也是返还财产,赔偿损失,追缴财产、收归国有三种。

可变更、可撤销合同与无效合同存在显著区别。无效合同是从订立时起就无效,且不必取决于当事人是否主张无效。但可变更、可撤销合同在被撤销之前存在效力,尤其是对无撤销权的一方具有约束力;而且其效力取决于撤销权人是否向法院或者仲裁机构主张行使撤销权以及是否被支持。

任务 2 合同的履行、变更和转让、合同的终止

一、合同的履行

(一) 合同履行的概念

合同履行是指合同各方当事人按照合同的规定,全面履行各自的义务,实现各自的权利,使各方的目的得以实现的行为。合同的履行,就其实质来说,是合同当事人在合同生效后,全面地、适当地完成合同义务的行为。

合同的履行以有效的合同为前提和依据,因此,无效合同不存在履行问题。

(二) 合同履行的原则

1. 全面履行的原则

全面履行是指合同当事人双方应当按照合同约定全面履行自己的义务,包括履行义务的主体、标的、数量、质量、价款或者报酬,以及履行的方式、地点、期限等,都应当按照合同的约定全面履行。这一原则的意义在于约束和督促当事人及时地、保质保量地完成合同约定的义务,防止违约的发生。

建设工程合同的全面履行就是合同当事人必须按照合同规定的所有条款完成工程建设任务,包括:履行标的——工程项目的建设行为;履行期限——工程工期;履行地点——工程所在地;履行价格——工程造价等。同时,对建设工程合同的全面检验,须经过工程竣工、验收和竣工决算三个步骤。因此,在合同中必须明确履行标的原则、履行期限、履行价格以及标的质量等内容,如果合同条款对上述主要合同的约定不明,当事人又不能通过协商达成补充协议的,则应按照合同有关条款或交易习惯确定;如仍确定不了,则可根据适当履行的原则,在适当的时间、适当的地点、以适当的方式来履行。

2. 诚实信用原则

诚实信用原则是我国《民法通则》的基本原则,也是《合同法》的一项十分重要的原则,它贯穿于合同的订立、履行、变更、终止等全过程。因此,当事人在订立合同时,要讲诚实、守信用、态度善意,当事人双方要互相协作,合同才能圆满履行。

诚实信用原则,要求当事人根据合同的性质、目的和交易习惯善意地履行通知、协助、保密等义务。当事人首先要保证自己全面履行合同约定的义务,并为对方履行义务创造必要的条件。当事人双方应关心合同履行情况,发现问题应及时协商解决。一方当事人在履行过程中发生困难,另一方当事人应在法律允许的范围内给予帮助。在合同履行过程中应信守商业道德,保守商业秘密。

3. 经济合理原则

经济合理原则是指合同当事人履行合同应讲求经济效益,付出最小的成本而取得最佳的合

同利益的原则。这项原则在《合同法》中有很多体现,如《合同法》第一百一十九条规定:"当事人一方违约后,对方应当采取适当措施防止损失的扩大;没有采取适当措施致使损失扩大的,不得就扩大损失要求赔偿。当事人因防止损失扩大而支出的合理费用,由违约方承担。"

4. 情事变更原则

情事变更原则是指在合同有效成立以后,非因双方当事人的过错而发生情事变更,致使继续履行合同显失公平,因此根据诚实信用原则,当事人可以请求变更或解除合同。这项原则的产生根据是诚实信用原则,它是诚实信用原则在《合同法》中的运用,其目的在于消除合同因情事变更所产生的不公平后果。

(三) 合同履行中的抗辩权

抗辩权是指在双务合同的履行中,双方都应当履行自己的债务,一方不履行或者有可能不履行时,另一方可以据此拒绝对方的履行要求。抗辩权包括同时履行抗辩权、后履行抗辩权和后抗辩权。

双务合同中的抗辩权是对抗辩权人的一种保护措施,免除抗辩权人履行后得不到对方对应履行的风险;使对方当事人产生及时履行合同的压力;是重要的债权保障制度。行使抗辩权是正当的权利,而非违约,应受到法律保护,而不应当使行使抗辩权人承担违约责任等不利后果。

抗辩权的行使只能暂时拒绝对方的履行请求,即中止履行,而不能消灭对方的履行请求权。一旦抗辩权事由消失,原抗辩权人仍应当履行其债务。

1. 同时履行抗辩权

《合同法》第六十六条规定:"当事人互负债务,没有先后履行顺序的,应当同时履行。一方在对方履行之前有权拒绝其履行要求。一方在对方履行债务不符合约定时,有权拒绝其相应的履行要求。"

同时履行抗辩权是指在没有规定履行顺序的双务合同中,当事人一方在当事人另一方未为对方给付以前,有权拒绝先为给付的权利。

同时履行抗辩权包括的内容:一方在对方履行债务不符合约定时,有权拒绝其相应的履行要求;一方在对方履行债务不符合约定时,有权拒绝其相应的履行要求。例如,在施工合同中期付款时,对承包人施工质量不合格的部分,发包人有权拒付该部分的工程款;如果发包人拖欠工程款,则承包人可以放慢施工进度,甚至停止施工。产生的后果由违约方承担。

同时履行抗辩权的适用条件:①由同一双务合同产生互负的对价给付债务;②合同中未约定履行的顺序;③对方当事人没有履行债务或者没有正确履行债务;④对方的对价给付后履行一方有权拒绝其履行要求。先履行一方履行债务不符合约定的,后履行一方有权拒绝其相应的履行要求。例如,材料供应合同按照约定应由供货方先行交付订购的材料后,采购方再行付款结算,若合同履行过程中供货方交付的材料质量不符合约定的标准,采购方有权拒付货款。

2. 后履行一方的抗辩权

《合同法》第六十七条规定:"当事人互负债务,有先后履行顺序,先履行一方未履行的,后履行一方有权拒绝其履行要求。先履行一方履行债务不符合规定的,后履行一方有权拒绝其相应的履行要求。"

后履行一方的抗辩权,是指在履行顺序先后的合同中,后履行一方有权要求应该先履行的一方先履行自己的义务,先履行一方未履行,一方未履行或者履行债务不符合约定,后履行一方有权拒绝其履行要求或拒绝其相应的履行要求。

合同生效后,当事人应该严格按照合同约定履行,负有先履行义务的一方应该先行给付,不能自己不履行而要求后履行一方履行义务,这样会侵害后履行一方的合法权益,违反合同的公平原则。

后履行抗辩权的适用条件:①由同一双务合同产生互负的对价给付债务;②合同中约定了履行的顺序;③应当先履行合同的当事人没有履行债务或者没有正确履行债务;④应当先履行的对价给付是可能履行的义务。

3. 先履行抗辩权

先履行抗辩权(又称不安抗辩权)是指合同中约定了履行的顺序,合同成立后发生了应当后履行合同一方财务状况恶化的情况,应当先履行合同一方在对方未履行或者提供担保前有权拒绝先行履行。设立不安抗变辩权的目的在于,预防合同成立后情况发生变化而损害合同另一方的利益。

《合同法》第六十八条规定:应当先履行债务的当事人,有确切证据证明对方有下列情形之一的,可以中止履行:

① 经营状况严重恶化。
② 转移财产、抽逃资金,以逃避债务。
③ 丧失商业信誉。
④ 有丧失或者可能丧失履行债务能力的其他情形。

当事人没有确切证据中止履行的,应承担违约责任。

根据这一规定,先履行抗辩权的适用条件是:①双方当事人基于同一双务合同而互负债务;②债务履行有先后顺序;③履行顺序在后的一方履行能力明显下降,有丧失或者可能丧失履行债务能力的情形;④履行顺序在后的当事人未提供适当担保。

当事人行使了不安抗辩权,并不意味着合同终止,只是当事人暂时停止履行其到期债务。这时,应如何处理双方之间的合同呢?《合同法》第六十九条对此做出了规定:"当事人依照本法第六十八条的规定中止履行的,应当及时通知对方。对方提供适当担保时,应恢复履行。中止履行后,对方在合理期限内未恢复履行能力并且未提供适当担保的,中止履行的一方可以解除合同。"

(四) 合同不当履行的处理

1. 因债权人的原因致使债务人履行困难的处理

合同生效后,当事人不得因姓名、名称的变更,或法定代表人、负责人、承办人的变动而不履行合同义务。债权人分立、合并或者变更住所应当通知债务人。如果没有通知债务人,会使债务人不知向谁履行债务或者不知在何地履行债务,致使履行债务发生困难。

出现这些情况,债务人可以中止履行或者将标的物提存。

中止履行是指债务人暂时停止合同的履行或者延期履行合同。提存是指由于债权人的原因致使债务人无法向其交付标的物,债务人可以将标的物交给有关机关保存以此消灭合同的制度。

2. 提前或部分履行的处理

提前履行是指债务人在合同规定的履行期限到来之前就开始履行自己的义务。部分履行是指债务人没有按照合同约定履行全部义务而只履行了自己的一部分义务。提前履行或者部分履行债务人利益且债权人同意的情况除外。

3. 合同的不当履行中的保全措施

保全措施是指为防止因债务人的财产不当减少而给债权人带来危害时，允许债权人为确保其债权的实现而采取的法律措施。这些措施包括代位权和撤销权两种。

1) 代位权

代位权是指因债务人怠于行使其到期债权，对债权人造成损害的，债权人可以向人民法院请求以自己的名义代位行使债务人的债权。但该债权专属于债务人时不能行使代位权。代位权的行使范围以债权人的债权为限。债权人行使代位权的必要费用由债务人负担。例如，建设单位拖欠施工单位工程款，施工单位拖欠施工人员工资，而施工单位不向建设单位追讨，同时，也不给施工人员发放工资，则施工人员有权向人民法院请求以自己的名义直接向建设单位追讨。

2) 撤销权

撤销权是指因债务人放弃其到期债权或者无偿转让财产，对债权人造成损害的，债权人可以请求人民法院撤销债务人的行为。

债务人以明显不合理的低价转让财产，对债权人造成损害，并且受让人知道该情形的，债权人可以请求人民法院撤销债务人的行为。撤销权的行使范围以债权人的债权为限，其发生的费用由债务人承担。

撤销权自债权人知道或者应当知道撤销事由之日起一年内行使。自债务人的行为发生之日起五年内没有行使撤销权的，该撤销权消灭。

二、合同的变更

（一）合同变更的概念及类型

合同的变更有广义与狭义的区分。狭义的合同变更是指合同内容的某些变化，是在主体不变的前提下，在合同没有履行或没有完全履行前，由于一定的原因，由当事人对合同约定的权利、义务进行局部调整。这种调整通常表现为对合同某些条款的修改或补充。广义的合同变更是指除包括合同内容的变更外，还包括合同主体的变更，即由新的主体取代原合同的某一主体。这实质上是合同的转让。合同的变更有以下类型。

（1）基于法律的直接规定变更合同，如债务人违约致使合同不能履行，履行合同的债务变为损害赔偿债务。

（2）在合同因重大误解而成立的情况下，债权人可诉请变更或撤销合同，由法院裁决变更合同。

（3）在情事变更使合同履行显失公平的情况下当事人诉请变更合同，由法院依职权裁决变更合同。

（4）当事人各方协商同意变更合同。

（5）形成权人行使形成权使合同变更。

（二）合同变更的成立条件

（1）原已存在着合同关系。

合同变更是改变原合同关系,因此,合同变更离不开原已存在着合同关系这一条件。

(2) 合同内容发生变化。

合同内容的变更包括:标的变更;标的物数量的增减;标的物品质的改变;价款或酬金的增减;履行期限的变更;履行地点的改变;履行方式的改变;结算方式的改变;所附条件的增加或除去;单纯债权变为选择债权;担保的设定或消失;违约金的变更;利息的变化等。《合同法》第七十八条规定:当事人对合同变更的内容约定不明确的,推定为未变更。

(3) 合同变更须依当事人双方约定或法律规定、并通过法院的判决或仲裁机构的裁决变更合同。

(4) 法律、行政法规规定变更合同应当办理批准、登记等手续的,依照其规定。

依据国务院 2000 年《建设工程质量管理条例》等相关规定,建设单位应当将施工图设计文件报县级以上人民政府建设行政主管部门或者其他有关部门审查,施工图设计文件未经审查批准的,不得使用。依据国务院 2000 年《建设工程勘察设计管理条例》等相关规定,建设工程勘察、设计文件内容需要做重大修改的,建设单位应当报经原审批机关批准后,方可修改。由此可见,施工图设计文件和勘察设计文件作为当事人之间合同权利义务的主要内容,如发生变更,应当经有关部门批准后才可以变更,否则应为无效。

(三) 工程变更在建设工程中的应用

建设工程合同的变更属于狭义的变更,建设工程合同主体不得变更。

《建设工程施工合同示范文本》第二部分通用合同条款中对工程合同的变更进行了规定。

发包人和监理人均可以提出变更。变更指示均通过监理人发出,监理人发出变更指示前应征得发包人同意。承包人收到经发包人签认的变更指示后,方可实施变更。未经许可,承包人不得擅自对工程的任何部分进行变更。

涉及设计变更的,应由设计人提供变更后的图纸和说明。如变更超过原设计标准或批准的建设规模时,发包人应及时办理规划、设计变更等审批手续。

三、合同的转让

(一) 合同转让的概念和类型

合同转让是指合同当事人一方依法将合同权利、义务全部或者部分转让给他人。

合同转让又称为合同主体的变更,是以新的债权人代替了原合同的债权人,或者以新的债务人代替了原合同的债务人。《民法通则》第九十一条规定:"合同一方将合同的权利、义务全部或者部分转让给第三人的,应当取得合同另一方的同意,并不得牟利。依照法律规定应当由国家批准的合同,需经原批准机关批准。但是,法律另有规定或者原合同另有约定的除外。"合同的权利、义务的转让,除另有约定外,原合同的当事人之间以及转让人与受让人之间应当采用书面形式。转让合同权利、义务约定不明确的,视为未转让。

合同的权利、义务转让给第三人后,该第三人取代原当事人在合同中的法律地位。

合同的转让包括合同权利的转让和合同义务的转让两种情况,当事人也可将权利义务一并转让。

1. 合同权利的转让

合同权利的转让是指债权人将合同中的权利全部或者部分转让给第三人的行为。债权人可以将合同的权利全部或者部分转让给第三人。法律与行政法规规定转让权利应当办理批准、登记手续的,应当办理相应的手续。

《合同法》对合同权利的转让做出了如下规定。

(1) 不得转让的情形：①根据合同性质不得转让；②根据当事人约定不得转让；③依照法律规定不得转让。

(2) 债权人转让权利的条件：债权人转让权利的，应当通知债务人。未经通知，该转让对债务人不发生效力。债权人转让权利的通知不得撤销，但经受让人同意的除外。

(3) 债权的转让，对其从权利的效力：债权人转让权利的，受让人取得与债权有关的从权利，但该从权利专属于债权人自身的除外。

(4) 债权的转让，对债务人的抗辩权及抵消权的效力：债务人接到债权转让通知后，债务人对让与人的抗辩，可以向受让人主张；债务人对让与人享有债权，并且债务人的债权先于转让的债权到期或者同时到期的，债务人可以向受让人主张抵销。

2. 合同义务的转让

合同义务的转让是指债务人将合同的义务全部或者部分转移给第三人的情况。合同义务转让的法律规定有以下几个方面。

(1)《合同法》第八十四条规定："债务人将合同的义务全部或者部分转移给第三人的，应当经债权人同意。"

债务转移包括债务全部转移和债务部分转移。当债务全部转移时，债务人即脱离了原来的合同关系，则由第三人取代原债务人而承担原合同债务，原债务人不再承担原合同中的义务和责任；当债务部分转移时，原债务人并未完全脱离债的关系，而是由第三人加入原来的债的关系，并与债务人共同向同一债权人承担原合同中的义务和责任。

(2)《合同法》第八十五条规定："债务人转移义务的，新债务人可以主张原债务人对债权人的抗辩。"

依据法律规定，债务转移发生效力后，债务承担人将全部或部分地取代原债务人的地位而成为合同当事人，即新债务人，这是债务承担的效力表现。为了使新债务人的利益不受损害，基于原债务所产生的抗辩权对新债务人应当具有法律效力。

3. 权利和义务同时转让

当事人一方经对方同意，可以将自己在合同中的权利和义务一并转让给第三人，即权利和义务同时转让(即概括转让)。

合同权利和义务概括转让包括了全部转让和部分转让。全部转让是指合同当事人原来一方将其权利和义务全部转移给第三人。部分转让指合同当事人原来一方将其权利和义务的一部分转移给第三人；此时转让人和承受人应约定各自得的债权、债务的份额和性质，若没有约定或者约定不明，应视为连带之债。

例如，当事人订立合同后合并的，由合并后的法人或者其他组织行使合同权利，履行合同义务。当事人订立合同后分立的，除债权人和债务人另有约定外，由分立的法人或其他组织对合同的权利和义务享有连带债权，承担连带债务。

(二) 合同转让在建设工程中的应用

《建筑法》第二十八条："禁止承包单位将其承包的全部建筑工程转包给他人，禁止承包单位将其承包的全部建筑工程肢解以后以分包的名义分别转包给他人。"

总承包人或者勘察、设计、施工承包人经发包人同意，可以将自己承包的部分工作交由第三人完成。第三人就其完成的工作成果与总承包人或者勘察、设计、施工承包人向发包人承担连带责任。

《建设工程施工合同示范文本》中规定：承包人不得将其承包的全部工程转包给第三人，或将其承包的全部工程肢解后以分包的名义转包给第三人；承包人不得将工程主体结构、关键性工作及专用合同条款中禁止分包的专业工程分包给第三人，主体结构、关键性工作的范围由合同当事人按照法律规定在专用合同条款中予以明确。

四、合同的终止

（一）合同终止概述

合同权利和义务终止也称合同终止，是指当事人之间根据合同确定的权利和义务在客观上不复存在，据此合同不再对双方具有约束力。合同终止是合同效力停止的表现，即合同当事人不再受合同约束。

合同的终止是随着一定法律事实发生的，与合同中止不同之处在于，合同中止只是在法定的特殊情况下，当事人暂时停止履行合同，当这种特殊情况消失以后，当事人仍然承担继续履行的义务，而合同的终止是合同关系的消灭，不可能恢复。

《合同法》第九十一条的规定，有下列情形之一的，合同的权利义务终止：①债务已经按照约定履行；②合同解除；③债务相互抵销；④债务人依法将标的物提存；⑤债权人免除债务；⑥债权债务同归于一人；⑦法律规定或者当事人约定终止的其他情形。

建设工程实践中，除承发包双方当事人按照合同约定履行义务而导致合同的自然终止外，最常见的就是因为合同解除而导致的建设工程合同的终止。

（二）合同解除

1. 合同解除的概念

合同解除是指对已经发生法律效力，但尚未履行或者未完全履行的合同，因当事人一方的意思表示或者双方的协议而使债权、债务关系提前归于消灭的行为。

合同一经成立即具有法律的约束力，任何一方都不得擅自解除合同。但是，当事人在订立合同后，由于主观和客观情况的变化，有时会发生原合同的全部履行或部分履行而成为不必要或不可能的情况。在这种情况下，需要解除合同，以减少不必要的经济损失或获得更好的经济效益，以有利于稳定和维护正常的市场经济秩序。因此，在符合法定条件下，允许当事人依照法定程序解除合同。

2. 合同解除的类型

合同解除包括约定解除、法定解除。

1) 约定解除合同

约定解除是当事人通过行使约定的解除权或者双方协商决定而进行的合同解除。

(1) 协商解除，即合同当事人双方经协商后，一致同意解除合同，而不是单方行使解除权的解除。

(2) 合同约定解除权的解除，即当事人在合同中约定有解除合同的条件，当合同成立之后，全部履行之前，由当事人一方在某种条件出现后享有解除权，从而终止合同关系。

合同的这两种约定解除有很大的不同。合同的协商解除一般是合同已开始履行后进行的规定,且必然导致合同的解除;而合同约定解除权的解除则是合同履行前的约定,它不一定导致合同的真正解除,因为解除合同的条件不一定。

2) 法定解除合同

法定解除是解除条件直接由法律规定的合同解除。当法律规定的解除条件具备时,当事人可以解除合同。它与合同约定解除权的解除都是在具备一定解除条件时,由一方行使解除权,区别则在于解除条件的来源不同。

《合同法》第九十四条规定,有下列情形之一的,当事人可以解除合同:①因不可抗力致使不能实现合同目的;②在履行期限届满之前,当事人一方明确表示或者以自己的行为表明不履行主要债务;③当事人一方迟延履行主要债务,经催告后在合理期限内仍未履行;④当事人一方迟延履行债务或者有其他违约行为致使不能实现合同目的;⑤法律规定的其他情形。

3. 合同解除的法律后果

当事人一方依照法定解除的规定主张解除合同的,应当通知对方。合同自通知到达对方时解除。对方有异议的,可以请求人民法院或者仲裁机构确认解除合同的效力。法律、行政法规规定解除合同应当办理批准、登记等手续的,则应在办理完相应的手续后解除。

合同解除后,尚未履行的,终止履行;已经履行的,根据履行情况和合同性质,当事人可以要求恢复原状或采取其他补救措施,并有权要求赔偿损失。合同的权利和义务终止,不影响合同中结算和清理条款的效力。

4. 合同的解除在建设工程中的应用

建设工程合同的解除包括法定解除和协议解除两种。对于协议解除来说,只要是双方当事人的真实意思又不违反法律规定,一般应予准许。法定解除,包括发包人的解除权和承包人的解除权两个方面。

1) 发包人的合同解除权

《最高人民法院关于审理建设工程施工合同纠纷案件适用法律问题的解释》第八条的规定,承包人具有下列情形之一,发包人请求解除建设工程施工合同的,应于支持:

① 明确表示或者以行为表明不履行合同主要义务的;
② 合同约定的期限内没有完工,且在发包人催告的合理期限内仍未完工的;
③ 已经完成的建设工程质量不合格并拒绝修复的;
④ 将承包的建设工程非法转包、违法分包的。

2) 承包人的合同解除权

《最高人民法院关于审理建设工程施工合同纠纷案件适用法律问题的解释》第九条的规定,发包人具有下列情形之一,致使承包人无法施工,且在催告的合理期限内仍未履行相应义务,承包人请求解除建设工程施工合同的,应予支持:

① 未按约定支付工程价款的;
② 提供的主要建筑材料、建筑构配件和设备不符合强制性标准的;
③ 不履行合同约定的协助义务的。

在司法实践中,解除合同对双方来讲,损失都很大,一般情况下当事人都不希望解除合同。解除不是合同履行的常态,因此应按照《合同法》规定,限制合同解除权的行使。

3) 建设工程合同解除的法律后果

《合同法》第九十七、九十八条和《最高人民法院关于审理建设工程施工合同纠纷案件适用法律问题的解释》第十条(建设工程施工合同解除后,已经完成的建设工程质量合格的,发包人应当按照约定支付相应的工程价款;已经完成的建设工程质量不合格的,参照本解释第三条关于合同无效,工程质量验收不合格的规定处理。即修复后的建设工程经竣工验收合格,发包人请求承包人承担修复费用的,应予支持;修复后的建设工程经竣工验收不合格,承包人请求支付工程款的,不予支持。因一方违约导致合同解除的,违约方应当赔偿因此而给对方造成的损失)对建设工程合同的解除有相关规定。

任务 3 违约责任、合同争议的解决

一、违约责任

(一)违约责任的概念

违约责任是指当事人任何一方不履行合同义务或者履行合同义务不符合约定而应当承担的法律责任。

违约行为的表现形式包括不履行和不适当履行。不履行是指当事人不能履行或者拒绝履行合同义务,不适当履行则包括不履行以外的其他所有违约情况。当事人一方不履行合同义务,或履行合同义务不符合约定的,应当承担继续履行、采取补救措施、赔偿损失等违约责任。当事人双方都违反合同的,应各自承担相应的责任。

对于违约产生的后果,并非一定要等到合同义务全部履行后才追究违约方的责任。按照《合同法》的规定对预期违约的,当事人也应当承担责任。预期违约是指在履行期限届满之前,当事人一方明确表示或者以自己的行为表明不履行合同的义务,对方可以在履行期限届满之前要求其承担违约责任。这是《合同法》严格责任原则的重要体现。

(二)承担违约责任的条件和原则

1. 违约责任的构成要件

1) 违约行为

《合同法》第一百零七条规定:"当事人一方不履行合同义务或者履行合同义务不符合约定的,应当承担继续履行、采取补救措施或者赔偿损失等违约责任。"

2) 不存在法定和约定的免责事由

《合同法》第一百一十七条规定:"因不可抗力履行合同的,根据不可抗力的影响,部分或者全部免除责任,但法律另有规定的除外。当事人迟延履行后发生不可抗力的,不能免除责任。"这里的"不可抗力"就是法定的免责事由。除法定的免责事由外,当事人如果约定有免责事由,那么免责事由发生时,当事人也可以不承担违约责任,当然,当事人免责的前提条件是当事人约定免责事由的条款本身是有效的。

严格责任原则还包括,当事人一方因第三人的原因造成违约时,应当向对方承担违约责任。第三方造成的违约行为虽然不是当事人的过错,但客观导致了违约行为,只要不是由不可抗力原因造成的,应属于当事人可能预见的情况。为了严格合同责任,故签订的合同归于当事人应承担的违约责任范围。承担违约责任后,与第三人之间的纠纷再按照法律或当事人与第三人之间的约定解决。例如,在施工过程中,承包人因发包人委托设计单位提供的图纸错误而导致损失后,发包人应首先给承包人以相应损失的补偿,然后再依据设计合同追究设计承包人的违约责任。

违反合同而承担的违约责任,是以合同有效为前提的。无效合同从订立之时起就没有法律效力,所以谈不上违约问题。但对部分无效合同中有效条款的不履行,仍应承担违约责任。所以,当事人承担违约责任的前提,必须违反了有效的合同或合同条款的有效部分。

2. 承担违约责任的原则

《合同法》规定的承担违约责任是以补偿性为原则的。补偿性是指违约责任旨在弥补或者弥补因违约行为造成的损失。对财产损失的赔偿范围,《合同法》规定,赔偿损失额应相当于因违约行为所造成的损失,包括合同履行后可获得的利益。

但是,违约责任在有些情况下也具有惩罚性。例如,合同约定了违约金,违约行为没有造成损失或者损失小于约定的违约金;约定了定金,违约行为没有造成损失或者损失小于约定的定金等。

(三) 承担违约责任的方式

1. 继续履行

继续履行是指违反合同的当事人不论是否承担了赔偿金或者承担了其他形式的违约责任,都必须根据对方的要求,在自己能够履行的条件下,对合同未履行的部分继续履行。

继续履行是一种独立的违约责任形式,不需要以其他违约责任是否能够适用为前提条件,继续履行可以与违约金、赔偿损失、定金罚则并用,但与解除合同并用。继续履行可以分为金钱债务违约的继续履行和非金钱债务违约的继续履行两种。

1) 金钱债务违约的继续履行

金钱债务又称货币债务,包括完全未支付价款或报酬和不完全支付价款或报酬两个方面。《合同法》第一百零九条规定:"当事人一方未支付价款或者报酬的,对方可以要求其支付价款或者报酬。"

2) 非金钱债务违约的继续履行

非金钱债务如提供货物、提供劳务、完成工作,不同于金钱债务,其债务标的往往更具有特定性和不可替代性,所以非金钱债务的履行更加强调实际发行原则。《合同法》第一百一十条的规定,对非金钱债务的违约,有下列情形之一的,权利人不能再向债务人提出继续履行的请求:①法律上或者事实上不能履行;②债务的标的不适于强制履行或者履行费用过高;③债权人在合理期限内未要求履行。

当事人就迟延履行约定违约金的,违约方支付违约金后,还应当履行债务。这也是承担继续履行违约责任的方式。例如,施工合同中约定了延期竣工的违约金,承包人没有按照约定期限完成施工任务,承包人应当支付延期竣工的违约金,但发包人仍然有权要求承包人继续施工。

2. 采取补救措施

所谓的补救措施是指在当事人违反合同的事实发生后,为防止损失发生或者扩大,而由违反合同一方依照法律规定或者约定采取的修理、更换、重新制作、退货、减少价格或者报酬等措施,以给权利人弥补或者挽回损失的责任形式。根据《合同法》第一百一十一条的规定(质量不符合约定的,应当按照当事人的约定承担违约责任。对违约责任没有约定或者约定不明确,依照本法第六十一条仍不能确定的,受损害方根据标的的性质以及损失的大小,可以合理选择要求对方承担修理、更换、重作、退货、减少价款或者报酬等违约责任),可以合理选择法律推定的责任形式,具体包括:修理、更换、重作、退货、减少价款或者报酬。采取补救措施的责任形式,主要发生在质量不符合约定的情况下。建设工程合同中,采取补救措施是施工单位承担违约责任常用的方法。

采取补救措施的违约责任,在应用时应把握以下两个问题。第一,对质量不合格的违约责任,有约定的,从其约定;没有约定或约定不明的,双方当事人可再协商确定;如果不能通过协商达成违约责任的补充协议的,则按照合同有关条款或者交易习惯确定。以上方法都不能确定违约责任时,可使用《合同法》的规定,即质量要求不明确的,按照国家标准、行业标准履行;没有国家标准、行业标准的,按照通常标准或者符合合同目的的特定标准履行。但是,由于建设工程中的质量标准往往都是强制性的,因此,当事人不能约定低于国家标准、行业标准的质量标准。第二,在确定具体的补救措施时,应根据建设项目性质以及损失的大小,选择适当的补救方式。

3. 赔偿损失

当事人一方不履行合同义务或者履行合同义务不符合约定的,在履行义务或者采取补救措施后,对方还有其他损失的,应当赔偿损失。损失赔偿额应相当于因违约所造成的损失,包括合同履行后可以获得的利益,但不得超过违反合同一方订立合同时预见或应当预见的因违反合同可能造成的损失。这种方式是承担违约责任的主要方式。因为违约一般都会给当事人造成损失,赔偿损失是守约者避免损失的有效方式。

当事人一方不履行合同义务或者履行合同义务不符合约定,在履行义务或采取补救措施后,对方还有其他损失的,应承担赔偿责任。当事人一方违约后,对方应当采取适当措施防止损失的扩大,没有采取措施致使损失扩大的,不得就扩大的损失请求赔偿,当事人因防止损失扩大而支出的合理费用,由违约方承担。

4. 支付违约金

当事人可以约定一方违约时,应当根据违约情况向对方支付一定数额的违约金,也可以约定因违约产生的损失额的赔偿办法。《合同法》第一百一十四条第二款规定:"约定违约金低于造成损失的,当事人可以请求人民法院或仲裁机构予以增加;约定违约金过分高于造成损失的,当事人可以请求人民法院或仲裁机构予以适当减少。"

违约金与赔偿损失不能同时采用。如果当事人约定了违约金,则应当按照支付违约金承担违约责任。

5. 留置

留置是指合同当事人一方依据合同,事先合法占有对方财产,当对方不履行合同时,可对所占有的财产进行留置,并依法将留置财产折价或变卖并从中优先受偿的担保方式。

留置这种担保方式只能用于一方已事先合法占有了对方财产的特定情况,所以,它常用于仓储、保管合同、来料加工、来件装配、加工定做等承揽合同及货物运输合同中。

建设工程施工时,在竣工验收交付使用前,工程由承包方负责看管。从法律上来看,承包方是事先合法掌握了发包方的财产,但由于建设工程对社会影响巨大,长期以来我国法律并未认可承包方的留置权。

《合同法》规定:发包人未按照约定支付价款的,承包人可以催告发包人在合理期限内支付价款;发包人逾期不支付的,除按照建设工程的性质不宜折价、拍卖的以外,承包人可以与发包人协议将该工程折价,也可申请人民法院将该工程依法拍卖;建设工程的价款就从工程折价或者拍卖的价款中优先受偿。这就从法律上充分肯定了建设工程承包方的留置权,当然,建设工程留置权的实际行使还有许多问题有待研究。

6. 定金罚则

定金是指合同当事人为了确保合同的履行,由一方预先给付另一方一定数额的金钱或其他物品。《合同法》第一百一十五条规定:"当事人可以依照《中华人民共和国担保法》约定一方向对方给付定金作为债权的担保。债务人履行债务后,定金应当抵作价款或收回。给付定金的一方不履行约定债务的,无权要求返还定金;收受定金的一方不履行约定债务,应当双倍返还定金。"

《合同法》第一百一十六条规定:"当事人既约定违约金,又约定定金的,一方违约时,对方可以选择适用违约金或定金条款。"但是,这两种违约责任不能合并使用;同违约金一样,定金的适用不以损害的发生为前提,适用定金条款后,如果当事人的损失数额超过定金数额,当事人仍可以要求赔偿损失;此外,定金是违约定金,而不是解约定金,因此当事人不能以适用定金条款为由拒绝实际履行,但如果约定的是解约定金,那么当事人就可以放弃定金或双倍偿还定金而解除合同,不再承担实际履行责任。

在建设工程勘察和设计合同中都采用定金这种担保方式。

(四)因不可抗力无法履约的责任承担

不可抗力是指不能预见、不能避免并且不能克服的客观情况。不可抗力一般包括如下情况:①自然事件,如地震、洪水、火山爆发、海啸等;②社会事件,如战争、暴乱、骚乱等;③特定的政府行为等。

《合同法》规定,当事人一方因不可抗力不能履行合同的,应当及时通知对方,以减轻可能给对方造成的损失,并应当在合理期限内提供证明。

当事人一方违约后,对方应当采取适当措施防止损失的扩大;没有采取适当措施致使损失扩大的,不得就扩大的损失要求赔偿。

当事人因防止损失扩大而支出的合理费用,由违约方承担。

因不可抗力不能履行合同的,根据不可抗力的影响,部分或全部免除责任。当事人延迟履行后发生的不可抗力,不能免除责任。当事人因不可抗力不能履行合同的,应当及时通知对方,以减轻给对方造成的损失,并应当在合理的期限内提供证明。

当事人可以在合同中约定不可抗力的范围。为了公平的目的,避免当事人滥用不可抗力的免责权,约定不可抗力的范围是必要的。在有些情况下还应当约定不可抗力的风险分担责任。

二、合同的担保

(一)担保的概念

担保是指当事人根据法律规定或者双方约定,为促使债务人履行债务实现债权人的权利的法律制度。合同当事人可能会由于对方的违约而无法实现自身的利益。合同担保可以有效保障守约方利益。

担保活动应当遵循平等、自愿、公平、诚实信用的原则。担保通常由当事人双方订立担保合同。担保是伴随着主债务的产生而产生的,担保合同是被担保合同的从合同,被担保合同是主合同,主合同无效,从合同也无效,但担保合同另有约定的按照约定。

（二）担保方式

担保方式有保证、抵押、质押、留置和定金。

1. 保证

1）保证的概念和方式

保证是指保证人和债权人约定,当债务人不履行债务时,保证人按照约定履行债务或者承担责任的行为。保证法律关系至少有三方参加,即保证人、被保证人（债务人）和债权人。

保证的方式有两种,即一般保证和连带责任保证。

一般保证是指当事人在保证合同中约定,债务人不能履行债务时,由保证人承担责任的保证。一般保证的保证人在主合同纠纷未经审判或者仲裁,并就债务人财产依法强制执行仍不能履行债务前,对债权人可以拒绝承担担保责任。

连带责任保证是指当事人在保证合同中约定保证人与债务人对债务承担连带责任的保证。连带责任保证的债务人在主合同规定的债务履行期届满没有履行债务的,债权人可以要求债务人履行债务,也可以要求保证人在其保证范围内承担保证责任。

在具体合同中,担保方式由当事人约定,如果当事人没有约定或者约定不明确的,则按照连带责任保证承担保证责任,这是对债权人权利的有效保护。

2）保证人的资格

具有代为清偿债务能力的法人、其他组织或者公民,可以作为保证人。但是,以下组织不能作为保证人：①企业法人的分支机构、职能部门；企业法人的分支机构有法人书面授权的,可以在授权范围内提供保证；②国家机关,经国务院批准为使用外国政府或者国际经济组织贷款进行转贷的除外；③学校、幼儿园、医院等以公益为目的的事业单位和社会团体。

3）保证合同的内容

保证合同应包括以下内容：①被保证的主债权种类、数额；②债务人履行债务的期限；③保证的方式；④保证担保的范围；⑤保证的期间；⑥双方认为需要约定的其他事项。

4）保证责任

保证担保的范围包括主债权及利息、违约金、损害赔偿金及实现债权的费用。保证合同另有约定的,按照约定。当事人对保证担保的范围没有约定或者约定不明确的,保证人应当对全部债务承担责任。一般保证的保证人未约定保证期间的,保证期间为主债务履行期届满之日起6个月。

保证期间债权人与债务人协议变更主合同或者债权人许可债务人转让债务的,应当取得保证人的书面同意,否则保证人不再承担保证责任。保证合同另有约定的按照约定。

2. 抵押

1）抵押的概念

抵押是指债务人或者第三人向债权人以不转移占有的方式提供一定的财产作为抵押物,用以担保债务履行的担保方式。债权人不履行债务时,债权人有权依照法律规定以抵押物折价或者从变卖抵押物的价款中优先受偿。其中债务人或者第三人称为抵押人,债权人称为抵押权人,提供担保的财产为抵押物。

2）抵押物

债务人或者第三人提供担保的财产为抵押物。抵押物是不转移占有的,根据《中华人民共

和国物权法》(以下简称《物权法》)第一百八十条规定,债务人或者第三人有权处分的下列财产可以抵押:

① 建筑物和其他土地附着物;
② 建设用地使用权;
③ 以招标、拍卖、公开协商等方式取得的荒地等土地承包经营权;
④ 生产设备、原材料、半成品、产品;
⑤ 正在建造的建筑物、船舶、航空器;
⑥ 交通运输工具;
⑦ 法律、行政法规未禁止抵押的其他财产。

抵押人可以将前款所列财产一并抵押。

《物权法》第一百八十四条规定,下列财产不得抵押:

① 土地所有权;
② 耕地、宅基地、自留地、自留山等集体所有的土地使用权,但法律规定可以抵押的除外;
③ 学校、幼儿园、医院等以公益为目的的事业单位、社会团体的教育设施,医疗卫生设施和其他社会公益设施;
④ 所有权、使用权不明或者有争议的财产;
⑤ 依法被查封、扣押、监管的财产;
⑥ 法律、行政法规规定不得抵押的其他财产。

当事人以土地使用权、城市房地产、林木、航空器、船舶、车辆等财产做抵押的,应当办理抵押物登记,抵押合同自登记之日起生效。当事人以其他财产做抵押的,可以自愿办理抵押物登记,抵押合同自签订之日起生效。当事人未办理抵押物登记的,不得对抗第三人。

办理抵押物登记,应当向登记部门提供主合同、抵押合同、抵押物的所有权或者使用权证书。

3) 抵押的效力

抵押担保的范围包括主债权及利息、违约金、损害赔偿金和实现抵押权的费用。当事人也可以约定抵押担保的范围。

抵押人有义务妥善保管抵押物并保证其价值。抵押期间,抵押人转让已办理登记的抵押物,应当通知抵押权人并告知受让人转让物已经抵押的情况,否则,该转让行为无效。

抵押人转让抵押物的价款,应当向抵押权人提前清偿所担保的债权或者向与抵押权人约定的第三人提存。超过债权的部分归抵押人所有,不足部分由债务人清偿。转让抵押物的价款不得明显低于其价值。抵押人的行为足以使抵押物价值减少的,抵押权人有权要求抵押人停止其行为。

抵押权与其担保的债权同时存在,抵押权不得与债权分离而单独转让或者作为其他债权的担保。

4) 抵押权的实现

债务履行期届满抵押权人未受清偿的,可以与抵押人协议以抵押物折价或者以拍卖、变卖该抵押物所得的价款受偿;协议不成的,抵押权人可以向人民法院提起诉讼。抵押物折价或者拍卖、变卖后,其价款超过债权数额的部分归抵押人所有,不足部分由债务人清偿。

同一财产向两个以上债权人抵押的,拍卖、变卖抵押物所得的价款按照以下规定清偿。

① 抵押合同已登记生效的,按抵押物登记的先后顺序清偿;顺序相同的,按照债权比例清偿。

② 抵押合同自签订之日起生效的,如果抵押物是登记的,按照合同生效的先后顺序清偿;顺序相同的,按照债权比例清偿。抵押物已登记的先于未登记的受偿。

3. 留置

留置是指债权人按照合同约定占有对方(债务人)的财产,当债务人不能按照合同约定期限履行债务时,债权人有权依照法律规定留置该财产并享有处置该财产得到优先受偿的权利。

留置应注意以下两个方面。

(1) 留置权以债权人合法占有对方财产为前提,并且债务人的债务已经到了履行期。例如,在承揽合同中,定作方逾期不领取其定作物的,承揽方有权将该定作物折价、拍卖、变卖,并从中优先受偿。

(2) 由于留置是一种比较强烈的担保方式,必须依法行使,不能通过合同约定产生留置权。依《中华人民共和国担保法》(以下简称《担保法》)的规定,能够留置的财产仅限于动产,且只有因保管合同、运输合同、加工承揽合同发生的债权,债权人才有可能实施留置。

4. 定金

定金是指当事人双方为了保证债务的履行,约定由当事人一方先行支付给对方一定数额的货币作为担保。定金的数额由当事人约定,但不得超过主合同标的额的20%。定金合同要采用书面形式,并在合同中约定交付定金的期限,定金合同从实际交付定金之日生效。

债务人履行债务后,定金应当抵作价款或者收回。

给付定金的一方不履行约定的债务的,无权要求返还定金;收受定金的一方不履行约定的债务的,应当双倍返还定金。

(三) 保证在建设工程中的应用

在建设工程中,保证是最常用的担保方式。保证是必须由合同双方当事人以外的第三人作为保证人的担保形式。由于对保证人的信誉要求比较高,建设工程中的保证人往往是银行,也可能是信用较高的其他担保人,如担保公司。这种保证应当是采用书面形式的。在建设工程中习惯把银行出具的保证称为保函,而把其他保证人出具的书面保证称为保证书。

1. 施工投标保证

施工项目的投标担保应当在投标时提供,担保方式可以是由投标人提供一定数额的保证金;也可以提供第三人的信用担保(保证),一般是由银行或者担保公司向招标人出具投标保函或者投标保证书。在下列情况下可以没收投标保证金或要求承保的担保公司或银行支付投标保证:①投标人在投标有效期内撤销投标书;②投标人在业主已正式通知其投标已接受中标后,在投标有效期内未能或拒绝按"投标人须知"规定,签订合同协议或递交履约保函。

投标保证的有效期一般是从投标截止日起至确定中标人止。若由于评标时间过长,而使保证到期,招标人应当通知投标人延长保函或者保证书有效期。投标保函或者保证书在评标结束之后应退还给投标人,一般在两种情况:①未中标的投标人可向招标人索回投标保函或者保证书,以便向银行或者担保公司办理注销或使押金解冻;②中标的投标人在签订合同时,向业主提交履约担保,招标人即可退回投标保函或者保证书。

2. 施工合同的履约保证

施工合同的履约保证,是为了保证施工合同的顺利履行而要求承包人提供的担保。《招标投标法》第四十六条规定:"招标文件要求中标人提交履约保证金的,中标人应当提交。"在建设项目的施工招标中,履约担保的方式可以是提交一定数额的履约保证金,也可以提供第三人的信用担保(保证),一般是由银行或者担保公司向招标人出具履约保函或者保证书。

履约保函或者保证书是承包人通过银行或者担保公司向发包人开具的保证,在合同执行期间按合同规定履行其义务的经济担保书。保证金额一般为合同总额的5%～10%。履约保证的担保责任,主要是担保投标人中标后,将按照合同规定,在工程全过程,按期限、按质量履行义务。若发生下列情况,发包人有权凭履约保证向银行或者担保公司索取保证金作为赔偿:施工过程中,承包人中途毁约,或任意中断工程,或不按规定施工;承包人破产,倒闭。

履约保证的有效期限从提交履约保证起,到项目竣工并验收合格止。如果工程拖期,不论何种原因,承包人都应与发包人协商,并通知保证人延长保证有效期,防止发包人借故提款。

3. 施工预付款保证

由于建设工程施工中承包人是不垫资承包的,因此,发包人一般应向承包人支付预付款,帮助承包人解决前期施工资金周转的困难。预付款担保是承包人提交的、为保证返还预付款的担保。预付款担保都是采用由银行出具保函的方式提供。

预付款保证的有效期从预付款支付之日起至发包人向承包人全部收回预付款之日止。

担保金额应当与预付金额相同,预付款在工程的进展过程中每次结算工程款(中间支付)分次返还时,经发包人出具相应文件担保金额也应当随之减少。

三、合同争议的解决

1. 合同争议的概念

合同争议是指合同当事人对自己与他人之间的权利行使、义务履行与利益分配有不同的观点、意见、请求的法律事实。

合同关系的实质是,通过设定当事人的权利义务在合同当事人之间进行资源配置。而在法律设定的权利义务框架中,权利与义务是互相对称的。一方的权利即是另一方的义务;反之亦然。一旦义务人息于或拒绝履行自己应尽的义务,则其与权利人之间的法律纠纷势必在所难免。在某些情况下,合同法律关系当事人都无意违反法律的规定或者合同的约定,但由于他们对引发相互间法律关系的法律事实有着不同的看法和理解,也容易酿成合同争议。在某些情况下,由于合同立法中法律漏洞的存在,也会导致当事人对合同法律关系和合同法律事实的解释互不一致。总之,有合同活动,就会有合同争议。丝毫不产生合同争议的市场经济社会是不存在的。

2. 合同争议的特点

(1) 合同争议发生于合同的订立、履行、变更、解除以及合同权利的行使过程之中。如果某一争议虽然与合同有关系,但不是发生于上述过程之中,就不构成合同争议。

(2) 合同争议的主体双方须是合同法律关系的主体。此类主体既包括自然人,也包括法人和其他组织。

(3) 合同争议的内容主要表现在争议主体对导致合同法律关系产生、变更与消灭的法律事实以及法律关系的内容有着不同的观点与看法。

3. 合同争议的解决途径

1) 和解

和解是指合同纠纷当事人在自愿友好的基础上,互相沟通、互相谅解,从而解决纠纷的一种方式。

合同纠纷时,当事人应首先考虑通过和解解决纠纷,因为和解解决纠纷有如下优点:①简便易行,能经济、及时地解决纠纷;②有利于维护合同双方的合作关系,使合同能更好地得到履行;③有利于和解协议的执行。

2) 调解

调解,是指合同当事人对合同所约定的权利、义务发生争议,经过和解后,不能达成和解协议时,在经济合同管理机关或有关机关、团体等的主持下,通过对当事人进行说服教育,促使双方互相做出适当的让步,平息争端,自愿达成协议,以求解决经济合同纠纷的方法。

3) 仲裁

仲裁,亦称公断,是当事人双方在争议发生前或争议发生后达成协议,自愿将争议交给第三者做出裁决,并负有自动履行义务的一种解决争议的方式。这种争议解决方式必须是自愿的,因此必须有仲裁协议。如果当事人之间有仲裁协议,争议发生后又无法通过和解和调解解决,则应及时将争议提交仲裁机构仲裁。

4) 诉讼

诉讼,是指合同当事人依法请求人民法院行使审判权,审理双方之间发生的合同争议,做出有国家强制保证实现其合法权益、从而解决纠纷的审判活动。合同双方当事人如果未约定仲裁协议,则只能以诉讼作为解决争议的最终方式。

任务 4 案例分析

案例 5-1

签订合同时资料必须齐全

【案情简介】

甲工厂与乙勘察设计单位签订一份《厂房建设设计合同》,甲委托乙完成厂房建设初步设计,约定设计期限为支付定金后30天,设计费按国家有关标准计算。另约定,如果甲要求乙增加工作内容,其费用增加10%,合同中没有对基础资料的提供进行约定。开始履行合同后,乙向甲索要设计任务书以及选厂报告和燃料、水、电协议文件,甲答复除设计任务书之外,其余都没有。乙自行收集了相关资料,于第37天交付设计文件。乙认为收集基础资料增加了工作内容,要求甲按增加后的数额支付设计费。甲认为合同中没有约定自己提供资料,不同意乙的要求,并要求乙承担逾期交付设计书的违约责任。乙遂诉至法院。法院认为,合同中未对基础资料的提供和期限予以约定,乙方逾期交付设计书属乙方过错,构成违约;另按国家规定,勘察、设计单位不能任意提高勘察设计费,有关增加设计费的条款认定无效。判定:甲按国家规定标准计算给付乙设计费;(如果没有及时取得签证)乙按合同约定向甲支付逾期违约金。

【案例分析】

本案的设计合同缺乏主要条款,即基础资料的提供。

《合同法》第二百七十四条规定:"勘察、设计合同的内容包括提交有关基础资料和文件(包括概预算)的期限、质量要求、费用以及其他协作条件等条款。"合同的主要条款是合同成立的前提,如果合同缺乏主要条款,则当事人无据可依,合同自身也就无效力可言,勘察、设计合同不仅要条款齐备,还要明确双方各自责任,以避免合同履行中的互相推诿,保障合同的顺利执行。《建设工程勘察、设计合同条例》规定,设计合同中应明确约定由委托方提供基础资料,并对提供时间、进度和可靠性负责。本案因缺乏该约定,虽工作量增加,设计时间延长,乙方却无向甲方追偿由此造成损失的依据,其责任应由乙方自行承担。增加设计费的要求违背国家有关规定不能成立,故法院判决乙按规定收取费用并承担违约责任。

案例 5-2

发出中标通知书后拒绝签订书面合同,应承担缔约过失责任

【案情简介】

甲公司拟开发某项目楼盘,遂通过公开招标方式从投标的五家单位中,选择了乙公司作为中标人,并且在确定中标人之后,向乙公司发出中标通知书。之后,双方就合同实质性条款发生争议,由于双方不能达成一致意见,因此未签订建设工程合同。甲公司于是向法院提起诉讼,认为合同已经成立并且生效,应追究乙公司的违约责任。乙公司则认为合同虽然成立但未生效,其仅需承担缔约过失责任。

【案例分析】

《合同法》第二百七十条规定:"建设工程合同应当采用书面形式。"可见建设工程合同为要式合同,必须采用书面形式。直接发包的建筑工程合同,承发包双方在书面合同上签字盖章之时,合同成立并且生效。而采用招标投标方式订立建设工程合同,在招标人向中标人发出中标通知书时合同成立,但并未生效。《招标投标法》第四十六条规定:"招标人和中标人应当自中标通知书发出之日起三十日内,按照招标文件和中标人的投标文件订立书面合同。招标人和中标人不得再行订立背离合同实质性内容的其他协议。"由此可见,法律规定建设工程必须以书面合同为生效条件,因此只有当双方签订书面形式的合同之时,合同才能生效。《合同法》第四十二条规定:当事人在订立合同过程中有下列情形之一,给对方造成损失的,应当承担损害赔偿责任:①假借订立合同,恶意进行磋商;②故意隐瞒与订立合同有关的重要事实或者提供虚假情况;③有其他违背诚实信用原则的行为。乙公司违反诚实信用原则,拒绝签订合同,应当承担法律责任,但这种法律责任不是违约责任,而是缔约过失责任。

案例 5-3

建设工程施工合同中未约定质量保修期限,如何处理?

【案情简介】

原告某房产开发公司与被告某建筑公司签订施工合同,修建某一住宅小区。小区建成后,经验收质量合格。验收后2个月,房产开发公司发现楼房屋顶漏水,遂要求建筑公司负责无偿修理,并赔偿损失,建筑公司则以施工合同中并未规定质量保证期限,以工程已经验收合格为由,拒绝无偿修理要求。房产开发公司遂诉至法院。法院判决施工合同有效,认为合同中虽然并没有约定工程质量保证期限,但根据中华人民共和国国务院2000年1月30日发布的《建设工

程质量管理条例》的规定,屋面防水工程保修期限为5年,因此本案工程交工后2个月内出现的质量问题,应由施工单位承担无偿修理并赔偿损失的责任。故判令建筑公司应当承担无偿修理的责任。

【案例分析】

本案争议的施工合同虽欠缺质量保证期条款,但并不影响双方当事人对施工合同主要义务的履行,故该合同有效。

《合同法》第二百七十五条规定:施工合同的内容包括工程范围、建设工期、中间交工工程的开工和竣工时间、工程质量、工程造价、技术资料交付时间、材料和设备供应责任、拨款和结算、竣工验收、质量保修范围和质量保证期、双方相互协作等条款。由于合同中没有质量保证期的约定,故应当依照法律、法规的规定或者其他规章确定工程质量保证期。

法院依照《建设工程质量管理条例》的有关规定对欠缺条款进行补充,无疑是正确的。依据该办法规定,出现的质量问题属保证期内,故认定建筑公司承担无偿修理和赔偿损失责任是正确的。

案例 5-4

原业主被兼并,由谁负责对工程进行验收

【案情简介】

乙公司与甲厂就甲厂技术改造工程签订建设工程承包合同。合同约定:乙公司承担甲厂技术发行工程项目28项,负责承包各项目的土建总分承包方式为固定总价合同,竣工后办理结算。合同签订后,乙公司按照合同约定完成了该工程的各土建项目,并于2009年9月24日竣工。孰料,甲厂2009年7月被丙公司兼并,由丙公司承担甲厂的全部债权、债务,承接甲厂的各项工程合同、借款合同及各种协议。乙公司在工程竣工后多次催促丙公司对工程进行验收并支付所欠工程款,丙公司对此一直置之不理,既不验收已竣工工程,也不支付工程款。乙公司无奈之下将甲厂、丙公司起诉至法院。法院审理后,判决丙公司对已完工的土建项目进行验收,验收合格后向乙公司支付所欠工程款项。

【案例分析】

《合同法》第九十条规定:当事人订立合同后合并的,由合并后的法人或者其他组织行使合同权利,履行合同义务。本案例中,在甲厂被丙公司兼并前,承包人乙公司与发包人甲厂签订了建设工程承包合同。甲厂被丙公司兼并后,丙公司承担了甲厂的全部债权、债务,并同时承接了甲厂的各项工程合同,丙公司应当继续履行乙公司与甲厂签订的建设工程承包合同,代替甲厂成为合同当事人(发包人)。《合同法》第二百七十九条规定:建设工程竣工后,发包人应当根据施工图纸及说明书、国家颁发的施工验收规范和质量检验标准及时进行验收。因此,丙公司应履行竣工验收的责任。

案例 5-5

发包人、总承包人、分包的关系

【案情简介】

某市A服务公司因建办公楼与B建设工程总公司签订了建筑工程承包合同。其后,经A

学习情境 5
建设工程合同法律制度

服务公司同意,B 建设工程总公司分别与市 C 建筑设计院和市 D 建筑工程公司签订了建设工程勘察设计合同和建筑安装合同。建筑工程勘察设计合同约定由 C 建筑设计院对 A 服务公司的办公楼水房、化粪池、给水排水、空调及煤气外管线工程提供勘察、设计服务,做出工程设计书及相应施工图纸和资料。建筑安装合同约定由 D 建筑工程公司根据 C 建筑设计院提供的设计图纸进行施工,工程竣工时依据国家有关验收规定及设计图纸进行质量验收。合同签订后,C 建筑设计院按时做出设计书并将相关图纸资料交付 D 建筑工程公司,D 建筑公司依据设计图纸进行施工。工程竣工后,发包人会同有关质量监督部门对工程进行验收,发现工程存在严重质量问题,主要是由于设计不符合规范所致。原来 C 建筑设计院未对现场进行仔细勘察即自行进行设计导致设计不合理,给发包人带来了重大损失。由于设计人拒绝承担责任,B 建设工程总公司又以自己不是设计人为由推卸责任,发包人遂以 C 建筑设计院为被告向法院起诉。法院受理后,追加 B 建设工程总公司为共同被告,让其与 C 建筑设计院一起对工程建设质量问题承担连带责任。

【案例分析】

本案中,市 A 服务公司是发包人,市 B 建设工程总公司是总承包人,C 建筑设计院和市 D 建筑工程公司是分包人。对工程质量问题,B 建设工程总公司作为总承包人应承担责任,而 C 建筑设计院和 D 建筑工程公司也应该依法分别向发包人承担责任。总承包人以不是自己勘察设计和建筑安装的理由企图不对发包人承担责任,以及分包人以与发包人没有合同关系为由不向发包人承担责任是没有法律依据的。所以本案判决 B 建设工程总公司和 C 建筑设计院共同承担连带责任是正确的。

《合同法》第二百七十二条:"发包人可以与总承包人订立建设工程合同,也可以分别与勘察人、设计人、施工人订立勘察、设计、施工承包合同。发包人不得将应当由一个承包人完成的建设工程肢解成若干部分发包给几个承包人。总承包人或者勘察、设计、施工承包人经发包人同意,可以将自己承包的部分工作交由第三人完成。第三人就其完成的工作成果与总承包人或者勘察、设计、施工承包人向发包人承担连带责任。承包人不得将其承包的全部建设工程转包给第三人或者将其承包的全部建设工程肢解以后以分包的名义分别转包给第三人。禁止承包人将工程分包给不具备相应资质条件的单位。禁止分包单位将其承包的工程再分包。建设工程主体结构的施工必须由承包人自行完成。"《建筑法》第二十八条、第二十九条的规定:禁止承包单位将其承包的全部工程转包给他人;施工总承包的,建筑工程主体结构的施工必须由总承包单位自行完成。本案中 D 建设工程总公司作为总承包人不自行施工,而将工程全部转包他人,虽经发包人同意,但违反禁止性规定,亦为违法行为。

学习情境 6 建设工程监理法规

【学习目标】

(1) 了解建设工程监理的基本概念。
(2) 熟悉建设工程监理实施的范围和原则。
(3) 掌握建设工程委托监理合同文本的组成。
(4) 掌握建设工程委托监理合同当事人的权利、义务和责任。

【能力目标】

(1) 具有初步运用法律、法规规范监理行为的能力。
(2) 具有签订工程建设监理合同的能力。

【引例导入】

某监理公司与业主签订的两幢大楼桩基监理合同已履行完毕。上部工程监理合同尚未最后正式签字。此时业主与施工单位签订的地下室挖土合同在履行之中,一幢楼挖土已近尾声。由于业主为了省钱,自己确定了一个挖土方案,挖土单位明知该方案欠妥,会造成桩基破坏,而没做任何反映(方案未经监理审查),导致多数工程桩在挖土过程中桩顶偏移断裂。在大量的监测数据证明下,监理单位建议业主通知挖土单位停止挖土,重新讨论挖土方案。改变了挖土方案后,另一幢楼桩基未受任何破坏。但前一幢楼需要补桩加固,花费160余万元,耽误工期近8个月。

请思考:此时你认为监理单位能不能对该部分工程进行监理?

本案中涉及建设工程监理的含义和性质,工程建设监理具有委托性,工程监理单位也只能在监理合同授权范围内开展监理工作。

建设监理制是工程建设领域中一项国际惯例。市场经济的共性之一是在国际交往中遵守国际通行的规律和惯例。我国实施建设监理制是在建设领域里实现与国际惯例接轨的一项重大措施,它是与投资体制、承包经济责任体制、建筑市场开放体制、招标投标体制、项目业主体制等改革制度相匹配的改革制度,是为适应社会化大生产的需要和社会主义市场经济发展而产生的。

实践证明,实行建设监理制,有利于提高工程质量,有利于保障工期,有利于控制投资,有利于增进效益,是建设领域中实现速度与效益、数量与质量有机结合的重要途径,为我国建设事业持续和健康发展发挥了独特的作用。

任务 1　建设工程监理概述

一、建设工程监理的内涵

1. 建设工程监理概念

建筑工程监理,顾名思义,就是指建筑工程的监督和管理。具体来讲,是指具有相应资质的工程监理单位受工程项目建设单位的委托,依据国家有关工程建设的法律、法规,经建设主管部门批准的工程项目建设文件、建设委托监理合同,对工程建设实施的专业化管理。

《建筑法》第三十二条:建设工程监理应当依照法律、行政法规及有关的技术标准、设计文件和建筑工程承包合同,对承包单位在施工质量、建设工期和建设资金使用等方面,代表建设单位实施监督。

监理单位,一般是指具有法人资格,取得监理单位资质证书,主要从事工程监理工作的监理公司、监理事务所等,也包括具有法人资格的单位下设的专门从事工程建设的二级机构,这里所说的二级机构是指企业法人中专门从事工程建设工作的内设机构。

建筑工程监理可以包括从建设前期的工程咨询、建设实施阶段的招标投标、勘察设计、竣工验收,直至建设后期的运转保修在内的各个阶段的管理与监督。建筑工程监理是委托性的,业主可以委托一个单位监理,也可同时委托几个单位监理。监理可以是工程建设的全过程监理,也可以是阶段监理,即项目决策阶段的监理和项目实施阶段的监理。我国目前建筑工程监理主要是项目实施阶段的监理。业主、承包商和监理单位三方,是以经济为纽带、合同为根据进行制约的,其中,经济手段是达到控制建设工期、造价和质量三个目标的重要因素。实行建筑工程监理制,目的在于提高工程建设的投资效益和社会效益。

政府的工程质量监督与监理单位的工程质量监理在加强对工程质量的控制和监督这一总目标上是完全一致的。然而,两者在性质、工作内容、工作方式、工作依据等方面,还是有所区别的。

1) 性质不同

工程质量监督的执行者是政府行政主管部门的专业执行机构,代表政府,行使政府的职能,它是执法机构,因此它的工作具有明显的强制性。工程建设监理则是受业主(建设单位)的委托,从事工程建设的检查和管理,它的实施者是社会化、专业化的监理单位,是属于服务性的机构,属于社会的、民间的监督管理行为。

2) 工作的范围和方式不同

工程质量监督机构是项目组织系统外的监督管理主体对项目系统内的建设行为主体进行的纵向监督管理。监督的主要内容为:对监理、设计、施工、工程检测单位(或试验室)和有关产品制作单位的资质进行复核。对建设、监理单位的质量检查体系和施工单位的质量保证体系以及设计单位现场服务等实施监督检查。对工程项目的单位工程、分部工程、单元工程的划分进行监督检查。监督检查技术规程、规范和质量标准的执行情况。检查施工单位和建设、监理单位对工程质量检验和质量评定情况。对现场施工质量、产品加工制作质量和质量评定结果,以及有关资料,按监督计划到位检查和进行抽检。在工程竣工验收前,对工程质量进行等级核定,编制工程质量评定报告，并向工程竣工验收委员会提出工程质量等级的建议。

工程建设监理是在项目组织系统内的平等主体之间的横向监督管理。监理工程师是受业主的委托，对工程建设的全过程或某一阶段实施监理，确保工程承包合同的有效实施。仅就施工阶段监理工程师的质量控制而言，主要工作内容包括：审查设计文件；审查设计变更；检验原材料和工程设备的质量；对建设项目的每一个单位工程、分部工程和单元工程进行质量跟踪和旁站监督；检验已完成工程的质量；签发付款凭证等。监理工程师除了要进行质量控制外，还要对工程进度、计量、支付、变更、索赔、延期等进行全面监理。监理工程师在执行监理过程中，不仅有对工程质量的认可与否决权，更重要的是，监理工程师有对拨款支付的认可和否决权。没有监理工程师签认批准，计划不能执行，支付不能成立，工程得不到认可。

在工作方式上，工程质量监督机构主要以抽查为主，监理单位则是采取旁站、巡视、跟踪检测和平行检测等方式进行质量控制。

3）工作依据不同

工程质量监督机构以国家、地方颁发的有关法律、法规和技术规范、标准为主要依据。而监理单位不仅以法律、法规和技术规范、标准为依据，还以国家批准的工程项目建设文件和工程建设合同为依据，在工程实施阶段不仅控制工程质量，而且还要控制投资和工期，并维护业主和承包商双方的合法权益。

4）工作方法和手段不同

工程质量监督机构侧重行政管理的方法和手段，对违法、违章、违规的行为视其情节轻重，提出警告、通报、罚款、责令停工整顿，甚至降低施工企业资质等级等。工程建设监理主要采取组织管理的方法，从多方面采取措施进行项目控制。虽然有时也使用返工、停工等强制手段，但主要是利用合同约束的经济手段，包括拒绝进行质量、数量签证、拒签付款凭证等。

2. 建设工程监理的作用

1）有利于提高建设工程投资决策科学化水平

在建设单位委托工程监理实施全方位全过程监理的条件下，监理单位可以派出具备资质的监理工程师为建设单位提供全过程的咨询、监理工作，有利于提高投资项目决策的科学化水平，避免项目投资决策失误，也为实现建设工程投资综合效益最大化打下了良好的基础。

2）有利于规范工程建设参与各方的建设活动

在建设工程实施过程中，工程监理企业可依据委托监理合同和有关的建设工程合同对承建单位的建设行为进行监督管理。由于这种约束机制贯穿于工程建设的全过程，所以可以最有效地规范各承建单位的建设行为，最大限度地避免不当建设行为的发生，要发挥相应的约束作用，需要工程监理企业规范自身的行为并接受政府的监督管理。

3）有利于保证建设工程质量和使用安全

建设工程是一种特殊的产品，不仅价值大、使用寿命长，而且还关系到人民的生命财产安全、健康和环境。因此，保证建设工程质量和使用安全就显得尤为重要，在这方面不允许有丝毫的懈怠和疏忽。

工程监理企业对承建单位建设行为的监督管理，实际上是从产品需求者的角度对建设工程生产过程的管理，这与产品生产者自身的管理有很大的不同。而工程监理企业又不同于建设工程的实际需求者，其监理人员都是既懂工程技术又懂经济管理的专业人士，他们有能力及时发现建设工程实施过程中出现的问题，发现工程材料、设备以及阶段产品存在的问题，从而避免留下工程质量隐患。因此,实行建设工程监理制之后,在加强承建单位自身对工程质量管理的基础上,由工程监理企业介入建设工程生产过程的管理,对保证建设工程质量和使用安全有着重要的作用。

4) 有利于实现建设工程投资效益最大化

建设工程投资效益最大化有以下两种不同表现。

(1) 在满足建设工程预定功能和质量标准的前提下,建设投资额最少。

(2) 建设工程本身的投资效益与环境、社会效益的最大化。

3. 建设工程监理的原则

1) 依法监理的原则

自实行工程建设监理制以来,为维护正常的经济秩序和促进监理制度的健康发展,我国已颁发了不少相应法规,对监理单位的设立及管理、工程建设监理的范围,工程建设监理合同等做了明确的规定。所有工程建设的监理活动都必须遵守这些规定,不得违反。否则将导致监理活动无效,可能造成重大的经济损失,还会受到法律惩处。

2) 科学、公正的原则

建设监理单位应具有健全的组织机构,完善而科学的技术、经济方法和严格规范的工作程序,由掌握丰富专业技能和实践经验的监理人员履行其监理职责。

3) 参照国际惯例原则

在西方发达国家,建设监理已有悠久的发展历史,而今已趋于成熟和完善,形成了相对稳定的体系,具有严密的法规和完善的组织机构以及规范化的方法、手段和实施程序等。国际咨询工程师联合会制定的土木工程合同条款(即 FIDIC 条款),被国际建筑界普遍认可和采用,这些条款总结了世界土木工程建设百余年的经验,把工程技术、管理、经济、法律各方面内容有机地、科学地结合在一起,突出监理工程师的负责制,为实行建设监理制的规范化和国际化起到了重要作用,因此,建立我国的建设监理制,要充分研究和借鉴国际上通行的做法和经验,吸取其有益之处,为我所用。

二、建设工程监理的依据与性质

(一) 建设工程监理的依据

按照我国工程建设监理的有关规定,工程建设监理的依据是国家批准的工程项目建设文件、有关工程建设的法律、法规和工程建设监理合同及其他工程建设合同。

(1) 有关的法律、法规、规章和标准、规范。包括《建筑法》《合同法》《招标投标法》《建设工程质量管理条例》等法规,《工程建设监理规定》等部门规章,以及地方性法规等,也包括《工程建设标准强制性条文》《建设工程监理》以及有关的技术标准、规范、规程等。

(2) 国家批准的工程项目建设文件,主要包括建设计划、规划、设计文件等。

(3) 依法签订的工程建设合同,是工程建设监理工作具体控制工程投资、质量、进度的主要依据。监理工程师以此为尺度严格监理,并努力达到工程实施的依据。监理单位必须依据监理委托合同中的授权行事。

(二) 建设工程监理的性质

建设工程监理是建筑领域的三大主体之一。自我国强制推行建设工程监理制度以来,极大地提高了工程建设的投资效益和社会效益。我国在1996年实施的《工程建设监理规定》中的第四条规定"从事建设工程监理活动,应当遵循守法、诚信、公正、科学的准则",也明确界定了建设工程监理的性质,可以将建设工程监理的性质概括为公正性、独立性、服务性和科学性。

1. 公正性

在工程项目建设中,建设工程监理单位及其监理工程师是为业主提供服务的,需要处理建设单位和承包单位的关系并解决它们之间的矛盾冲突。公正性是解决问题的基本原则,国家的法律也授权建设工程监理单位站在公正的立场行使处理权,维护双方的合法权益。

(1) 公正性是指建设工程监理单位和监理工程师在实施建设工程监理活动中,排除各种干扰,以公正的态度对待委托方和被监理方,以有关法律、法规和双方所签订的工程建设合同为准绳,站在第三方的立场上公正地加以解决和处理,做到公正地证明、决定和行使自己的处理权。

(2) 公正性是监理单位和监理工程师顺利实施其职能的重要条件。监理成败的关键在很大程度上取决于能否与承包商以及业主进行良好的合作、相互支持、相互配合,这是监理公正性的基础。

(3) 公正性是建筑市场对建设工程监理进行约束的条件。实施建设监理制的基本宗旨是建立适合市场经济的工程建设新秩序,为开展工程建设创造安定、协调的环境,为承包商提供公平竞争的条件。建设监理制的实施使监理单位和监理工程师在工程建设项目中具有重要的地位。因此,为保证建设监理制的实施,就必须对监理单位和监理工程师制定约束条件。公正性要求就是重要的约束条件之一。

(4) 公正性是监理制度实施的必然要求,是社会公认的职业准则,也是监理单位和监理工程师的基本职业道德准则。我国建设监理制把"公正"作为从事建设监理活动应当遵循的重要原则。

2. 独立性

独立性是建设工程监理的一个重要特征。

(1) 从事工程建设的监理活动的监理单位是直接参与工程项目建设"三方当事人"之一,与建设单位、承包商之间的关系是一种平等的主体关系。在人际、业务和经济关系上必须独立,监理单位和从事监理工作的个人不得参与和工程建设的各方发生利益关系的活动,避免监理单位与其他单位之间产生利益牵制,从而保证监理单位的公正性。

(2) 监理单位应当按照独立自主的原则开展监理活动,监理单位与业主的关系是平等的合同契约关系。在管理活动中要依据监理合同来履行自己的权利和义务,承担相应的职业道德责任和法律责任,不能片面地迁就业主的不正当要求。

(3) 监理单位在开展监理工作时要依据自己的技术、经验以及业主认可的监理大纲,自主地组建现场的监理机构,确定内部的工作制度和监理工作准则。在监理合同履行过程中,为业主服务时要有自己的工作原则,不能由于业主的干涉而丧失原则,侵害承包商的合法利益。监理单位在实施监理的过程中,是独立于建设单位和承包商之外的第三方,应独立行使监理委托合同所确认的职权。

3. 服务性

服务性是建设工程监理的另一重要特征。

1) 监理单位提供的是高智能、有偿技术服务活动

监理单位一般是智力密集型的企业,拥有一批多学科、多行业且具有长期从事工程建设工

作实践经验、精通技术与管理、通晓经济与法规的高层次专业人才,它为业主提供的是智能服务,但本身不是建设产品的直接生产者和经营者。一方面,监理单位的监理工程师通过工程建设活动进行组织、协调、监督和控制,保证建设合同的实施,达到业主的建设意图;另一方面,监理工程师在工程建设合同的实施过程中有权监督建设单位和承包商的建设行为,贯彻国家的建设方针和政策,维护国家利益和公众利益。监理工程师在工程建设过程中,利用自己的工程建设知识、技能和经验,为建设单位提供管理服务,并不直接参与建设活动。

2) 监理单位的劳动与获得的相应报酬是技术服务性的

监理单位不同于业主直接的投资活动,不参与投资的利润分成;也不同于工程承包公司、建筑施工企业承包工程施工,不参与工程承包的盈利分配。监理单位的利润和报酬是按其付出脑力劳动量的多少而获取的监理报酬,是技术服务性质的报酬。这种服务型的活动是严格按照监理合同约定实施的,受法律的约束和保护。

4. 科学性

科学性是监理单位区别于其他一般服务性组织的重要特征。

(1) 监理是为工程管理、工程施工提供知识的服务,必须以监理人员的高素质为前提,按照国际惯例的要求,监理单位的监理工程师都必须具有相当的学历,并具有长期从事工程建设的丰富经验,精通技术与管理,通晓经济与法律,经权威机构考核合格并经政府主管部门登记注册、颁发证书后,才能取得监理的合法资格。监理单位的高素质人员是发现和解决工程设计和承包商所存在的技术与管理方面问题的保障,是提供高水平专业服务的前提。

(2) 由于建设工程项目具有生产周期长、制约因素多、一次性和单件性、技术含量趋于复杂等特征,客观上要求监理单位能够提供解决高难度和高科技含量问题的咨询服务能力。

(3) 现在的工程项目建设规模越来越大,对社会、环境的影响也越来越大。为了维护公众利益和国家利益,也要求监理单位和监理人员能够提供多学科、全方位的服务,使工程建设项目发挥最大的经济效益和社会效益,避免出现重大事故。

三、监理企业与工程建设各方的关系

(一)建设单位与监理企业的关系

建设单位与监理企业是法人之间的一种平等的委托合同关系,是委托与被委托、授权与被授权的关系。

1. 建设单位与监理企业之间是委托合同关系

建设单位与监理企业之间的委托与被委托关系确立后,双方订立合同,即工程建设委托监理合同。合同一经双方签订,意味交易成立。建设单位是买方,监理企业是卖方,即建设单位出资购买监理企业的高智能技术劳动。如果有一方不接受对方的要求,对方又不肯退让,或者有一方不按双方的约定履行自己的承诺,那么双方的交易活动就不能成立。

换言之,双方都有自己经济利益的需求,监理企业不会无偿地为建设单位提供技术服务,建设单位也不会平白无故付款给监理企业,双方的经济利益以及各自的职责和义务都体现在签订的监理合同中。

但是,工程建设委托监理合同与其他经济合同不同,这由监理企业在建筑市场的特殊地位所决定。众所周知,建设单位、监理企业、承包单位是建筑市场的三大主体,建设单位发包工程建设业务,承包单位承接工程建设业务。在这项交易活动中,建设单位向承包单价购买建筑商品(或阶段性建筑产品),买方总是想少花钱买到好商品,卖方总想在销售商品中获得较高的利润。监理企业的责任则是既要帮助建设单位购买到合适的建筑商品,又要维护承包单位的合法权益。或者说,监理企业与建设单位签订的合同,不仅表明监理企业要为建设单位提供高智能服务、维护建设单位的合法权益,而且表明,监理企业有责任维护承包单位的合法权益,这在其他经济合同中是难以找到的条款。监理企业在建筑市场的交易活动中处于建筑商品买卖双方之间,起着维系公平交易、等价交换的制衡作用。可见,不能把监理企业单纯地看作是建设单位利益的代表。

2. 建设单位与监理企业之间是法律平等关系

建设单位和监理企业都是建筑市场中的主体,不分主次,当然是平等的,这种平等的关系主要体现在经济地位和工作关系两个方面。

1)都是市场经济中独立的法人

不同行业的企业法人,只有经营的性质、业务范围不同,而没有主次之分。即使是同一个行业,各独立的企业法人之间(子公司除外),也只有大小之别、经营种类的不同,不存在从属关系。

2)都是建筑市场中的主体

建设单位为了更好地完成工程项目建设任务,委托监理企业替自己负责一些具体的事项,建设单位与监理企业之间是一种委托与被委托的关系。

建设单位可以委托这一家监理企业,也可以委托另一家监理企业。同样,监理企业可以接受委托,也可以不接受委托。一旦委托与被委托的关系建立后,双方只是按照约定的条款,各自履行义务,各自行使权力,各自取得应得的利益。可以说,两者在工作关系上仅维系在委托与被委托的水准上。监理企业仅按照委托的要求开展工作,对建设单位负责,并不受建设单位的领导,建设单位对监理企业的人力、财力、物力等方面没有任何支配权、管理权。如果两者之间的委托与被委托关系不成立,那么建设单位与监理企业之间就不存在任何联系。

3. 建设单位与监理企业之间是授权与被授权关系

监理企业接受委托之后,建设单位就把一部分工程项目建设的管理权力授予监理企业,如工程建设组织协调工作的主持权、设计质量和施工质量以及建筑材料与设备质量的确认权与否决权、工程量与工程价款支付的确认权与否决权、工程建设进度和建设工期的确认权与否决权以及围绕工程项目建设的各种建议权等。建设单位往往留有工程建设规模和建设标准的决定权、对承包单位的选定权、与承包单位订立合同的签认权以及工程竣工后或分阶段的验收权等。

(二)监理企业与承包单位的关系

这里说的承包单位,不仅是指承接工程施工的施工单位,还包括承接工程项目规划的规划单位,承接工程勘察的勘察单位,承接工程设计业务的设计单位以及承接工程设备、工程构件和配件的加工制造单位,即凡是承接工程建设业务的单位,相对于建设单位来说,都称为承包单位。

监理企业与承包单位之间没有签订经济合同,但是,由于同处于建筑市场之中,所以两者之间也有着多种紧密的关系。

1. 监理企业与承包单位之间是平等关系

承包单位是建筑市场的主体之一,没有承包单位,也就没有建筑产品,没有了卖方,买方也就不存在。同建设单位一样,承包单位是建筑市场的重要主体,并不等于其应当凌驾于其他主体之上。既然都是建筑市场的主体,那么就应该是平等的,这种平等的关系主要体现在都是为了完成工程建设任务而承担一定的责任上。双方承担的具体责任虽然不同,但在性质上都属于"出卖产品"的一方,相对于建设单位来说,两者的角色、地位是一样的。无论是监理企业还是承包单位,都是在工程建设的法规、规章、规范、标准等条款的制约下开展工作,两者之间不存在领导与被领导的关系。

2. 监理企业与承包单位之间是监理与被监理的工作关系

虽然监理企业与承包单位之间没有签订任何经济合同,但是监理企业与建设单位签有委托监理合同,承包单位与建设单位签有承发包建设合同,而且在签订的合同中注明,承包单位必须接受建设单位委托的监理企业的监理。监理企业依据建设单位的授权,就有了监督管理承包商履行工程建设承包合同的权利和义务。承包单位不再与建设单位直接交往,而转向与监理企业直接联系,并接受监理企业对自己进行工程建设活动的监督管理。

任务 2 建设工程监理的实施

一、建设工程监理的范围

监理是基于业主的委托才可实施的建设活动,所以,对建设工程实施监理应建立在业主自愿的基础上,但在国家投资的工程中,国家有权以业主的身份要求工程建设项目法人实施工程监理,对外交投资建设工程及一些与社会公共利益关系重大的工程,为确保工程质量和社会公众的生命财产安全,国家也可要求其业主必须实施工程监理,即对这些工程建设活动强制实行监理。

《建设工程质量管理条例》第十二条对必须实行监理的建设工程做出了原则规定。根据该条例,建设部于 2001 年 1 月 17 日发布了《建设工程监理范围和规模标准规定》,该规定明确了必须实行监理的建设工程项目如下。

1. 国家重点建设工程

国家重点建设工程,是指依据《国家重点建设项目管理办法》所确定的对国民经济和社会发展有重大影响的骨干项目。

2. 大中型公用事业工程

大中型公用事业工程,是指项目总投资额在 3000 万元以上的下列工程项目:
① 供水、供电、供气、供热等市政工程项目;
② 科技、教育、文化等项目;
③ 体育、旅游、商业等项目;
④ 卫生、社会福利等项目;
⑤ 其他公用事业项目。

3. 成片开发建设的住宅小区工程

成片开发建设的住宅小区工程,建筑面积在 5 万平方米以上的住宅建设工程必须实行监理;5万平方米以下的住宅建设工程,可以实行监理,具体范围和规模标准,由省、自治区、直辖市人民政府建设行政主管部门规定。

为了保证住宅质量,对高层住宅及地基、结构复杂的多层住宅应当实行监理。

4. 利用外国政府或者国际组织贷款、援助资金的工程

利用外国政府或者国际组织贷款、援助资金的工程范围包括:

① 使用世界银行、亚洲开发银行等国际组织贷款资金的项目;

② 使用国外政府及其机构贷款资金的项目;

③ 使用国际组织或者国外政府援助资金的项目。

5. 国家规定必须实行监理的其他工程

(1) 项目总投资额在 3000 万元以上关系社会公共利益、公众安全的下列基础设施项目:

① 煤炭、石油、化工、天然气、电力、新能源等项目;

② 铁路、公路、管道、水运、民航以及其他交通运输业等项目;

③ 邮政、电信枢纽、通信、信息网络等项目;

④ 防洪、灌溉、排涝、发电、引(供)水、滩涂治理、水资源保护、水土保持等水利建设项目;

⑤ 道路、桥梁、地铁和轻轨交通、污水排放及处理、垃圾处理、地下管道、公共停车场等城市基础设施项目;

⑥ 生态环境保护项目;

⑦ 其他基础设施项目。

(2) 学校、影剧院、体育场馆项目。

二、建设工程监理实施原则

监理单位受业主委托对建设工程实施监理时,应遵守以下基本原则。

1. 公正、独立、自主的原则

监理工程师在建设工程监理中必须尊重科学、尊重事实,组织各方协同配合,维护有关各方的合法权益。为此,必须坚持公正、独立、自主的原则。业主与承建单位虽然都是独立运行的经济主体,但它们追求的经济目标有差异,监理工程师应在按合同约定的权、责、利关系的基础上,协调双方的一致性。只有按合同的约定建成工程,业主才能实现投资的目的,承建单位也才能实现自己生产的产品的价值,取得工程款和实现盈利。

2. 权责一致的原则

监理工程师承担的职责应与业主授予的权限相一致。监理工程师的监理职权,依赖于业主的授权。这种权力的授予,除体现在业主与监理单位之间签订的委托监理合同之中,而且还应作为业主与承建单位之间建设工程合同的合同条件。因此,监理工程师在明确业主提出的监理目标和监理工作内容要求后,应与业主协商,明确相应的授权,达成共识后明确反映在委托监理合同中及建设工程合同中。据此,监理工程师才能开展监理活动。总监理工程师代表监理单位全面履行建设工程委托监理合同,承担合同中确定的监理方向业主方所承担的义务和责任。因此,在委托监理合同实施中,监理单位应给总监理工程师充分授权,体现权责一致的原则。

3. 总监理工程师负责制的原则

总监理工程师是工程监理全部工作的负责人。要建立和健全总监理工程师负责制,就要明确权、责、利关系,健全项目监理机构,具有科学的运行制度、现代化的管理手段,形成以总监理工程师为首的高效能的决策指挥体系。总监理工程师负责制的内容包括以下两点。

(1) 总监理工程师是工程监理的责任主体。责任是总监理工程师负责制的核心,它构成了对总监理工程师的工作压力与动力,也是确定总监理工程师权力和利益的依据。所以总监理工程师应是向业主和监理单位所负责任的承担者。

(2) 总监理工程师是工程监理的权力主体。根据总监理工程师承担责任的要求,总监理工程师全面领导建设工程的监理工作,包括组建项目监理机构,主持编制建设工程监理规划,组织实施监理活动,对监理工作进行总结、监督、评价。

4. 严格监理、热情服务的原则

严格监理,就是各级监理人员严格按照国家政策、法规、规范、标准和合同控制建设工程的目标,依照既定的程序和制度,认真履行职责,对承建单位进行严格监理。

监理工程师还应为业主提供热情的服务,应运用合理的技能,谨慎而勤奋地工作。由于业主一般不熟悉建设工程管理与技术业务,监理工程师应按照委托监理合同的要求多方位、多层次地为业主提供良好的服务,维护业主的正当权益。但是,不能因此而一味地向各承建单位转嫁风险,从而损害承建单位的正当经济利益。

5. 综合效益的原则

建设工程监理活动既要考虑业主的经济效益,也必须考虑与社会效益和环境效益的有机统一。建设工程监理活动虽经业主的委托和授权才得以进行,但监理工程师应首先严格遵守国家的建设管理法律、法规、标准等,以高度负责的态度和责任感,既对业主负责,谋求最大的经济效益,又要对国家和社会负责,取得最佳的综合效益。只有在符合宏观经济效益、社会效益和环境效益的条件下,业主投资项目的微观经济效益才能得以实现。

三、建设工程监理实施程序

(1) 确定项目总监理工程师,成立项目监理机构。

监理单位应根据建设工程的规模、性质、业主对监理的要求,委派称职的人员担任项目总监理工程师,总监理工程师是一个建设工程监理工作的总负责人,他对内向监理单位负责,对外向业主负责。

监理机构的人员构成是监理投标书中的重要内容,是业主在评标过程中认可的,总监理工程师在组建项目监理机构时,应根据监理大纲内容和签订的委托监理合同内容组建,并在监理规划和具体实施计划执行中进行及时的调整。

(2) 编制建设工程监理规划。

建设工程监理规划是开展工程监理活动的纲领性文件。

(3) 制定各专业监理实施细则。

(4) 规范化地开展监理工作。

监理工作的规范化体现在以下几点。

① 工作的时序性。这是指监理的各项工作都应按一定的逻辑顺序先后展开。

② 职责分工的严密性。建设工程监理工作是由不同专业、不同层次的专家群体共同来完成的,它们之间严密的职责分工是协调进行监理工作的前提和实现监理目标的重要保证。

③ 工作目标的确定性。在职责分工的基础上,每一项监理工作的具体目标都应是确定的,完成的时间也应有时限规定,从而能通过报表资料对监理工作及其效果进行检查和考核。

(5) 参与验收,签署建设工程监理意见。

建设工程施工完成以后,监理单位应在正式验交前组织竣工预验收,在预验收中发现的问题,应及时与施工单位沟通,提出整改要求。监理单位应参加业主组织的工程竣工验收,签署监理单位意见。

(6) 向业主提交建设工程监理档案资料。

建设工程监理工作完成后,监理单位向业主提交的监理档案资料应在委托监理合同文件中约定。如果在合同中没有做出明确规定,监理单位一般应提交:设计变更、工程变更资料,监理指令性文件,各种签证资料等档案资料。

(7) 监理工作总结。

监理工作完成后,项目监理机构应及时从两个方面进行监理工作总结。一是向业主提交的监理工作总结,其主要内容包括:委托监理合同履行情况概述,监理任务或监理目标完成情况的评价,由业主提供的供监理活动使用的办公用房、车辆、试验设施等的清单,表明监理工作终结的说明等。二是向监理单位提交的监理工作总结,其主要内容包括:①监理工作的经验,可以是采用某种监理技术、方法的经验,也可以是采用某种经济措施、组织措施的经验,以及委托监理合同执行方面的经验或如何处理好与业主、承包单位关系的经验等;②监理工作中存在的问题及改进的建议。

四、建设工程监理实施各阶段的工作内容

(一) 工程建设决策阶段监理

工程建设决策阶段监理的主要工作是对投资决策、立项决策和可行性研究决策的监理。现阶段,这些决策大都由政府部门负责,也就是由政府来决策。然而,按照我国深化改革,逐步实现政企分开大政方针的要求,以及要建立和完善社会主义市场经济体制的大趋势,上述三项决策的主体将向企业转移,或者大部分由企业决策,政府核准。无论是由政府决策,或由企业决策,为了达到科学、完善的决策,委托监理势在必行。

工程建设的决策监理,既不是监理单位替业主决策,更不是替政府决策,而是受业主委托或政府委托选择决策咨询单位,协助业主或政府与决策咨询单位签订咨询合同,并监督合同的履行,对咨询意见进行评估。

工程建设决策阶段监理的主要内容有以下几个方面。

1. 投资决策监理

投资决策监理的委托方可能是业主,也可能是金融机构,还可能是政府。其主要任务是:

① 协助委托方选择投资决策咨询单位,并协助签订合同书;

② 监督管理投资决策咨询合同的实施;

③ 对投资咨询意见进行评估,并提出监理报告。

2. 工程建设立项决策监理

工程建设立项决策监理主要任务是确定拟建工程项目的必要性和可行性,以及拟建规模等。这一阶段监理的主要内容是:

① 协助委托方选择工程建设立项决策咨询单位,并协助签订合同书;
② 监督管理投资决策咨询合同的实施;
③ 对立项咨询方案进行评估,并提出监理报告。

3. 工程建设可行性研究决策监理

其主要内容是:
① 协助委托方选择工程建设可行性研究单位,并协助签订可行性研究合同书;
② 监督管理可行性研究合同的实施;
③ 对可行性研究报告进行评估,并提出监理报告。

规模小、工艺简单的工程,在工程建设决策阶段可以委托监理,也可以不委托监理,而直接把咨询意见作为决策依据。但是,对于大中型工程建设项目的业主或政府主管部门来说,最好是委托监理单位,以期得到帮助,搞好管理,同时,搞好对咨询意见的审查,做出科学的决策。

(二)设计阶段监理的工作内容

工程建设设计阶段是工程项目建设进入实施阶段的开始。这一阶段监理的主要内容有以下几点:①编制工程勘察设计招标文件;②协助业主审查和评选工程勘察设计方案;③协助业主选择勘察设计单位;④协助业主签订工程勘察设计合同书;⑤监督管理勘察设计合同的实施;⑥核查工程设计概算和施工图预算,验收工程设计文件。

在工程建设勘察设计阶段,监理的主要工作是对勘察设计进度、质量和投资的监督管理。总的内容是依据勘察设计任务批准书编制勘察设计资金使用计划、勘察设计进度计划和设计质量标准要求,并与勘察设计单位协商一致,圆满地贯彻业主的建设意图;对勘察设计工作进行跟踪检查、阶段性审查;设计完成后要进行全面审查。

审查的主要内容是:①设计文件的规范性、工艺的先进性和科学性、结构的安全性、施工的可行性以及设计标准的适宜性等;②设计概算或施工图预算的合理性以及业主投资的许可性,若超过投资限额,除非业主许可,否则要修改设计;③在审查上述两项的基础上,全面审查勘察设计合同的执行情况,最后核定勘察设计费用。

(三)工程建设施工阶段监理

这里所说的施工阶段,包括施工准备、施工和竣工后工程保修阶段。它是工程建设最终的实施阶段,是形成建筑产品的最后一步。这一阶段的监理工作至关重要,其主要内容有以下几个方面。

1. 施工准备阶段的监理内容

(1)协助业主组织招标(项目报建、施工(设备、材料)招标文件编制、标底编制、资格预审、评标组织)。

(2)协助业主签订施工合同及设备、材料采购合同。

(3)在设计交底前,熟悉设计文件,并对图纸中存在的问题通过建设单位向设计单位提出书面意见和建议。

(4)参加由建设单位组织的设计技术交底会,总监理工程师签认会议纪要。

(5)工程项目开工前,审查承包单位报送的施工组织设计(方案)报审表,提出审查意见,并经总监理工程师审核、签认后报建设单位。

(6)审查承包单位现场项目管理机构的质量管理体系、技术管理体系和质量保证体系(包括：质量管理、技术管理和质量保证的组织机构；质量管理、技术管理制度；专职管理人员和特种作业人员的资格证、上岗证等）。

（7）审查分包商的资格。分包工程开工前，专业监理工程师应审查承包单位报送的分包单位资格报审表和分包单位有关资质资料。

（8）检查测量放线控制成果及保护措施。

（9）审批开工申请。专业监理工程师审查承包单位报送的工程开工报审表及相关资料，具备开工条件时，由总监理工程师签发，并报建设单位。

2. 施工阶段的监理工作内容

1）工程质量控制

工程质量控制主要内容有以下几点。

① 施工组织设计进行调整、补充或变动时，应经专业监理工程师审查，并应由总监理工程师签认。

② 要求承包单位报送重点部位、关键工序的施工工艺和确保工程质量的措施。

③ 审定新材料、新工艺、新技术、新设备的施工工艺措施和证明材料，必要时组织专题论证。

④ 复验和确认承包单位在施工过程中报送的施工测量放线成果。专业监理工程师考核承包单位的试验室。

⑤ 审核承包单位报送的拟进场工程材料、构配件和设备报审表及其质量证明资料，并对进场的实物按照委托监理合同约定或有关工程质量管理文件规定的比例采用平行检验或见证取样方式进行抽检。

⑥ 定期检查承包单位的直接影响工程质量的计量设备的技术状况。

⑦ 施工过程进行巡视和检查。对隐蔽工程的隐蔽过程、下道工序施工完成后难以检查的重点部位，专业监理工程师应安排监理员进行旁站监理。

⑧ 现场检查隐蔽工程报验申请表和签认自检结果。

⑨ 审核承包单位报送的分项工程质量验评资料。

⑩ 对施工过程中出现的质量缺陷，应及时下达监理工程师通知，要求承包单位整改，并检查整改结果，做好记录。

⑪ 施工存在重大质量隐患，可能造成质量事故或已经造成质量事故，总监理工程师应及时下达工程暂停令，要求承包单位停工整改。下达工程暂停令和签署工程复工报审表，宜事先向建设单位报告。

⑫ 对需要返工处理或加固补强的质量事故，总监理工程师应责令承包单位报送质量事故调查报告和经设计单位等相关单位认可的处理方案，项目监理机构应对质量事故的处理过程和处理结果进行跟踪检查和验收。

2）工程造价控制

工程造价控制主要内容有以下几点。

① 工程款支付。工程款支付包括：现场计量，按施工合同的约定审核工程量清单和工程款支付申请表；总监理工程师签署工程款支付证书，并报建设单位。

② 竣工结算。竣工结算包括：审核承包单位报送的竣工结算报表；总监理工程师与建设单位、承包单位协商一致后，签发竣工结算文件和最终的工程款支付证书，报建设单位。

③ 造价风险分析与管理。
④ 审查工程变更的方案,确定工期、费用变更。
⑤ 及时收集、整理有关的施工和监理资料,为处理费用索赔提供证据。
⑥ 未经监理人员质量验收合格的工程量,或不符合施工合同规定的工程量,监理人员应拒绝计量和该部分的工程款支付申请。

3) 工程进度控制

主要内容有以下几点:
① 总监理工程师审批承包单位报送的施工总进度计划;
② 总监理工程师审批承包单位编制的年、季、月度施工进度计划;
③ 专业监理工程师对进度计划实施情况进行检查、分析;
④ 对进度目标进行风险分析,制定防范性对策,报送建设单位;
⑤ 总监理工程师应在监理月报中向建设单位报告工程进度和所采取进度控制措施的执行情况,并提出合理预防由建设单位原因导致的工程延期及其相关费用索赔的建议。

4) 工程变更的管理

在工程项目的施工过程中,发生工程变更是相当普遍的。工程变更的原因是多方面的:有来自业主对工程项目部分功能、用途、规模、标准的调整;有源自设计单位对图纸的修改,以及解决设计不完善和各专业之间相互矛盾的变更;还有施工单位从施工方案出发对设计图纸及图纸的错漏提出的变更;以及监理单位发现图纸中存在问题后提出的变更等。

工程变更管理的内容包括:
① 建立工程变更的签办制度。绝大部分的工程变更是由建设单位提出的,因此工程变更应实行"先办后干及时审"的原则。
② 工程变更的程序管理。工程变更要填写表格履行正式手续,先交总监理工程师,由总监理工程师召集专业监理工程师进行审查,认为可行后由建设单位报设计部门,设计部门签署意见或重新出图,总监理工程师发布工程变更令交施工单位执行。

5) 预防与处理索赔

索赔是工程建设中经常发生的正常现象,性质上属于经济补偿行为,而不是惩罚;索赔是承发包双方之间经常发生的管理业务,是双方合作的方式,而不是对立。

索赔管理是监理工程师进行工程项目管理的主要任务之一,其索赔管理任务包括:
① 预测和分析导致索赔的原因和可能性;
② 通过有效的合同管理减少索赔事件发生;
③ 公平合理地处理和解决索赔。

3. 竣工后工程验收阶段

竣工后工程验收阶段主要内容有以下几点。
① 审查承包单位报送的竣工资料,并对工程质量进行竣工预验收。合格的,签署工程竣工报验单,并提出工程质量评估报告。工程质量评估报告应经总监理工程师和监理单位技术负责人审核签字。
② 参加由建设单位组织的竣工验收,并提供相关监理资料。

③ 对验收中提出的整改问题,项目监理机构应要求承包单位进行整改。

④ 总监理工程师会同参加验收的各方签署竣工验收报告。

(四) 设备采购监理

项目监理机构应编制设备采购方案,明确设备采购的原则、范围、内容、程序、方式和方法,并报建设单位批准。

项目监理机构应根据批准的设备采购方案编制设备采购计划,并报建设单位批准。采购计划的主要内容应包括采购设备的明细表、采购的进度安排、估价表、采购的资金使用计划等。

项目监理机构应根据建设单位批准的设备采购计划组织或参加市场调查,并应协助建设单位选择设备供应单位。

当采用招标方式进行设备采购时,项目监理机构应协助建设单位按照有关规定组织设备采购招标。

当采用非招标方式进行设备采购时,项目监理机构应协助建设单位进行设备采购的技术及商务谈判。

项目监理机构应在确定设备供应单位后参与设备采购订货合同的谈判,协助建设单位起草及签订设备采购订货合同。

(五) 设备监造

总监理工程师应组织专业监理工程师编制设备监造规划,经监理单位技术负责人审核批准后,在设备制造开始前十天内报送建设单位。

总监理工程师应审查设备制造单位报送的设备制造生产计划和工艺方案,提出审查意见。符合要求后予以批准,并报建设单位。

专业监理工程师应审查设备制造的检验计划和检验要求。确认各阶段的检验时间、内容、方法、标准以及检测手段、检测设备和仪器。

专业监理工程师应审查主要及关键零件的生产工艺设备、操作规程和相关生产人员的上岗资格,并对设备制造和装配场所的环境进行检查。

专业监理工程师应审查设备制造的原材料、外购配套件、元器件、标准件,以及坯料的质量证明文件及检验报告,检查设备制造单位对外购器件、外协加工件和材料的质量验收,并由专业监理工程师审查设备制造单位提交的报验资料,符合规定要求时予以签认。

专业监理工程师应对设备制造过程进行监督和检查,对主要及关键零部件的制造工序应进行抽检或检验。

专业监理工程师应检查和监督设备的装配过程,符合要求后予以签认。

总监理工程师应组织专业监理工程师参加设备制造过程中的调试、整机性能检测和验证,符合要求后予以签认。

在设备运往现场前,专业监理工程师应检查设备制造单位对待运设备采取的防护和包装措施,并应检查是否符合运输、装卸、储存、安装的要求,以及相关的随机文件、装箱单和附件是否齐全。

设备全部运到现场后,总监理工程师应组织专业监理工程师参加由设备制造单位按合同规定与安装单位的交接工作,开箱清点、检查、验收、移交。

任务 3 建设工程监理合同的特征和示范文本

一、建设工程委托监理合同的概念

建设工程委托监理合同简称监理合同,是指工程建设单位委托监理单位代其对工程项目进行管理,明确双方权利、义务的协议。建设单位称委托人,监理单位称受托人。

《合同法》第二百七十六条规定:"建设工程实行监理的,发包人应当与监理人采用书面形式订立委托监理合同。发包人与监理人的权利和义务以及法律责任,应当依照本法委托合同以及其他有关法律、行政法规的规定。"

《合同法》第十二条中规定:"当事人可以参照各类合同的示范文本订立合同。"为了提高建设工程监理合同的订约规范性和履行效率,针对我国建设工程监理合同管理仍较为薄弱的实际,国家有关行政主管部门组织制定了《建设工程监理合同(示范文本)》。

建设工程监理合同(示范文本),是指国家有关行政主管部门组织制定、推广,并鼓励相关当事人在订立建设工程监理合同时优先采用或参考的具有普遍示范性的合同文本。

二、建设工程委托监理合同的特征

(1) 监理合同的当事人双方应当是具有民事权利能力和民事行为能力、取得法人资格的企事业单位、其他社会组织,个人在法律允许范围内也可以成为合同当事人。作为委托人必须是有国家批准的建设项目,落实投资计划的企事业单位、其他社会组织及个人,作为委托人必须是依法成立具有法人资格的监理单位,并且所承担的工程监理业务应与单位资质相符合。

(2) 监理合同委托的工作内容必须符合工程项目建设程序,遵守有关法律、行政法规。

监理合同是以对建设工程项目实施控制和管理为主要内容,因此监理合同必须符合建设工程项目的程序,符合国家和建设行政主管部门颁发的有关建设工程的法律、行政法规、部门规章和各种标准、规范要求。

(3) 委托监理合同的标的是服务,工程建设实施阶段所签订的其他合同,如勘察设计合同、施工承包合同、物资采购合同、加工承揽合同的标的物是产生新的物质或信息成果,而监理合同的标的是服务,即监理工程师凭据自己的知识、经验、技能受业主委托为其所签订的其他合同的履行实施监督和管理。

因此《合同法》将监理合同划入委托合同的范畴。

三、建设工程监理合同示范文本

《建设工程监理合同(示范文本)》,是由住房和城乡建设部、国家工商行政管理总局依据有关法律、法规,组织有关各方面的专家共同编制的。它能够比较准确地反映出合同双方所要实现的意图,具有很好的指导和示范作用。

推行《建设工程监理合同(示范文本)》,有利于提高合同签订的质量,有利于减少双方签订合同的工作量,也有利于保护合同当事人的合法权益。

1. 制定沿革

1995年10月9日,住房和城乡建设部(前称为建设部)、国家工商行政管理局印发了关于《建设工程委托监理合同(示范文本)》的通知(现已失效)。2000年1月14日,建设部、国家工商行政管理总局印发了关于《建设工程委托监理合同(示范文本)》的通知(现已失效)。2012年3月27日,住房和城乡建设部、国家工商行政管理总局印发了关于《建设工程监理合同(示范文本)》(GF—2012—0202)的通知,原《建设工程委托监理合同(示范文本)》同时废止。

通过《建设工程监理合同(示范文本)》的三个版本的修订、废止及更新,一方面说明监理合同对建设工程监理实施的重要性,另一方面也反映出在建筑业不断发展的形势下,《建设工程监理合同(示范文本)》变迁的必要性和必然性。

建筑业的发展需要建设工程类合同管理的全面深入实施,因为市场的财富多依赖于合同交易。合同是订约双方平等、自愿协商的产物,具有典型的私法属性,但为了规范合同交易和相应社会关系,国家在一定条件下,有必要通过立法对合同订约、履行做出有关具体规制,《合同法》等法律法规的出台是上述思想的法律实践表现之一。虽然《建设工程监理合同(示范文本)》不具有强制性,但为了加强建设工程监理合同管理,规范建设工程监理活动,维护建设工程监理合同当事人的合法权益,有关行政主管部门组织制定并鼓励推广应用其范本的活动,仍具有对建设工程监理合同实施法制化管理的特征。

2.《建设工程监理合同(示范文本)》的构成

《建设工程监理合同(示范文本)》(GF—2012—0202)由协议书、通用条件、专用条件、附录A和附录B组成。

第一部分:协议书。

协议书是一个总的协议,是纲领性的法律文件。协议书是一份标准的格式文件,其主要内容为工程概况,合同签订、生效、完成的时间以及合同文件的组成等。

第二部分:通用条件。

通用条件是建设工程监理合同缔约时,合同当事人应直接采用的适用于所有监理合同订约的条款。

通用条件内容包括了合同中所用词语定义、适用范围和法规;签约双方的责任、权利和义务;合同生效、变更与终止;监理报酬;争议的解决以及其他一些情况,标准条件是委托监理合同的通用文件,适用于各类建设工程项目监理,各委托人、监理人都应遵守。

第三部分:专用条件。

专用条件是指合同当事人结合具体的建设工程项目实际及特点,依据通用条件内容,并对其进一步进行符合合同目的的补充或修改。

由于标准条件适用于各行各业所有项目的建设工程监理,所以其条款相对于实际工程来说比较笼统。因此,具体签订某工程项目监理合同时,需要结合工程特点、地域特点和专业特点等,对标准条件中的某些条款进行补充。

专用条件包括的主要内容外延与通用条件包括的主要内容外延一致,但其包含的条款通过具体订约即具有工程项目个别性内容,其约定内容也较之于通用条件更为细致严谨,并具有更高的可履行性。

第四部分:附录。附录A(相关服务的范围和内容)、附录B(委托人派遣的人员和提供的房屋、资料、设备)。

附录"相关服务的范围和内容"中包括勘察阶段、设计阶段、保修阶段以及专业技术咨询、外部协调工作等引导性条款,其具体内容需要监理合同双方当事人进行协商,并通过合意明确各方的权利义务。《建设工程监理合同(示范文本)》有关勘察阶段、设计阶段、保修阶段的"相关服务的范围和内容"以附录文件的形式加以合同结构安排,说明《建设工程监理合同(示范文本)》制定的适用范围主要集中在施工阶段的监理服务行为和相应法律关系。

2008年11月,住房和城乡建设部发布的《关于大型工程监理单位创建工程项目管理企业的指导意见》中指出,鼓励创建单位在同一工程建设项目上为业主提供集工程监理、造价咨询、招标代理为一体的项目管理服务。其目的之一就是拓宽监理服务范围,更新管理模式,提升监理效能。《建设工程监理合同(示范文本)》设置附录"相关服务的范围和内容",力图将监理业务拓展至施工阶段之前的勘察阶段、设计阶段,以及施工竣工交付之后的保修阶段的目的,与指导意见的思想本质是一致的。

附录"委托人派遣的人员和提供的房屋、资料、设备"的条款内容,在实际订约时需要进一步明确或量化表达。设置该附录的主要目的在于进一步规范和落实建设单位,对现场监理的有关技术配合或工作生活条件保障义务。

任务 4 建设工程委托监理合同当事人的权利、义务和责任

一、业主的权利、义务和责任

(一)业主的权利

1. FIDIC 合同条件的规定

根据 FIDIC 合同条件,业主在工程项目实施过程中,具有以下权利。

1) 授予监理工程师职责的权利

监理工程师属于业主的雇员,他在合同管理中的各项权利由业主授予。监理工程师的权利和职责,业主需要也必须通过合同文件赋予,这是因为只有通过业主与承包商签订的合同文件,授予监理工程师的权利和职责才能被承包商所接受。

具体赋予监理工程师哪些权利,业主应当在合同条件中进行规定。FIDIC 通用合同条件内赋予了监理工程师在施工过程中各方面的权利和职责,如果业主认为通用合同条件中的某些权利或职责需要进行修改,则应在专用合同条件中加以规定。

业主在与被聘任的监理工程师签订的监理协议中,不应当对合同条件赋予监理工程师的权利和职责进行增减。如减少了合同条件中规定的监理工程师的权利,将使合同无法执行。

2) 批准合同转让和终止合同的权利

(1) 批准合同转让的权利。合同条件规定:没有得到业主的事先同意,承包商不得将合同或合同的任何部分,或合同中,或合同名下的任何好处或利益进行转让。这是因为业主在招标时是通过资格预审,并根据投标人的投标书进行评标之后才选定承包商的。显然,承包商将合同转让给其他承包商不符合业主选择承包商的程序和目的。因此,批准承包商合同转让的权利属

于业主,而不属于监理工程师。

(2) 终止合同的权利。终止合同也意味着重新选择承包商的问题,权利属于业主,而不属于监理工程师。

3) 完善或补充合同文件的权利

尽管工程的实施属于承包商的责任,但是如果出现承包商不认真履行某些合同条款,或者不遵守监理工程师指示的情况,为了避免或减少对工程的影响,为完善和保证合同实施,业主享有下列权利:

① 如果承包商未按合同要求进行投保并保持其有效,则业主可自行代替承包商办理投保,其一切费用由承包商承担;

② 承包商未能按照监理工程师指令在指定时间内将有缺陷的材料、工程设备及拆除的工程运出现场,则业主有权雇用他人执行监理工程师的指示,其全部费用由承包商承担;

③ 承包商未能按照监理工程师的要求,在合理的时间内对应当由承包商自费修补的工程进行修补时,则业主有权雇用他人从事该项工作,其一切费用由承包商承担;

④ 对与合同中所列暂定金额有关的任何工程的实施或任何货物、材料、工程设备或其他方面的服务,业主(或监理工程师)有权指定或批准分包商承担上述工作,但不指定或批准承包商反对的分包商。

4) 提出仲裁的权利

合同条件规定,业主和承包商之间由于合同内容或工程施工所产生的任何争端,包括对监理工程师的任何意见、指示、决定、证书或估价方面的任何争端,如果承包商未能遵从监理工程师的决定,则业主有权提出仲裁。这是业主采用法律手段保障合同实施的措施。

仲裁可在竣工前或竣工后的任何时间提出,按照国际惯例,在合同中应当明确仲裁地点,如果合同中没有规定仲裁地点,则根据国际商会(ICC)仲裁规则,仲裁的地点将由 ICC 仲裁法庭选择。

2. 我国法规的规定

根据我国《工程建设监理合同》及《建设工程施工合同》等示范文本的规定,业主还享有以下以利:

① 业主有选定工程总设计单位和总承包单位及监理单位,以及与其订立合同的决定权;

② 业主有对工程规模、设计标准、规划设计、生产工艺设计和设计使用功能要求的认定权,以及对工程设计变更的审批权;

③ 监理单位调换总监理工程师须经业主同意;

④ 业主有权要求监理机构提交监理工作月度报告及监理业务范围内的专项报告;

⑤ 业主有权要求监理单位更换不称职的监理人员,直到终止合同。

(二) 业主的义务

1. FIDIC 合同条件的规定

根据 FIDIC 合同条件,在工程项目实施过程中,业主有以下义务。

1) 在合理的时间内提供施工场地

合同条件规定,向承包商提供施工场地是业主的职责。合同条件同时规定,业主向承包商提供施工场地可以在合理的时间内分期提供。所谓在合理的时间内是以不影响承包商按监理工程师批准的进度计划进行施工为原则。

2）在合理的时间内提供施工图纸

合同条件规定，监理工程师应根据承包商的经批准的施工进度计划，在合理的时间内向承包商提供图纸。这里所说的监理工程师提供图纸，通常是由业主准备或委托有关单位承担，然后由监理工程师向承包商提供。

3）按合同规定的时间向承包商付款

按照合同规定，业主在收到监理工程师的中期付款证书后，应在28天内支付承包商的工程款项。在收到监理工程师的最终支付证书后，业主应在56天内向承包商支付工程款项。

4）业主在缺陷责任期内负责照管现场

合同条件规定，从工程开工日期起至颁发移交证书日期止，对工程的照管由承包商负责。但是铭文证书颁发以后、对工程的照管则由业主负责。

5）协助承包商的义务

业主除了上述职责之外，还具有按照合同规定，协助承包商完成下列各项工作的义务：

① 在承包商提交标书前，有义务向承包商提供有关辅助材料，并应协助承包商进行勘查现场工作；

② 业主有协助承包商办理设备进口的海关手续的义务；

③ 业主有义务协助承包商获得政府对承包商的设备再出口的许可。

2. 我国法规的规定

根据我国《建设工程监理合同（示范文本）》的规定，业主对监理单位有如下义务：

① 按合同约定，按时支付监理酬金；

② 负责工程建设的所有外部关系的协调工作——为监理工作提供外部条件；

③ 在双方约定的时间内免费向监理机构提供与工程有关的为监理机构所需要的工程资料；

④ 在约定的时间内就监理单位书面提交的要求做出决定的一切事宜做出书面决定；

⑤ 应当授权一名熟悉本工程情况、能迅速做出决定的常驻代表，负责与监理单位联系；

⑥ 应当授予监理单位的监理权利。以及监理机构主要成员的职能分工，及时书面通知已选定的第三方，并在与第三方签订的合同中予以明确；

⑦ 业主应为监理机构提供如下协助：

a. 获取本工程使用的原材料、机械设备等生产厂家名录；

b. 提供与本工程有关的协作单位、配合单位的名录。

⑧ 免费向监理机构提供合同专用条件约定的设施，对监理单位自备的设施给予合理的经济补偿；

⑨ 双方约定，由业主免费向监理机构提供职员和服务人员，则应在监理合同专用条件中增加与此相应的条款；

⑩ 未经监理单位书面同意，业主不得转让该合同约定的权利和义务。

（三）业主的责任

根据《工程建设监理合同（示范文本）》的规定，业主应对监理单位承担以下责任：

① 业主应当履行监理合同约定的义务，如果有违反则应当承担违约责任，赔偿给监理单位造成的经济损失；

② 由于业主或第三方的原因使监理工作受到阻碍或延误以致增加了工作量或持续时间,则监理单位应当将此情况与可能产生的影响及时通知业主,由此增加的工作量视为附加工作,完成监理业务的时间应当相应延长,并得到额外的酬金;

③ 业主如果要求监理单位全部或部分暂停执行监理业务或终止监理合同,则应当提前56天通知监理单位;

④ 监理单位在应当获得监理酬金之日起30天内仍未收到支付单据,而业主又未对监理单位提出任何书面意见时,如果终止监理合同的通知发出后14天内未得到业主答复,可进一步发出终止合同的通知,如果第二次通知发出后42天内仍未得到业主答,可终止合同,或自行暂停或继续暂停全部或部分监理业务;

⑤ 监理单位由于非自己的原因而暂停或终止执行监理业务,其善后工作以及恢复执行监型业务的工作,应当视为额外工作,有权得到额外的时间和酬金;

⑥ 如果业主在规定的支付期限内来支付监理酬金,自规定支付之日起,应当向监理单位补偿应支付的酬金利息。利息额按规定支付期限最后一日银行贷款利息率乘以拖欠酬金时间计算。

二、监理单位的权利、义务和责任

(一) 监理单位的权利

1. FIDIC 合同条件的规定

在采用 FIDIC 合同条件时,监理单位除享有其与业主所签委托监理合同中所享有的权利外,还享有业主与承包商之间按 FIDIC 合同条件所签协议中所赋予了监理工程师的权利,而 FIDIC 合同条件一个突出的特点,就是在合同条件中赋予了监理工程师在工程管理方面的充分权利,同时还明确监理工程师可以行使合同中规定的或者合同中隐含的权利,按照 FIDIC 合同条件的规定,不仅承包商要严格遵守与执行监理工程师的指令,而且监理工程师的决定对业主也有约束力。

监理工程师的权利主要有以下几个方面。

1) 质量管理方面

(1) 对现场材料及设备有检查和控制的权利。对工程需要的各种材料和设备,运到现场后监理工程师有随时检查的权利,同时对材料及设备的制造过程也有权进行检查。经过检查后不合格的材料及设备,监理工程师不仅有权拒收,同时还有权指令承包商将这些材料、设备运出现场。对合格的材料和设备,监理工程师有权监督承包商的存放条件,并且没有监理工程师的批准,承包商不得将其运出现场。

(2) 对承包商施工的监督权利。监理工程师有权对承包商的施工过程进行监督,一旦发现承包商的施工有不符合规范之处,监理工程师有权指令承包商进行改正或停工。

(3) 对已完成的工程有确认或拒收的权利。承包商任何已完成的工程,监理工程师要根据合同标准进行验收。对达到标准的已完成工程,监理工程师予以确认,对未达到标准的已完成工程,监理工程师有权拒收。被监理工程师拒收的工程,承包商应按照监理工程师的指示进行修补或返工,直到监理工程师认为达到标准为止。

(4) 对工程采取紧急补救的权利。无论在工程施工期间还是在缺陷责任期内,如果工程或其任何部分本身,或在工程中或在工程的任何部分发生与之有关的任何事故、故障或其他事件,如果监理工程师认为进行相应补救或其他工作是工程安全的紧急需要,则监理工程师有权采取紧急措施。如果承包商无能力或不愿意立即进行这类工作时,则业主有权在监理工程师认为必要时,雇用他人从事该项工作。如果监理工程师认为,根据合同,承包商应自费完成此项工作,则此项费用应由承包商支付。

(5) 有要求解雇承包商雇员的权利。对承包商的任何人员,包括承包商的代表,如果监理工程师认为在履行职责中不能胜任或出现玩忽职守的行为,则有权要求承包商予以解雇或撤换。

(6) 批准分包商的权利。如果承包商要把工程的一部分分包出去,其必须向监理工程师提出申请报告,未经监理工程师批准的分包商不能进入工地进行施工。

2) 进度管理方面

(1) 批准承包商进度计划的权利。承包商的施工进度计划必须经过监理工程师的批准。监理工程师除了有审批承包商进度计划的权利之外,当监理工程师认为工程的实际进度与由他批准的计划进度不符时,有权要求承包商修订进度计划。

(2) 发布停工、复工令的权利。不管是由于业主的原因,或者由于恶劣的天气,或者由于承包商自身的过失导致需要停工时,监理工程师有权发布停工令,没有监理工程师的停工指令,无论什么原因,承包商都不能随便停工。当监理工程师认为施工条件已达到合同要求时,可以发出复工令。对已被停工的工程,没有监理工程师的复工指令、承包商不能自行复工。

(3) 控制施工进度的权利。在承包商没有任何理由要求延长工期的情况下,如果监理工程师认为工程或其任何区段在任何时候的施工进度不符合竣工期限(包括已批准的延期时间)的要求,则有权要求承包商采取必要的步骤,加快工程进度,承包商无权要求为采取这些步骤支付附加费用。

3) 财务管理方面

(1) 有确定变更价格的权利。任何因为工作性质、工程数量、施工时间的变更而发出的变更指令,监理工程师有权根据合同条件和实际情况确定工程变更中的费率或价格。

(2) 批准使用暂定金额和计日工的权利。监职工程师认为必要时,可以发出指示,规定在计日工的基础上实施任何变更工,暂定金额也需要按照监理工程师的指示才能全部或部分使用。未经监理工程师的同意,承包商不得进行暂定金额项目的工作和使用计日工。

(3) 批准承包商的付款。对承包商完成的项目和合同中规定的其他款项,如动用预付款、费用索赔款、迟付款利息等,均需要由监理工程师签发证书,业主据此向承包商付款。

4) 合同管理方面

(1) 颁发移交证书与缺陷责任证书。当工程全部或部分区段竣工检验后,由监理工程师颁发移交证书。当全部工程缺陷维护期满,承包商也已按照合同条件修补了缺陷工程和完成了合同中规定的全部义务时,则由监理工程师颁发缺陷责任证书。

(2) 批准工程延期和费用索赔。如果由于承包商自身以外的原因,导致工期的延长和不属于承包商应当承担的风险和责任,而造成的承包商费用的增加,监理工程师可批准工程延期和由此而增加的实际费用。

(3) 发布工程变更。合同中任何部分或项目的变更,包括其性质、数量、时间的变更,必须经监理工程师的批准,由监理工程师发出变更指令。没有监理工程师发出的变更指令,承包商不能对合同中任何部分进行任何修改。

（4）解释合同中有关文件。构成合同的文件应被认为是互动说明的,当文件中出现歧义或含糊时,则由监理工程师对此做出解释或校正,并向承包商发布有关解释或校正的指示。

2. 我国法规的规定

我国《建设工程监理合同(示范文本)》的规定,监理单位享有如下权利。

1) 在业主委托的工程范围内,监理单位应有的监理权

（1）选择工程总设计单位和施工总承包单位的建议权。

（2）选择工程分包设计单位和施工分包单位的确定权与否定权。

（3）工程建设有关事项(包括工程规模、设计标准、规划设计、生产工艺设计和使用功能要求)向业主的建议权。

（4）工程结构设计和其他专业设计中的技术问题。按照安全和优化的原则,自主向设计单位提出建议,并向业主提出书面报告;如果由于拟提出的建议会提高工程造价,或延长工期,应当事先取得业主的同意,发现工程设计不符合建设工程质量标准或者合同约定的质量要求的,有权报告建设单位要求设计单位改正。

（5）工程施工组织设计和技术方案,按照保质量、保工期和降低成本的原则,自主向承包商提出建议,并向业主提出书面报告;如果由于拟提出的建议会提高工程造价或延长工期,应当事先取得业主的同意。

（6）工程建设有关的协作单位的组织协调的主持权,重要协调事项应当事先向业主报告。

（7）报经业主同意后,发布开工令、停工令、复工令。

（8）工程上使用的材料和施工质量的检验权。对不符合设计要求及国家质量标准的材料设备,有权通知承包商停止使用;对符合规范和质量标准的工序、分项分部工程和不安全的施工作业,有权通知承包商停工整改、返工,承包商取得监理机构复工令后才能复工。发布停工令、复工令应当事先向业主报告,如果在紧急情况下未能事先报告时,则应在24小时内向业主做出书面报告。

（9）工程施工进度的检查、监督权,以及工程实际竣工日期提前或超过工程承包合同规定的竣工期限的签认权。

（10）在工程承包合同约定的工程价格范围内,工程款支付的审核和签认权,以及结算工程款的复核确认权与否定权,未经监理机构签字确认,业主不支付工程款。

2) 在业主授权下,可对任何第三方合同规定的义务做出变更

如果由此严重影响了工程费用,或质量、进度,则这种变更须经业主事先批准。在紧急情况下未能事先报业主批准时,监理机构所做的变更也应尽快通知业主。在监理过程中如果发现承包商工作不力、监理机构可提出调换有关人员的建议。

3) 在委托工程范围内的调解与作证权

在委托的工程范围内,业主或第三方对对方的任何意见和要求(包括索赔要求),均必须首先向监理机构提出,由监理机构研究处置意见,再同双方协商确定。当业主和第三方发生争议时,监理机构应根据自己的职能,以独立的身份判断,公正地进行调解。当其双方的争议由政府建设行政主管部门或仲裁机关进行调解和仲裁时,监理单位有提供事实材料的作证权。

（二）监理单位的义务

1. FIDIC合同条件的规定

1) 认真执行合同文件,遵守法律规定的义务

监理工程师认真执行合同文件是他的根本职责。根据FIDIC合同条件的规定,监理工程师

的决定对业主和承包商双方均有约束力。但是监理工程师的任何指示、决定都必须符合法律（包括合同条件）的要求。监理工程师的任何决定,既受法律的保护,又受法律的约束。

2) 协调施工有关事宜、秉公办事的义务

监理工程师是工程项目管理的核心,其随时都有协调施工有关事宜的职责,包括合同方面的管理,工程质量及技术问题的处理、工程款项的管理等。

对业主,监理工程师应当经常及时地把工程情况以及监理工程师的一些决定进行通报,重大问题在决策前应当征得业主的同意,争取业主的支持。

对承包商、监理工程师应当予以充分的尊重,不得干预理应由承包商项目经理处理的事项。

另外,无论是对业主还是对承包商,监理工程师都应秉公办事,行为公正,要公开自己做出决定、指令的原因。

3) 回避义务

监理工程师应当保持廉洁,不得接受业主所支付酬金以外的报酬以及任何回报、提成津贴或其他间接报酬;更不得与承包商有任何经济往来,包括接受承包商的礼物、经营或参与经营施工、设备及材料采购等活动,也不得在施工单位或设备材料供应单位任职或兼职。

2. 我国法规的规定

（1）向业主报送委派的总监理工程师及其监理机构主要成员名单、监理规划,完成监理合同专用条件中约定的监理工程范围内的监理业务。

（2）监理机构在履行本合同的义务期间,应运用合理的技能,为业主提供与其监理机构水平相适应的咨询意见,认真、勤奋地工作,帮助业主实现合同预定的目标,公正地维护各方的合法权益。

（3）监理机构使用业主提供的设施和物品属于业主的财产。在监理工作完成或中止时,应将其设施和剩余的物品库存清单提交给业主,并按合同约定的时间和方式移交此类设施和物品。

（4）在本合同期内或合同终止后,未征得有关方同意,不得泄露与本工程、本合同业务活动有关的保密资料。

（5）监理单位不得转让该合同约定的权利和义务。

（6）除业主书面同意外,监理单位及职员不应接受监理合同约定以外的与监理工程项目有关的报酬。监理单位不能参与可能与合同规定的与业主的利益相冲突的任何活动。

（7）工程监理单位应当在其资质等级许可的监理范围内,承担工程监理业务。

（8）工程监理单位与被监理工程的承包单位以及建筑材料、建筑构配件和设备供应单位不得有隶属关系或者其他利害关系。

（三）监理单位的责任

我国《建设工程监理合同（示范文本）》规定监理单位的责任如下。

（1）监理单位在责任期内,应当履行监理合同中约定的义务。如果因监理单位过失而造成了经济损失,应当承担相应的赔偿责任。工程监理单位与承包商串通,为承包单位牟取非法利益,给建设单位造成损失的,应当与承包单位承担连带赔偿责任。

（2）监理单位如需另聘专家咨询或协助,在监理业务范围内其费用由监理单位承担（监理业务范围以外,其费用由业主承担)。

(3)监理单位向业主提出赔偿要求不能成立时,监理单位应当补偿由于该索赔所导致业主的各种费用支出。监理对第三方违反合同规定的质量要求和完工(交图、交货)时限,不承担责任。因不可抗力导致监理合同不能全部或部分履行,监理单位不承担责任。

任务 5 建设工程监理合同的订立、履行

一、建设工程监理合同的订立

(一)业主方合同签订前的管理

在业主具备了与监理单位签订监理合同条件的情况下,业主方主要是针对监理单位的资格、资信和履约能力进行预审。预审的主要内容如下。

(1)必须有经建设主管部门审查并签发的、具有承担建设监理合同内规定的建设工程资格的资质等级证书。

(2)必须是工商行政管理机关审查注册,取得营业执照,具有独立法人资格的正式企业。

(3)具有对拟委托的建设工程监理的实际能力,包括监理人员的素质、主要检测设备的情况。

(4)财务情况,包括资金情况和近几年的经营效益。

(5)社会信誉,包括已承接的监理任务的完成情况、承担类似业务的监理业绩、经验及合同的履行情况。

(二)监理单位合同签订前的管理

监理单位在决定是否参加某项业务的竞争并与之签订合同前,要对工程业主进行了解并对工程合同的可行性进行调查了解,其内容如下。

(1)对业主的调查了解,主要是看其是否具有签订合同的合法资格。

(2)具有与签订合同相当的财产和经费,这是履行合同的基础和承担经济责任的前提。

(3)监理合同的标的要符合国家政策,不违反国家的法律、法令及有关规定。同时,监理单位还应从自身情况出发,考虑竞争该项目的可行性。

(三)谈判签订的管理

在谈判前,业主提出监理合同的各项条款,招标工程应将合同的主要条款包括在招标文件里作为要约。不论是直接委托还是招标中标,业主和监理方都要就监理合同的主要条款与负责人具体进行谈判,如业主必须提出对工程的工期、质量的具体要求。在使用《建设工程监理合同(示范文本)》时,要依据"标准条件"结合"专用条件"逐条加以谈判,对"标准条件"的哪些条款要进行修改,哪些条款不采用,还应补充哪些条款,以及"标准条件"内需要在"专用条件"内加以哪些具体规定,如拟委托监理的工程范围、业主为监理单位提供的外部条件的具体内容、业主提供的工程资料及具体时间等,都要提出具体的要求或建议。在谈判时,合同内容要具体,责任要明确,对谈判内容双方达成一致意见的,要有准确的文字记载。作为业主切忌凭借手中拥有的工程委托权以不平等的原则对待监理方。监理单位则应积极地争取主动,对业主提出的合同文

本,双方应对每个条款都进行具体商讨,对重大问题不能客气和让步,应针锋相对,切不可把自己放在被动的位置上。经过谈判,双方对监理合同内容取得完全一致意见后,即可正式签订监理合同。经双方签字、盖章后,监理合同即正式签订完毕。

二、建设监理合同的履行

(一)业主的履约管理

业主在合同履行中主要从以下几个方面进行管理。

(1)严格按照监理合同的规定履行应尽义务。监理合同里规定的应由业主方负责的工作,是合同最终实现的基础。如外部关系的协调,为监理工作提供外部条件,为监理单位提供获取本工程使用的原材料、构配件、机械设备等生产厂家名录等,都是监理方做好工作的先决条件,业主方必须严格按照监理合同的约定,履行应尽的义务,才有权要求监理方履行合同。

(2)按照监理合同的规定行使权利。即业主有权行使对工程设计、施工单位工程的发包权;对工程规模、设计标准的认定权及设计变更的审批权;对监理方履行合同的监督管理权。

(3)业主的档案管理在全部工程项目竣工后,业主应将全部合同文件,包括完整的工程竣工资料加以系统整理,按照《中华人民共和国档案法》(以下简称《档案法》)及有关规定建档保管。为了保证监理合同档案的完整性,业主对合同文件及履行中与监理单位之间进行的签证、记录协议、补充合同备忘录、函件、电报、电传等都应系统地妥善保管,认真整理。

(二)监理单位履行中的管理

由于监理合同管理贯穿于监理单位经营管理的各个环节,因而履行监理合同必须涉及监理单位各项管理工作。监理合同一经生效,监理单位就要按合同规定行使权利并履行应尽义务。具体履行内容及程序如下。

(1)确定项目总监理工程师,成立项目监理组织。
(2)进一步熟悉情况,收集有关资料,为开展建设监理工作做准备。
(3)制定工程项目监理规划。
(4)制订各专业监理工作计划或实施细则。
(5)根据制订的监理工作计划和运行制度规范化地开展监理工作。
(6)定期主持召开工地例会。
(7)调节建设单位与承包单位的争议。
(8)对承包单位报送的竣工资料进行审查,并对工程质量进行竣工预验收。
(9)监理工作总结归档。

(三)监理酬金

建设工程委托监理合同双方当事人可以在专用条件中约定以下内容:监理酬金的记取方法;支付监理酬金时间和数额;支付监理酬金所采用的货币币种、汇率。

1. 监理酬金的记取办法

建设工程监理酬金是指业主依据委托监理合同支付给监理企业的监理酬金。它是构成工程概(预)算的一部分,在工程概(预)算中单独列支。建设工程监理费由监理直接成本、监理间接成本、税金和利润四个部分构成。

监理费的计算方法,一般由业主与工程监理单位确定,主要有以下几种计算方法。

1) 按时计算法

根据委托监理合同约定的服务时间（计算时间单位可以是小时、工作日或月），按照单位时间监理服务费来计算监理费的总额。单位时间费用一般以监理人员基本工资为基础，再乘以管理费和利息增加系数。采用该法时，监理人员差旅费、函电费、资料费和试验费等通常由委托方支付。

这种方法主要适用于临时性、短期的监理业务，或是不宜按工程概（预）算的百分比等其他方法计算监理费的监理业务。由于这种方法在一定程度上限制了监理单位潜在效益的增加，因而单位时间内监理费的标准比监理单位内部实际的标准要高得多。

2) 按工资加一定比例其他费用计算法

这种方法是以项目监理机构监理人员的实际工作为基数乘上一个系数而计算出来的。这个系数包括了应有的间接成本、利润和税金。除了监理人员的工作外，其他各项直接费用等均由业主另行支付。一般情况下较少采用这种方法，尤其是在核定监理人员数量和监理人员的实际工资方面，业主与监理企业之间难以取得完全一致的意见。

3) 按建设投资的百分比计算法

根据工程规模的大小和所委托的监理工作的繁简，以建设工程投资的一定百分比来计算。这种方法比较简便、科学，业主和工程监理企业均容易接受，也是国家制定监理取费标准的主要形式。

采用这种方法的关键是确定计算监理费的基数。新建、改建、扩建工程以及较大型的技术改造工程都编制有工程概算，有的工程还编有工程预算。工程的概（预）算就是初始计算监理费的基数。只是工程结算时，再按结算进行调整。这里所说的工程概（预）算不一定是工程概（预）算的全部，因为业主有时只把工程建设项目的一部分委托某一监理公司监理，那么，只有委托监理的这部分工程的概（预）算才能作为计算监理费的基数。严格地讲，就是监理的这部分工程的概（预）算也不一定全部用来计算监理费，如业主的管理费、工程所用土地的征用费、所有建（构）筑物的拆迁费等一般都应扣除，不作为计算监理费的基数。只是为了简便起见，签订监理合同时，可不扣除这些费用，由此造成的出入，留待工程结算时一并调整。因此，这种方法普遍被采用。

4) 按固定价格计算法

这种方法适用于小型或中等规模的工程项目监理费的计算，尤其适用于监理内容比较明确的小型或中等规模的工程项目监理。业主和监理单位都不会承担较大的风险，经协商一致，就采用固定价格法，即在明确监理工作内容的基础上，以一笔监理总价包死，工作量有所增减变化，一般也不调整监理费。或者，不同类别的工程项目的监理价格不变，据各项工程量的大小分别计算出各类监理费，合起来就是监理总价。如居民小区工程的监理，建筑物按确定的建筑面积乘以确定的监理价格，道路工程按道路面积乘以确定的监理价格，市政管道工程按延长米乘以确定的监理价格，三者合起来就是居民小区的监理总费用。

这种方法要求监理单位在事前对成本做出认真的估算，如果工期较长，还应考虑物价变动的因素。采用这种方法，如果工作范围发生了变化，或者工期延长，都需要进行谈判。这种方法容易导致双方对实际从事的服务范围缺乏相互一致而清楚的理解，有时会引起双方之间关系的紧张。

任何一种支付方式都有其利弊，在进行取费谈判时，特别需要双方的互相理解和信任，只有这样,才能比较顺利地进行合作。

2. 监理酬金的支付

(1) 正常的监理工作、附加工作和额外工作的报酬,按照监理合同专用条件中约定的方法计算,并按约定的时间和数额支付。

(2) 如果委托人在规定的支付期限内未支付监理报酬,自规定之日起,还应向监理人支付滞纳金。滞纳金从规定支付期限最后一日起计算。

支付监理报酬所采取的货币币种、汇率由合同专用条件约定。

(3) 如果委托人对监理人提交的支付通知中报酬或部分报酬项目提出异议,应当在收到支付通知书24小时内向监理人发出表示异议的通知,但委托人不得拖延其他无异议报酬项目的支付。

(四) 违约责任

1. 监理单位的违约责任

监理单位未履行监理合同义务的,应承担相应的责任。

1) 违反合同约定造成的损失赔偿

因监理单位违反合同约定给建设单位造成损失的,监理单位应当赔偿建设单位损失。赔偿金额的确定方法在专用条件中约定。监理单位承担部分赔偿责任的,其承担赔偿金额由双方协商确定。

监理单位的违约情况包括不履行合同义务的故意行为和未正确履行合同义务的过错行为。

监理单位不履行合同义务的情形包括:①无正当理由单方解除合同;②无正当理由不履行合同约定的义务。

监理单位未正确履行合同义务的情形包括:①未完成合同约定范围内的工作;②未按规范程序进行监理;③未按正确数据进行判断而向施工单位及其他合同当事人发出错误指令;④未能及时发出相关指令,导致工程实施进程发生重大延误或混乱;⑤发出错误指令,导致工程受到损失等。

2) 索赔不成立时的费用补偿

监理单位向建设单位的索赔不成立时,监理单位应赔偿建设单位由此发生的费用。

2. 建设单位的违约责任

建设单位未履行本合同义务的,应承担相应的责任。

1) 违反合同约定造成的损失赔偿

建设单位违反合同约定造成监理单位损失的,建设单位应予以赔偿。

2) 索赔不成立时的费用补偿

建设单位向监理单位的索赔不成立时,应赔偿监理单位由此引起的费用,这与监理单位索赔不成立的规定对等。

3) 逾期支付补偿

建设单位不能按合同约定的时间超过28天支付相应酬金,应按专用条件约定支付逾期付款利息。

逾期付款利息应按专用条件约定的方法计算(拖延支付天数应从应支付日算起):

逾期付款利息＝当期应付款总额×银行同期贷款利率×拖延支付天数

3. 除外责任

因非监理单位的原因,且监理单位无过错,发生工程质量事故、安全事故、工期延误等造成的损失,监理单位不承担赔偿责任。这是由于监理单位不承包工程的实施工作,因此,在监理单位无过错的前提下,由于第三方原因使建设工程遭受损失的,监理单位不承担赔偿责任。

因不可抗力导致监理合同全部或部分不能履行时,双方各自承担其因此而造成的损失、损害。不可抗力是指合同双方当事人均不能预见、不能避免、不能克服的客观原因引起的事件,根据《合同法》第一百一十七条"因不可抗力不能履行合同的,根据不可抗力的影响,部分或者全部免除责任"的规定,按照公平、合理原则,合同双方当事人应各自承担其因不可抗力而造成的损失、损害。因不可抗力导致监理单位现场的物质损失和人员伤害,由监理单位自行负责。如果建设单位投保的"建筑工程一切险"或"安装工程一切险"的被保险人中包括监理单位,则监理单位的物质损害也可从保险公司获得相应的赔偿。监理单位应自行投保现场监理人员的意外伤害保险。

任务 6 案例分析

案例 6-1

签订监理合同要按规定执行

【案情简介】

某房地产开发企业投资开发建设某住宅小区,与某工程咨询监理公司签订委托监理合同。在监理职责条款中,合同约定:"乙方(监理公司)负责甲方(房地产开发企业)小区工程设计阶段和施工阶段的监理业务……房产开发企业应于监理业务结束之日起 5 日内支付最后 20% 的监理费用。"小区工程竣工一周后,监理公司要求房产开发企业支付剩余 20% 的监理费,房产开发企业以双方有口头约定,监理公司监理职责应履行至工程保修期满为由,拒绝支付,监理公司索款未果,诉至法院。法院判决双方口头商定的监理职责延至保修期满的内容不构成委托监理合同的内容,房产开发企业到期未支付最后一笔监理费,构成违约,应承担违约责任,支付监理公司剩余 20% 监理费及延期付款利息。

【案例分析】

《合同法》第二百七十六条规定:"建设工程实行监理的,发包人应当与监理人采用书面形式订立委托监理合同。发包人与监理人的权利和义务以及法律责任,应当依照本法委托合同以及其他有关法律、行政法规的规定。"本案房地产开发企业开发住宅小区,属于需要实行监理的建设工程,理应与监理人签订委托监理合同。本案争议焦点在于确定监理公司监理义务范围。依书面合同约定,监理范围包括工程设计和施工两个阶段,而未包括工程的保修阶段;双方只是口头约定,还应包括保修阶段。依本条规定,委托监理合同应以书面形式订立,口头形式约定不成立委托监理合同。因此,该委托监理合同关于监理义务的约定,只能包括工程设计和施工两个阶段,不应包括保修阶段,也就是说,监理公司已完全履行了合同义务,房地产开发企业逾期支付监理费用,属违约行为,故判决其承担违约责任,支付监理费及利息,无疑是正确的。此类案件中,当事人还应注意监理单位的资质条件。另外,倘若监理单位不履行义务,给委托人造成损失的,监理单位应与承包单位承担连带赔偿责任。

案例 6-2

监理的权利应用

【案情简介】

监理单位承担了某工程的施工阶段监理任务,该工程由甲施工单位总承包。甲施工单位选择了经建设单位同意并经监理单位进行资质审查合格的乙施工单位来分包。施工过程中发生了以下事件。

事件1 专业监理工程师在熟悉图纸时发现,基础工程部分设计内容不符合国家有关工程质量标准和规范。总监理工程师随即致函设计单位要求改正并提出更改建议方案。设计单位研究后,口头同意了总监理工程师的更改方案,总监理工程师随即将更改的内容写成监理指令通知甲施工单位执行。

事件2 施工过程中,专业监理工程师发现乙施工单位施工的分包工程部分存在质量隐患,为此,总监理工程师同时向甲、乙两施工单位发出了整改通知。甲施工单位回函称:乙施工单位施工的工程是经建设单位同意进行分包的,所以本单位不承担该部分工程的质量责任。

事件3 专业监理工程师在巡视时发现,甲施工单位在施工中使用未经报验的建筑材料,若继续施工,该部位将被隐蔽。因此,立即向甲施工单位下达了暂停施工的指令(因甲施工单位的工作对乙施工单位有影响,乙施工单位也被迫停工)。同时,指示甲施工单位将该材料进行检验,并报告了总监理工程师。总监理工程师对该工序停工予以确认,并在合同约定的时间内报告了建设单位。检验报告出来后,证实材料合格,可以使用,总监理工程师随即指令施工单位恢复了正常施工。

事件4 乙施工单位就上述停工自身遭受的损失向甲施工单位提出补偿要求,而甲施工单位称:此次停工是执行监理工程师的指令,乙施工单位应向建设单位提出索赔。

事件5 对上述施工单位的索赔,建设单位称:本次停工是监理工程师失职造成,且事先未征得建设单位同意。因此,建设单位不承担任何责任,由于停工造成施工单位的损失应由监理单位承担。

【问题】

针对上述各个事件,分别提出的问题如下:

(1) 请指出总监理工程师上述行为的不妥之处并说明理由。总监理工程师应如何正确处理?

(2) 甲施工单位的答复是否妥当?为什么?总监理工程师签发的整改通知是否妥当?为什么?

(3) 专业监理工程师是否有权签发本次暂停令?为什么?下达工程暂停令的程序有无不妥之处?请说明理由。

(4) 甲施工单位的说法是否正确?为什么?乙施工单位的损失应由谁承担?

(5) 建设单位的说法是否正确?为什么?

【案例分析】

针对上述5个事件的5个问题,逐个解答如下。

（1）总监理工程师不应直接致函设计单位。因为监理人员无权进行设计变更。正确处理：发现问题应向建设单位报告，由建设单位向设计单位提出变更要求。

（2）甲施工单位回函所称，不妥。因为分包单位的任何违约行为导致工程损害或给建设单位造成的损失，总承包单位承担连带责任。

总监理工程师签发的整改通知，不妥。因为整改通知应签发给甲施工单位，因乙施工单位与建设单位没有合同关系。

（3）专业监理工程师无权签发《工程暂停令》。因为这是总监理工程师的权力，所以下达工程暂停令的程序有不妥之处。理由是专业监理工程师应报告总监理工程师，由总监理工程师签发工程暂停令。

（4）甲施工单位的说法不正确。因为乙施工单位与建设单位没有合同关系，乙施工单位的损失应由甲施工单位承担。

（5）建设单位的说法不正确。因为监理工程师是在合同授权内履行职责，施工单位所受的损失不应由监理单位承担。

案例 6-3

委托监理合同当事人的权利、义务和违约责任

【案情简介】

某钢筋混凝土框架式8层商业大厦工程项目，业主甲分别与监理单位乙和施工单位丙签订了施工阶段委托监理合同和施工合同。委托监理合同中对业主（甲方）和监理单位（乙方）的权利、义务和违约责任规定如下：

（1）乙方在监理工作中应维护甲方的利益。

（2）施工期间的任何设计变更必须经过乙方审查、认可、发布变更令方为有效，并付诸实施。

（3）乙方应在甲方的授权范围内对委托的工程项目实施施工监理。

（4）乙方发现工程设计中的错误或不符合建筑工程质量标准要求时，有权要求设计单位更改。

（5）乙方监理仅对本工程的施工质量实施监督控制，进度控制和费用控制任务由甲方行使。

（6）乙方有审核批准索赔权。

（7）乙方对工程进度款支付有审核签认权，甲方有独立于乙方之外的自主支付权。

（8）在合同责任期内，乙方未按合同要求的职责认真服务，或甲方违背对乙方的责任时，均应向对方承担赔偿责任。

（9）若由于甲方严重违约及非乙方责任而使监理工作停止半年以上的情形，乙方有权终止合同。

（10）甲方违约应承担违约责任，赔偿乙方相应的经济损失。

（11）在施工期间工地每发生一起人员重伤事故，乙方应受罚款1万元；发生一起死亡事故受罚2万元；发生一起质量事故，乙方应付给甲方相当于质量事故经济损失5%的罚款。

（12）乙方有发布开工令、停工令、复工令等指令的权利。

【问题】

以上各条中有无不妥之处？怎样才是正确的？

【案例分析】

(1) 不妥。正确的应当是：乙方在监理工作中应当公正地维护有关方面的合法权益。

(2) 不妥。正确的应当是：设计变更的审批权在业主，任何设计变更须经乙方审查并报业主审查、批准、同意后，再由乙方发布变更令，实施变更。

(3) 正确。

(4) 不妥。正确的应当是：乙方发现设计错误或不符合质量标准要求时，应报告甲方，要求设计单位改正并向甲方提供报告。

(5) 不妥。因为三大控制目标是相互联系、相互影响的。正确的应当是：监理单位有实施工程项目质量、进度和费用三个方面的监督控制权。

(6) 不妥。乙方仅有索赔审核权及建议权而无批准权。正确的应当是：乙方有审核索赔权，除非有专门约定外，索赔的批准、确认应通过甲方。

(7) 不妥。正确的应当是：在工程承包合同议定的工程价格范围内，乙方对工程进度款的支付有审核签认权；未经乙方签字确认，甲方不得支付工程款。

(8)、(9)、(10) 正确。

(11) 不妥。正确的应当是：因乙方的过失而造成经济损失，乙方应向甲方进行赔偿，累计赔偿总额不应超出监理酬金总额（扣除税金）。

(12) 不妥。正确的应当是：乙方在征得甲方同意后，有权发布开工令、停工令、复工令。

学习情境 7

建设工程质量管理法律制度

【学习目标】

(1) 了解工程建设质量管理体系认证制度。
(2) 理解工程建设各方的质量责任和义务。
(3) 掌握工程质量管理监督制度的有关规定。
(4) 掌握建设工程质量保修制度。

【能力目标】

(1) 能够准确区分工程建设各方的质量责任。
(2) 能够对工程质量事故进行简单的分析和处理。

【引例导入】

2005年7月21日中午12时,位于广东省广州市海珠区江南大道中海珠城广场工地基坑南端约100 m长挡土墙发生倒塌,造成一段6 m长的水泥路面下陷,同时造成位于工地旁的砖木结构平房倒塌,该事故共造成3人死亡、3人受伤。

经初步调查,在事故发生时,施工单位正进行地下室底板施工,位于基坑南边的支护结构倒塌,位于东南角的斜撑脱落。支护结构倒塌面积约2007 m²。在上报设计方案时,广州市建设科技委员会已提出,基坑深度达16.2 m,超过安全标准,要求做出修改,然而施工单位并没有理会,且还加挖4.1 m,使基坑深度加深至20.3 m,造成支护桩失去功用;另外,根据相关规定,基坑支护结构安全期为1年,工地早在2002年10月31日起就开始基坑方面的施工,事故发生时已经超过有效期;最后,基坑边缘在施工时有多部机械运作,重达140 t,严重超载,导致基坑滑坡,引起事故。2005年9月12日,广州市政府常务会议通过《海珠城广场"7·21"重大安全事故调查报告书》,对涉嫌的广州市南谊房地产开发有限公司、广东省机施公司等7家工程公司及20名责任人做出行政处罚及处分,对工程监管的14名执法人员做出降级或降级以下的处分,并作检讨,7家公司共罚款280.38万元。

问题导入:

工程案例中,为了确保建设工程的质量和安全,我国有哪些工程建设质量管理制度?怎样才能完成工程的竣工验收?如果出现质量问题,相关单位应当承担哪些法律责任?通过学习将会解答这些问题,并可以初步了解工程建设质量和安全的相关基本知识。

学习情境 7 建设工程质量管理法律制度

建设工程质量有广义和狭义之分。从狭义上来说,建设工程质量仅指工程实体质量,它是指在国家现行的有关法律、法规、技术标准、设计文件和工程合同中,对工程的安全、适用、经济、美观等特性要求的总和。广义上的建设工程质量还包括工程建设的参与者的服务质量和工作质量,是工程建设的参与者服务是否及时、主动,态度是否诚恳、守信,管理水平是否先进,工作效率是否较高的总体反映。建设工程质量又可分为思想政治工作质量、管理工作质量、技术工作质量和后勤工作质量等。本书对建设工程质量的阐述主要是狭义的建设工程质量。工程实体质量的好坏是决策、计划、勘察、设计、施工等各方面各环节工作质量的综合反映,所以,现今国内外都趋向于从广义上理解建设工程质量。

任务 1 建设工程质量标准化管理制度

工程建设标准是为在工程建设领域内获得最佳秩序,对建设活动或其结果规定共同的和可重复使用的规则、指导原则或特性文件,该文件经协商一致制定并经公认机构批准,以科学、技术和实践经验的综合成果为基础,以促进最佳社会效益为目的。

工程建设还必须通过行之有效的标准规范,特别是工程建设强制性标准,为建设工程消除安全隐患、实施安全防范措施提供统一的技术要求,以确保在现有的技术、管理条件下尽可能地保障建设工程质量安全,从而最大限度地保障建设工程的建造者、使用者和所有者的生命财产安全以及人身健康安全。

《中华人民共和国标准化法》(以下简称《标准化法》)自 1989 年 4 月 1 日起施行,分为 5 章,共 26 条,分别对标准的制定、标准的实施做出规定。

一、工程建设标准分级

《标准化法》按照标准的级别不同,将标准分为国际标准、行业标准、地方标准和企业标准。

1. 国际标准

《标准化法》第六条规定,对需要在全国范围内统一的技术要求,应当制定国家标准。国家标准由国务院标准化行政主管部门制定。

2. 行业标准

《标准化法》第六条规定,对没有国家标准而又需要在全国某个行业范围内统一的技术要求,可以制定行业标准。行业标准由国务院有关行政主管部门制定,并报国务院标准化行政主管部门备案,在公布国家标准之后,该项行业标准即行废止。

3. 地方标准

《标准化法》第六条规定,对没有国家标准和行业标准而又需要在省、自治区、直辖市范围内统一的工业产品的安全、卫生要求,可以指定地方标准。地方标准由省、自治区、直辖市标准化行政主管部门制定,并报国务院标准化行政主管部门和国务院有关行政主管部门备案,在公布国家标准或者行业标准之后,该项地方标准即行废止。

4. 企业标准

《标准化法》第六条规定,企业生产的产品没有国家标准和行业标准的,应当制定企业标准,作为组织生产的依据。企业的产品标准须报当地政府标准化行政主管部门和有关行政主管部门备案。已有国家标准或者行业标准的,国家鼓励企业制定严于国家标准或者行业标准的企业标准,在企业内部适用。

二、工程建设强制性标准和推荐性标准

根据《标准化法》第七条规定,国家标准、行业标准分为强制性标准和推荐性标准。保障人体健康,人身、财产安全的标准和法律、行政法规规定强制执行的标准是强制性标准,其他标准是推荐性标准。省、自治区、直辖市标准化行政主管部门制定的工业产品的安全、卫生要求的地方标准,在本行政区域内是强制性标准。与上述规定相对应,工程建设标准也分为强制性标准和推荐性标准。

《工程建设国家标准管理办法》第三条规定,下列标准属于强制性标准。

① 工程建设勘察、规划、设计、施工(包括安装)及验收等通用的综合标准和重要的通用的质量标准。

② 工程建设通用的有关安全、卫生和环境保护的标准。

③ 工程建设重要的通用的术语、符号、代号、量与单位、建筑模数和制图方法标准。

④ 工程建设重要的通用的试验、检验和评定方法等标准。

⑤ 工程建设重要的通用的信息技术标准。

⑥ 国家需要控制的其他工程建设通用的标准。

《工程建设行业标准管理办法》第三条规定,下列标准属于强制性标准:

① 工程建设勘察、规划、设计、施工(包括安装)及验收等行业专用的综合性标准和重要的行业专用的质量标准;

② 工程建设行业专用的有关安全、卫生和环境保护的标准;

③ 工程建设重要的行业专业术语、符号、代号、量与单位和制图方法等标准;

④ 工程建设重要的行业专用的试验、检验和评定方法等标准;

⑤ 工程建设重要的行业专用的信息技术标准;

⑥ 行业需要控制的其他工程建设标准。

根据《建设工程质量管理条例》和《实施工程建设强制性标准监督规定》的有关规定,住房和城乡建设部(原建设部)组织有关单位共同对 2000 年版《工程建设标准强制性条文》(房屋建筑部分)进行了修订,形成了 2002 年版《工程建设标准强制性条文》,自 2003 年 1 月 1 日起施行。《工程建设标准强制性条文》的内容包括城乡规划、城市建设、房屋建筑、工业建筑、水利工程、电力工程、信息工程、水运工程、公路工程、铁道工程、石油和化工建设工程、矿业工程、人防工程、广播电影电视工程和民航机场工程等方面。该条文兼顾人民生命财产安全、人身健康、环境保护和公共利益,同时考虑了提高经济和社会效益等多方面的要求。列入强制性条文的所有条文都必须严格执行。

《工程建设标准强制性条文》是参与建设活动各方执行工程建设强制性标准和政府对执行情况实施监督的依据。

三、工程建设强制性标准的实施

《标准化法》第七条规定,强制性标准,必须执行。不符合强制性标准的产品,禁止生产、销售和出口。推荐性标准,国家鼓励企业自愿采用。

我国现行的工程建设法律法规,尤其是《建设工程质量管理条例》中,在工程建设强制性标准实施方面,针对建筑市场主体的质量责任和行为分别做出了决定。

1. 建设单位

《建设工程质量管理条例》第十条第二款规定,建设单位不得明示或暗示设计单位或施工单位违反工程建设强制性标准,降低建设工程质量。

2. 勘察、设计单位

《建设工程质量管理条例》第十九条第一款规定,勘察、设计单位必须按照工程建设强制性标准进行勘察、设计,并对勘察、设计的质量负责。

3. 施工单位

《建设工程质量管理条例》第二十八条第一款规定,施工单位必须按照工程设计图纸和施工技术标准施工,不得擅自修改工程设计,不得偷工减料。

4. 工程监理单位

《建设工程质量管理条例》第三十六条规定,工程监理单位应当依照法律、法规以及有关技术标准、设计文件和建设工程承包合同,代表建设单位对施工质量实施监理,并对施工质量承担监理责任。

严格执行工程建设强制性标准是工程建设主体的法定义务,是工程建设从业人员的法定责任,违反了强制性标准的规定,即为违法,要承担相应的民事、行政乃至刑事法律责任。对推荐性标准,虽然不是国家强制执行的,但是一经约定采用,即在当事人之间产生法律约束力;工程质量等达不到约定标准的,应当承担相应的违约责任。

四、实施工程建设强制性标准的监督管理

严格贯彻执行工程建设强制性标准,是工程建设各方主体的法定义务。对实施强制性标准进行监督,是加强工程建设管理不可或缺的重要环节。《建设工程质量管理条例》第四十四条规定,国务院建设行政主管部门和国务院铁路、交通、水利等有关部门应当加强对有关建设工程质量的法律、法规和强制性标准执行情况的监督检查。第四十七条规定,县级以上地方人民政府建设行政主管部门和其他有关部门应当加强对有关建设工程质量的法律、法规和强制性标准执行情况的监督检查。

1. 监督机构

《实施工程建设强制性标准监督规定》中规定了实施工程建设强制性标准的监督机构包括:

(1)建设项目规划审查机构应当对工程建设规划阶段性强制性标准的情况实施监督。

(2)施工图设计文件审查单位应当对工程建设勘察、设计阶段执行强制性标准的情况实施监督。

(3)建筑安全监督管理机构应当对工程建设施工阶段执行施工安全强制性标准的情况实施监督。

(4)工程质量监督机构应当对工程建设施工、监理和验收等阶段执行强制性标准的情况实施监督。

(5)工程建设标准批准部门应当定期对建设项目规划审查机关、施工图设计文件审查单位、建筑安全监督管理机构、工程质量监督机构实施强制性标准的监督进行检查,对监督不力的单位和个人,给予通报批评,建议有关部门处理。

2. 监督检查内容

《实施工程建设强制性标准监督规定》第十条规定,强制性标准监督检查的内容如下。
(1) 有关工程技术人员是否熟悉、掌握强制性标准。
(2) 工程项目的规划、勘察设计、施工和验收等是否符合强制性标准的规定。
(3) 工程项目采用的材料、设备是否符合强制性标准的规定。
(4) 工程项目的安全、质量是否符合强制性标准的规定。
(5) 工程中采用的导则、指南、手册和计算机软件的内容是否符合强制性标准的规定。

任务 2 建设企业质量体系认证制度

一、企业质量体系和产品质量认证制度和意义

产品质量认证是指依据产品标准和相应的技术要求,经认证机构确认并通过颁发认证证书和认证标志,来证明某一产品符合相应标准和相应技术要求的活动。《建筑法》规定,按国家规定推行企业质量体系认证制度和产品质量认证制度,国家也对从事建筑活动的单位推行质量体系认证制度。其实质是一种提高商品信誉的标志,通过认证标志向社会和购买者提供产品的明示担保,证明经过产品质量认证的商品质量可以信赖。有关企业根据自愿原则,从事建设活动的单位可向国务院产品质量监督管理部门,或者国务院产品质量监督管理部门授权的部门认可的认证机构申请质量体系认证。经认证合格的,由认证机构向该企业颁发质量体系认证证书。但对重要的建筑材料和设备,推行产品质量认证制度,经认证合格的,由认证机构颁发质量认证证书,准许企业在产品或其包装上使用质量认证标志。使用单位经检验发现认证的产品质量不合格,有权向产品质量认证机构投诉。

我国在 20 世纪 80 年代建立起工程质量监督机构,对工程建设过程进行监督检查,对军工工程进行质量等级核定。此后,工程质量监督机构迅速发展壮大,形成了专业门类齐全的工程质量监督队伍。工程质量监督人员严格履行监督职能,有效遏制了重大工程质量事故的发生。全国工程质量优良率逐年提高。ISO 9000 等管理标准的相继贯彻执行促进了企业质量管理水平明显提高。目前绝大多数甲级勘察、设计、监理企业和特技、一级施工企业都建立健全了质量保证体系,并通过质量体系认证,不仅强化了从业人员的质量意识,而且提高了质量管理水平。中华人民共和国成立以来,在建设系统广大干部职工的不懈努力下,青藏铁路、三峡工程、小浪底水库、西气东输、杭州湾跨海大桥、东海大桥、背景奥运会场馆和配套工程等一大批举世瞩目的重大工程项目相继建成,无论是工程规模、工程质量,还是技术难度,都代表着世界同期的先进水平。同时,质量技术进步成效显著,信息技术、预应力混凝土、超高层设计施工、大跨度空间结构等技术广泛使用,保证和提高了工程质量。从总体上来看,我国工程建设质量水平稳步提高,工程建设参与主体和中介机构质量行为日趋规范,重特大工程质量事故得到有效遏制,广大群众对工程质量的满意度逐步提高。

二、认证标准

1987 年 3 月,国际标准化组织正式发布 ISO 9000-9004 五个标准,即《质量管理和质量保

证》系列标准,受到世界各国欢迎。1994年和2000年这个标准经历两次修订。

1992年,我国也发布了等同采用国际标准的GB/T 19000-ISO 9000《质量管理和质量保证》系列标准。

2000年12月,国家质量技术监督局批准了GB/T 19000-2000版系列标准,该系列标准自2001年6月1日起实施。

GB/T 19001-2008于2009年3月1日起实施。

GB/T 19001-2008规定了质量管理体系要求,可供组织内部使用,也可以用于认证或合同目的;也只有这个标准等同于ISO 9001-2008标准,能用于外部认证。但是,本标准不包括针对其他管理体系的要求,比如环境管理、职业卫生与安全管理、财务管理或风险管理的特定要求。不过,该标准使企业组织能够将自身的质量管理体系与相关的管理体系要求结合或整合。GB/T 19004-2008标准适用于企业组织的各个过程,该标准所依据的质量管理原则也可以在整个企业组织内应用。该标准不用于认证、法规或合同目的,也不是GB/T 19001-2008的实施指南,只包括指南和建议,注重实现持续改进,它可通过顾客和其他相关的满意程度来测量。

在GB/T 19000-2008质量管理体系标准中,质量管理原则包括以下八个方面。

1. 以顾客为关注焦点

组织依存于顾客。因此组织应当理解顾客当前和未来的需求,满足顾客要求并争取超越顾客期望。

2. 领导作用

领导者建立组织统一的宗旨及方向,其应当创造并保持使员工能充分参与实现组织目标的内部环境。

3. 全员参与

各级人员是组织之本,只有他们的充分参与,才能使他们的才干得到充分发挥,从而为组织带来收益。

4. 过程方法

将活动和相关资源作为过程进行管理,可以高效地得到期望的结果。

5. 管理的系统方法

将相互关联的过程作为系统加以识别、理解和管理,有助于组织提高实现目标的有效性和效率。

6. 持续改进

持续改进整体业绩是组织永恒的目标。

7. 基于事实的决策方法

有效的决策应建立在数据和信息分析的基础上。

8. 与供方互利的关系

组织与供方建立相互依存、互利的关系可增强双方创造价值的能力。

三、质量管理体系文件的组成

GB/T 19000-2008质量管理体系标准明确要求,组织应有完整的和科学的质量体系文件,这是组织开展质量管理的质量保证的基础,也是组织为达到所要求的产品质量,实施质量体系审核、质量体系认证、进行质量改进的重要依据。质量管理体系的文件主要由质量手册、程序文件、质量计划和质量记录等组成。

1. 质量手册

质量手册是组织最重要的质量法规性文件之一,是阐明组织的质量政策、质量体系和质量实践的文件,是实施和保持质量体系过程中长期遵循的纲领性文件。

质量手册的主要内容有组织的质量方针、质量目标,组织机构和质量职责,组织各项质量活动的基本控制程序或体系要素以及质量评审、修改和控制管理办法。

2. 程序文件

程序文件是质量管理体系的重要组成部分,是质量手册支持性文件,是组织落实质量管理工作建立的各项管理标准、规章制度,是组织各职能部门为贯彻落实质量手册而规定的实施细则。

3. 质量计划

质量计划是为了全部过程的有效运行和控制,在程序文件的指导下,针对特定的产品、过程、合同和项目,而制定出专门质量措施和活动顺序的文件。

质量计划的主要内容有应达到的质量目标,该项目各阶段的责任和权限,应采用的特定程序、方法、作业指导书,有关阶段的实验、检验和审核大纲,随项目的进展而修改和完善质量计划的方法以及为达到质量目标必须采取的其他措施。

4. 质量记录

质量记录是阐明所取得的结果或提供所完成活动的证据文件,是产品质量水平和质量体系中各项质量活动过程及结果的客观反映,是证明各阶段产品质量达到要求和质量体系运行的有效证据。

质量记录应字迹清晰、内容完整,并按所记录的产品和项目进行标识,记录应注明日期并经授权人员签字、盖章或做其他审定后方能生效。

四、质量管理体系的建立与运行

质量管理体系是组织建立质量方针和质量目标并实现这些目标的体系。建立完善的质量管理体系并使之有效地运行,是组织质量管理的核心,也是组织建立质量管理体系的关键所在。一般按照质量管理体系的建立、质量管理体系文件的编制和质量管理体系的运行三个阶段进行。

1. 质量管理体系的建立

质量管理体系的建立是组织根据质量管理的原则,在确定市场及顾客需求的前提下,制定组织的质量方针、质量目标、质量手册、程序文件和质量记录等体系文件,并将质量目标落实到相关层次、相关岗位的职能中,形成组织质量管理体系执行的系列工作。

2. 质量管理体系文件的编制

质量管理体系文件的编制是质量管理体系的重要组成部分,也是组织进行质量管理和质量保证的基础。编制质量体系文件是保持体系有效运行和提供有效证据的重要基础工作。

3. 质量管理体系的运行

质量管理体系的运行是生产及服务的全过程按照质量管理体系文件制定的程序、标准、工作要求及目标分解的岗位职责实施运行。

五、质量管理体系的认证与监督

1. 质量管理体系的认证程序

质量管理体系的认证程序是由具有公正性的第三方认证机构,根据质量管理体系的标准,审核组织质量管理体系要求的符合性和实施的有效性,进行独立、客观、科学、公正的评价,得出结论。认证一般按照申请、审核、审批与注册发证程序进行。

2. 获准认证后的监督管理

组织获准认证后,应经常性地进行内部审核,保持质量管理体系运行的有效性,并每年接受一次认证机构对组织质量管理体系实施的监督管理。组织获准认证的有效期为三年。获准认证后监督管理的主要工作有组织通报、监督检查、认证注销、认证暂停、认证撤销、复评及重新换证等。

任务 3 建筑工程质量监督制度

一、建设工程质量监督制度的概述

(一)建设工程质量监督管理

《建设工程质量管理条例》明确规定,国家实行建设工程质量监督管理制度。政府质量监督作为一项制度,以行政法规的性质在《建设工程质量管理条例》中加以明确,强调了建设工程质量必须实行政府监督管理。政府实行建设工程质量监督的主要目的是保证建设工程使用安全和环境质量,主要依据是法律、法规和强制性标准,主要方式是政府认可的第三方强制监督,主要内容是地基基础、主体结构、环境质量和与此相关的工程建设各方主体的质量行为,主要手段是施工许可制度和竣工验收备案制度。

建设工程质量政府监督管理具有以下两个特点。

1. 权威性

建设工程质量监督是国家意志的体现,任何从事工程建设活动的单位和个人都应当服从这种监督管理。

2. 综合性

这种监督管理并不局限于某一个阶段或某一个方面,而是贯穿于工程建设全过程,并适用于建设单位、勘察单位、设计单位、监理单位和施工单位。

工程质量政府监督也不局限于某一个工程建设项目,工程质量监督管理部门可以对本区域内的所有建设工程项目进行监督。

(二)建设工程质量监督的主体

对建设工程质量进行监督管理的主体是各级政府建设行政主管部门和其他有关部门。根据《建设工程质量管理条例》第四十三条第二款的规定,国务院建设行政主管部门对全国的建设工程质量实施统一监督管理。国务院铁路、交通、水利等有关部门按照国务院规定的职责分工,负责对全国的有关专业建设工程质量的监督管理。

《建设工程质量管理条例》规定各级政府有关主管部门应当加强对有关建设工程质量的法律、法规和强制性标准执行情况的监督检查，同时，规定政府有关主管部门履行监督检查职责时，有权采取下列措施：

① 要求被检查的单位提供有关工程质量的文件和资料；

② 到被检查的施工现场进行检查；

③ 发现有影响工程质量的问题时，责令改正。

由于建设工程质量监督具有专业性强、周期长、程序繁杂等特点，政府部门通常不宜亲自进行日常检查工作。这就需要通过委托由政府认可的第三方，即建设工程质量监督机构，来依法代行工程质量监督职能，并对委托的政府部门负责。政府部门主要对建设工程质量监督机构进行业务指导和管理，不进行具体工程质量监督。

（三）建设工程质量监督机构的主要任务

根据《关于建设工程质量监督机构深化改革的指导意见》的有关规定，建设工程质量监督机构是经省级以上建设行政主管部门或有关专业部门考核认定的独立法人。建设工程质量监督机构及其负责人、质量监督工程师和助理质量监督工程师，均应具备国家规定的基本条件。其中，从事施工图设计文件审查的建设工程质量监督机构，还应当具备国家规定的其他条件。建设工程质量监督机构的主要任务有以下几点。

（1）根据政府主管部门的委托，受理建设工程项目质量监督。

（2）制订质量监督工作方案。具体包括：

① 确定负责该项工程的质量监督工程师和助理质量监督工程师；

② 根据有关法律、法规和工程建设强制性标准，针对工程特点，明确监督的具体内容、监督方式；

③ 在方案中对地基基础、主体结构和其他涉及结构安全的重要部位和关键工序，做出实施监督的详细计划安排；

④ 建设工程质量监督机构应将质量监督工作方案通知建设、勘察、设计、施工、监理单位。

（3）检查施工现场工程建设各方主体的质量行为。主要包括：

① 核查施工现场工程建设各方主体及有关人员的资质或资格；

② 检查勘察、设计、施工、监理单位的质量保证体系和质量责任制落实情况；

③ 检查有关质量文件、技术资料是否齐全并符合规定。

（4）检查建设工程的实体质量。主要包括：

① 按照质量监督工作方案，对建设工程地基基础、主体结构和其他涉及结构安全的关键部位进行现场实地抽查；

② 对用于工程的主要建筑材料、购配件的质量进行抽查；

③ 对地基基础部分、主体结构部分工程和其他涉及结构安全的部分工程的质量验收进行监督。

（5）监督工程竣工验收。主要包括：

① 监督建设单位组织的工程竣工验收的组织形式、验收程序以及在验收过程中提供的有关资料和形成的质量评定文件是否符合有关规定；

② 实体质量是否存有严重缺陷；
③ 工程质量的检验评定是否符合国家验收标准。
（6）工程竣工验收后五日内，应向委托部门报送建设工程质量监督报告。建设工程质量监督报告应包括：
① 对地基基础和主体结构质量检查的结论；
② 工程竣工验收的程序、内容和质量检验评定是否符合有关规定；
③ 历次抽查该工程发现的质量问题和处理情况等内容。
（7）对预制建筑构件和商品混凝土的质量进行监督。
（8）受委托部门委托，按规定收取工程质量监督费。
（9）政府主管部门委托的工程质量监督管理的其他工作。

建设工程质量监督机构在进行监督工作中发现有违反建设工程质量管理规定行为和影响工程质量的问题时，有权采取责令改正、局部暂停施工等强制性措施，直至问题得到改正。需要给予行政处罚的，报告委托部门批准后实施。

（四）竣工验收备案制度

根据《建设工程质量管理条例》第四十九条的规定，建设单位应当自建设工程竣工验收合格之日起十五日内，将建设工程竣工验收报告和规划、公安消防、环保等部门出具的认可文件或者准许使用文件报建设行政主管部门或者其他有关部门备案。

建设行政主管部门或者其他有关部门发现建设单位在竣工验收过程中有违反国家有关建设工程质量管理规定行为的，责令停止使用，重新组织竣工验收。

（五）工程质量事故报告制度

《建设工程质量管理条例》第五十二条第一款规定：建设工程发生质量事故，有关单位应当在二十四小时内向当地建设行政主管部门和其他有关部门报告；对重大质量事故，事故发生地的建设行政主管部门和其他有关部门应当按照事故类别和等级向当地人民政府和上级建设行政主管部门及其他有关部门报告。

《建设工程质量管理条例》第五十二条第二款规定：特别重大质量事故的调查程序按照国务院有关规定办理。根据国务院《生产安全事故报告和调查处理条例》的规定，特别重大事故，是指造成特别重大人身伤亡或者巨大经济损失以及性质特别严重、产生重大影响的事故。对特别重大质量事故的调查处理，应按国务院《生产安全事故报告和调查处理条例》及有关规定进行。

（六）法律责任

1. 不及时如实报告重大质量事故的法律责任

发生重大工程质量事故隐瞒不报、谎报或者拖延报告期限的，对直接负责的主管人员和其他责任人员依法给予行政处分。

2. 国家机关工作人员不尽职的法律责任

国家机关工作人员在建设工程质量监督管理工作中玩忽职守、滥用职权、徇私舞弊，构成犯罪的，依法追究刑事责任；尚不构成犯罪的，依法给予行政处分。

二、建设工程质量检测制度

（一）建设工程质量检测的概念和性质

建设工程质量检测，是指工程质量检测机构接受委托，依据国家有关法律、法规和工程建强制性标准,对涉及结构安全项目的抽样检测和对进入施工现场的建筑材料、构配件的见证取样检测。

建设工程质量检测工作是政府对建设工程质量进行监督管理工作的重要手段之一。建设工程质量检测机构需要经过省级以上人民政府建设行政主管部门以及国务院工业、交通行政主管部门或其授权的机构考核合格后,才可承担建设工程质量检测任务。建设工程质量检测机构是接受委托,执行检测的法定单位,所出具的检测报告具有法定效力。其中,国家级检测机构出具的检测报告,在国内为最终裁定,在国外具有代表国家的性质。

(二)建设工程质量检测机构的任务与权限

建设工程质量检测机构分为国家、省、市、县四个等级。

(1)建设工程质量国家检测中心作为国家级的建设工程质量检测机构,其主要任务为:承担重大建设工程质量的检测和试验任务;负责建设工程所用的构件、制品及有关材料、设备的质量认证和仲裁检测工作;负责对结构安全、建筑功能的鉴定;参加重大工程质量事故的处理和仲裁检测工作等。其权限如下:一是对指定的国家重点工程进行检测复核,并向国务院建设行政主管部门提出检测复核报告和建议;二是对建筑构件、制品及有关的材料、设备等产品进行抽样检验。

(2)地方的建设工程质量检测机构,包括各省、自治区、直辖市的建设工程质量检测中心和市(地区)、县级的建设工程质量检测站主要任务为:承担本地区建设工程和建筑构件、制品以及建设现场所用材料质量的检测工作;参加本地区工程质量事故的处理和仲裁检测工作;此外,还可参与本地区建筑新结构、新技术、新产品的科技成果鉴定等工作。各地检测机构有权对本地区正在施工的建设工程所用的建筑材料、混凝土、砂浆和建筑构件等进行随机抽样检测,并向本地建设工程质量主管部门和质量监督部门提出抽验报告和建议;省、市(地区)、县级检测机构,受同级建设主管部门和标准部门委托,有权对本省、市、县的建筑构件、制品进行抽样检测;对违反技术标准、失去质量控制的产品,检测单位有权提出请主管部门做出责令其停止生产、不合格产品不准出厂、已出厂的产品不得使用的决定。

(三)建设工程质量检测机构资质条件

建设工程质量检测机构是具有独立法人资格的中介机构。检测机构资质按照其承担的检测业务内容分为专项检测机构资质和见证取样检测机构资质。

(1)专项检测机构和见证取样检测机构应满足下列基本条件。

专项检测机构和见证取样检测机构应满足下列基本条件。

① 专项检测机构的注册资本不少于100万元人民币,见证取样检测机构不少于80万元人民币。

② 所申请检测资质对应的项目应通过计量认证。

③ 有质量检测、施工、监理或设计经历,并接受了相关检测技术培训的专业技术人员不少于10人;边远的县(区)的专业技术人员可不少于6人。

④ 有符合开展检测工作所需的仪器、设备和工作场所;其中,使用属于强制检定的计量器具,要经过计量检定合格后,方可使用。

⑤ 有健全的技术管理和质量保证体系。

(2) 专项检测机构除应满足基本条件外,还需要满足下列条件。

① 地基基础工程检测类:专业技术人员中从事工程桩检测工作 3 年以上并具有高级或者中级职称的不得少于 4 名,其中 1 人应当具备注册岩土工程师资格。

② 主体结构工程检测类:专业技术人员中从事结构工程检测工作 3 年以上并具有高级或者中级职称的不得少于 4 名,其中 1 人应当具备二级注册结构工程师资格。

③ 建筑幕墙工程检测类:专业技术人员中从事建筑幕墙检测工作 3 年以上并具有高级或者中级职称的不得少于 4 名。

④ 钢结构工程检测类:专业技术人员中从事钢结构机械连接检测、钢网架结构变形检测工作 3 年以上并具有高级或者中级职称的不得少于 4 名,其中 1 人应当具备二级注册结构工程师资格。

见证取样检测机构除应满足基本条件外,专业技术人员中从事检测工作 3 年以上并具有高级或者中级职称的不得少于 3 名;边远的县(区)可不少于 2 人。

(四)建设工程质量检测机构资质管理

1. 建设工程质量检测机构资质管辖

建设工程质量检测机构资质须向省、自治区、直辖市人民政府建设行政主管部门申请,省、自治区、直辖市建设行政主管部门受理资质申请后,应当对申报材料进行审查,自受理之日起 20 个工作日内审批完毕并做出书面决定。对符合资质标准的,自做出决定之日起 10 个工作日内颁发《检测机构资质证书》,并报国务院建设主管部门备案。

国务院建设主管部门负责对全国质量检测活动实施监督管理,并负责制定检测机构资质标准。

省、自治区、直辖市人民政府建设主管部门负责本行政区域内的质量检测活动实施监督管理,并负责检测机构的资质审批。

市、县人民政府建设主管部门负责对本行政区内的质量检测活动实施监督管理。

2. 申请检测资质的机构提交的申请材料

申请检测资质的机构应当向省、自治区、直辖市人民政府建设主管部门提交下列申请材料。

(1)"检测机构资质申请表"一式三份。

(2)工商营业执照原件及复印件。

(3)与所申请检测资质范围相对应的计量认证证书原件及复印件。

(4)主要检测仪器、设备清单。

(5)技术人员的职称证书、身份证和社会保险合同的原件及复印件。

(6)检测机构管理制度及质量控制措施。

"检测机构资质申请表"由国务院建设主管部门制定式样。

3. 检测机构资质证书的效力

《建设工程质量检测管理办法》第八条规定:检测机构资质证书有效期为 3 年,资质证书有效期满需要延期的,检测机构应当在资质证书有效期满 30 个工作日前申请办理延期手续。

检测机构在资质证书有效期内没有下列行为的,资质证书有效期届满时,经原审批机关同意,不再审查,资质证书有效期延期 3 年,由原审批机关在其资质证书副本上加盖延期专用章;

检测机构在资质证书有效期内有下列行为之一的,原审批机关不予延期。
① 超出资质范围从事检测活动的。
② 转包检测业务的。
③ 涂改、倒卖、出租、出借或者以其他形式非法转让资质证书的。
④ 未按照国家有关工程建设强制性标准进行检测,造成质量安全事故或致使事故损失扩大的。
⑤ 伪造检测数据,出具虚假检测报告或者鉴定结论的。

(五)建设工程质量检测范围及业务内容

《建设工程质量管理条例》第三十一条规定,施工人员对涉及结构安全的试块、试件以及有关材料,应当在建设单位或者工程监理单位监督下现场取样,并送具有相当资质等级的质量检测单位进行检测。

在工程施工过程中,为了控制工程总体或相应部位的施工质量,一般要依据有关技术标准,用特定的方法对用于工程的材料或构件抽取一定数量的样品,进行检测或试验,并根据其结果来判断其所代表部位的质量。这是控制和判断工程质量所采取的重要技术措施。试块和试件的真实性和代表性,是保证这一措施有效的前提条件。为此,建设工程施工检测,应实行有见证取样和送检制度,即施工单位在建设单位或监理单位见证下取样,送至具有相应资质的质量检测单位进行检测。有见证取样可以保证取样的方法、数量、频率、规格等符合标准的要求,防止假试块,假试件和假试验报告的出现。

2005年颁发的《建设工程质量检测管理办法》第四条规定:"检测机构是具有独立法人资格的中介机构。检测机构从事本办法附件一规定的质量检查业务,应当依据本办法取得相应的资质证书。检测机构资质按照其承担的检测业务内容分为专项检测机构资质和见证取样检测机构资质。检测机构资质标准由本办法附件二规定……"

质量检测的业务内容附件一规定如下。

1. 专项检测

① 地基基础工程检测。
② 主体结构工程现场检测。
③ 建筑幕墙工程检测。
④ 钢结构工程检测。

2. 见证取样检测

① 水泥物理力学性能检验。
② 钢筋(含焊接与机械连接)力学性能检验。
③ 砂、石常规检验。
④ 混凝土、砂浆强度检验。
⑤ 简易土工试验。
⑥ 混凝土外加剂检验。
⑦ 预应力钢绞线、锚夹具检验。
⑧ 沥青、沥青混合料检验。

(六)建设工程检测机构的法律责任

《建设工程质量检测管理办法》第二十九条规定:检测机构违反本办法规定,有下列行为之一的,由县级以上地方人民政府建设主管部门责令改正,可并处 1 万元以上 3 万元以下的罚款;构成犯罪的,依法追究刑事责任。

① 超出资质范围从事检测活动的。
② 涂改、倒卖、出租、出借、转让资质证书的。
③ 使用不符合条件的检测人员的。
④ 未按规定上报发现的违法违规行为和检测不合格事项的。
⑤ 未按规定在检测报告上签字盖章的。
⑥ 未按照国家有关工程建设强制性标准进行检测的。
⑦ 档案资料管理混乱,造成检测数据无法追溯的。
⑧ 转包检测业务的。

三、建筑材料使用许可制度

建筑材料使用许可制度是为了保证建筑工程使用的建筑材料符合现行的国家标准,设计要求和合同约定,确保建设工程质量而制定的一项制度。建筑材料使用许可制度包括建筑材料生产许可制度、建筑材料产品质量认证制度、建筑材料产品推荐制度和建筑材料进场检验制度。

(一) 建筑材料生产许可证制度

根据《中华人民共和国行政许可法》的规定,政府对涉及建设工程中的对安全、卫生、环境保护和公共利益起决定性的建筑材料实行生产许可制度,如建筑用钢、水泥等。生产这些建筑材料产品的企业必须具备许可证规定的生产条件、技术装备、技术人员和产品质量保证体系,经政府部门审核批准生产许可证后,方可进行建筑材料的生产和销售。其生产和销售的建材产品或产品包装上除应标有产品检验合格证明外,还应标明生产许可证的编号,批准日期和有效期。未获生产许可证的企业,不得生产和销售这一类建筑材料。

(二) 建筑材料产品质量认证制度

质量认证时第三方依据程序对产品、过程或服务符合规定的要求给予书面保证(合格证书),质量认证包括产品质量认证和质量管理体系认证两个方面。产品质量认证按性质可分为安全认证和合格认证。安全认证是指对涉及国家安全、人身安全、健康的产品,必须实施安全认证,同时实行安全认证的产品,必须符合《标准化法》中有关强制性标准的要求。合格认证的产品必须符合《标准化法》中规定的国际标准或行业标准,质量认证即程序性文件,对质量管理体系的过程方法所需开展的质量活动的描述,也是环境性文件,保证质量管理体系的有效运行,确保产品质量的企业内部环境。

国家对重要的建筑材料和设备推行产品质量认证制度。经认证合格的产品或企业,由认证机构颁发质量认证证书,准许企业在其产品或包装上使用质量认证标志。同时,在其销售的产品或包装上除标有产品质量检验合格证明外,还应标明质量认证的编号,批准日期和有效期。使用单位经检验发现已认证的产品质量不合格的,有权向产品质量认证机构投诉。

(三) 建筑材料产品推荐使用制

我国正在制定《中华人民共和国循环经济促进法》,为子孙后代造福,国家推广使用民用建筑节能的新技术、新工艺、新材料和新设备,限制使用或者禁止使用能源消耗高的技术、工艺、材料和设备。国务院节能工作主管部门、建筑主管部门应当制定、公布并及时更新推广使用、限制使用、禁止使用目录。住房和城乡建设部对尚未经过产品质量认证的节能降耗建材,各省、自治区、直辖市建设行政主管部门可以推荐使用,如墙体保温材料、玻璃、门窗型材等。

(四)建筑材料进场检验制度

根据《建筑法》《建设工程质量管理条例》和《工程建设标准强制性条文》的规定,建筑承包企业必须加强对进场的建筑材料、构配件及设备的质量检查和检测。对所有建筑材料和构配件等必须进行复检。凡涉及结构安全的试块、试件以及有关材料,应按规定进行见证取样检测。见证取样和送检的比例不得低于有关技术标准中规定应取样数量的30%。质量不合格的建筑材料、构配件及设备,不得在工程上使用,如果材料进场,应在见证的情况下退场。

四、建设工程质量责任制度

《建设工程质量管理条例》第三条规定:"建设单位、勘察单位、设计单位、施工单位、工程监理单位依法对建设工程质量负责。"

(一)建设单位的质量责任和义务

1. 依法对工程进行发包的责任

《建设工程质量管理条例》第七条规定:"建设单位应当将工程发包给具体有相应资质等级的单位。建设单位不得将建设工程肢解发包。"

建设单位应当依法行驶工程发包权,《建筑法》对此已有明确规定。

2. 依法对材料设备招标的责任

《建设工程质量管理条例》第八条规定,建设单位应当依法对工程建设项目的堪察、设计、施工、监理以及与工程建设有关的重要设备、材料等的采购进行招标。

建设单位实施的工程建设项目采购行为,应当符合《招标投标法》及其相关规定。

3. 提供原始资料的责任

《建设工程质量管理条例》第九条规定:建设单位必须向有关的勘查、设计、施工、工程监理等单位提供与建设工程有关的原始材料;原始材料必须真实、准确、齐全。

《建设工程安全生产管理条例》对此有类似规定。

4. 不得干预投标人的责任

《建设工程质量管理条例》第十条规定,建设工程发包单位不得迫使承包方以低于成本价格竞标。在这里,承包方主要指勘察、设计和施工单位。建设单位不得任意压缩合理工期,不得明示或暗示设计单位或者施工单位违反工程设计强制性标准,降低建设工程质量。

5. 送审施工图的责任

《建设工程质量管理条例》第十一条规定:建设单位应当将施工图设计文件报县级以上人民政府建设行政主管部门或者其他有关部门审查;施工图设计文件未经审查批准的,不得使用。

根据这一规定,施工图设计文件审查成为基本建设必须进行的程序之一,建设单位应当严格执行。关于施工图设计文件审查的主要内容,《建设工程勘察设计管理条例》第三十三条进一步明确规定,县级以上人民政府建设行政主管部门或者交通、水利有关部门"应当对施工图设计文件中涉及公共利益、公众安全、工程建设强制性标准的内容进行审查"。

6. 依法委托监理的责任

根据《建设工程质量管理条例》第十二条的规定,建设单位应当依法委托监理。

7. 确保提供的物资符合要求的责任

《建设工程质量管理条例》第十四条规定,按照合同预约,由建设单位采购建筑材料、建筑构配件的设备的,建设单位应当保证建筑材料、建筑构配件和设备符合设计文件和合同要求。

如果建设单位提供的建筑材料、建筑构配件和设备不符合设计文件和合同要求,属于违约行为,应当向施工单位承担违约责任,施工单位有权拒绝接受这些货物。

8. 不得擅自改变主体和承重结构进行装修的责任

《建设工程质量管理条例》第十五条规定:涉及建筑主体和承重结构变动的装修工程,建设单位应当在施工前委托原设计单位或者具有相应资质等级的设计单位提出设计方案;没有设计方案的,不得施工。

9. 依法组织竣工验收的责任

《建设工程质量管理条例》第十六条规定,建设单位收到建设工程竣工报告后,应当组织设计、施工、工程监理等有关单位进行竣工验收。

建设工程竣工验收是施工全过程的最后一道程序,是建设投资成果转入生产或使用的标志,也是全面考核投资效益、检验设计和施工质量的重要环节。

在工程实践中,部分建设单位忽视竣工验收的重要性、未经竣工验收或验收不合格,将工程提前交付使用。这种不规范的行为很容易产生质量问题,并会在发、承包双方之间就质量责任归属问题发生争议。

10. 移交建设项目档案的责任

根据《建设工程质量管理条例》第十七条规定,建设单位还应当严格按照国家有关档案管理的规定,向建设行政主要部门或者其他有关部门移交建设项目档案。

(二) 勘察、设计单位的质量责任和义务

1. 遵守执业资质等级制度的责任

《建设工程质量管理条例》第十八条规定:"从事建设工程勘察、设计的单位应当依法取得相应等级的资质证书,并在其资质登记许可的范围内承揽工程。禁止勘察、设计单位超越其资质等级许可的范围或者以其他勘察、设计单位的名义承揽工程。禁止勘察设计单位允许其他单位或者个人以本单位的名义承揽工程。勘察、设计单位不得转包或者违法分包所承揽的工程。"

2. 执行强制性标准的责任

《建设工程质量管理条例》第十九条规定,勘察、设计单位必须按照工程设计强制性标准进行勘察、设计,并对其勘察、设计的质量负责。注册建筑师、注册结构工程师等注册执业人员应当在设计文件上签字,并对设计文件负责。

3. 勘察、设计成果的责任

《建设工程质量管理条例》第二十条规定,勘察单位提供的地质、测量、水文等勘查成果必须真实、准确。

《建设工程质量管理条例》第二十一条规定:"设计单位应当根据勘查成果文件进行建设工程设计。设计文件应当符合国家规定的设计深度要求,注明工程合理使用年限。"

《建设工程质量管理条例》第二十二条规定:"设计单位在设计文件中选用的建筑材料、建筑构配件和设备,应当注明规格、型号、性能等技术指标,其质量要求必须符合国家规定的标准。除有特殊要求的建筑材料、专用设备、工艺生产线等外,设计单位不得指定生产厂、供应商。"

4. 解释设计文件的责任

《建设工程质量管理条例》第二十三条规定,设计单位应当就审查合格的施工图设计文件向施工单位做出详细说明。

由于施工图是设计单位设计的,设计单位对施工图会有更深刻的理解,由其对施工单位做出说明是非常必要的,有助于施工单位理解施工图,保证工程质量。

5. 参与质量事故分析的责任

《建设工程质量管理条例》第二十四条规定,设计单位应当参与建设工程质量事故分析,并对因设计造成的质量事故,提出相应的技术处理方案。

(三) 施工单位的质量责任和义务

1. 依法承揽工程的责任

《建设工程质量管理条例》第二十五条规定:"施工单位应当依法取得相应等级的资质证书,并在资质等级许可的范围内承揽工程。禁止施工单位超越本单位资质等级许可的业务范围或者以其他施工单位的名义承揽工程。禁止施工单位允许其他单位或者个人以本单位的名义承揽工程。施工单位不得转包或者违法分包工程。"

2. 建立质量保证体系的责任

《建设工程质量管理条例》第二十六条规定:"施工单位对建设工程的施工质量负责。施工单位应当建立质量责任制,确定工程项目的项目经理、技术责任人和施工管理负责人。建设工程实行总承包的,总承包单位应当对全部建设工程质量负责;建设工程勘察、设计、施工、设备采购的一项或者多项实行总承包的,总承包单位应当对其承包的建设工程或者采购的设备的质量负责。"

3. 分包单位保证工程质量的责任

《建设工程质量管理条例》第二十七条规定,总承包单位依法将建设工程分包给其他单位的,分包单位应当按照分包合同的约定对其分包工程的质量向总承包单位负责,总承包单位与分包单位对分包工程的质量承担连带责任。

4. 按图施工的责任

《建设工程质量管理条例》第二十八条规定,施工单位必须按照工程设计图纸和施工技术标准施工,不得擅自修改工程设计,不得偷工减料。

工程设计图纸和施工技术标准都属于合同文件的一部分,如果施工单位没有按照工程设计图纸施工,首先要对建设单位承担违约责任。同时,由于不按照工程设计图纸和工程技术标准施工存在潜在的巨大的社会危害性,法律又将其确定为违法行为。

施工单位在施工过程中发现设计文件和图纸有差错的,应当及时提出意见和建议。

建设单位、施工单位、监理单位不得修改建设工程勘察、设计文件;确需修改建设工程勘察、设计文件的,应当由原建设工程勘察、设计单位修改,经原建设工程勘察、设计单位书面同意,建设单位也可以委托其他具有相应资质的建设工程勘察、设计单位修改。修改单位对修改的勘察、设计文件承担相应责任。施工单位、监理单位发现建设工程勘察、设计文件不符合工程建设强制性标准、合同约定的质量要求的,应当报告建设单位,建设单位有权要求建设工程勘察、设计单位对文件进行补充、修改。建设工程勘察、设计文件内容需要做重大修改的,建设单位应当报经原审批机关批准后,方可修改。

5. 对建筑材料、构配件和设备进行检验的责任

《建设工程质量管理条例》第二十九条规定,施工单位必须按照工程设计要求、施工技术标准和合同约定,对建筑材料、建筑构配件、设备和商品混凝土进行检验,检验应当有书面记录和专人签字;未经检验和检验产品不合格的,不得使用。

施工单位对建筑材料、建筑构配件、设备和商品混凝土的检验是保证工程质量的重要环节。如果不能把住这道关口,就可能使劣质的建筑材料、构配件和设备用于工程,从而留下质量和安全的隐患。

《建设工程质量管理条例》第三十条规定:施工单位必须建立、健全施工质量的检验制度,严格工序管理,做好隐蔽工程的质量检查和记录。隐蔽工程在隐蔽前进行验收,验收的数据作为最终验收的数据。

6. 见证取样的责任

《建设工程质量管理条例》第三十一条规定,施工人员对涉及结构安全的试块、试件以及有关材料,应当在建设单位或者工程监理单位监督下现场取样,并送具有相当资质等级的质量检测单位进行检测。

在工程施工过程中,为了控制工程总体或局部施工质量,需要依据有关技术标准和规定的方法,对用于工程的材料和构件抽取一定数量的样品进行检测,并根据检测结果判断其所代表部位的质量。

7. 返修保修的责任

《建设工程质量管理条例》第三十二条规定,施工单位对施工中出现质量问题的建设工程或者竣工验收不合格的建设工程,应当负责返修。

在建设工程竣工验收合格前,施工单位应对质量问题履行返修义务;建设工程竣工验收合格后,施工单位应对保修期内出现的质量问题履行保修的义务。

(四) 工程监理单位的质量责任和义务

1. 依法承揽业务的责任

《建设工程质量管理条例》第三十四条规定:"工程监理单位应当依法取得相应等级的资质证书,并在其资质等级许可的范围内承担工程监理业务。禁止工程监理单位超越本单位资质等级许可的范围或者以其他工程监理单位的名义承担工程监理业务。禁止工程监理单位允许其他单位或者个人以本单位的名义承担工程监理业务。工程监理单位不得转让工程监理业务。"

2. 独立监理的责任

《建设工程质量管理条例》第三十五条规定,工程监理单位与被监理工程的施工承包单位以及建筑材料、建筑构配件和设备供应单位有隶属关系或者其他利害关系的,不得承担该项建设工程的监理业务。

独立是公正的前提条件,监理单位如果不独立是不可能保持公正的。

3. 依法监理的责任

《建设工程质量管理条例》第三十六条规定,工程监理单位应当依照法律、法规以及有关技术标准、设计文件和建设工程承包合同,代表建设单位对施工质量实施监理,并对施工质量承担监理责任。

《建设工程质量管理条例》第三十八条规定,监理工程师应当按照工程监理规范的要求,采取旁站、巡视和平行检验等形式,对建设工程实施监理。

4. 确认质量和应付工程款的责任

《建设工程质量管理条例》第三十七条规定:"工程监理单位应当选派具备相应资格的总监理工程师和监理工程师进驻施工现场。未经监理工程师签字,建筑材料、建筑构配件和设备不得在工程上使用或者安装,施工单位不得进行下一道工序的施工。未经总监理工程师签字,建设单位不得拨付工程款,不进行竣工验收。"

任务 4 建设工程质量竣工验收制度

建设工程质量竣工验收是指建设单位在收到建设工程竣工报告后,应当组织设计、施工、工程监理等有关单位进行竣工验收,建设工程经验收合格的,方可投入使用。

一、质监部门依法应履行工程竣工验收监督的义务

根据住房和城乡建设部(原建设部)颁发的《工程质量监督工作导则》的规定,质监部门在进行工程竣工验收监督时应依法履行以下义务。

(1) 对工程竣工验收文件进行审查,包括:

① 施工单位出具的工程竣工报告,包括结构安全、室内环境质量和使用功能抽样检测资料等合格证明文件以及施工过程中发现的质量问题整改报告。

② 勘察、设计单位出具的工程质量检查报告。

③ 监理单位出具的工程质量评估报告。

(2) 对验收组成员组成及竣工验收方案进行监督。

(3) 对工程实体质量进行抽测,对观感质量进行检查。

(4) 形成工程竣工验收监督的记录,包括:

① 对工程建设强制性标准执行情况的评估。

② 对观感质量检查验收的评价。

③ 对工程验收的组织及程序的评价。

④ 对工程竣工验收报告的评价。

依据《建设工程质量管理条例》规定,工程验收质量主体应当是建设单位、施工单位、设计单位和监理单位,而质监部门的主要职能是按照上述规定,实施工程竣工验收监督。工程竣工验收监督是指监督机构通过对建设单位组织的工程竣工验收程序进行监督、对经过勘察、设计、监理、施工各方责任主体签字认可的质量文件进行查验、对工程实体质量进行现场抽查,以监督责任主体和有关机构履行质量责任、执行工程建设强制性标准的活动。

二、工程竣工验收范围和依据

1. 工程竣工验收范围

按照国家颁布的建设法规规定,凡新建、扩建、改建的基本建设项目和技术改造项目,按批

准的设计文件所规定的内容建成，符合验收标准，即工业项目经过投料试车（带负荷运转）合格，形成生产能力的，非工业项目符合设计要求，能够正常使用的，都应及时组织验收，办理移交固定资产手续。

2. 竣工验收依据

进行建设项目竣工验收的主要依据包括以下几个方面。

（1）上级主管部门对该项目批准的各种文件，包括可行性研究报告、初步设计，以及与项目建设有关的各种文件。

（2）工程设计文件，包括施工图纸及说明、设备技术说明书等。

（3）国家颁布的各种标准和规范，包括现行的工程施工技术与质量验收规范、施工工艺标准、各专业技术规程等。

（4）合同文件，包括施工承包的工作内容和应达到的标准，以及施工过程中的设计修改变更通知书等。

三、工程竣工验收条件和标准要求

1. 工程竣工验收条件

根据《建设工程质量管理条例》第十六条规定，建设单位收到建设工程竣工报告后，应当组织设计、施工、工程监理等有关单位进行竣工验收。

建设工程竣工验收应当具备下列条件。

① 完成建设工程设计合同约定的各项内容。
② 有完整的技术档案和施工管理资料。
③ 有工程使用的主要建筑材料、建筑构配件和设备的进场试验报告。
④ 有勘察、设计、施工、工程监理等单位分别签署的质量合格文件。
⑤ 有施工单位签署的工程保修书。

建设工程验收合格的，方可交付使用。

2. 工程项目竣工质量验收的要求

《建筑工程施工质量验收统一标准》（GB 50300-2013）中规定，建设工程施工质量应按下列要求进行验收。

（1）建设工程施工质量应符合《建筑工程施工质量验收统一标准》（GB 50300-2013）和相关专业验收规范的规定。

（2）建设工程施工应符合工程勘察、设计文件的要求。

（3）参加工程施工质量验收的各方人员应具备规定的资格。

（4）工程质量的验收均应在施工单位自行检查评定的基础上进行。

（5）隐蔽工程在隐蔽前应有施工单位通知有关单位进行验收，并应形成验收文件。

（6）涉及结构安全的试块、试件，以及有关材料，应按规定进行见证取样检测。

（7）检验批的质量应按主控项目和一般项目验收。

（8）对涉及结构安全和实用功能的重要分部工程应进行抽样检测。

（9）承担见证取样检测及有关结构安全检测的单位应具有相应资质。

（10）工程的观感质量应由验收人员通过现场检查，并应共同确认。

四、工程竣工验收的程序和评定的等级

1. 工程竣工验收的程序

1）工程竣工验收准备

工程竣工验收准备由施工承包单位组织各分包商、设备供应商等整理工程资料、绘制竣工图,准备工程竣工通知书、工程竣工申请报告、工程竣工验收鉴定证书和工程保修证书等。

2）工程竣工初步验收（预验收）

工程达到竣工验收条件后,施工承包单位在自查、自评工作完成后,填写工程竣工报验单,并将全部竣工资料报送项目监理机构,申请竣工验收。总监理工程师收到申请报告后,组织各专业监理工程师对竣工资料及各专业工程的质量情况进行全面检查,对检查出的问题,应及时以书面整改通知书的形式督促施工承包单位进行整改。监理工程师应当认真审查竣工资料并督促施工承包单位做好工程保护和现场清理工作。经项目监理机构对工程竣工资料及工程实体全面检查、验收合格后,由总监理工程师签署工程竣工验收报验单,并向业主或建设单位提出质量评估报告。

3）工程竣工正式验收

业主或建设单位收到工程竣工验收报告后,由业主或建设单位的负责人或业主代表组织勘察、设计、监理、承包单位对工程进行正式验收,参加验收各方对工程验收质量进行评定,并通知建设行政主管部门的工程质量监督机构对工程验收进行监督,评定结论一致后,共同签署工程竣工验收鉴定证书。如果参验各方对工程质量验收意见不一致,则由建设行政主管部门或质量监督机构协调处理。

4）《竣工验收鉴定证书》

《竣工验收鉴定证书》的内容包括:验收的时间、验收工作概况、工程概况、项目设计情况、生产工艺及水平和生产设备试生产情况、竣工结算情况、工程质量的总体评价、经济效果评价、遗留问题及处理意见、验收委员会对项目验收结论。

2. 工程竣工验收评定的等级

建设工程质量应按现行的国家标准、行业标准进行验评。现行的建设工程质量验评结果分为优良与合格、不合格三个等级,先由施工单位自行检验评定等级,再由监督站进行核验。

五、工程竣工验收备案制度

《建设工程质量管理条例》第十七条规定,建设单位应当严格按照国家有关档案管理的规定,及时收集、整理建设项目各环节的文件资料,建立、健全建设项目档案,并在建设工程竣工验收后,及时向建设行政主管部门或者其他有关部门移交建设项目档案。

《建设工程质量管理条例》第四十九条规定,建设单位应当自建设工程竣工验收合格之日起15日内,将建设工程竣工验收报告和规划、公安消防、环保等部门出具的认可文件或者准许文件报建设行政主管部门或者其他有关部门备案。

1. 建设单位办理工程竣工验收备案应当提交的文件

① 工程竣工验收备案表。

② 工程竣工验收报告。

③ 法律、行政法规规定应当由规划、公安消防、环保等部门出具的认可文件或者准许使用文件。

④ 施工单位签署的工程质量保修书。
⑤ 法规、规章规定必须提供的其他文件。
⑥ 商品住宅还应当提交《住宅质量保证书》和《住宅使用说明书》。

2. 建设单位的违法行为及其处罚

建设行政主管部门或其他有关部门收到建设单位的竣工验收备案文件后,依据质量监督机构的监督报告,发现建设单位在竣工验收过程中违反国家有关建设工程质量管理规定行为的,责令停止使用,重新组织竣工验收后,再办理竣工验收备案。建设单位有下列违法行为的,要按照有关规定予以行政处罚:在工程竣工验收合格之日起15日内未办理工程竣工验收备案;在重新组织竣工验收前擅自使用工程;采用虚假证明文件办理竣工验收备案。

任务 5 建设工程质量保修制度

建设工程质量保修制度是指建设工程办理竣工验收,签署《竣工验收鉴定书》后,在《质量保修书》中规定的保修期内,因承包商原因造成工程质量缺陷的,应当由承包商负责维修。

《建设工程质量管理条例》第三十九条第二款规定,建设工程承包单位在向建设单位提交工程竣工验收报告时,应当向建设单位出具质量保修书。质量保修书应当明确建设工程的保修范围、保修期限和保修责任等。

一、建设工程质量的保修范围和保修期限

1. 工程质量保修书

《建设工程质量管理条例》第三十九条第二款规定:建设工程承包单位在向建设单位提交工程竣工验收报告时,应当向建设单位出具质量保修书;质量保修书中应当明确建设工程的保修范围、保修期限和保修责任。

根据《建设工程质量管理条例》第十六条的规定,有施工单位签署的工程保修书是建设工程竣工验收应具备的条件之一。工程质量保修书也是一种合同,是发包、承包双方就保修范围、保修期限和保修责任等设立权利和义务的协议,集中体现了承包单位对发包单位的工程质量保修承诺。

实践证明,一份完善的质量保修书,除了条例规定的保修范围、保修期限和保修责任等基本内容外,还应当包括保修金的有关约定(特别是应当明确保修金的具体返还期限)。

2. 保修范围

《建筑法》第六十二条规定:"建设工程的保修范围应当包括地基基础工程,主体结构工程、屋面防水工程和其他土建工程,以及电气管线、上下水管线的安装工程,供热、供冷系统工程等项目;保修的期限应当按照保证建筑物合理寿命年限内正常使用,维护使用者合法权益的原则确定。具体的保修范围和最低保修期限由国务院规定。"

3. 保修期限

《建设工程质量管理条例》第四十条规定,在正常使用条件下,建设工程最低保修期限为:

(1) 基础设施工程,房屋建筑的地基基础工程和主体结构工程,为设计文件规定的该工程合

理使用年限。

(2) 屋面防水工程,有防水要求的卫生间、房间和外墙面的防渗漏,为 5 年。

(3) 供热与供冷系统,为 2 个采暖期、供冷期。

(4) 电气管道、给排水管道、设备安装和装修工程,为 2 年。

上述保修范围属于法律强制性规定。超出该范围的其他项目的保修不是强制的,而是属于发承包双方意思表述,通常由发包方在招标文件中事先明确决定,或由双方在竣工验收前另行达成约定,最低保修期限同样属于法律强制性规定,发承包双方约定的保修期限不得低于条例规定的期限,但可以延长。建设工程的保修期,自竣工验收合格之日起计算。

二、建设工程保修责任

《建设工程质量管理条例》第四十一条规定,建设工程在保修范围和保修期内发生质量问题的,施工单位应当履行保修义务,并对造成的损失承担赔偿责任。

根据该条规定,质量问题应当发生在保修范围和保修期以内,这是承包单位承担保修责任的两个前提条件。《房屋建设工程质量保修办法》规定了以下三种不属于保修范围的情况。

① 因使用不当造成的质量缺陷。

② 第三方造成的质量缺陷。

③ 不可抗力造成的质量缺陷。

根据国家有关规定及行业惯例,就工程质量保修事宜,建设单位和承包单位应遵循如下基本程序。

① 建设工程在保修期限内出现质量缺陷,发包单位应当向承包单位发出保修通知。

② 承包单位接到保修通知后,应当到现场检查情况,在保修书约定的时间内予以保修,发生涉及结构安全或者严重影响使用功能的紧急抢修事故,承包单位接到保修通知后,应当立即到达现场抢修。

③ 承包单位不按工程质量保修书约定保修的,发包单位可以另行委托其他单位保修,由原承包单位承担相应责任。

④ 保修费用由造成质量缺陷的责任方承担,如果质量缺陷是由于承包单位未按照工程建设强制性标准和合同要求施工造成的,那么承包单位不仅要负责保障,还要承担保修费用,但是,如果质量缺陷是由于设计单位、勘察单位或发包单位、监理单位的原因造成的,承包单位承担赔偿责任后,有权向造成质量缺陷的责任方追偿。

三、建设工程质量保证金

2005 年 1 月,住房和城乡建设部(原建设部)、财政部联合颁布了《建设工程质量保证金管理暂行办法》。

1. 质量保证金的含义

所谓建设工程质量保证金是指发包人与承包人在建设工程承包合同中约定,从应付的工程款中预留,用以保证承包人在缺陷责任期内对建设工程出现的缺陷进行维修的资金。这里的缺陷同上所述,是指建设工程质量不符合工程建设强制性标准、设计文件,以及承包合同的约定。

2. 缺陷责任期

由于承包人原因导致工程无法按规定期限进行竣工验收的,缺陷责任期从实际通过竣工验收之日起计;由于发包人原因导致工程无法按规定期限进行竣工验收的,在承包人提交竣工验收报告90天后,工程自动进入缺陷责任期。

缺陷责任期一般为6个月、12个月或24个月,具体可由发包、承包双方在合同中约定。缺陷责任期内,由承包人原因造成的缺陷,承包人应负责维修,并承担鉴定及维修费用。如承包人不维修也不承担费用,发包人可按合同约定扣除保证金,并由承包人承担违约责任;承包人维修并承担相应费用后,不免除工程的一般损失赔偿责任。由他人原因造成的缺陷,发包人负责组织维修,承包人不承担费用,且发包人不得从保证金中扣除费用。

3. 质量保证金的数额

发包人应当在招标文件中明确保证金预留、返还等内容,并与承包人在合同条款中对涉及保证金的如下事宜进行约定:

① 保证金预留、返还方式;
② 保证金预留比例、期限;
③ 保证金是否计付利息,如果计付利息,则应标明利息的计算方式;
④ 缺陷责任期的期限及计算方式;
⑤ 保证金预留、返还及工程维修质量、费用的争议的处理程序;
⑥ 缺陷责任期内出现缺陷的索赔方式。

建设工程竣工结算后,发包人应按照合同约定及时向承包人支付工程结算价款并预留保证金。

全部或者部分使用政府投资的建设项目,按工程价款结算总额5%左右的比例预留保证金。社会投资项目采用预留保证金方式的,预留保证金的比例可参照执行。采用工程质量保证担保、工程质量保险等其他保证方式的,发包人不得预留保证金。

4. 质量保证金的返还

缺陷责任期内,承包人认真履行合同约定的责任,责任期满后,承包人向发包人申请返还保证金。

发包人在接到承包人返还保证金申请后,应于14日内会同承包人按照合同约定的内容进行核实,如果发包人无异议,发包人应当在核实后14日内将保证金返还给承包人,逾期支付的,从逾期之日起,按照同期银行贷款利率计付利息,并承担违约责任;发包人在接到承包人返还保证金申请后14日内不予答复,经催告后14日内仍不予答复,视同认可承包人的返还保证金申请。

四、建设工程质量缺陷的损害赔偿

《民法通则》第一百二十二条规定,因产品质量不合格造成他人财产、人身损害的,产品制造者、销售者应当依法承担民事责任。

《中华人民共和国消费者权益保护法》第七条规定:消费者在购买、使用商品和接受服务时享有人身、财产安全不受损害的权利;消费者有权要求经营者提供的商品和服务符合保障人身、财产安全的要求。第十一条规定,消费者因购买、使用商品或者接受服务受到人身、财产损害的,享有依法获得赔偿的权利。

《建设工程质量管理条例》第四十一条规定,建设工程在保修范围和保修期限内发生质量问题的,施工单位应当履行保修义务,并对造成的损失承担赔偿责任。

因建设工程质量缺陷造成人身伤害的,侵害人承担赔偿责任;造成受害人财产损失的,侵害人应当赔偿,并负责工程维修。

因建设工程质量缺陷造成人身财产损失的,请求赔偿的诉讼时效期限为一年,自当事人知道或应当知道权益受到侵害时起计算。

任务 6 案例分析

案例 7-1

1. 基本案情

某建筑公司与某学校签订一教学楼施工合同,明确施工单位要保质保量保工期完成学校的教学楼施工任务。工程竣工后,承包方向学校提交了竣工报告。学校为了不影响学生上课,还没组织验收就直接投入了使用。使用过程中,校方发现了教学楼存在质量问题,要求施工单位修理。施工单位认为工程未经验收,学校提前使用出现质量问题,施工单位不应再承担责任。

问题:应如何具体地分析该工程质量问题的责任及责任的承担方式,为什么?

2. 案例评析

因为校方在未组织竣工验收的情况下就直接投入了使用,违反了工程竣工验收方面的有关法律法规,所以,一般质量问题,应由校方承担。但是,若涉及结构等方面的质量问题,还是应按照造成质量缺陷的原因分解责任,因为承包方已向学校提交竣工报告,说明施工单位的自行验收已经通过,学校教学楼仅供学校日常教学使用,不存在不当使用问题,所以,该教学楼的质量缺陷是客观存在的。承包方还是应该承担维修义务,至于产生的费用应由有关责任方承担,协商不成,可请求仲裁或诉讼。

案例 7-2

原告:昊翔建筑工程公司
被告:新宇股份有限公司

1. 基本案情

2004年4月初,多日"等米下锅"的昊翔建筑工程公司(实为未取得建筑施工企业资质的农民施工队,以下简称昊翔公司)获悉新宇股份有限公司(以下简称新宇公司)欲建多功能楼的信息,便当即与其洽谈。新宇公司明知昊翔公司未取得建筑施工企业资质,但为压低工程价款,便于4月15日与其签订建设工程施工合同。合同约定昊翔公司承建多功能楼,6层砖混结构,总高20米,建筑面积3000余平方米,工期从2004年4月20日至2004年7月30日,合同价款420万元,新宇公司不支付预付款,由昊翔公司垫资,工程竣工并经验收合格后,新宇公司按合同约定支付工程款。

合同签订后,昊翔公司如期开工。但开工仅半个月,新宇公司即突然向昊翔公司提出,合同价款过高,本公司资金紧张,无力支付全额工程款,要求减少工程款,否则就解除合同。对新宇公司的无理要求,昊翔公司十分无奈:双方签订合同时,本公司已经做出极大让步,合同价款压得很低,本公司只能取得非常微薄的利润,如果再减少价款,肯定赔钱。昊翔公司遂与新宇公司协商，能否适当让步。新宇公司称，如昊翔公司不同意减少工程款，本公司将修改工程设计，并提供或者指定昊翔公司购买价格低的建筑材料、建筑构配件、设备，以减少成本。昊翔公司认为，合同规定的工程设计及建筑材料、建筑构配件、设备均符合国家要求及强制性标准，不能变更，否则将不能保证工程质量，而且极有可能发生重大工程事故。新宇公司则十分强硬地表示，要么减少工程款，要么变更工程设计及建筑材料、建筑构配件、设备，否则当即解除合同。昊翔公司迫于失去工程的压力，只得违心屈从。新宇公司修改了工程设计，并提供或者指定昊翔公司购买了价格低的建筑材料、建筑构配件、设备。两个多月后，工程如期竣工，经验收，质量不合格。新宇公司要求昊翔公司修复。昊翔公司修复后经工程鉴定机构鉴定仍不合格，且已无法修复。昊翔公司请求新宇公司支付工程款。新宇公司以昊翔公司无建筑施工企业资质及工程质量不合格为由而拒绝。昊翔公司多次追索未果，遂诉至法院。

问题：法院应如何审理此案？

2. 案情审理

法院经审理查明后认为，原告昊翔公司未取得建筑施工企业资质，与被告新宇公司签订建设工程施工合同的行为违反了《建筑法》《建筑企业资质管理规定》的规定，原告与被告双方所签订的合同无效；根据《合同法》关于合同无效后的处理原则及《最高人民法院关于审理建设工程施工合同纠纷案件适用法律问题的解释》的规定，合同所涉工程经工程鉴定机构鉴定，质量严重不合格，且无法修复，故对原告支付工程价款的请求，不予支持。被告对工程质量不合格有严重过错，应承担主要民事责任，赔偿原告的损失300万元。被告新宇公司不服上诉，被二审法院依法驳回。

3. 案例评析

《建筑法》第二十六条规定，承包建筑工程的单位应当持有依法取得的资质证书，并在其资质等级许可的业务范围内承揽工程。原告昊翔公司未取得建筑施工企业资质，而与被告新宇公司签订建设工程施工合同的行为违反了该规定，所以该合同无效。

《建筑法》第五十八条规定：建筑施工企业对工程的施工质量负责；建筑施工企业必须按照工程设计图纸和施工技术标准施工。第五十九条规定，建筑施工企业必须按照工程设计要求、施工技术标准和合同的约定，对建筑材料、建筑构配件和设备进行检验，不合格的不得使用。第五十四条规定：建设单位不得以任何理由，要求建筑设计单位或者建筑施工企业在工程设计或者施工作业中，违反法律、行政法规和建筑工程质量、安全标准，降低工程质量；建筑设计单位和建筑施工企业对建设单位违反前款规定提出的降低工程质量的要求，应当予以拒绝。

《最高人民法院关于审理建设工程施工合同纠纷案件适用法律问题的解释》规定，修复后的建设工程经竣工验收不合格，承包人请求支付工程款的，不予支持。因建设工程不合格造成的损失，发包人有过错的，也应承担相应的民事责任。

本案中，新宇公司为降低工程成本而擅自修改工程设计，并提供或者指定昊翔公司购买价格低的建筑材料、建筑构配件、设备，昊翔公司明知该做法违反我国相关法律规定且必然导致工程质量降低，但迫于新宇公司的重压而未予以拒绝，致使合同所涉工程质量严重不合格，且无法修复。合同双方均违反了我国相关法律规定。因此，昊翔公司就质量不合格的工程请求支付工程款，不予支持。新宇公司的上述行为有严重过错，是造成工程质量严重不合格的主要原因，应当依法承担主要民事责任。

案例 7-3

原告：某大学

被告：某建筑公司

1. 基本案情

2000年4月，某大学为建设学生公寓，与某建筑公司签订了一份建设工程合同。合同约定：工程采用固定总价合同形式，主体工程和内外承重砖一律使用国家标准砌块，每层加水泥圈梁；某大学可预付工程款；工程的全部费用于验收合格后一次付清；交付使用后，如果在6个月内发生严重质量问题，由承包人负责修复等。1年后，学生公寓如期完工，在某大学和某建筑公司同时进行竣工验收时，某大学发现工程3~5层的内承重墙体裂缝较多，要求某建筑公司修复后再验收，某建筑公司认为不影响使用而拒绝修复。因为很多新生急待入住，某大学接收了宿舍楼。在使用了8个月之后，公寓楼5层的内承重墙倒塌，致使1人死亡，3人受伤，其中1人致残。受害者与某大学要求某建筑公司赔偿损失，并修复倒塌工程。某建筑公司以使用不当且已过保修期为由拒绝赔偿。无奈之下，受害者与某大学诉至法院，请法院主持公道。

2. 案情审理

法院在审理期间对工程事故原因进行了鉴定，鉴定结论为某建筑公司偷工减料致宿舍楼内承重墙倒塌。因此，法院对某建筑公司以保修期已过为由拒绝赔偿的主张不予支持，判决某建筑公司应当向受害者承担损害赔偿责任，并负责修复倒塌的部分工程。

3. 案例评析

《建设工程质量管理条例》第四十条规定，在正常使用条件下，建设工程的最低保修期限为：

① 基础设施工程、房屋建筑的地基基础工程、主体结构工程，为设计文件规定的该工程的合理使用年限；

② 屋面防水工程、有防水要求的卫生间、房间和外墙面得防渗漏，为5年；

③ 供热与供冷系统，为2个采暖期、供冷期；

④ 电气管线、给排水管道、设备安装和装修工程，为2年；

其他项目的保修期限由发包方与承包方约定。

建设工程的保修期，由竣工验收合格之日起计算。

根据上述法律规定，建设工程的保修期限不能低于国家规定的最低保修期限，其中，对地基基础工程、主体结构工程实际规定为终身保修。

在本案中，某大学与某建筑公司虽然在合同中双方约定保修期限为6个月，但这一期限远远低于国家规定的最低期限，尤其是承重墙属主体结构，其最低保修期限依法应终身保修。双方的质量期限条款违反了国家强制性法律规定，因此是无效的。某建筑公司应当向受害者承担损害赔偿责任。承包人损害赔偿责任的内容应当包括：医疗费、因误工减少的收入、残疾者生活补助费等。造成受害人死亡的，还应支付丧葬费、抚恤费、死者生前抚养的人必要的生活费用等。

此外，某建筑公司在施工中偷工减料，造成质量事故，有关主管部门应当依照《建筑法》第七十四条的有关规定对其进行法律制裁。

学习情境 8

建设工程纠纷处理法律制度

【学习目标】

(1) 掌握解决建设工程纠纷的途径。
(2) 理解和解、调解、仲裁和诉讼四种方式的概念、特征和程序。
(3) 理解行政复议和行政诉讼的受理范围和程序。

【能力目标】

(1) 能够根据具体建设工程纠纷情况选择合适的处理方式。
(2) 能够独立进行民事诉讼、仲裁。

【引例导入】

某县新建一个污水处理厂项目,通过公开招标,中标人为一家具有一级资质的施工总承包单位(以下简称甲承包单位);建设单位为该县的归属于建设行政主管部门成立的污水处理厂(以下简称建设单位)。中标后,双方签订了《建设工程施工承发包合同》。在建设单位未完善施工手续、施工水电等施工条件下,甲承包单位应建设单位请求于 2006 年 3 月进入施工现场开始施工,合同规定开工后 7 日内建设单位应支付工程预付款为合同总价款的 15%,建设单位也一直未支付,基于以上两种情况,造成甲承包单位的施工人员窝工、机械设备闲置,经多次与建设单位交涉未果,被迫于同年 7 月全面停工。停工后建设单位未书面及口头通知,重新选定了另一家施工单位,强行进入建筑工地施工。在此期间由于民工讨要工资,政府部门出面以政府名义垫付了 160 万元,而甲承包单位已完成的工程量、现场临建、临电和部分变更项目等工程费一直未予支付。

综合以上情况,甲承包单位提出诉讼,要求建设单位赔付临时设施费、误工、窝工损失及违约赔偿共计 254 万元,并由建设单位承担诉讼费用。

请思考:解决建设工程纠纷有几种途径?每种途径的概念、特点、适用情况分别是什么?民事诉讼主体的资格如何确定?各种途径的程序是怎样的?

任务 1 建筑工程纠纷主要种类和法律解决途径

所谓法律纠纷,是指公民、法人、其他组织之间因人身、财产或其他法律关系所发生的对抗冲突(或者争议),主要包括民事纠纷、行政纠纷、刑事纠纷。民事纠纷是平等主体间的有关人身、财产权的纠纷；行政纠纷是行政机关之间或行政机关同公民、法人和其他组织之间由于行政行为而产生的纠纷；刑事纠纷是因犯罪而产生的纠纷。

一、建设工程纠纷的主要种类

建设工程项目通常具有投资大、建造周期长、技术要求高、协作关系复杂和政府监管严格等特点，因而在建设工程领域里常见的是民事纠纷和行政纠纷。

（一）建设工程民事纠纷

建设工程民事纠纷，是在建设工程活动中平等主体之间发生的以民事权利义务法律关系为内容的争议。民事纠纷作为法律纠纷的一种，一般来说，是因为违反了民事法律规范而引起的。民事纠纷可分为两大类：一类是财产关系方面的民事纠纷，如合同纠纷、损坏赔偿纠纷等；另一类是人身关系的民事纠纷，如名誉权纠纷、继承权纠纷等。

民事纠纷有三个特点：①民事纠纷主体之间的法律地位平等；②民事纠纷的内容是对民事权利义务的争议；③民事纠纷的可处分性。这主要针对有关财产关系的民事纠纷，而有关人身关系的民事纠纷多具有不可处分性。在建设工程领域，较为普遍和重要的民事纠纷主要是合同纠纷、侵权纠纷。

合同纠纷，是指因合同的生效、解释、履行、变更、终止等行为而引起的合同当事人之间的所有争议。合同纠纷的内容，主要表现在争议主体对导致合同法律关系产生、变更与消灭的法律事实以及法律关系的内容有着不同的观点与看法。合同纠纷的范围涵盖了一项合同从成立到终止的整个过程。在建设工程领域，合同纠纷主要有工程总承包合同纠纷、工程勘察合同纠纷、工程设计合同纠纷、工程施工合同纠纷、工程监理合同纠纷、工程分包合同纠纷、材料设备采购合同纠纷以及劳动合同纠纷等。

侵权纠纷，是指一方当事人对另一方侵权而产生的纠纷。在建设工程领域也易发生侵权纠纷，如施工单位在施工中未采取相应防范措施造成对他方损害而产生的侵权纠纷，未经许可使用他方的专利、工法等而造成的知识产权侵权纠纷等。

发包人和承包人就有关工期、质量、造价等产生的建设工程合同争议，是建设工程领域最常见的民事纠纷。

（二）建设工程行政纠纷

建设工程行政纠纷，是在建设工程活动中行政机关之间或行政机关同公民、法人和其他组织之间由于行政行为而引起的纠纷，包括行政争议和行政案件。在行政法律关系中，行政机关对公民、法人和其他组织行使行政管理职权，应当依法行政；公民、法人和其他组织也应当依法约束自己的行为，做到自觉守法。在各种行政纠纷中，既有因行政机关超越职权、滥用职权、行政不作为、违反法定程序、事实认定错误、适用法律错误等所引起的纠纷，也有公民、法人或其他组织逃避监督管理或误解法律规定等而产生的纠纷。

行政机关的行政行为具有以下特征：

① 行政行为是执行法律的行为。任何行政行为均需要有法律依据，具有从属法律性，没有法律的明确规定或授权，行政主体不得做出任何行政行为。

② 行政行为具有一定的裁量性。这是由立法技术本身的局限性和行政管理的广泛性、变动性、应变性所决定的。

③ 行政主体在实施行政行为时具有单方意志性,不必与行政相对方协商或征得其同意,便可依法自主做出。

④ 行政行为主体将予以制裁或强制执行。

⑤ 行政行为以无偿为原则,以有偿为例外。只有当特定行政相对人承担了特别公共负担,或者分享了特殊公共利益时,方可为有偿的。

在建设工程领域,行政机关易引发行政纠纷的具体行政行为主要有如下几种:

① 行政许可,即行政机关根据公民、法人或者其他组织的申请,经依法审查,准予其从事特定活动的行政管理行为,如施工许可、专业人员职业资格注册、企业资质登记核准、安全许可生产等。行政许可易引发的行政纠纷通常是行政机关的行政不作为、违反法定程序等。

② 行政处罚,即行政机关或其他行政主体依照法定职权、程序对违法但尚未构成犯罪的相对人给予行政制裁的具体行政行为。常见的行政处罚为警告、罚款、没收违法所得、取消投标资格、责令停止施工、责令停业整顿、降低资质等级、吊销资质证书等。行政处罚易导致的行政纠纷,通常是行政处罚超越职权、滥用职权、违反法定程序、事实认定错误、适用法律错误等。

③ 行政奖励,即行政机关依照条件和程序,对国家、社会和建设事业做出重大贡献的单位和个人,给予物质或精神鼓励的具体行政行为,如表彰建设系统先进集体、劳动模范和先进工作者等。行政奖励引发的行政纠纷,通常是违反程序、滥用职权、行政不作为等。

④ 行政裁决,即行政机关或法定授权的组织,依照法律授权,对平等主体之间发生的与行政管理活动密切相关的、特定的民事纠纷进行审查,并做出裁决的具体行政行为,如对特定的侵权纠纷、损害赔偿纠纷、权属纠纷、国有资产产权纠纷以及劳动工资、经济补偿纠纷等的裁决。行政裁决易引发的行政纠纷,通常是行政裁决违反法定程序、事实认定错误、适用法律错误等。

二、民事纠纷的法律解决途径

民事纠纷的法律解决途径主要有四种:和解、调解、仲裁、申诉。如《合同法》规定,当事人可以通过和解或者调解解决合同争议。当事人不愿意和解、调解或者和解、调解不成的,可以根据仲裁协议向仲裁机构申请仲裁。涉外合同的当事人可以根据仲裁协议向中国仲裁机构或者其他仲裁机构申请仲裁。当事人没有订立仲裁协议或者仲裁协议无效的,可以向人民法院起诉。当事人应当履行发生法律效力的判决、仲裁裁决、调解书;拒不履行的,对方可以请求人民法院执行。

(一)和解

和解是民事纠纷的当事人在自愿互谅的基础上,就已经发生的争议进行协商、妥协与让步并达成协议,自行(无第三方参与劝说)解决争议的一种方式。通常它不仅从形式上消除当事人之间的对抗,还从心理上消除对抗。

和解可以在民事纠纷的任何阶段进行,无论是否已经进入诉讼或仲裁程序,只要终审裁判未生效或者仲裁裁决未做出,当事人均可自行和解。例如,诉讼当事人之间为处理和结束诉讼而达成了解决争议问题的妥协或协议,其结果是撤回起诉或中止诉讼而无须判决。和解也可与仲裁、诉讼程序相结合:当事人达成和解协议时,已提请仲裁的,可以请求仲裁庭根据和解协议做出裁决书或调解书;已提起诉讼的,可以请求法庭在和解协议基础上制作调解书,或者由当事人双方达成和解协议,由法院记录在卷。

需要注意的是,和解达成的协议不具有强制执行力,在性质上仍属于当事人之间的约定。

如果一方当事人不按照和解协议执行,另一方当事人不可以请求法院强制执行,但可要求对方就不执行该和解协议承担违约责任。

(二) 调解

调解是指双方当事人以外的第三方应纠纷当事人的请求,以法律、法规和政策或合同约定以及社会公德为依据,对纠纷双方进行疏导、劝说,促使他们相互谅解,进行协商,自愿达成协议,解决纠纷的活动。

在我国,调解的主要方式是人民调解、行政调解、仲裁调解、司法调解、行政调解以及专业机构调解。

(三) 仲裁

仲裁是当事人根据在纠纷发生前或纠纷发生后达成的协议,自愿将纠纷提交第三方(仲裁机构)做出裁决,纠纷各方都有义务执行该裁决的一种解决纠纷的方式。仲裁机构和法院不同。法院行使国家所赋予的审判权,向法院起诉不需要双方当事人在诉讼前达成协议,只要一方当事人向有审判管辖权的法院起诉,经法院受理后,另一方必须应诉。仲裁机构通常是民间团体的性质,其受理案件的管辖权来自双方协议,没有协议就无权受理仲裁。但是,有效的仲裁协议可以排除法院的管辖权;纠纷发生后,一方当事人提起仲裁,另一方必须仲裁。

根据《仲裁法》的规定,该法的调整范围仅限于民商事仲裁,即"平等主体的公民、法人和其他组织之间发生的合同纠纷和其他财产权纠纷";劳动争议仲裁等不受《仲裁法》的调整,依法应当由行政机关处理的行政争议等不能仲裁。

仲裁的基本特点如下。

1. 自愿性

当事人的自愿性是仲裁最突出的特点。仲裁是最能充分体现当事人意思自治原则的争议解决方式。仲裁以当事人的自愿为前提,即是否将纠纷提交仲裁,向哪个仲裁委员会申请仲裁,仲裁庭如何组成,仲裁员的选择,以及仲裁的审理方式、开庭形式等,都是在当事人自愿的基础上,由当事人协商确定的。

2. 专业性

专家裁案,是民商事仲裁的重要特点之一。民商事仲裁往往涉及不同行业的专业知识,如建设工程纠纷的处理不仅涉及与工程建设有关的法律法规,还常常需要运用大量的工程造价、工程质量方面的专业知识,以及熟悉建筑业自身特有的交易习惯和行业惯例。仲裁机构的仲裁员是来自各行业具有一定专业水平的专家,精通专业知识、熟悉行业规则,对公正高效处理纠纷,确保仲裁结果公正准确,发挥着关键的作用。

3. 独立性

《仲裁法》规定,仲裁委员会独立于行政机关,与行政机关没有隶属关系。仲裁委员会之间也没有隶属关系。

在仲裁过程中,仲裁庭独立进行仲裁,不受任何行政机关、社会团体和个人的干涉,也不受其他仲裁机构的干涉,具有独立性。

4. 保密性

仲裁以不公开审理为原则。同时,当事人及其代理人、证人、翻译、仲裁员、仲裁庭咨询的专家和指定的鉴定人、仲裁委员会有关工作人员也要遵守保密义务,不得对外界透露案件实体和程序的有关情况。因此,可以有效地保护当事人的商业秘密和商业信誉。

5. 快捷性

仲裁实行一裁终局制度,仲裁裁决一经做出即发生法律效力。仲裁裁决不能上诉,这使得当事人之间的纠纷能够迅速得以解决。

6. 裁决在国际上得到承认和执行

截至2010年10月,已有145个国家和地区加入了《承认及执行外国仲裁裁决公约》。根据该公约,仲裁裁决可以在这些缔约国得到承认和执行。该公约于1987年4月22日对我国生效。

(四)诉讼

民事诉讼是指人民法院在当事人和其他诉讼参与人的参加下,以审理、裁判、执行等方式解决民事纠纷的活动,以及由此产生的各种诉讼关系的总和。诉讼参与人包括原告、被告、第三人、证人、鉴定人、勘验人等。

在我国,《民事诉讼法》是调整和规范法院及诉讼参与人的各种民事诉讼活动的基本法律。民事诉讼的基本特征有以下几点。

1. 公权性

民事诉讼是由人民法院代表国家意志行使司法审判权,通过司法手段解决平等民事主体之间的纠纷。在法院主导下,诉讼参与人围绕民事纠纷的解决,进行着能产生法律后果的活动。它既不同于群众自治组织性质的人民调解委员会以调解方式解决纠纷,也不同于由民间性质的仲裁委员会以仲裁方式解决纠纷。

民事诉讼主要是法院与纠纷当事人之间的关系,但也涉及其他诉讼参与人,包括证人、鉴定人、翻译人员、专家辅助人员、协助执行人等;在诉讼和解时还表现为纠纷当事人之间的关系。

2. 程序性

民事诉讼是依照法定程序进行的诉讼活动,无论是法院还是当事人和其他诉讼参与人,都需要严格按照法律规定的程序和方式实施诉讼行为,违反诉讼程序常常会引起一定的法律后果或者达不到诉讼目的,如法院的裁判被上级法院撤销,当事人失去某种诉讼行为的权力等。

民事诉讼分为一审程序、二审程序和执行程序三大诉讼阶段。并非每个案件都要经过这三个阶段,有的案件一审就终结,有的经过二审终结,有的不需要启动执行程序,但如果案件要经历诉讼全过程,就要按照上述顺序依次进行。

3. 强制性

强制性是公权力的重要属性。民事诉讼的强制性既表现在案件的受理上,又反应在裁判的执行上。调解、仲裁均须建立在当事人自愿的基础上,只要有一方当事人不愿意进行调解、仲裁,则调解和仲裁将不会发生。但民事诉讼不同,只要原告的起诉符合法定条件,无论被告是否愿意,诉讼都将会发生。此外,和解、调解协议的履行依靠当事人的自觉,不具有强制执行的效力,但法院的裁判则具有强制执行的效力,一方当事人不履行生效判决或裁定,另一方当事人可以申请法院强制执行。

除上述几种民事纠纷解决方式外,由于建设工程活动及其纠纷的专业性、复杂性、我国在建设工程法律实践中还在探索其他解决纠纷的新方式,如争议评审机制。

三、行政纠纷的法律解决途径

行政纠纷的法律解决途径主要有两种,即行政复议和行政诉讼。

(一)行政复议

行政复议是公民、法人或其他组织(作为行政相对人)认为行政机关的具体行政行为侵犯其合法权益,依法请求法定的行政复议机关审查该具体行政行为的合法性、适当性,该复议机关依照法定程序对该具体行政行为进行审查,并做出行政复议决定的法律制度。这是公民、法人或其他组织通过行政救济途径解决行政争议的一种方法。

行政复议的基本特点是:

① 提出行政复议的,必须是认为行政机关行使职权的行为侵犯其合法权益的公民、法人和其他组织。

② 当事人提出行政复议,必须是在行政机关已经做出行政决定之后,如果行政机关尚未做出决定,则不存在复议问题。复议的任务是解决行政争议,而不是解决民事或其他争议。

③ 当事人对行政机关的行政决定不服,只能按照法律规定向有行政复议权的行政机关申请复议。

④ 行政复议以书面审查为主,以不调解为原则。行政复议的结论做出后,即具有法律效力。只要法律未规定复议决定为终局裁决的,当事人对复议决定不服的,仍可以按《行政诉讼法》的规定,向人民法院提请诉讼。

(二)行政诉讼

行政诉讼是公民、法人或其他组织依法请求法院对行政机关具体行政行为的合法性进行审查并依法裁判的法律制度。

行政诉讼的主要特征是:

① 行政诉讼是法院解决行政机关实施具体行政行为时与公民、法人或其他组织发生的争议。

② 行政诉讼为公民、法人或其他组织提供法律救济的同时,具有监督行政机关依法行政的功能。

③ 行政诉讼的被告与原告是恒定的,即被告只能是行政机关,原告则是作为行政行为相对人的公民、法人或其他组织,而不可能互易诉讼身份。

除法律、法规规定必须先申请行政复议的以外,行政纠纷当事人可以自主选择申请行政复议还是提起行政诉讼。行政纠纷当事人对行政复议决定不服的,除法律规定行政复议决定为最终裁决的以外,可以依照《行政诉讼法》的规定向人民法院提起行政诉讼。

任务 2 民事诉讼制度

民事诉讼是以司法方式解决平等主体之间的纠纷,是由法院代表国家行使审判权解决民事争议的方式。民事诉讼是解决民事纠纷的最终方式,只要没有仲裁协议的民事纠纷最终都是可以通过民事诉讼解决的。

一、诉讼管辖与回避制度

(一)诉讼管辖

民事诉讼中的管辖,是指各级法院之间和同级法院之间受理第一审民事案件的分工和权限。

1. 级别管辖

级别管辖，是指按照一定的标准，划分上下级法院之间受理第一审民事案件的分工和权限。我国《民事诉讼法》主要根据案件的性质、复杂程度和案件影响来确定级别管辖。各级人民法院都管辖第一审民事案件。

(1) 基层人民法院管辖第一审民事案件，法律另有规定除外。

(2) 中级人民法院管辖下列第一审民事案件：

① 重大涉外案件；

② 在本辖区有重大影响的案件；

③ 最高人民法院确定由中级人民法院管辖的案件。

(3) 高级人民法院管辖在本辖区有重大影响的第一审民事案件。

(4) 最高人民法院管辖下列第一审民事案件：

① 在全国有重大影响的案件；

② 认为应当由本院审理的案件。

2. 地域管辖

地域管辖，是指按照各法院的辖区和民事案件的隶属关系，划分同级法院受理第一审民事案件的分工和权限。地域管辖实际上是以法院与当事人、诉讼标的以及法律事实之间的隶属关系和关联关系来确定的，主要包括如下几种情况。

1) 一般地域管辖

一般地域管辖，通常实行"原告就被告"原则，即以被告住所地作为确定管辖的标准。《民事诉讼法》规定：

① 对公民提起的民事诉讼，由被告住所地人民法院管辖。

② 对法人或者其他组织提起的民事诉讼，由被告住所地人民法院管辖。在这里，被告住所地是指法人或者其他组织的主要办事机构所在地或者主要营业地。

2) 特殊地域管辖

特殊地域管辖，是指以被告住所地、诉讼标的所在地或法律事实所在地为标准确定的管辖。我国《民事诉讼法》规定了九种特殊地域管辖的诉讼，其中与建设工程关系最为密切的是因合同纠纷提起的诉讼。

《民事诉讼法》第二十三条规定：因合同纠纷提起的诉讼，由被告住所地或者合同履行地人民法院管辖。《民事诉讼法》还规定：合同的当事人可以在书面合同中协议选择被告住所地、合同履行地、合同签订地、原告住所地、标的物所在地人民法院管辖，但不得违反本法对级别管辖和专属的规定。

3) 专属管辖

专属管辖，是指法律规定某些特殊类型的案件专门由特定的法院管辖。专属管辖是排他性管辖，排除了诉讼当事人协议选择管辖法院的权利。专属管辖与一般地域管辖和特殊地域的关系是：凡法律规定为专属管辖的诉讼，均适用专属管辖。

《民事诉讼法》规定了三种适合专属管辖的案件。其中因不动产纠纷提起的诉讼，由不动产所在地人民法院管辖，如房屋买卖纠纷、土地使用权转让纠纷等。但是应当注意的是，根据《最高人民法院关于审理建设工程施工合同纠纷案件适用法律问题的解释》的规定，建设工程施工合同纠纷不适用专属管辖，而应当按照《民事诉讼法》第二十四条规定，适用合同的地域管辖原则,即由被告住所地或合同履行地人民法院管辖。发包人和承包人也可根据《民事诉讼法》的规定,在发包人住所地、承包人住所地、合同签订地、施工行为地(工程所在地)的范围内,通过协议确定管辖法院。

3. 移送管辖和指定管辖

1) 移送管辖

人民法院发现受理的案件不属于本院管辖的,应当移送有管辖权的人民法院,受移送的人民法院应当受理。受移送的人民法院认为受移送的案件依照规定不属于本院管辖的,应当报请上级人民法院指定管辖,不得再自行移送。

2) 指定管辖

有管辖权的人民法院由于特殊原因,不能行使管辖权的,由上级人民法院指定管辖。人民法院之间因管辖权发生争议,由争议双方协商解决;协商解决不了的,报请它们的共同上级人民法院指定管辖。

4. 管辖权异议

管辖权异议,是指当事人向受诉讼法院提出的该法院对案件无管辖权的主张。《民事诉讼法》规定:人民法院受理案件后,当事人对管辖权有异议的,应当在提交答辩状期间提出;人民法院对当事人提出的异议,应当审查;异议成立的,裁定将案件移交有管辖权的人民法院;异议不成立的,裁定驳回。

(二) 回避制度

《民事诉讼法》规定,审判人员、书记员、翻译人员、鉴定人、勘验人有下列情形之一的,必须回避,当事人有权用口头或者书面方式申请回避:

① 是本案当事人或者当事人、诉讼代理人的近亲属;

② 与本案有利害关系;

③ 与本案当事人有其他关系,可能影响对案件公正审理。

根据《民事诉讼法》的有关规定,当事人提出回避申请,应当说明理由,在案件开始审理时提出。回避事由在案件审理后知道的,也可以在法庭辩论终结前提出。院长担任审判长时的回避,由审判委员会决定;审判人员的回避,由院长决定;其他人员的回避,由审判长决定。人民法院对当事人提出的申请,应当在申请提出的三日内,以口头或者书面形式做出决定。申请人对决定不服的,可以在接到决定时申请复议一次。复议期间,被申请回避的人员,不停止参与本案的工作。人民法院对复议申请,应当在三日内做出复议决定,并通知复议申请人。

二、诉讼参加人的规定

诉讼参加人既包括当事人,还包括诉讼代理人,它们是民事诉讼活动中重要的主体。

(一) 当事人

民事诉讼中的当事人,是指因民事权利和义务发生争议,以自己的名义进行诉讼,请求人民法院进行裁判的公民、法人或其他组织。民事诉讼当事人包括原告和被告。

《民事诉讼法》规定:公民、法人和其他组织可以作为民事诉讼的当事人;法人由其法定代表人进行诉讼;其他组织由其主要负责人进行诉讼。法人的正职负责人是法人的法定代表人。没有正职负责人的,由主持工作的副职负责人担任法定代理人。设有董事会的法人,以董事长为法定代表人;没有董事长的法人,经董事会授权的负责人可作为法人的法定代表人。公民、法人和其他组织虽然都可以成为民事诉讼中的原告或被告,但在实践中,情况还是比较复杂的,需要进一步结合最高人民法院《关于适用〈中华人民共和国民事诉讼法〉若干问题的意见》及相关规定进行正确认定。

工程发包过程中可能有时候存在转包的现象,针对这种情况,依据《最高人民法院关于审理建设工程施工合同纠纷案件适用法律问题的解释》,因建设工程质量发生争议的,发包人可以以总承包人、分包人和实际施工人为共同被告提起诉讼。

实际施工人以转包人、违法分包人为被告起诉的,人民法院应当依法受理。实际施工人以发包人为被告主张权利的,人民法院可以追加转包人或者违法分包人为本案当事人。发包人只在欠付工程价款范围内对实际施工人承担责任。

(二)诉讼代理人

诉讼代理人,是指根据法律规定或当事人的委托,在民事诉讼活动中为维护当事人的合法权益代为进行诉讼活动的人。民事诉讼代理人可分为法定诉讼代理与委托诉讼代理人。

1. 法定诉讼代理人

适用于无诉讼行为能力的当事人,依据法律规定代理当事人进行诉讼。

2. 委托代理人

委托代理人是基于当事人的授权委托而行使代理权的人。本书主要介绍委托代理人的相关规定。

1)委托代理人与委托代理人的范围

根据法律规定,委托人可以是当事人、法定代理人与代表人诉讼中的代表人。委托诉讼代理人既可以是律师,也可以是当事人的近亲属、有关的社会团体或者所在单位推荐的人,以及经人民法院许可的其他公民。

2)委托代理人的人数

《民事诉讼法》第58条第1款规定:"当事人、法定代理人可以委托一至二人作为诉讼代理人。"

3)委托代理权的产生

委托代理是基于委托合同与单方授权而产生的。

4)授权委托书与委托代理权限

委托他人代为诉讼的,必须向人民法院提交由委托人签名或盖章的授权委托书,授权委托书必须记明委托事项和权限。

委托权限分为一般授权与特别授权。一般授权,委托代理人仅有程序性的诉讼权利。特别授权可以行使实体性的诉讼权利,即代为承认、放弃、变更诉讼请求,进行和解,提起反诉或者上诉。若授权委托书仅写"全权代理"而无具体授权的情形,视为诉讼代理人没有获得特别授权,无权行使实体性诉讼权利。

5)委托代理权的消灭

委托代理权可以因诉讼终结、当事人解除委托、代理人辞去委托、委托代理人死亡或丧失行为能力而消灭。

三、财产保全及先予执行的规定

(一)财产保全

1. 财产保全的概念

财产保全,是指遇到有关财产可能被转移、隐匿、毁灭等情形从而将会造成对利害关系人权益的损害或可能使人民法院的判决难以执行或不能执行时,根据利害关系人或当事人的申请或人民法院的决定,对有关财产采取保护措施的制度。

2. 财产保全的种类

财产保全有两种,即诉前财产保全和诉讼财产保全。

1) 诉前财产保全

诉前财产保全,是指在起诉前,人民法院根据利害关系人的申请,对被申请人的有关财产采取的强制措施。采取诉前保全,须符合下列条件:

① 必须是紧急情况,不立即采取财产保全将会使申请人的合法权益受到难以弥补的损害;

② 必须由利害关系人向财产所在地的人民法院提出申请,法院不依职权主动采取财产保全措施;

③ 申请人必须提供担保,否则,法院驳回申请。

人民法院接受申请后,必须在48小时内做出裁定。裁定采取诉前财产保全措施的,应当立即开始执行。当事人不服人民法院财产保全裁定的,可以申请复议一次,复议期间不停止裁定的执行。申请人在人民法院采取保全措施后15日内不起诉的,人民法院应当解除财产保全。

2) 诉讼财产保全

诉讼财产保全,是指人民法院在诉讼过程中,为保证将来生效判决的顺利进行,对当事人的财产或争议的标的物采取的强制措施。采取诉讼财产保全,应符合下列条件:

① 可能因当事人一方的行为或者其他原因,使判决不能执行或难以执行的案件;

② 须在诉讼过程中应当事人提出申请,或者必要时法院也可依据职权做出;

③ 人民法院可以责令申请人提供担保。

如果情况紧急时,人民法院接受申请后,必须在48小时内做出裁定。

3. 财产保全的对象及范围

根据《民事诉讼法》的有关规定,"财产保全限于请求的范围,或者与本案有关的财物"。其中,"请求的范围"一般指保全的财产其价值与诉讼请求相当或与利害关系人的请求相当;"与本案有关的财物"一般指本案的标的物。

被申请人提供担保的,人民法院应当解除财产保全。申请有错误的,申请人应当赔偿被申请人因财产保全所遭受的损失。

4. 财产保全措施

财产保全措施有查封、扣押、冻结或法律规定的其他方法。

(二) 先予执行

1. 先予执行的概念

先予执行,是指人民法院对某些民事案件在做出终局判决前,为了解决权利人的生活或生产经营急需,根据其申请,裁定另一方当事人预先履行一定义务的诉讼措施。

2. 先予执行的适用范围

根据《民事诉讼法》第一百零六条,人民法院对下列案件,根据当事人的申请,可以裁定先予执行:

① 追索赡养费、扶养费、抚育费、抚恤金、医疗费用的;

② 追索劳动报酬的;

③ 因情况紧急需要先予执行的。

3. 先予执行的适用条件
(1) 当事人之间权利义务关系明确。
(2) 申请人有实现权利的迫切需要,不先予执行将严重影响申请人的正常生活或生产经营。
(3) 被申请人有履行能力。
(4) 申请人向人民法院提出申请,人民法院不得依职权适用。
(5) 在诉讼过程中。人民法院应当在受理案件后终审判决前采取。

4. 先予执行的范围
先予执行应当仅限于当事人诉讼请求的范围,并以当事人的生活、生产经营急需为限。

5. 先予执行的程序
1) 申请
先予执行根据当事人的申请而开始。
2) 责令提供担保
人民法院应据案件具体情况来决定是否要其申请人提供担保。如果认为有必要让申请人提供担保,可以责令其提供;不提供的,驳回申请。
3) 裁定
人民法院对当事人先予执行的申请,经审查认为符合法定条件的,应当及时做出先予执行的裁定。裁定经送达当事人,即发生法律效力,当事人不服的,可申请复议一次。

6. 错误的补救
人民法院裁定先予执行后,经过审理,判决申请人败诉的,申请人应返还因先予执行所取得的利益。拒不返还的,由法院强制执行,被申请人因先予执行遭受损失的,还应赔偿被申请人的损失。

四、民事诉讼的审判程序

审判程序是人民法院审理案件适用的程序,可以分为一审程序、第二审程序和审判监督程序。

(一) 一审程序

一审程序包括普通程序和简易程序,普通程序是《民事诉讼法》规定的民事诉讼当事人进行第一审民事诉讼和人民法院审理第一审民事案件所通常适用的诉讼程序。

适用普通程序审理的案件,根据《民事诉讼法》的规定,应当在立案之日起 6 个月内审结。有特殊情况需要延长的,由本院院长批准,可以延长 6 个月,还需要延长的,报请上级法院批准。

1. 起诉和受理
1) 起诉
《民事诉讼法》规定,起诉必须符合下列条件:①原告是与本案有直接利害关系的公民、法人和其他组织;②有明确的被告;③有具体的诉讼请求、事实和理由;④属于人民法院受理民事诉讼的范围和受诉人民法院管辖。

起诉方式,应当以书面起诉为原则,口头起诉为例外。在工程实践中,基本都是采用书面起诉方式。《民事诉讼法》规定,起诉应当向人民法院提交诉状,并按照被告人数提出副本。

起诉状应当记明下列事项:①当事人的姓名、性别、年龄、民族、职业、工作单位和住所,法人或者其他组织的名称、住所和法定代表人或者主要负责人的姓名、职务；②诉讼请求和所根据的事实和理由；③证据和证据来源,证人姓名和住所。

起诉状中最好写明案由。民事案件案由是民事诉讼案件的名称,反映案件所涉及的民事法律关系的性质,是法院将诉讼争议所包含的法律关系进行的概括。根据最高人民法院《民事案件案由规定》,工程实践中常用的有两类：一类是购买建筑材料可能遇到的买卖合同纠纷,包括分期付款买卖合同纠纷、凭样品买卖合同纠纷、试用买卖合同纠纷、互易纠纷、国际货物买卖合同纠纷等；另一类是工程中可能遇到的各种合同纠纷,包括建设工程勘察合同纠纷、建设工程设计合同纠纷、建设工程施工合同纠纷、建设工程分包合同纠纷、建设工程监理合同纠纷、装饰装修合同纠纷。

2）受理

《民事诉讼法》规定,法院收到起诉状,经审查,认为符合起诉条件的,应当在7日内立案并通知当事人。认为并不符合起诉条件的,应当在7日内裁定不受理。原告对裁定不服的,可以提起上诉。

审理前的主要准备工作如下：

(1) 送达起诉状副本和提出答辩状。

诉讼文书送达方式有六种：

① 直接送达,是最常用的一种送达方式。

② 留置送达,是指在向受送达人或有资格接受送达的人送交需要送达的法律文书时,受送达人或有资格接受送达的人拒绝签收,送达人将诉讼文书依法留放在受送达人住所的送达方式。

③ 委托送达,是指受诉法院直接送达确有困难,委托其他法院将需要送达的法律文书送交受送达人的送达方式。

④ 邮寄送达,根据《最高人民法院关于以法院专递方式邮寄送达民事诉讼文书的若干规定》,签收人是受送达人本人或者是受送达人的法定代表人、主要负责人、法定代理人、诉讼代理人的,签收人应当当场核对邮件内容。签收人发现邮件内容与回执上的文书名称不一致的,应当当场向邮政机构的投递员提出,由投递员在回执上记明情况后将邮件退回人民法院；签收人是受送达人办公室、收发室和值班室的工作人员或者是与受送达人同住成年家属,受送达人发现邮件内容与回执上的文书名称不一致的,应当在收到邮件后的3日内将该邮件退回人民法院,并以书面方式说明退回的理由。

⑤ 转交送达,适用转交送达的受送达人是军人、被监禁人员、被劳动教养人员,由该受送达人所在单位转交送达。

⑥ 公告送达,根据《最高人民法院关于依据原告起诉时提供的被告住址无法送达应如何处理问题的批复》,法院依据原告起诉时所提供的被告住址无法直接送达或者留置送达,应当要求原告补充材料。原告因客观原因不能补充或者依据原告补充的材料仍不能确定被告住址的,法院应当依法向被告公告送达诉讼文书。

《民事诉讼法》规定,人民法院应当在立案之日起5日内将起诉状副本发送被告,被告在收到之日起15日内提出答辩状。被告提出答辩状的,人民法院应当在收到之日起5日内将答辩状副本发送原告。被告不提出答辩状的,不影响人民法院审理。

(2)告知当事人诉讼权利义务及组成合议庭。

人民法院对决定受理的案件,应当在受理案件通知书和应诉通知书中向当事人告知有关的权利和义务,或者口头告知。

普通程序的审判组织应当采用合议制。合议庭组成人员确定后,应当在3日内告知当事人。

2. 开庭审理

1)法庭调查

法庭调查,是在法庭上出示与案件有关的全部证据,对案件事实进行全面调查并有当事人进行质证的程序。

法庭调查按照下列程序进行:①当事人陈述;②告知证人的权利义务,证人作证,宣读未到庭的证人证言;③出示书证、物证和视听资料;④宣读鉴定结论;⑤宣读勘验笔录。

2)法庭辩论

法庭辩论,是当事人及其诉讼代理人在法庭上行使辩论权,针对有争议的事实和法律问题进行辩论的程序。法庭辩论的目的,是通过当事人及其诉讼代理人的辩论,对有争议的问题逐一进行审查和核实,借此查明案件的真实情况和正确适用法律。

3)法庭笔录

书记员应当将法庭审理的全部活动记入笔录,由审判人员和书记员签名。

法庭笔录应当当庭宣读,也可以告知当事人和其他诉讼参与人当庭或者在5日内阅读。当事人和其他诉讼参与人认为对自己的陈述记录有遗漏或者差错的,有权申请补正。如果不予补正,应当将申请记录在案。法庭笔录由当事人和其他诉讼参与人签名或者盖章。

4)宣判

法庭辩论终结,应当依法做出判决。根据《民事诉讼法》的规定,判决前能够调解的,还可以进行调解。调解书经双方当事人签收后,即具有法律效力。调解不成的,如调解未达成协议或者调解书送达前一方反悔的,法院应当及时判决。

原告经传票传唤,无正当理由拒不到庭的,或者未经法庭许可中途退庭的,可以按撤诉处理;被告反诉的,可以缺席判决。

被告经传票传唤,无正当理由拒不到庭的,或者未经法庭许可中途退庭的,可以缺席判决。法院一律公开宣告判决,同时必须告知当事人上诉权利、上诉期限和上诉的法院。

最高人民法院的判决、裁定,以及超过上诉期没有上诉的判决、裁定,是发生法律效力的判决、裁定。

(二)第二审程序

第二审程序(又称上诉程序或终审程序),是指由于民事诉讼当事人不服地方各级人民法院尚未生效的第一审判决或裁定,在法定上诉期间内,向上一级人民法院提起上诉而引起的诉讼程序。由于我国实行两审终审制,上诉案件经二审法院审理后做出的判决、裁定为终审的判决、裁定,诉讼程序即告终结。

1. 上诉期间

当事人不服地方人民法院第一审判决的,有权在判决书送达之日起15日内向上一级人民法院提起上诉;不服地方人民法院第一审裁定的,有权在裁定书送达之日起10日内向上一级人民法院提起上诉。

2. 上诉状

当事人提起上诉,应当递交上诉状。

上诉状应当通过原审法院提出,并按照对方当事人的人数提出副本。

3. 二审法院对上诉案件的处理

第二审人民法院对上诉案件,经过审理,按照下列情形,分别处理:

① 原判决认定事实清楚,适用法律正确的,判决驳回上诉,维持原判决;

② 原判决适用法律错误的,依法改判;

③ 原判决认定事实错误,或者原判决认定事实不清,证据不足,裁定撤销原判决,发回原审人民法院重审,或者查清事实后改判;

④ 原判决违反法定程序,可能影响案件正确判决的,裁定撤销原判决,发回原审人民法院重审。

第二审法院做出的具有给付内容的判决,具有强制执行力。如果有履行义务的当事人拒不履行,对方当事人有权向法院申请强制执行。

对发回原审法院重审的案件,原审法院仍将按照一审程序进行审理。因此,当事人对重审案件的判决、裁定,仍然可以上诉。

(三)审判监督程序

1. 审判监督程序的概念

审判监督程序即再审程序,是指由有审判监督权的法定机关和人员提起,或由当事人申请,由人民法院对发生法律效力的判决、裁定、调解书再次审理的程序。

2. 审判监督程序的提起

1) 人民法院提起再审的程序

人民法院提起再审,必须是已经发生法律效力的判决裁定确有错误。其程序为:

各级人民法院院长对本院已经发生法律效力的判决、裁定,发现确有错误,认为需要再审的,应当提交审判委员会讨论决定。最高人民法院对地方各级人民法院已经生效的判决、裁定,上级人民法院对下级人民法院已生效的判决、裁定,发现确有错误的,有权提审或指令下级人民法院再审。按照审判监督程序决定再审的案件,裁定中止原判决的执行。

人民法院按照审判监督程序再审的案件,发生法律效力的判决、裁定是由第一审法院做出的,按照第一审程序审理,对所做出的判决、裁定,当事人可以上诉;发生法律效力的判决、裁定是由第二审法院做出的,按照第二审程序审理,所做出的判决、裁定是发生法律效力的判决、裁定;上级人民法院按照审判监督程序提审的,按照第二审程序审理,所做出的判决、裁定是发生法律效力的判决、裁定。《最高人民法院关于适用〈中华人民共和国民事诉讼法〉审判监督程序若干问题的解释》中规定,人民法院审理再审案件应当开庭审理。但按照第二审程序审理的,双方当事人已经以其他方式充分表达意见,且书面同意不开庭审理的除外。

2) 当事人申请再审的程序

当事人申请不一定引起审判监督程序,只有在同时符合下列条件的前提下,由人民法院依法决定,才可以启动再审程序。

(1) 当事人申请再审的条件。

当事人对已经发生法律效力的判决、裁定,认为有错误的,可以向上一级人民法院申请再审,但不停止判决、裁定的执行。

当事人的申请符合下列情形之一的,人民法院应当再审:

① 有新的证据,足以推翻原判决、裁定的;
② 原判决、裁定认定的基本事实缺乏证据证明的;
③ 原判决、裁定认定事实的主要证据是伪造的;
④ 原判决、裁定认定事实的主要证据未经质证的;
⑤ 对审理案件需要的证据,当事人因客观原因不能自行收集,书面申请人民法院调查收集,人民法院未调查收集的;
⑥ 原判决、裁定适用法律确有错误的;
⑦ 违反法律规定,管辖错误的;
⑧ 审判组织的组成不合法或者依法应当回避的审判人员没有回避的;
⑨ 无诉讼行为能力人未经法定代理人代为诉讼或者应当参加诉讼的当事人,因不能归责于本人或者其诉讼代理人的事由,未参加诉讼的;
⑩ 违反法律规定,剥夺当事人辩论权利的;
⑪ 未经传票传唤,缺席判决的;
⑫ 原判决、裁定遗漏或者超出诉讼请求的;
⑬ 据以做出原判决、裁定的法律文书被撤销或者变更的。

对违反法定程序可能影响案件正确判决、裁定的情形,或者审判人员在审理该案件时有贪污受贿,徇私舞弊,枉法裁判行为的,人民法院应当再审。

(2) 当事人可以申请再审的时间。

当事人申请再审,应当在判决、裁定发生法律效力后两年内提出;两年后据以做出原判决、裁定的法律文书被撤销或者变更,以及发现审判人员在审理该案件时有贪污受贿,徇私舞弊,枉法裁判行为的,自知道或者应当知道之日起3个月内提出。

《最高人民法院关于适用〈中华人民共和国民事诉讼法〉审判监督程序若干问题的解释》中规定,申请再审期间不适用中止、中断和延长的规定。

3) 人民检察院的抗诉

抗诉是指人民检察院对人民法院发生法律效力的判决、裁定,发现有提起抗诉的法定情形,提请人民法院对案件重新审理。

最高人民检察院对各级人民法院已经发生法律效力的判决、裁定,上级人民检察院对下级人民法院已经发生法律效力的判决、裁定,发现有符合当事人可以申请再审情形之一的,应当按照审判监督程序提起抗诉。地方各级人民检察院对同级人民法院已经发生法律效力的判决、裁定,发现有符合当事人可以申请再审情形之一的,应当提请上级人民检察院向同级人民法院提出抗诉。

五、民事诉讼的执行程序

审判程序与执行程序是并列的独立程序。审判程序是产生裁判书的过程,执行程序是实现裁判书内容的过程。

(一) 执行程序的概念

执行程序,是指人民法院的执行机构依照法定的程序,对发生法律效力并具有给付内容的法律文书,以国家强制力为后盾,依法采取强制措施,迫使具有给付义务的当事人履行其给付义务的行为。

(二) 执行根据

执行根据是当事人申请执行,人民法院移交执行以及人民法院采取强制措施的依据。执行根据是执行程序发生的基础,没有执行根据,当事人不能向人民法院申请执行,人民法院也不得采取强制措施。

执行根据主要有以下几点:

① 人民法院制作的发生法律效力的民事判决书、裁定书以及生效的调解书等;

② 人民法院做出的具有财产给付内容的发生法律效力的刑事判决书、裁定书;

③ 仲裁机构制作的依法由人民法院执行的生效仲裁裁决书、仲裁调解书;

④ 公证机关依法做出的赋予强制执行效力的公证债权文书;

⑤ 人民法院做出的先予执行的裁定、执行回转的裁定,以及承认并协助执行外国判决、裁定或裁决的裁定;

⑥ 我国行政机关做出的法律明确规定由人民法院执行的行政决定。

(三) 执行案件的管辖

发生法律效力的民事判决、裁定,以及刑事判决、裁定中的财产部分,由第一审人民法院或者与第一审人民法院同级的被执行的财产所在地人民法院执行。《最高人民法院关于使用〈中华人民共和国民事公诉法〉执行程序若干问题的解释》中规定,申请执行人向被执行的财产所在地人民法院申请执行的,应当提供该任命法院管辖区有可供执行财产的证明资料。

人民法院受理执行申请后,当事人对管辖权有异议的,应当自收到执行通知书之日起 10 日内提出。

(四) 执行程序

1. 申请

人民法院做出的判决、裁定等法律文书,当事人必须履行。如果无故不履行,另一方当事人可以向有管辖权的人民法院申请强制执行。申请强制执行应提交申请强制执行书,并附作为执行根据的法律文书。申请强制执行,还须遵守申请执行期限。申请执行的期间为两年。申请执行时效的中止、中断,适用法律有关诉讼时效中止、中断的规定,这里的期间,从法律文书规定履行期间的最后 1 日起计算;法律文书规定分期履行的,从规定的每次履行期间的最后 1 日起计算;法律文书未规定履行期间的,从法律文书生效之日起计算。

2. 执行

对具有执行内容的生效裁判文书,由审判该案的审判人员将案件直接交付执行人员,随即开始执行程序。提交执行的案件有三类:一是具有给付或者履行内容的生效民事判决、裁定(包括先予执行的抚恤金、医疗费用等);二是具有财产执行内容的刑事判决书、裁定书;三是审判人员认为涉及国家、集体或公民重大利益的案件。

3. 向上一级人民法院申请执行

人民法院自收到申请执行书之日起超过 6 个月未执行的,申请执行人可以向上一级人民法院申请执行。上一级人民法院经审查,可以责令原人民法院在一定期限内执行,也可以决定由本院执行或者指令其他人民法院执行。

有下列情形之一的,上一级人民法院可以根据申请执行人的申请,责令执行法院限期执行或者变更执行法院：

① 债权人申请执行时被执行人有可供执行的财产，执行法院自收到申请执行书之日起超过6个月对该财产未执行完结的；

② 执行过程中发现被执行人可供执行的财产，执行法院自发现财产之日起超过6个月对该财产未执行完结的；

③ 对法律文书确定的行为义务的执行，执行法院自收到申请执行书之日起超过6个月未依法采取相应执行措施的；

④ 其他有条件执行超过6个月未执行的。

（五）执行中的其他问题

1. 委托执行

《民事诉讼法》规定，被执行人或被执行的财产在外地的，可以委托当地人民法院代为执行。受委托人民法院收到委托函件后，必须在15日内开始执行，不得拒绝。

2. 执行异议

1）当事人、利害关系人提出的异议

当事人、利害关系人认为执行行为违反法律规定的，可以向负责执行的人民法院提出书面异议。当事人、利害关系人提出书面异议的，人民法院应当自收到书面异议之日起15日内审查，理由成立的，裁定撤销或者改正；理由不成立的，裁定驳回。当事人、利害关系人对裁定不服的，可以自裁定送达之日起10日内向上一级人民法院申请复议。《最高人民法院关于适用〈中华人民共和国民事诉讼法〉执行程序若干问题的解释》中规定，当事人、利害关系人申请复议的书面材料，可以通过执行法院转交，也可以直接向执行法院的上一级人民法院提交。上一级人民法院应当自收到复议申请之日起30日内审查完毕，并做出裁定。有特殊情况需要延长的，经本院院长批准，可以延长，延长的期限不得超过30日。执行异议审查和复议期间，不停止执行。被执行人、利害关系人提供充分、有效的担保请求停止相应处分措施的，人民法院可以准许；申请执行人提供充分、有效的担保请求继续执行的，应当继续执行。

2）案外人提出的异议

执行过程中，案外人对执行标的提出书面异议的，人民法院应当自收到书面异议之日起15日内审查，理由成立的，裁定中止对该标的的执行；理由不成立的，裁定驳回。案外人、当事人对裁定不服，认为原判决、裁定错误的，依照审判监督程序办理；与原判决、裁定无关的，可以自裁定送达之日起15日内向人民法院提起诉讼。案外人提起诉讼，对执行标的主张实体权利，并请求对执行标的停止执行的，应当以申请执行人为被告；被执行人反对案外人对执行标的所主张的实体权利的，应当以申请执行人和被执行人为共同被告。该诉讼由执行法院管辖，诉讼期间不停止执行。

3. 执行和解

在执行中，双方当事人自行和解达成协议的，执行员应当将协议内容记入笔录，由双方当事人签名或者盖章。一方当事人不履行和解协议的，人民法院可以根据对方当事人的申请，恢复对原生效法律文书的执行。

（六）执行措施

执行措施是指人民法院依照法定程序强制执行生效法律文书的方法和手段。在执行中，执行措施和执行程序是合为一体的。执行员接到申请执行书或者移交执行书,应当向被执行人发出执行通知,责令其在指定的期间履行,逾期不履行的,强制执行。被执行人不履行法律文书确定的义务,并有可能隐匿、转移财产的,执行员可以立即采取强制执行措施。

执行措施主要有以下几点:
① 查封、冻结、划拨被执行人的存款;
② 扣留、提取被执行人的收入;
③ 查封、扣押、拍卖、变卖被执行人的财产;
④ 对被执行人及其住所或财产隐匿地进行搜查;
⑤ 强制被执行人和有关单位、公民交付法律文书指定的财物或票证;
⑥ 强制被执行人迁出房屋或退出土地;
⑦ 强制被执行人履行法律文书指定的行为;
⑧ 办理财产权证照转移手续;
⑨ 强制被执行人支付迟延履行期间的债务利息或迟延履行金;
⑩ 依申请执行人申请,通知对被执行人负有到期债务的第三人向申请执行人履行债务。

第10届全国人民代表大会常务委员会第30次会议通过的《关于修改〈中华人民共和国民事诉讼法〉的决定》、《最高人民法院关于适用〈中华人民共和国民事诉讼法〉执行程序若干问题的解释》以及《最高人民法院关于限制被执行人高消费的若干规定》,对执行措施增加了如下内容。

(1) 被执行人未按执行通知履行法律文书确定的义务,应当书面报告当前以及收到执行通知之日前一年的财产情况,具体包括:①收入、银行存款、现金、有价证券;②土地使用权、房屋等不动产;③交通运输工具、机器设备、产品、原材料等动产;④债权、股权、投资权益、基金、知识产权等财产性权利;⑤其他应当报告的财产。

被执行人报告财产后,其财产情况发生变动,影响申请执行人债权实现的,应当自财产变动之日起10日内向人民法院补充报告。对被执行人报告的财产情况,申请执行人请求查询的,人民法院应当准许。申请执行人对查询的被执行人财产情况,应当保密。对被执行人报告的财产情况,执行法院可以依申请执行人的申请或者依职权调查核实。

被执行人拒绝报告或者虚假报告的,人民法院可以根据情节轻重对被执行人或者其法定代理人、有关单位的主要负责人或者直接责任人员予以罚款、拘留。

(2) 被执行人不履行法律文书确定的义务的,人民法院可以对其采取或者通知有关单位协助采取限制出境,在征信系统记录、通过媒体公布不履行义务信息以及法律规定的其他措施。对被执行人限制出境的,应当由申请执行人向执行法院提出书面申请;必要时,执行法院可以依职权决定。向媒体公布被执行人不履行义务信息,执行法院可以依职权或者依申请执行人的申请,有关费用由被执行人负担;申请执行人申请在媒体公布的,应当垫付有关费用。

(3) 被执行人未按执行通知书指定的期间履行生效法律文书确定的给付义务的,人民法院可以限制其高消费。

被执行人为自然人的,被限制高消费后,不得有以下以其财产支付费用的行为:①乘坐交通工具时,选择飞机、列车软卧、轮船二等以上舱位;②在星级以上宾馆、酒店、夜总会、高尔夫球场等场所进行高消费;③购买不动产或者新建、扩建、高档装修房屋;④租赁高档写字楼、宾馆、公寓等场所办公;⑤购买非经营必需车辆;⑥旅游、度假;⑦子女就读高收费私立学校;⑧支付高额保费购买保险理财产品;⑨其他非生活和工作必需的高消费行为。

被执行人为单位的,被限制高消费后,禁止被执行人及其法定代表人、主要负责人、影响债务履行的直接责任人员以单位财产实施上述规定的行为。

限制高消费一般由申请执行人提出书面申请,经人民法院审查决定;必要时人民法院可以依职权决定。被执行人违反限制高消费令进行消费的行为属于拒不履行人民法院已经发生法律效力的判决、裁定的行为,经查证属实的,依照《民事诉讼法》规定,予以拘留、罚款;情节严重,构成犯罪的,追究其刑事责任。

(七)执行中止和终结

1. 执行中止

执行中止是指在执行过程中,因发生特殊情况,需要暂时停止执行程序。有下列情况之一的,人民法院应裁定中止执行:

① 申请人表示可以延期执行的;
② 案外人对执行标的提出确有理由异议的;
③ 作为一方当事人的公民死亡,需要等待继承人继承权利或承担义务的;
④ 作为一方当事人的法人或其他组织终止,尚未确定权利义务承受人的;
⑤ 人民法院认为应当中止执行的其他情形,如被执行人确无财产可供执行等。

中止的情形消失后,恢复执行。

2. 执行终结

在执行过程中,由于出现某些特殊情况,执行工作无法继续进行或没有必要继续进行的,结束执行程序。有下列情况之一的,人民法院应当裁定终结执行:

① 申请人撤销申请的;
② 据以执行的法律文书被撤销的;
③ 作为被执行人的公民死亡,无遗产可供执行,又无义务承担人的;
④ 追索赡养费、扶养费、抚育费案件的权利人死亡的;
⑤ 作为被执行人的公民因生活困难无力偿还借款,无收入来源,又丧失劳动能力的;
⑥ 人民法院认为应当终结执行的其他情形。

任务 3 仲裁制度

仲裁也是解决民事纠纷的重要途径,由于仲裁本身的特别,在建设工程纠纷的解决过程中更是被广泛选用。因此,掌握《中华人民共和国仲裁法》(以下简称《仲裁法》)关于仲裁本身的规定,可使得纠纷解决得更及时、快捷、高效,也有利于争议双方继续合作。

一、仲裁协议

在民商事仲裁中,仲裁协议是仲裁的前提,没有仲裁协议,就不存在有效的仲裁。

(一)仲裁协议的概念

仲裁协议是指双方当事人自愿将已经发生或者可能发生的争议提交仲裁解决的协议。

仲裁协议法律效力表现有以下几点。

1. 对双方当事人的法律效力

仲裁协议是双方当事人就纠纷解决方式达成的一致意思表示。发生纠纷后,当事人只能通过向仲裁协议中所确定的仲裁机构申请仲裁的方式解决纠纷,而丧失了就该纠纷提起诉讼的权利。如果一方当事人违背仲裁协议就该争议起诉的,另一方当事人有权要求法院停止诉讼,法院也应当驳回当事人的起诉。

2. 对法院的法律效力

有效的仲裁协议可以排除法院对订立于仲裁协议中的争议事项的司法管辖权。这是仲裁协议法律效力的重要体现。

3. 对仲裁机构的效力

仲裁协议是仲裁委员会受理仲裁案件的依据。没有仲裁协议就没有仲裁机构对案件的管辖权。同时,仲裁机构的管辖权又受到仲裁协议的严格限制。仲裁庭只能对当事人在仲裁协议中约定的争议事项进行仲裁,而对仲裁协议约定范围之外的其他争议无权仲裁。

(二)仲裁协议的内容

合法有效的仲裁协议应当具备以下法定内容。

1. 请求仲裁的意思表示

这是仲裁协议的首要内容,因为当事人以仲裁方式解决纠纷的意愿正是通过请求仲裁的意思表示体现出来的。对仲裁协议中意思表示的要求要明确、肯定。

2. 仲裁事项

仲裁事项是当事人提交仲裁的具体争议事项。仲裁庭只能在仲裁协议确定的仲裁事项的范围内进行仲裁,超出这一范围进行仲裁,所做出的仲裁裁决,经一方当事人申请,法院可以不予执行或者撤销。按照我国《仲裁法》的规定,对仲裁事项没有约定或者约定不明的,当事人应就此达成补充协议,达不成补充协议的,仲裁协议无效。

3. 选定的仲裁委员会

仲裁委员会是受理仲裁案件的机构。由于仲裁没有法定管辖的规定,因此,仲裁委员会是由当事人自主选定的。如果当事人在仲裁协议中不选定仲裁委员会,仲裁就无法进行。

(三)仲裁协议效力的确认

1. 确认方式

当事人对仲裁协议效力有异议的,应当在仲裁庭首次开庭前提出。当事人既可以请求仲裁委员会做出决定,也可以请求人民法院裁定。一方请求仲裁委员会做出决定,另一方请求人民法院做出裁定的,由人民法院裁定。

当事人协议选择国内的仲裁机构仲裁后,一方对仲裁协议的效力有异议请求人民法院裁定的,由该仲裁委员会所在地的中级人民法院管辖。当事人对仲裁委员会没有约定或者约定不明的,由被告所在地的中级人民法院管辖。

当事人对仲裁协议的效力有异议,一方申请仲裁机构确认协议有效,另一方请求人民法院确认仲裁协议无效,如果仲裁机构先于人民法院接受申请并已做出决定,人民法院不予受理;如果仲裁机构接受申请后尚未做出决定的,人民法院应予受理,同时通知仲裁机构中止仲裁。

2. 仲裁协议无效的情形

仲裁协议在下列情形下无效。

(1) 以口头方式订立的仲裁协议无效。仲裁协议必须以书面方式订立,以口头方式订立的仲裁协议不受法律保护。

(2) 约定的仲裁事项超过法律规定的仲裁范围。根据法律规定,婚姻、收养、监护、扶养、继承纠纷以及依法应当由行政机关处理的行政争议不能仲裁。

(3) 无民事行为能力人或者限制行为能力人订立的仲裁协议无效。

(4) 一方采取胁迫手段,迫使对方订立仲裁协议的,该仲裁协议无效。

(5) 仲裁协议对仲裁事项、仲裁委员会没有约定或者约定不明确,当事人对此又达不成补充协议的,仲裁协议无效。

仲裁协议无效,使得仲裁协议不再具有约束力。当事人之间的纠纷既可以通过诉讼方式解决,也可以重新达成仲裁协议以仲裁的方式解决。对于法院来说,由于排斥司法管辖权的原因已经消失,法院对当事人的纠纷恢复了管辖权,而仲裁机构则因仲裁协议的无效不能对当事人之间的纠纷进行审理和裁决。

二、仲裁的申请和受理

(一) 申请仲裁的条件

当事人申请仲裁,应当符合下列条件:①有仲裁协议;②有具体的仲裁请求和事实、理由;③属于仲裁委员会的受理范围。

(二) 申请仲裁的方式

当事人申请仲裁,应当向仲裁委员会递交仲裁协议、仲裁申请书及副本。其中,仲裁申请书应当载明下列事项:①当事人的姓名、性别、年龄、职业、工作单位和住所,法人或者其他组织的名称、住所和法定代表人或者主要负责人的姓名、职务;②仲裁请求和所依据的事实、理由;③证据和证据来源、证人姓名和住所。

对申请仲裁的具体文件内容,各仲裁机构在《仲裁法》规定的范围内,会有不同的要求和审查标准,一般可以登录其网站进行查询。

(三) 审查与受理

仲裁委员会收到仲裁申请书之日起5日内,认为符合受理条件的应当受理,并通知当事人,认为不符合受理条件的,应当书面通知当事人不予受理,并说明理由。

仲裁委员会受理仲裁申请后,应当在仲裁规则规定的期限内将仲裁规则和仲裁员名册送达申请人,并将仲裁申请书副本和仲裁规则、仲裁员名册送达被申请人。被申请人收到仲裁申请书副本后,应当在仲裁规则规定的期限内向仲裁委员会提交答辩书。仲裁委员会收到答辩书后,应当在仲裁规则规定的期限内将答辩书副本送达申请人。被申请人未提交答辩书的,不影响仲裁程序的进行。被申请人有权提出反请求。

(四) 财产保全和证据保全

为保证仲裁程序顺利进行、仲裁案件公正审理以及仲裁裁决有效执行,当事人有权申请财产保全和证据保全。

当事人要求采取财产保全及/或证据保全措施的,应向仲裁委员会提出书面申请,由仲裁委员会将当事人的申请转交被申请人住所地或其财产所在地及/或证据所在地有管辖权的人民法院做出裁定。

三、仲裁的开庭和裁决

(一) 仲裁庭的组成

仲裁庭的组成形式包括合议仲裁庭和独任仲裁庭两种,即仲裁庭可以由3名仲裁员或者1名仲裁员组成。

1. 合议仲裁庭

当事人约定由3名仲裁员组成仲裁庭的,应当各自选定或者各自委托仲裁委员会主任指定1名仲裁员,第3名仲裁员由当事人共同选定或者共同委托仲裁委员会主任指定。第3名仲裁员是首席仲裁员。

2. 独任仲裁庭

当事人约定1名仲裁员成立仲裁庭的,应当由当事人共同选定或者共同委托仲裁委员会主任指定仲裁员。但是,当事人没有在仲裁规定的期限内约定仲裁庭的组成方式或者选定仲裁员的,由仲裁委员会主任指定。

仲裁员有下列情形之一的,必须回避,当事人也有权提出回避申请:①是本案当事人或者当事人、代理人的近亲属;②与本案有利害关系;③与本案当事人、代理人有其他关系,可能影响公正仲裁的;④私自会见当事人、代理人,或者接受当事人、代理人的请客送礼的。

当事人提出回避申请,应当说明理由,在首次开庭前提出。回避事由在首次开庭后知道的,可以在最后一次开庭结束前提出。

(二) 开庭和审理

仲裁应当开庭进行,当事人可以协议不开庭。当事人应当对自己的主张提供证据。仲裁庭认为有必要收集的证据,可以自行收集。证据应当在开庭时出示,当事人可以质证。当事人在仲裁过程中有权进行辩论。

仲裁庭可以做出缺席裁决。申请人无正当理由开庭时不到庭的,或在开庭审理时未经仲裁庭许可中途退庭的,视为撤回仲裁申请;如果被申请人提出了反请求,不影响仲裁庭就反请求进行审理,并做出裁决。被申请人无正当理由开庭时不到庭的,或在开庭审理时未经仲裁庭许可中途退庭的,仲裁庭可以进行缺席审理,并做出裁决;如果被申请人提出了反请求,视为撤回反请求。

为了保护当事人的商业秘密和商业信誉,仲裁不公开进行。当事人协议公开的,可以公开进行,但涉及国家秘密的除外。

(三) 仲裁中的和解与调解

当事人申请仲裁后,可以自行和解。达成和解协议的,可以请求仲裁庭根据和解协议做出裁决书,也可以撤回仲裁申请。当事人达成和解协议,撤回仲裁申请后反悔的,仍可以根据仲裁协议申请仲裁。

仲裁庭在做出裁决前,可以先行调解。当事人自愿调解的,仲裁庭应当调解。调解不成的,应当及时做出裁决。调解达成协议的,仲裁庭应当制作调解书或者根据协议的结果制作裁决书。调解书与裁决书具有同等法律效力。调解书经双方当事人签收后,即发生法律效力。在调解书签收前当事人反悔的,仲裁庭应当及时做出裁决。

(四)仲裁裁决

仲裁裁决应当按照多数仲裁员的意见做出,少数仲裁员的不同意见可以记入笔录。仲裁庭不能形成多数意见时,裁决应当按照首席仲裁员的意见做出。裁决书自做出之日起发生法律效力。

裁决书的效力是:①裁决书一裁终局,当事人不得就已经裁决的事项再申请仲裁,也不得就此提起诉讼;②仲裁裁决具有强制执行力,一方当事人不履行的,对方当事人可以到法院申请强制执行;③仲裁裁决在所有《承认和执行外国仲裁裁决公约》缔约国(或地区)可以得到承认和执行。

四、申请撤销裁决

仲裁的本质属性为契约性,同时,在立法规范和司法实践中又具有司法性。依据《民事诉讼法》和《仲裁法》的规定,人民法院对仲裁进行司法监督。

人民法院的司法监督有以下三个特点。

① 事后审查,即在仲裁的终局裁决做出后,经当事人申请执行或申请撤销、不予执行时,有管辖权的人民法院才可对相关裁决进行审查。

② 双启动审查。人民法院司法审查的启动,一般情况下为被动审查,即需要在仲裁"当事人"以法定理由向人民法院提出申请之后,人民法院才启动司法审查程序,且只审查申请人申请审查的内容。同时,人民法院也可以仲裁裁决违反我国社会公共利益为理由而主动依职权启动司法审查程序。被动审查与主动审查相结合,但以被动审查为主,以维护仲裁的契约性,尊重当事人的意思自治,避免过多的司法干预。

③ 双轨制审查。人民法院依据当事人的申请,对国内仲裁裁决的程序事项和实体问题进行审查,其中审查实体问题的范围为仲裁认定事实的证据真伪、足够与否和适用法律之对错。对涉外仲裁裁决和国外仲裁裁决仅对其程序事项进行审查,且当事人不得以裁决书的实体错误为由提出不予执行和撤销的申请;人民法院也不得审查其实体问题。

(一)申请撤销仲裁裁决的法定事由

当事人提出证据证明裁决有下列情形之一的,可以向仲裁委员会所在地的中级人民法院申请撤销裁决:①没有仲裁协议的;②裁决的事项不属于仲裁协议的范围或者仲裁委员会无权仲裁的;③仲裁庭的组成或者仲裁的程序违反法定程序的;④裁决所依据的证据是伪造的;⑤对方当事人隐瞒了足以影响公正裁决的证据的;⑥仲裁员在仲裁该案时有索贿受贿,徇私舞弊,枉法裁决行为的。

当事人申请撤销裁决的,应当自收到裁决书之日起6个月内向仲裁机构所在地的中级人民法院提出。

(二)仲裁裁决被依法撤销的法律后果

仲裁裁决被人民法院依法撤销后,当事人之间的纠纷并未解决。根据《仲裁法》的规定,当事人就该纠纷可以根据双方重新达成的仲裁协议申请仲裁,也可以向人民法院起诉。

五、仲裁裁决的执行

(一)仲裁裁决的强制执行力

《仲裁法》规定,仲裁裁决做出后,当事人应当履行裁决。一方当事人不履行的,另一方当事人可以依照民事诉讼法的有关规定,向人民法院申请执行。

仲裁裁决的强制执行应当向有管辖权的法院提出申请。被执行人在中国境内的,国内仲裁裁决由被执行人住所地或被执行人财产所在地的人民法院执行;涉外仲裁裁决,由被执行人住所地或被执行人财产所在地的中级人民法院执行。

申请仲裁裁决强制执行必须在法律规定的期限内提出。

根据《民事诉讼法》(2007)第二百一十五条的规定,申请执行的期间为两年。申请执行时效的中止、中断,适用法律有关诉讼时效中止、中断的规定。申请仲裁裁决强制执行的期限,自仲裁裁决书规定履行期限或仲裁机构的仲裁规则规定履行期间的最后1日起计算。仲裁裁决书规定分期履行的,依规定的每次履行期间的最后1日起计算。

(二)仲裁裁决的不予执行

根据《仲裁法》《民事诉讼法》的规定,被申请人提出证据证明裁决有下列情形之一的,经人民法院组成合议庭审查核实,裁定不予执行:①当事人在合同中没有仲裁条款或者事后没有达成书面仲裁协议的;②裁决的事项不属于仲裁协议的范围或者仲裁机构无权仲裁的;③仲裁庭的组成或者仲裁的程序违反法定程序的;④认定事实的主要证据不足的;⑤适用法律确有错误的;⑥仲裁员在仲裁该案时有索贿受贿、徇私舞弊、枉法裁决行为的。

仲裁裁决被法院依法裁定不予执行的,当事人就该纠纷可以重新达成仲裁协议,并依据该仲裁协议申请仲裁,也可以向法院提起诉讼。

六、涉外仲裁的特别规定

(一)涉外仲裁的基本类型

涉外仲裁是指具有涉外因素的仲裁。

《最高人民法院关于贯彻执行〈中华人民共和国民法通则〉若干问题的意见(试行)》中规定,凡民事关系的一方或者双方当事人是外国人、无国籍人、外国法人的,民事关系的标的物在外国领域内的,产生、变更或者消灭民事权利义务关系的法律事实发生在国外的,均为涉外民事关系。

在我国,就主体而言,涉外仲裁基本包括三种类型:①一方当事人是中国公司企业,另一方是外国公司的仲裁;②双方当事人都是外国公司的仲裁;③涉及港澳台的案件参照涉外案件处理。

《仲裁法》规定,涉外经济贸易、运输和海事中发生的纠纷的仲裁,适用关于涉外仲裁的特别规定。

我国建筑业企业对外承接工程日益增多,建设工程纠纷中涉外案件的数量也不断增长,涉外仲裁将发挥更加重要的作用。

(二) 涉外仲裁机构

《仲裁法》规定,涉外仲裁委员会可以由中国国际商会组织设立。

我国依据《仲裁法》设立的涉外仲裁机构是中国国际经济贸易仲裁委员会和中国海事仲裁委员会。目前,中国境内的涉外案件主要由中国国际经济贸易仲裁委员会受理。该仲裁委员会自2000年起也开始受理国内案件。

1995年之后,按照《仲裁法》的规定,在直辖市和省、自治区人民政府所在地的市,以及其他设区的市也设立或重新组建了一批常设仲裁机构。

国务院办公厅《关于贯彻实施〈中华人民共和国仲裁法〉需要明确的几个问题的通知》中规定:新组建的仲裁委员会的主要职责是受理国内仲裁案件;涉外仲裁案件的当事人自愿选择新组建的仲裁委员会仲裁的,新组建的仲裁委员会可以受理。

(三) 涉外仲裁案件的证据、财产保全

《民事诉讼法》规定,当事人申请采取财产保全的,中华人民共和国的涉外仲裁机构应当将当事人的申请,提交被申请人住所地或者财产所在地的中级人民法院裁定。

《最高人民法院关于人民法院执行工作若干问题的规定(试行)》中规定:在涉外仲裁过程中,当事人申请财产保全,经仲裁机构提交人民法院的,由被申请人住所地或被申请保全的财产所在地的中级人民法院裁定并执行;申请证据保全的,由证据所在地的中级人民法院裁定并执行。据此,与国内仲裁案件不同,涉外仲裁案件的财产、证据保全均是由有管辖权的中级人民法院裁定并执行。

(四) 涉外仲裁案件裁决的执行

《仲裁法》规定,涉外仲裁委员会做出的发生法律效力的仲裁裁决,当事人请求执行的,如果被执行人或者其财产不在中华人民共和国领域内,应当由当事人直接向有管辖权的外国法院申请承认和执行。

《承认和执行外国仲裁裁决公约》规定,成员国要保证和承认任何公约成员国做出的仲裁裁决。我国1986年12月加入该公约,1987年4月22日该公约正式对我国生效。该公约目前已有140多个缔约国家和地区,外国执行中国的涉外裁决将依据该公约规定的条件办理。在执行程序上各国依其国内法律的规定,但对裁决的审查都限于该公约第5条规定的理由。

被申请执行人所属国家不是《承认和执行外国仲裁裁决公约》成员国的,如果双方存在双边条约或协定,则根据双边条约或双边协定中订立的有关相互承认和执行仲裁裁决的内容进行。我国已同世界上100多个国家和地区订有双边贸易协定,在这些协定中一般都含有关于通过仲裁方式解决贸易争议的规定,并且大多约定缔约双方都应设法保证由被申请执行仲裁裁决的国家主管部门根据适用的法律规定,承认并执行仲裁裁决。此外,我国与60多个国家和地区也订立了双边投资保护协定,在这些双边协定中大多都规定了相互承认和执行仲裁裁决。我国还与许多国家签订了有关民商事司法互助的协定,在这些司法互助协定中往往也涉及相互承认和执行在对方境内做出的裁决问题。

如果我国与某一国家签订的双边贸易协定、双边投资保护协议或者司法互助协定中有关裁决的承认和执行的条件比《承认和执行外国仲裁裁决公约》规定的条件更为优惠,即使双方均是该公约的缔约国,裁决的承认和执行仍可依据有关协定以更便利的方式执行。

1999年6月21日中国内地和香港签署了《关于内地与香港特别行政区相互执行仲裁裁决

的安排》。这是两地司法协助的重要组成部分,是一个主权国家内不同法律区域间的司法安排。

任务 4 行政复议与行政诉讼制度

行政复议,是指行政机关根据上级行政机关对下级行政机关的监督权,在当事人的申请和参加下,按照行政复议程序对具体行政行为进行合法性和适当性审查,并做出裁决解决行政侵权争议的活动。行政复议的基本法律依据是《中华人民共和国行政复议法》(以下简称《行政复议法》)。

行政诉讼,是指人民法院应当事人的请求,通过审查行政行为合法性的方式,解决特定范围内行政争议的活动。行政诉讼的基本法律依据是《行政诉讼法》。行政诉讼和民事诉讼、刑事诉讼构成我国基本诉讼制度。

除法律、法规规定必须先申请行政复议的以外,行政纠纷当事人可以自由选择是申请行政复议还是提起行政诉讼。

一、行政复议范围

(一)可以申请行政复议的事项

行政复议保护的是公民、法人或其他组织的合法权益。行政争议当事人认为行政机关的行政行为侵犯其合法权益的,有权依法提出行政复议申请。根据《行政复议法》第六条的有关规定,当事人可以申请复议的情形通常包括以下几点。

① 行政处罚,即当事人对行政机关做出的警告、罚款、没收违法所得、没收非法财物、责令停产停业、暂扣或者吊销许可证、暂扣或者吊销执照、行政拘留等行政处罚决定不服的。

② 行政强制措施,即当事人对行政机关做出的限制人身自由或者查封、扣押、冻结财产等行政强制措施决定不服的。

③ 行政许可,包括:当事人对行政机关做出的有关许可证、执照、资质证、资格证等证书变更、中止、撤销的决定不服的,以及当事人认为符合法定条件,申请行政机关颁发许可证、执照、资质证、资格证等证书,或者申请行政机关审批、登记等有关事项,行政机关没有依法办理的。

④ 认为行政机关侵犯其合法的经营自主权的。

⑤ 认为行政机关违法集资、征收财物、摊派费用或者违法要求履行其他义务的。

⑥ 认为行政机关的其他具体行政行为侵犯其合法权益的。

(二)不得申请行政复议的事

下列事项应按规定的纠纷处理方式解决,而不能提起行政复议。

① 行政机关的行政处分或者其他人事处理决定。当事人不服行政机关做出的行政处分的,应当依照有关法律、行政法规的规定(如《中华人民共和国国家公务员法》等)提起申诉。

② 行政机关对民事纠纷做出的调解或者其他处理。当事人不服行政机关对民事纠纷做出的调解或者处理,如建设行政管理部门对有关建设工程合同争议进行的调解、劳动部门对劳动争议的调解、公安部门对治安争议的调解等,当事人应当依法申请仲裁.或者向法院提起民事诉讼。

二、行政复议程序

根据《行政复议法》的有关规定,行政复议应当遵守如下程序规则。

(一)行政复议申请

当事人认为具体行政行为侵犯其合法权益的,可以自知道该具体行政行为之日起60日内提出行政复议申请,但法律规定的申请期限超过60日的除外。因不可抗力或者其他正当理由耽误法定申请期限的,申请期限自障碍消除之日起继续计算。

申请人对县级以上地方各级人民政府工作部门的具体行政行为不服的,申请人可以向该部门的本级人民政府申请行政复议,也可以向上一级主管部门申请行政复议。

(二)行政复议受理

行政复议机关收到复议申请后,应当在法定期限内进行审查。对不符合法律规定的行政复议申请,决定不予受理的,应书面告知申请人。行政复议期间具体行政行为不停止执行。但是,有下列情形之一的,可以停止执行:

① 被申请人认为需要停止执行的;
② 行政复议机关认为需要停止执行的;
③ 申请人申请停止执行,行政复议机关认为其要求合理,决定停止执行的;
④ 法律规定停止执行的。

(三)行政复议决定

申请人可以查阅被申请人提出的书面答复、做出具体行政行为的证据、依据和其他有关材料,除法律规定不得公开的情形外,行政复议机关不得拒绝。行政复议过程中,被申请人不得自行向申请人和其他有关组织或者个人收集证据。

根据《行政复议法》第二十八条的规定,行政复议机关负责法制工作的机构应当对被申请人做出的具体行政行为进行审查,提出意见,经行政复议机关的负责人同意或者集体讨论通过后,按照下列规定做出行政复议决定:

(1) 具体行政行为认定事实清楚,证据确凿,适用法律正确,程序合法,内容适当的,决定维持。

(2) 被申请人不履行法定职责的,决定其在一定期限内履行。

(3) 具体行政行为有下列情形之一的,决定撤销、变更或者确认该具体行政行为违法。决定撤销或者确认该具体行政行为违法的,可以责令被申请人在一定期限内重新做出具体行政行为:

① 主要事实不清、证据不足的;
② 适用依据错误的;
③ 违反法定程序的;
④ 超越或者滥用职权的;
⑤ 具体行政行为明显不当的。

被申请人不按照法律规定提出书面答复,提交当初做出具体行政行为的证据、依据和其他材料的,视为该具体行政行为没有证据、依据,决定撤销该具体行政行为。

《行政复议法》还规定,申请人在申请行政复议时,可以一并提出行政赔偿请求。行政复议机关对符合法律规定的赔偿要求,在做出行政复议决定时,应当同时决定被申请人依法给予赔偿。

除非法律另有规定,行政复议机关一般应当自受理申请之日起60日内做出行政复议决定。行政复议决定书一经送达,即发生法律效力。申请人不服行政复议决定的,除法律规定为最终裁决的行政复议决定外,可以根据《行政诉讼法》的规定,在法定期间内提起行政诉讼。

三、行政诉讼受理范围

(一) 应当受理的行政案件

人民法院受理公民、法人和其他组织对下列具体行政行为不服提起的诉讼:
① 对拘留、罚款、吊销许可证和执照、责令停产停业、没收财物等行政处罚不服的;
② 对限制人身自由或者对财产的查封、扣押、冻结财产等行政强制措施不服的;
③ 认为行政机关侵犯法律规定的经营自主权的;
④ 认为符合法定条件申请行政机关颁发许可证和执照,行政机关拒绝颁发或者不予答复的;
⑤ 申请行政机关履行保护人身权、财产权的法定职责,行政机关拒绝履行或者不予答复的;
⑥ 认为行政机关没有依法发给抚恤金的;
⑦ 认为行政机关违法要求履行其他义务的;
⑧ 认为行政机关侵犯其他人身权、财产权的。

(二) 不予受理的行政案件

人民法院不予受理公民、法人或者其他组织对下列事项提起的诉讼:
① 国防、外交等国家行为;
② 行政法规、规章或者行政机关制定、发布的具有普遍约束力的决定、命令;
③ 行政机关对行政机关工作人员的奖惩、任免等决定;
④ 法律规定由行政机关最终裁决的具体行政行为。

四、了解行政诉讼程序

行政诉讼程序是国家审判机关为解决行政争议,运用司法程序而依法实施的整个诉讼行为及其过程。它包括第一审程序、第二审程序和审判监督程序。但并非每个案件都必须全部经过三个程序。

(一) 第一审程序

1. 起诉

(1) 起诉的条件:根据《行政诉讼法》第四十九条的规定,提起行政诉讼应符合以下条件。
① 原告是符合本法第二十五条规定的公民、法人或者其他组织。
② 有明确的被告。
③ 有具体的诉讼请求和事实根据。
④ 属于人民法院受案范围和受诉人民法院管辖。

(2) 起诉的期限:申请人不服行政复议决定的,可以在收到行政复议决定书之日起15日内向人民法院提起诉讼。复议机关逾期不做决定的,申请人可以在复议期满之日起15日内起诉,法律另有规定的从其规定。公民、法人或者其他组织直接向人民法院提起公诉的,应当在知道做出具体行政行为之日起3个月内提出,法律另有规定的除外。起诉应以书面形式进行。

2. 受理

这是指人民法院对公民、法人或者其他组织的起诉进行审查,认为符合法律规定的起诉条件而决定立案并予审理的诉讼行为。对起诉审查的内容包括:法定条件、法定起诉程序、法定起诉期限、是否重复起诉等。

人民法院接到起诉状后应当在7日内审查立案或者裁定不予受理。原告对裁定不服的可以提起上诉。

3. 审理前的准备

人民法院审理行政案件,由审判员组成合议庭,或者由审判员、陪审员组成合议庭。合议庭成员,应当是3人以上的单数。人民法院应当在立案之日起5日内,将起诉状副本发送被告,被告应当在收到起诉状副本之日起10日内向人民法院提交做出具体行为的有关材料,并提交答辩状。人民法院应当在收到答辩状之日起5日内,将答辩状副本发送原告,被告不提出答辩状的不影响人民法院审理。

4. 开庭审理

开庭审理是指在审判人员的主持下,在当事人和其他诉讼参与人的参加下,依法定程序对行政案件进行审理并做出裁判的诉讼活动。开庭审理分为:审理开始阶段、法庭调查阶段、法庭辩论阶段、合议庭评议阶段、判决裁定阶段。

人民法院做出一审判决可分为以下四种形式。

① 维持原判。具体行政行为证据确凿,适用法律正确,符合法定程序的,判决维持。

② 撤销判决。即撤销或者部分撤销并责令重新做出具体行政行为。撤销判决的条件是:主要证据不足的;适用法律、法规错误的;违反法定程序的;超越职权、滥用职权的;有上述情况之一的,可做出撤销判决。

③ 履行判决。即责令被告限期履行法定职责的判决。

④ 变更判决。即变更显失公平的行政处罚的判决。当事人对第一审判决不服的,有权在判决书送达之日起15日内向上一级人民法院提起上诉,逾期不上诉的,一审判决即发生法律效力。

(二)第二审程序

第二审程序是人民法院对下级人民法院第一审案件所做出的判决、裁定在发生法律效力之前,基于当事人的上诉,依据事实和法律,对案件进行审理的程序。二审法院审理上诉案件,除《行政诉讼法》有特别规定外,均适用一审程序的规定。

1. 上诉期限

当事人不服人民法院第一审判决的,有权在判决书送达之日起十五日内向上一级人民法院提起上诉。当事人不服人民法院第一审裁定的,有权在裁定书送达之日起十日内向上一级人民法院提起上诉。逾期不提起上诉的,人民法院的第一审判决或者裁定发生法律效力。

2. 审理方式

人民法院对上诉案件,认为事实清楚的,可以实行书面审理。

3. 上诉的判决

人民法院审理上诉案件,按照下列情形,分别处理:

① 原判决认定事实清楚,适用法律、法规正确的,判决驳回上诉,维持原判。

② 原判决认定事实清楚,但是适用法律、法规错误的,依法改判。

③ 原判决认定事实不清,证据不足。或者由于违反法定程序可能影响案件正确判决的,裁定撤销原判,发回原审人民法院重审,也可以查清事实后改判。当事人对重审案件的判决、裁定,可以上诉。

第二审判决、裁定,是终审判决、裁定。当事人对已经发生法律效力的判决、裁定,认为确有错误的,可以提出申诉,申请再审,但判决、裁定不停止执行。

(三) 执行

《行政诉讼法》第九十四条规定,当事人必须履行人民法院发生法律效力的判决、裁定、调解书。第九十五条规定,公民、法人或者其他组织拒绝履行判决、裁定的,行政机关可以向第一审法院申请强制执行,或者依法强制执行。第九十六条规定,行政机关拒绝履行判决、裁定、调解书的,第一审法院可以采取以下措施:

① 对应当归还的罚款或者应当给付的款额,通知银行从该行政机关的账户内划拨。

② 在规定期限内不履行的,从期满之日起,对该行政机关按日处以罚款。

③ 向监察机关或者该行政机关的上一级行政机关提出司法建议。接受司法建议的机关,根据有关规定进行处理,并将处理情况告知人民法院。

④ 拒不履行判决、裁定、调解书,情节严重构成犯罪的,依法追究主管人员和直接责任人员的刑事责任。

任务 5 案例分析

案例 8-1

原告:××建筑公司

被告:××房地产公司

1. 基本案情

1997年原告与被告签订建筑安装工程施工合同,约定由原告承包被告某项目一期和二期工程。一期工程如期于1998年9月竣工并交付使用。工程质量经建筑工程质量监督站评定为优良等级,后又经省建设厅评定为省优良样板工程。而此项工程,被告欠工程尾款75万元。二期工程由原告施工,工程进度按合同约定进行,至收尾阶段,被告欠工程尾款560万元。另按合同约定,被告还应付两项工程逾期付款违约金46万元,逾期付款利息100万元。被告拖欠巨额工程款,原告为维护企业的合法权益,在多次与被告交涉未果的情况下,于1999年诉至人民法院。

2. 案件审理

法院审理过程中,被告对原告诉指无异议,但对一期工程延误20天的工期,要求原告承担违约责任。法院在审理中查明,原告施工期间,市防汛国道指挥部于1998年8月1日发布冻结全市所有建筑施工单位的砂石建筑材料,以备统一调用的 6 号令,直到 8 月 28 日此令才得到解除。延误工期 20 天系不可抗力造成,原告不承担责任。

1999 年 12 月法院对此案做出判决,就一期工程欠款判决被告偿付原告 75 万元,并付给原告垫付的案件受理费 49 300 元。然而,判决下达后,被告既未在法定时限提出上诉,判决生效后又不履行法律文书确定的还款义务。2000 年 11 月,法院裁定将被告二期工程 1~8 层和地下室拍卖。

当法院下达 194 号《民事裁定书》后,某保险公司于 12 月 15 日向法院提出执行异议,声明二期工程由该公司全额出资兴建,拥有产权,并出示了一份实际上并未履行的所谓"联合开发"的合同,企图否定被告作为开发单位的身份。可是,在同年 12 月 12 日给原告的复函中则称该公司"已按合同向被告付款",表明被告是开发单位。原来被告将未竣工在建项目二期卖给了保险公司,保险公司则在四层以上安排了员工居住。依据《建筑法》,未验收工程是不准使用的。处于此种情况下,保险公司想为自身辩驳。但是,法院在 2001 年 4 月 12 日明确通知该公司:"你公司提出的执行异议不成立,现予以驳回。你公司应按我院 194 号《民事裁定书》履行。"

3. 案例分析

业主的不规范行为是造成建筑市场混乱的一个主要原因。在本案中,房地产开发商一方面拖欠巨额工程款,另一方面又将在建工程卖给他人,这种不规范行为应当受到法律制裁。我国《建筑法》及《建设工程质量管理条例》均明确规定,建设工程未经竣工验收合格,不得交付使用。违反了这一强制性规定的交易行为是违法的。本案中,案外人某保险公司在无完备竣工验收手续的情况下购买楼盘,这种行为是不受法律保护的。法院根据《建筑法》的有关规定驳回保险公司的异议是正确的。

案例 8-2

申请人:××建筑集团公司
被申请人:××跨国集团

1. 基本案情

××跨国集团作为业主与作为承包商××建筑集团公司订立了一份施工总承包合同,就业主投资的某室内装修工程做了约定。该室内装修工程总承包面积 9954 m²,以原报价单为基础,双方确认合同总价款为 6 771 435 美元(1 美元=6.669 元)。在施工过程中发生设计变更所引起的工程费用在工程决算中予以调整。装修工程完工后,承包商应提前通知业主并与业主指定的设计师及管理人员进行验收,经验收合格后由业主委任的设计师、管理人员签发验收证明书。如验收中发现施工安装质量部分未全达到合同规定的技术要求加以改善后,业主发给承包商工程验收证明书。业主在合同生效后两个星期内付给承包商合同总价 30%做预付款。半年保修期满后,业主付还承包商合同总价 5%的工程保险金。合同签订后,乙方开始装修工程的施工。但装修完成后,双方因拖欠装修工程款的争议协商未果,乙方逐依合同约定争议条款向中国国际经济贸易仲裁委员会深圳分会申请仲裁,请求裁决甲方偿付工程尾款 110 000 万美元、工程保修金 283 777 万美元及两项欠款利息。

在仲裁庭审理期间,被申请人的主要答辩意见是:由于工程质量问题,双方曾口头协商不再付给申请人 5%保修金,此外的工程款早已全部支付。装修工程进行到最后,经双方协商确定最后付款额为 5 651 443 美元。因被申请人通过申请人将 430 440 美元转交香港某公司用来购买装修材料,而该香港公司的法定代表人与申请人的法定代表人都是同一个人,被申请人有理由认为,该笔款项实际上是由申请人收取了,故应冲抵工程款,且余额应返还被申请人。对申请人提交的工程竣工验收证书,被申请人提出没有其公章、未经总经理签字,是申请人单方面制造的。

2. 案件审理

仲裁庭审理查明:关于工程总价款问题,双方认可曾共同签字确认合同总价款由原来6 771 435美元降为5 651 443美元,申请人交给被申请人的工程预算表中,就增加工程及签证分项列价,标明新增工程价为56 636美元。被申请人代表对部分单价做修改,并注明"实际数量及价格合理,应按我们改后之单价结算,实际为52 057美元"。仲裁庭由此认定工程总价款为5 662 156美元。

关于工程验收问题,申请人在装修工程完工后,即会同被申请人指定的设计师及管理人员进行验收,并且设计师及管理人员向申请人签发了"工程竣工验收证书"。由此仲裁庭认为被申请人有关验收证书异议不成立。

关于5%保修金问题,在工程竣工后的保修期内,申请人按照被申请人在验收证书中所列的保修项目做了全面整改,被申请人对整改项目也有签字认可。仲裁庭认为,被申请人主张无事实依据,应按合同约定支付申请人5%保修金及利息。关于工程尾款问题,根据被申请人已付数额,认定尚欠尾款为110 000美元。对于多支付的430 440美元,被申请人称双方均同意转交给某香港公司作为被申请人装修酒店购买装修材料的定金,被申请人同时承认申请人已将该定金汇给某香港公司。仲裁庭认为,香港公司和申请人是两个不同法人,被申请人不能以该两公司的法定代表人系同一人为由,而认为是申请人收取了定金,也不能以香港公司未履约为由,认为定金抵偿了工程款。最后仲裁委员会裁决被申请人偿付申请人工程尾款110 000美元、保修金283 777美元及两款相应利息。

3. 案例评析

诉讼与仲裁,是解决合同争议的两个基本法律途径。仲裁一般以不公开审理为原则,有着很好的保密性,对当事人今后的商业机会影响较小。同时仲裁实行一裁终局制、有利于迅速解决纠纷,并且由于时间上的快捷性,费用相应节省,又无须多级审级收费,故仲裁收费总体来说要比诉讼低一些。相对诉讼而言,建筑企业可优先考虑通过仲裁解决拖欠工程款等工程合同纠纷。此外,由于仲裁员通常是具有行业背景的专家,在解决复杂的专业问题上更有权威,因此仲裁结果更能符合实际。

选择仲裁解决工程合同纠纷,应在合同中事先约定或在发生争议后各方对通过仲裁解决达成一致,这是仲裁协议成立的法律要件之一。我国一些直辖市、省、自治区人民政府所在地及其他设区的市设有仲裁委员会,受理国内仲裁案件。中国国际经济贸易仲裁委员会和中国海事仲裁委员会是我国两个常设涉外仲裁机构,前者受理涉及中国法人、自然人、其他经济组织利用外国的、国际组织的或香港、澳门特别行政区、台湾地区的资金、技术或服务进行项目融资、招标投标、工程建设等活动的争议以及其他涉外争议,后者受理的是涉外海事争议。

学习情境 9 建筑安全生产管理法规

【学习目标】

(1) 了解建设工程安全生产的形势及安全立法背景。
(2) 掌握建筑安全生产管理的方针和原则。
(3) 熟悉建设工程安全生产责任体系及承担责任的方式。
(4) 掌握建设工程安全生产监督管理制度。
(5) 掌握建设工程安全生产紧急救援预案体系、建筑施工企业安全生产管理制度。

【能力目标】

(1) 掌握针对当前建筑施工安全生产管理的要求和方针,制定安全生产责任制的能力。
(2) 熟悉施工单位和施工项目的安全生产责任。
(3) 掌握开展安全生产教育培训的要求。
(4) 熟悉施工现场安全防护的规定和违法行为应承担的责任。
(5) 掌握编制安全技术措施、专项方案和技术交底开展的要求。
(6) 具备施工安全事故的应急救援与调查处理的能力。

在市场经济条件下,从事生产经营活动的市场主体以盈利为目的,努力追求利润的最大化,这是无可厚非的。但生产经营主体追求自身利益的最大化,绝不能以牺牲从业人员甚至公众的生命和财产安全为代价。事实上,如果不注意安全生产,一旦发生事故,不但给他人的生命和财产造成损害,生产经营者的生产活动也不能正常进行,甚至因此而破产。因此,生产与安全既是相互促进,又是相互制约的统一体。保证安全会增加生产成本,加大生产难度,但安全得到保证以后又会促进生产,增加效益。建筑生产的特点是产品固定、人员流动,而且多为露天作业、高处作业,施工条件较差,不安全因素较多,这些因素还随工程的进展而不断变化,因而规律性差、事故隐患多。调查分析,建筑生产过程中人的不安全行为是造成安全事故的最主要原因,也是最直接的原因。因此,建立完善的安全生产制度,加强对建筑生产活动的监督管理,是防止和减少生产安全事故,保障人民群众生命和财产安全,促进经济社会持续健康发展的基本保证。

任务 1 建设工程安全生产法规的作用和现状

一、建设工程安全生产法规的作用

加强法制建设是安全生产工作的最基本任务之一。加强法制建设就是要通过制定法律、法规来规范企业经营者与政府之间、劳动者与经营者之间、劳动者与劳动者之间、生产过程与自然界之间的关系;把国家保护劳动者生命安全与健康,生产经营人员的生产利益与效益,以及保障社会资源和财产的方针、政策具体化、条文化,做到企业的生产经营行为和过程有法可依、有章可循。目前,我国的安全生产法规已初步形成一个以《宪法》为依据的、以《中华人民共和国生产安全法》(以下简称《安全生产法》)和《建设工程安全生产管理条例》为主体的,由有关法律、行政法规、地方性法规和有关行政规章、技术标准所组成的综合体系。安全生产法规的作用主要表现在以下几个方面。

1. 为保护劳动者的安全健康提供法律保障

我国的安全生产法规是以搞好安全生产、保障职工在生产中的安全、健康为前提的。它不仅从管理上规定了人们的安全行为规范,也从生产技术上、设备上规定了实现安全生产和保障职工安全健康所需的物质条件。实践表明,切实维护劳动者安全健康的合法权益,单靠思想政治教育和行政管理不行,不仅要制定出各种保证安全生产的措施,而且要强制人人都必须遵守法律法规和规章,要用国家强制力来迫使人们按照科学办事,尊重自然规律和生产规律,尊重群众,保证劳动者得到符合安全卫生要求的劳动条件。

2. 加强安全生产的法制化管理

安全生产法规是加强安全生产法制化管理的章程,很多重要的安全法规都明确规定了各个方面加强安全生产、安全生产管理的职责,推动了各级领导特别是企业领导对劳动保护工作的重视,把这项工作摆上了领导和管理的议事日程。

3. 推动安全生产工作的开展,促进企业安全生产

安全生产法规反映了保护生产正常进行、保护劳动者安全健康所必须遵循的客观规律,对企业搞好安全生产工作提出了明确要求。同时,由于它是一种法律规范,具有法律约束力,要求人人都要遵守,这样,它对整个安全生产工作的开展具有用国家强制力推行的作用。

4. 进一步提高生产力,保证企业效益的实现和国家经济建设事业的顺利发展

安全生产是关系到企业切身利益的大事,通过安全生产立法,使劳动者的安全有了保障,职工能够在符合安全健康要求的条件下从事劳动生产,这样必然会激发他们的劳动积极性和创造性,从而促进劳动生产率的大大提高。同时,安全生产技术法规和标准的遵守和执行,必然提高生产过程中的安全性,使生产的效率得到保障和提高,从而提高企业的生产效率和效益。

安全生产法律、法规对生产的安全卫生条件提出与现代化建设相适应的强制性要求,这就迫使企业领导在生产经营决策上,以及在技术上、装备上采取相应措施,以改善劳动条件、加强安全生产为出发点,加速技术改造的步伐,推动社会生产力的提高。

二、建设工程安全生产法规的立法里程和意义

随着我国国民经济的快速发展,固定资产投资一直保持了较高的增长水平,建设工程规模逐年扩大,为建筑业带来了发展机遇。随着我国经济体制改革的不断深化,建筑业呈现出以下特点:建设生产经营单位的经济成分发生了变化;建设工程投资主体日趋多元化;建设工程的市场化程度大幅度提高;建筑施工企业的组织结构形式发生了变化;施工技术水平要求越来越高。建筑业的发展,对安全技术、劳动力技能、安全意识和安全生产科学管理方面提出了新的安全控制要求。同时,建设工程安全生产管理存在以下问题:一是建设工程各方主体的安全责任不明确;二是建设工程安全生产的投入还不足;三是建设工程安全生产监督管理制度不健全;四是生产事故应急救援制度不健全。

由于建筑业的这些特点和存在的问题,致使建筑生产安全事故一直居高不下,在各产业系统中仅次于采矿业,居第二位,给人民的生命财产安全和国家造成重大损失。《建筑法》共八章八十五条,其中第五章"建筑安全生产管理"就安全生产的方针、原则,安全技术措施,安全工作职责与分工,安全教育和事故报告等做出了明确的规定,为解决建筑活动中存在的安全生产问题提供了法律武器。

《安全生产法》是我国安全领域的综合性基本法,于2002年11月1日首次施行,经中华人民共和国第十二届全国人民代表大会常务委员会第十次会议修正,于2014年12月1日起修正施行。该法是我国安全生产监督与管理正式纳入法制化管理轨道的重要标志,是依照国际惯例,以人为本、关爱生命、尊重人权、关注安全生产的具体体现,是我国为加强安全生产监督管理,防止和减少安全生产事故,保障人民群众生命财产安全所采取的一项具有战略意义、标本兼治的重大措施。2014年《安全生产法》为推进依法治理、建立规范的安全生产法制秩序提供了强大的法律武器,也为我们的安全生产监督管理工作提供了法律支撑。

2004年2月1日正式施行的《建设工程安全生产管理条例》,确立了有关建设工程安全生产监督管理的基本制度,明确了参与建设活动各方责任主体的安全责任,确保了参与各方责任主体的安全生产利益及建筑工人安全与健康的合法权益,为维护建筑市场秩序,加强建设工程安全生产监督管理提供了重要的法律依据。

《建设工程安全生产管理条例》是我国第一部规范建设工程安全生产的行政法规,是在全面总结我国建设工程安全管理的实践经验,借鉴国外发达国家建设工程安全管理的成熟做法的基础上制定出台的,是建设工程领域贯彻落实《建筑法》和《安全生产法》的具体表现,标志着我国建设工程安全生产管理进入法制化、规范化发展的新时期。对建设活动各方主体的安全责任、政府监督管理、生产安全事故的应急救援和调查处理以及相应的法律责任做了明确规定,确立了一系列符合中国国情以及适应社会主义市场经济要求的建设工程安全管理制度。《建设工程安全生产管理条例》的颁布实施,对规范和增强建设工程各方主体的安全行为和安全责任意识,强化和提高政府安全监管水平和依法行政能力,保障从业人员和广大人民群众的生命财产安全,具有十分深远的意义。

此外,国务院有关主管部门还制定了以下一系列安全生产管理规章:

《建设领域安全生产行政责任规定》(2002年9月9日颁布实施);

《建筑施工企业安全生产许可证管理规定》(2004年7月5日颁布实施);

《生产安全事故报告和调查处理条例》(2007年6月1日颁布实施);

《特种设备安全监察条例》(2009年5月1日颁布实施);

《安全生产许可证条例》(2004年1月13日首次发布,2014年7月29日进行修订)。

三、建设工程安全生产其他法律

在法律层面上,《安全生产法》和《建筑法》是构成建设工程安全生产法律法规的两大基础,此外还包括其他有关建设工程安全生产的法律。

《安全生产法》是我国第一部全面规范安全生产的专门法律,是我国安全生产的主体法,是各类生产经营单位及其从业人员实现安全生产所必须遵循的行为准则,是各级人民政府及其有关部门进行安全生产监督管理和行政执法的有力武器。《安全生产法》的主要内容有以下几个方面。

(1) 明确了安全生产的三大目标,即保障人民群众生命安全、保护国家财产安全、促进经济社会持续健康发展。

(2) 规定了保障安全生产的运营机制,即强化和落实生产经营单位的主体责任,建立生产经营单位负责、职工参与、政府监管、行业自律和社会监督的机制。

(3) 明确了现阶段安全生产的监管体制,即国家安全生产综合监管与各级政府有关职能部门专项监管相结合的体制。

(4) 确定了安全生产的基本法律制度,即安全生产监督管理制度、安全生产标准化制度、生产经营单位安全保障制度、注册安全工程师制度、从业人员安全生产权利义务制度、生产经营单位负责人安全责任制度、安全生产责任保险制度、安全中介服务制度、安全生产责任追究制度以及事故应急救援和调查处理制度等。

(5) 明确了对安全生产负有责任的各方主体,包括以下四个负有责任的方面:生产经营单位、从业人员、中介机构和政府部门。

(6) 指明了实现安全生产的三大对策体系,即实现预防对策系、应急救援体系和事后处理对策系统。

(7) 规定了生产经营单位负责人的七项安全生产责任,即建立健全安全生产责任制、组织制定安全生产规章制度和操作规程、组织制订并实施本单位安全生产教育和培训计划、保证安全生产投入、督促检查安全生产工作,及时消除生产安全事故隐患、组织制定并实施生产安全事故应急救援预案和及时如实报告生产安全事故。

(8) 明确了从业人员的权利和义务。

① 明确了从业人员的九种权力:知情权;建议权;批评权和检举、控告权;拒绝权;紧急避险权;要求赔偿的权利;获得劳动防护用品的权利;获得安全生产教育和培训的权利;以劳务派遣形式用工的享有本法规定的从业人员的权利。

② 明确了从业人员的三项义务:自律遵规的义务、自觉学习安全生产知识的义务和危险报告义务。

(9) 明确规定了安全生产的四种监督方式,即工会民主监督、社会舆论监督、公共举报监督和社区报告监督。

(10) 明确了政府安全监督检查人员的权利和义务:

① 明确了政府安全监督检查人员的三项权利:现场调查取证权、现场处理权和查封、扣押行政强制措施权。

② 明确了政府安全监督检查人员的五项义务：审查、严守禁止收取费用；禁止要求被审查、验收的单位购买其制定产品；必须遵循忠于职守、坚持原则、秉公执法的执法原则；监督检查时须出示有效的监督执法证件；对检查单位的技术秘密、业务秘密尽到保密义务。

(11) 2014年修正的《安全生产法》主要增加了几个亮点：一是强化了生产经营单位的主体责任；二是加大了对责任人和责任企业的处罚力度；三是建立安全生产违法行为信息库，并可以向社会公示；四是建立了安全生产标准化制度、注册安全工程师制度、安全生产责任保险制度、应急救援制度等新安全管理制度。

任务 2 建筑安全生产管理的方针和原则

建设工程安全生产管理是指建设行政主管部门、建筑安全监督管理机构、建筑施工企业及有关单位对建筑生产过程中的安全工作，进行策划、组织、监督、控制、紧急救援等一系列管理活动。

一、建筑安全生产管理的方针

《安全生产法》第一章第三条中规定：安全生产工作坚持"安全第一、预防为主、综合治理"的方针，强化和落实生产经营单位的主体责任，建立生产经营单位负责、职工参与、政府监管、行业自律和社会监督的机制。

所谓"安全第一"，就是指在生产经营活动中，在处理保证安全与实现生产经营活动的其他各种目标的关系上，要始终把安全，特别是从业人员和其他人员的人身安全放在首要的位置，实现"安全优先"的原则，在确保安全的前提下，再来努力实现生产经营的其他目标。

所谓"预防为主"，就是指对生产安全的管理，主要不是放在发生事故后去组织抢救、进行事故调查、找原因、追究责任、堵漏洞，而是要谋事在先，尊重科学、探索规律，采取有效控制措施，千方百计预防事故的发生，做到防患于未然，将事故消灭在萌芽状态。虽然人类在生产活动中还不可能完全杜绝安全事故的发生，但只有在思想上引起足够的重视，在预防上措施得当，事故特别是重大事故的发生还是可以大大减少的。

所谓"综合治理"，就是要求秉承"安全发展"的理念，从遵循和适应安全生产的规律出发，综合运用法律、经济、行政等手段，人管、法管、技防等多管齐下，并充分发挥社会、职工、舆论的监督作用，从责任、制度、培训等多方面着力，形成标本兼治、齐抓共管的格局。

安全第一、预防为主、综合治理是开展安全生产管理工作总的指导方针，是一个完整的体系，是相辅相成、辩证统一的整体。安全第一是原则，预防为主是手段，综合治理是方法。安全第一是预防为主、综合治理的统帅和灵魂，没有安全第一的思想，预防为主就失去了思想支撑，综合治理就失去了整治依据。预防为主是实现安全第一的根本途径，只有把安全生产的重点放在建立事故预防体系上，超前采取措施，才能有效防止和减少事故。只有采取综合治理，才能实现人、机、物、环境的统一，实现本质安全，真正把安全第一、预防为主落到实处。

二、建筑安全生产管理的原则

在我国长期的安全生产管理中，建筑安全生产管理原则主要是"三个必须"（管业务必须管安全、管行业必须管安全、管生产经营必须管安全)和谁主管谁负责。

"三个必须"是指安全工作在生产过程之中,应该把安全和生产统一起来。生产中人、材料、机械设备、环境等都处于危险状态,生产则得不到必要的保证,当生产有了安全保障,才能持续、稳定发展。安全管理是生产管理的重要组成部分,安全与生产在实施过程中,三者存在着密不可分的联系,而且互为补充。

谁主管谁负责是指主管建筑生产的单位和人员应对建筑生产的安全负责,又可称为安全生产责任首问制度。例如,各级建设主管部门的行政第一负责人是本地区建筑安全生产的第一责任人,对所辖区域建筑安全生产的行业管理负全面责任;企业法定代表人是本企业安全生产的第一责任人,对本企业的建筑安全生产负全面责任;项目经理是本项目的安全生产第一责任人,对项目施工中贯彻落实安全生产的法规、标准负全面责任;项目总监理工程师是本项目的安全监理第一责任人,对项目施工管理过程中贯彻落实安全生产的法规、标准负全面责任。这两项原则是建筑安全生产应遵循的基本原则,也是建筑安全生产的重要保证。

任务 3 建筑安全生产管理的监督管理制度

一、施工安全生产许可制度

1. 申请领取安全生产许可证的条件

《安全生产许可证条例》规定,企业取得安全生产许可证应当具备12项安全生产条件,据此,建设部结合建筑施工企业的特点,于2004年7月发布施行了《建筑施工企业安全生产许可证管理规定》。

该规定所称建筑施工企业,是指从事土木工程、建筑工程、线路管道和设备安装工程及装修工程的新建、扩建、改建和拆除等有关活动的企业。

《建筑施工企业安全生产许可证管理规定》中将建筑施工企业取得安全生产许可证应当具备安全生产条件具体规定为:

① 建立、健全安全生产责任制,制定完备的安全生产规章制度和操作规程。
② 保证本单位安全生产条件所需资金的投入。
③ 设置安全生产管理机构,按照国家有关规定配备专职安全生产管理人员。
④ 主要负责人、项目负责人、专职安全生产管理人员经建设主管部门或者其他有关部门考核合格。
⑤ 特种作业人员经有关业务主管部门考核合格,取得特种作业操作资格证书。
⑥ 管理人员和作业人员每年至少进行一次安全生产教育培训并考核合格。
⑦ 依法参加工伤保险,依法为施工现场从事危险作业的人员办理意外伤害保险,为从业人员交纳保险费。
⑧ 施工现场的办公、生活区及作业场所和安全防护用具、机械设备、施工机具及配件符合有关安全生产法律、法规、标准和规程的要求。
⑨ 有职业危害防治措施,并为作业人员配备符合国家标准或者行业标准的安全防护用具和安全防护服装。

⑩ 有对危险性较大的分部分项工程及施工现场易发生重大事故的部位、环节的预防、监控措施和应急预案。

⑪ 有生产安全事故应急救援预案、应急救援组织或者应急救援人员,配备必要的应急救援器材、设备。

⑫ 法律、法规规定的其他条件。

2. 安全生产许可证的有效期和政府监管的规定

1) 安全生产许可证的申请

建筑施工企业从事建筑施工活动前,应当依法申请领取安全生产许可证。建筑施工企业向企业注册所在地省、自治区、直辖市人民政府建设主管部门申请领取安全生产许可证。

建筑施工企业申请安全生产许可证时,应当向建设主管部门提供下列材料:

① 建筑施工企业安全生产许可证申请表;

② 企业法人营业执照;

③ 与申请安全生产许可证应当具备的安全生产条件相关的文件、材料。

建筑施工企业申请安全生产许可证,应当对申请材料实质内容的真实性负责,不得隐瞒有关情况或者提供虚假材料。

2) 安全生产许可证的有效期

《安全生产许可证条例》的规定:安全生产许可证的有效期为3年。安全生产许可证有效期满需要延期的,企业应当于期满前3个月向原安全生产许可证颁发管理机关办理延期手续。企业在安全生产许可证有效期内,严格遵守有关安全生产的法律法规,未发生死亡事故的,安全生产许可证有效期届满时,经原安全生产许可证颁发管理机关同意,不再审查,安全生产许可证有效期延期3年。

3) 政府监管

根据《安全生产许可证条例》和《建筑施工企业安全生产许可证管理规定》,建筑施工企业未取得安全生产许可证的,不得从事建筑施工活动。

建设主管部门在审核发放施工许可证时,应当对已经确定的建筑施工企业是否有安全生产许可证进行审查,对没有取得安全生产许可证的,不得颁发施工许可证。企业不得转让、冒用安全生产许可证或者使用伪造的安全生产许可证。企业取得安全生产许可证后,不得降低安全生产条件,并应当加强日常安全生产管理,接受安全生产许可证颁发管理机关的监督检查。安全生产许可证颁发管理机构发现企业不再具备安全生产条件的,应当暂扣或者吊销安全生产许可证。

安全生产许可证颁发管理机关或者其上级行政机关发现有下列情形之一的可以撤销已经颁发的安全生产许可证。

① 安全生产许可证颁发管理机关工作人员滥用职权、玩忽职守颁发安全生产许可证的;

② 超越法定职权颁发安全生产许可证的;

③ 违反法定程序颁发安全生产许可证的;

④ 对不具备安全生产条件的建筑施工企业颁发安全生产许可证的;

⑤ 依法可以撤销已经颁发的安全生产许可证的其他情形。

3. 违法行为应承担的法律责任

安全生产许可证违法行为主要有以下几种。

(1) 未取得安全生产许可证擅自从事施工活动应承担的法律责任。

《安全生产许可证条例》规定:未取得安全生产许可证擅自进行生产的,责令停止生产,没收违法所得,并处 10 万元以上 50 万元以下的罚款;造成重大事故或者其他严重后果,构成犯罪的,依法追究刑事责任。

《建筑施工企业安全生产许可证管理规定》进一步规定,建筑施工企业未取得安全生产许可证擅自从事建筑施工活动的,责令其在建项目停止施工,没收违法所得,并处 10 万元以上 50 万元以下的罚款;造成重大安全事故或者其他严重后果,构成犯罪的,依法追究刑事责任。

(2) 安全生产许可证有效期满未办理延期手续继续从事施工活动应承担的法律责任。

《安全生产许可证条例》规定,安全生产许可证有效期满未办理延期手续,继续进行生产的,责令停止生产,限期补办延期手续,没收违法所得,并处 5 万元以上 10 万元以下的罚款;逾期仍不办理延期手续,继续进行生产的,依照未取得安全生产许可证擅自进行生产的规定处罚。

《建筑施工企业安全生产许可证管理规定》进一步规定,安全生产许可证有效期满未办理延期手续,继续从事建筑施工活动的,责令其在建项目停止施工,限期补办延期手续,没收违法所得,并处 5 万元以上 10 万元以下的罚款;逾期仍不办理延期手续,继续从事建筑施工活动的,依照未取得安全生产许可证擅自从事建筑施工活动的规定处罚。

(3) 转让安全生产许可证等应承担的法律责任。

《安全生产许可证条例》规定:转让安全生产许可证的,没收违法所得,处 10 万元以上 50 万元以下的罚款,并吊销其安全生产许可证;构成犯罪的,依法追究刑事责任;接受转让的,依照未取得安全生产许可证擅自进行生产的规定处罚。冒用安全生产许可证或者使用伪造的安全生产许可证的,依照未取得安全生产许可证擅自进行生产的规定处罚。

《建筑施工企业安全生产许可证管理规定》进一步规定,建筑施工企业转让安全生产许可证的,没收违法所得,处 10 万元以上 50 万元以下的罚款,并吊销安全生产许可证;构成犯罪的,依法追究刑事责任;接受转让的,依照未取得安全生产许可证擅自从事建筑施工活动的规定处罚;冒用安全生产许可证或者使用伪造的安全生产许可证的,依照未取得安全生产许可证擅自从事建筑施工活动的规定处罚。

(4) 以不正当手段取得安全生产许可证应承担的法律责任。

《建筑施工企业安全生产许可证管理规定》中规定,建筑施工企业隐瞒有关情况或者提供虚假材料申请安全生产许可证的,不予受理或者不予颁发安全生产许可证,并给予警告,1 年内不得申请安全生产许可证。

建筑施工企业以欺骗、贿赂等不正当手段取得安全生产许可证的,撤销安全生产许可证,3 年内不得再次申请安全生产许可证;构成犯罪的,依法追究刑事责任。

(5) 暂扣安全生产许可证并限期整改的规定。

《建筑施工企业安全生产许可证管理规定》中规定,取得安全生产许可证的建筑施工企业,发生重大安全事故的,暂扣安全生产许可证并限期整改。

建筑施工企业不再具备安全生产条件的,暂扣安全生产许可证并限期整改;情节严重的,吊销安全生产许可证。

(6) 颁发机关工作人员违法行为应承担的法律责任。

《安全生产许可证条例》规定,安全生产许可证颁发管理机关工作人员有下列行为之一的,给予降级或者撤职的行政处分,构成犯罪的,依法追究刑事责任:

① 向不符合本条例规定的安全生产条件的企业颁发安全生产许可证的;
② 发现企业未依法取得安全生产许可证擅自从事生产活动,不依法处理的;
③ 发现取得安全生产许可证的企业不再具备本条例规定的安全生产条件,不依法处理的;
④ 接到对违反本条例规定行为的举报后,不及时处理的;
⑤ 在安全生产许可证颁发、管理和监督检查工作中,索取或者接受企业的财物,或者谋取其他利益的。

二、工程建设安全生产责任制度

安全生产责任制度,是指由企业主要负责人应负的安全生产责任,其他各级管理人员、技术人员和各职能部门应负的安全生产责任,直到各岗位操作人员应负的岗位安全生产责任所构成的企业安全生产制度。只有从企业主要负责人到各岗位操作人员人人都明确各自的安全生产责任,人人都按照自己的职责做好安全生产工作,企业的安全生产才能落到实处,从而得到充分的保障。

1. 企业主要负责人的责任

安全生产工作是企业管理中的重要内容,涉及企业生产经营活动的各个方面,它除对单位的生产经营有重要影响外,对社会公共安全也有重大影响,所以,法律规定必须由企业"一把手"挂帅,统筹协调,全面负责,这既是对本单位的负责,也是对社会应负的责任。生产经营单位可以安排副职负责人分管安全生产工作,但不能因此减轻或免除主要负责人对本单位安全生产工作所应负的全面责任。《安全生产法》规定,生产经营单位的主要负责人,对本单位的安全生产负有下列责任:

① 建立、健全本单位安全生产责任制;
② 组织制定本单位安全生产规章制度和操作规程;
③ 组织制订并实施本单位安全生产教育和培训计划;
④ 保证本单位安全生产投入的有效实施;
⑤ 督促、检查本单位的安全生产工作,及时消除生产安全事故隐患;
⑥ 组织制订并实施本单位的生产安全事故应急救援预案;
⑦ 及时、如实报告生产安全事故。

生产经营单位应当具备的安全生产条件所必需的资金投入,由生产经营单位的决策机构、主要负责人或者个人经营的投资人予以保证,并对由于安全生产所必需的资金投入不足导致的后果承担责任。

2. 各级管理人员的责任

结合建筑企业及建设工程的特点,相关法规对各级管理人员的责任也做了明确规定:企业总工程师(技术负责人)对本企业劳动保护和安全生产的技术工作负总的责任;项目经理、施工队长、车间主任应对本单位劳动保护和安全生产负具体领导责任;)工长、施工员对所管工程的安全生产负直接责任;企业中的生产、技术、材料等各职能机构,都应在各自的业务范围内,对实现安全生产的要求负责。

企业应根据实际情况,建立安全机构,并按照职工总数配备相应的专职人员(一般为2‰~5‰),负责安全管理工作和安全监督检查工作。其主要的职责是:

① 贯彻执行有关安全技术劳动保护法规;

② 做好安全生产的宣传教育和管理工作,总结交流推广先进经验;

③ 经常深入基层,指导下级安全技术人员的工作,掌握安全生产情况,调查研究生产中的不安全问题,提出改进意见和措施;

④ 组织安全活动和定期检查;

⑤ 参加审查施工组织设计(施工方案)和编制安全技术措施计划,并对贯彻执行情况进行督促检查;

⑥ 与有关部门共同做好新工人、特种工人的安全技术训练、考核和发证工作;

⑦ 进行工伤事故统计、分析和报告,参加工伤事故的调查和处理;

⑧ 禁止违章指挥和违章作业,遇有严重险情,有权暂停生产,并报告领导处理。

3. 从业人员的责任

从业人员是指在生产经营单位中从事经营活动的人员,他们包括直接操作人员、工程操作人员、管理人员、服务人员等。由于安全生产贯穿于生产的全过程,它依赖于每道工序、每个个人的有机衔接和有效配合,每个从业人员的行为都直接关系到安全生产的实施与成效,因此,每个从业人员都要从自身角度对本单位的安全生产承担责任。《安全生产法》规定,从业人员应承担以下主要责任与义务:

① 作业过程中,应严格遵守本单位的安全生产规章制度和操作规程,服从管理,正确佩戴和使用劳动防护用品;

② 应当接受安全生产教育和培训,掌握本职工作所需的安全生产知识,提高安全生产技能,增强事故预防和应急处理能力;

③ 发现事故隐患或其他不安全因素,应立即向现场安全生产管理人员或本单位负责人报告。

三、建筑工程安全生产的教育培训制度

安全生产教育和培训是安全生产管理工作的一个重要组成部分,是实现安全生产的一项重要的基础性工作。生产安全事故的发生,不外乎人的不安全行为和物的不安全状态两种原因,而在我国由于人的不安全行为所导致的生产安全事故数量在事故总数中占有很大比重。因此,对从业人员进行安全生产教育和培训,控制人的不安全行为,对减少生产安全事故是极为重要的。通过安全生产教育和培训,可以使广大劳动者正确按规章办事,严格执行安全生产操作规程,认识和掌握生产中的危险因素和生产安全事故的发生规律,并正确运用科学技术知识加以治理和预防,及时发现和消除隐患,保证安全生产。

《安全生产法》第二十五条规定:生产经营单位应当对从业人员进行安全生产教育和培训,保证从业人员具备必要的安全生产知识,熟悉有关的安全生产规章制度和安全操作规程,掌握本岗位的安全操作技能,了解事故应急处理措施,知悉自身在安全生产方面的权利和义务。未经安全生产教育和培训合格的从业人员,不得上岗作业。

生产经营单位使用被派遣劳动者的,应当将被派遣劳动者纳入本单位从业人员统一管理,对被派遣劳动者进行安全岗位安全操作规程和安全操作技能的教育和培训。劳务派遣单位应当对被派遣劳动者进行必要的安全生产教育和培训。

生产经营单位接收中等职业学校、高等学校学生实习的,应当对实习学生进行相应的安全生产教育和培训,提供必要的劳动防护用品。学校应当协助生产经营单位对实习学生进行安全生产教育和培训。

生产经营单位应当建立安全生产教育和培训档案,如实记录安全生产教育和培训的时间、内容、参加人员以及考核结果等情况。

安全生产教育和培训内容,《安全生产法》及相关法规也做出了规定,主要有以下几个方面。

1. 安全生产的方针、政策、法律、法规以及安全生产规章制度的教育培训

对所有从业人员都要进行经常性的教育,对企业各级领导干部,要定期轮训,使其提高政策、思想水平,熟悉安全生产技术及相关业务,做好安全工作。

2. 安全操作技能的教育与培训

对安全技能的教育与培训,我国目前一般采用入厂教育、车间教育和现场教育多环节的方式进行,对新工人(包括合同工、临时工、学徒工、实习和代培人员)必须进行入厂(公司)安全教育。教育内容包括安全技术知识、设备性能、操作技能、安全制度和严禁事项,并经考试合格后,方可进入操作岗位。

3. 特种作业人员的安全生产教育和培训

特种作业,是指容易发生人员伤亡事故,对操作者本人、他人及周围设施的安全有重大危害的作业。根据现行规定,它大致包括电工、金属焊接切割、起重机械、机动车辆驾驶、登高架设、锅炉、压力容器操作、制冷、爆炸等作业。特种作业人员的工人,存在的危险因素很多,很容易发生安全事故,因此,对他们必须进行专门的培训教育,提高其认识,增强其技能,以减少其失误,这对防止和减少生产安全事故具有重要意义。相关法规规定,电工、焊工、架子工、司炉工、爆破工、机械工及起重机、打桩机和各种机动车辆司机等特殊工种工人,除进行一般安全教育外,还要经过本工种的安全技术教育,经考试合格发证后,方可获准独立操作,每年还要进行一次复查。

4. 采用新工艺、新技术、新材料、新设备时的教育与培训

在采用新工艺、新技术、新材料、新设备时,如对其原理、操作规程、存在的危险因素、防范措施及正确处理方法没有清楚的了解,就极易发生生产安全事故,且一旦事故发生也不能有效控制而导致损失扩大。因此,必须事先进行培训,使相关人员了解和掌握其安全技术特性,以采取有效的安全防护措施,防止和减少生产安全事故的发生。相关法规规定:采用新工艺、新技术、新材料、新设备施工和调换工作岗位时,要对操作人员进行新技术操作和新岗位的安全教育,未经教育不得上岗操作。

四、建设工程安全生产的监督检查制度

保障社会的安定和人民的安全是国家应承担的责任,而安全生产涉及社会及广大人民群众的生命财产安全,因此,政府必须对安全生产加强监督管理。《安全生产法》及相关法规都有明确规定。

1. 县级以上地方人民政府的监督管理

县级以上各地方人民政府应根据本行政区域内的安全生产状况,组织有关部门按照职责分工,对本行政区域容易发生重大安全事故的生产经营单位进行严格检查,发现事故隐患,应及时处理。检查可以是定期的,也可以是不定期的,可以是综合性的,也可以是专项的。

2. 各级负责安全生产监督管理部门的监督管理

目前负责安全生产监督管理的部门,在中央是国务院安全生产监督管理局,在地方各级是

依法成立的负责安全生产监督的机构。其主要职责是：依法对有关涉及安全生产的事项进行审批、验收；对生产经营单位执行有关安全生产的法律、法规和国家标准或行业标准的情况进行监督检查；组织对重大事故的调查处理及对违反安全生产法律规定的行为进行行政处罚等。

《安全生产法》还规定，负有安全生产监督管理职责的部门对涉及安全生产的事项进行审查、验收时，不得收取费用；不得要求接受审查、验收的单位购买其指定品牌或指定生产销售单位的安全设备、器材或其他产品。

安全生产监督管理部门派出的监督检查人员在执行监督检查任务时，必须出示有效的监督执法证件；对涉及的被检查单位的技术秘密和业务秘密，应有保密责任。对检查的时间、地点、内容、发现的问题及其处理情况，应做出书面记录，并由检查人员和被检查单位的负责人签字，检查人员应将情况记录在案，并向负有安全生产监督管理职责的部门报告。

生产经营单位对安全生产监督管理部门派出的监督检查人员依法履行的监督检查，应予以配合，不得拒绝或阻挠，但监督检查活动也不得影响被检查单位的正常生产经营活动。

3. 行业行政主管部门对本行业安全生产的监督管理

依照国务院"三定"方案的规定，房屋建筑工程、市政工程等建设工程的安全生产的监督工作由住房和城乡建设部负责，其主要职责是按照保障安全生产的要求，依法及时制定或修订建筑业的国家标准或行业标准，并督促、检查标准的严格执行。这些标准包括：生产场所的安全标准；生产作业、施工的工艺安全标准；安全设备、设施、器材和安全防护用品的产品安全标准及有关建筑生产安全的基础性和通用性标准等。

4. 生产经营单位对安全生产的监督管理

生产经营单位在日常的生产经营活动中，必须加强对安全生产的监督管理，对存在较大危险因素的场地、设备及施工作业，更应依法进行重点检查、管理，以防生产安全事故的发生。《安全生产法》对此做出了明确规定：

① 建筑施工企业及其他存在较多危险因素的生产经营单位，从业人员超过300人的，应设置安全生产管理机构或配备专职的安全生产管理人员；从业人员在300人以下的，应配备专职或兼职的安全生产管理人员。

② 生产经营单位的安全生产管理人员应当根据本单位的生产经营特点，对安全生产状况进行经常性检查。对检查中发现的安全问题，应立即处理。对不能处理的，应该及时报告本单位的有关负责人，检查及处理情况应记录在案。

③ 生产经营单位应教育和督促从业人员严格执行本单位的安全生产规章制度和安全操作规程。并向从业人员如实告知作业场所和工作岗位存在的危险因素，防范措施以及事故应急措施。

④ 生产经营单位进行爆破、吊装等危险作业，应安排专门人员进行现场安全管理，确保操作规程的遵守和安全措施的落实。

⑤ 生产经营单位对危险物品大量聚集的重大危险源应当登记建档，进行定期检测、评估、监控并制订应急预案，告知从业人员和相关人员在紧急情况下应当采取的应急措施。

⑥ 生产经营单位不得使用国家明令淘汰，禁止使用的危及生产安全的工艺、设备。对使用的安全设备必须进行经常性维护、保养，并定期检测，以保证正常运转。维护、保养、检测应当做好记录，并由有关人员签字。

⑦ 生产经营单位使用涉及生命安全，危险性较大的特种设备（如锅炉、压力容器、电梯、起重

机械等)以及危险物品(如易燃易爆品、危险化学品等)的容器、运输工具,必须是按照国家有关规定,由专业生产单位,并且必须经具有专业资质的检测、检验机构检测合格,取得安全使用或者安全标志后,方可投入使用。

⑧ 生产经营单位应当在存有较大危险因素的生产经营场所和有关设施、设备上,设置明显的安全警示。

相关法规还对建筑企业的安全生产检查做出了具体规定,要求建筑企业除应经常驻机构进行安全生产检查外,还要组织定期检查,监督。企业每月,分公司每月,施工队每半月组织一次检查。检查要有重点、有标准,要评比计分,列入本单位考核内容。检查以自查为主,互查为辅。以查思想、查制度、查记录、查领导、查隐患等"五查"为主要内容。要结合季节特点开展防洪、防雷电、防坍塌、防高处坠落、防煤气中毒等"五防"检查。

对查出的隐患不能立即整改的,要建立登记、整改、检查、销项制度。要制订整改计划、定人、定措施、定经费、定完成日期等"五定"措施。在隐患没有消除前,必须采取可靠的防护措施,如有危及人身安全的紧急险情,应立即停止作业。

5. 社会对安全生产的监督管理

安全生产涉及全社会的利益,是全社会共同关注的问题,因此可以动员全社会的力量来对安全生产进行监督管理。为此,《安全生产法》规定居民委员会、村民委员会发现其所在的区域内的生产经营单位存在事故隐患或者安全生产违法时,应该向当地人民政府或者有关部门报告。

任何单位和个人对事故隐患和安全违法行为,均有向安全生产监督管理部门报告或者举报的权利。安全生产监督管理部门应该建立举报制度,公开举报电话、信箱或者电子邮件地址。

承担安全评价、认证、检测、检验的机构应当具备国家规定的资质条件,并对其做出的安全评价、认证、检测、检验的结果负责。

新闻、出版、广播、电影、电视等单位有进行安全生产公益宣传教育的义务,有对违反安全生产法律、法规的行为进行舆论监督的权利。

负有安全生产监督管理职责的部门应当建立安全生产违法行为信息库,记录生产经营单位的安全生产违法行为信息;对违法行为情节严重的生产经营单位,可以向社会公示,并可以通报行业主管部门、投资主管部门、国土资源主管部门、证券监督管理机构以及有关金融机构。

五、建设工程安全生产的劳动保护制度

1. 从业人员的权利

从业人员往往直接面对生产经营活动中的不安全因素,生命和健康安全最容易受到威胁,而生产经营单位从追求利益最大化的立场出发,往往容易忽略甚至故意减少对从业人员人身安全的保障。为使从业人员人身安全得到切实保护,法律特别赋予从业人员以自我保护的权利。

1) 签订合法劳动合同权

生产经营单位与从业人员订立的劳动合同,应当载明有关保障从业人员劳动安全,防止职业危害的事项,以及依法为从业人员办理工伤社会保险的事项。生产经营单位不得以任何形式与从业人员订立协议,免除或者减轻其对从业人员因为生产安全事故伤亡依法应承担的责任。

2) 知情权

生产经营单位的从业人员有权了解其作业场所和工作岗位存在的危险因素,防范措施及其

事故应急措施,生产经营单位应该主动告知有关实情。

3) 建议、批评、检举、控告权

生产安全与从业人员的生命安全与健康息息相关,因此从业人员有权参与本单位生产安全方面的民主管理与民主监督;对本单位的安全生产工作提出意见和建议;对本单位安全生产中存在的问题提出批评、检举和控告。生产经营单位不得因此而降低其工资,福利待遇或者解除与其订立的劳动合同。

4) 对违章指挥、强令冒险作业的拒绝权

对生产经营单位的负责人,生产管理人员和工程技术人员违反规章制度,不顾从业人员的生命安全与健康,指挥从业人员进行生产活动的行为,以及在存有危及人身安全的危险因素而又无相应安全保护措施的情况下,强迫命令从业人员冒险进行作业的行为,从业人员都依法享有拒绝服从指挥和命令的权利。生产经营单位不得因此而采取降低工资,福利待遇,解除劳动合同等惩罚、报复手段。

5) 停止作业及紧急撤离权

从业人员发现直接危及人身安全的紧急情况时,有权停止作业或者在采取可能的应急措施后撤离作业场所。生产经营单位不得因从业人员在前款紧急情况下停止作业或者采取紧急撤离措施而降低其工资、福利等待遇或者解除与其订立的劳动合同。

6) 依法获得赔偿权

《安全生产法》规定,因为生产安全事故受到损害的从业人员,除依法享有工伤保险外,依照有关民事法律尚有获得赔偿的权利,还有权向本单位提出赔偿要求,生产经营单位应依法予以赔偿。

2. 工会对从业人员安全生产权利的保护

工会是职工依法组成的工人阶级的群众组织,《中华人民共和国工会法》规定,维护职工合法权益是工会的基本职责。《安全生产法》从安全生产的角度进一步明确了工会维护职工生命健康与安全的相关权利。

工会组织依法对安全生产工作进行监督。生产经营单位的工会依法组织职工参加本单位安全生产工作的民主管理和民主监督,维护职工在安全生产方面的合法权益。生产经营单位制定或者修改有关安全生产的规章制度,应当听取工会的意见。

工会有权对建设项目的安全设施与主体工程同时设计、同时施工、同时投入生产和使用进行监督,提出意见。

工会对生产经营单位违反安全生产法律、法规,侵犯从业人员合法权益的行为,有权要求纠正;发现生产经营单位违章指挥、强令冒险作业或者发现事故隐患时,有权提出解决的建议,生产经营单位应当及时研究答复;发现危及从业人员生命安全的情况时,有权向生产经营单位建议组织从业人员撤离危险场所,生产经营单位必须立即做出处理。

工会有权依法参加事故调查,向有关部门提出处理意见,并要求追究有关人员的责任。

3. 生产经营单位在劳动保护方面的职责

1) 提供劳动保护用品

劳动保护用品是保护职工安全必不可少的辅助措施,在某种意义上来说,它是劳动者防止职业伤害的最后一道屏障,因此,《安全生产法》规定,生产经营单位必须为从业人员提供符合国家标准或者行业标准的劳动保护用品,如"安全三宝一器"即安全帽、安全带、安全网与漏电保护器,并监督从业人员按照使用规则佩戴、使用,并明确要求生产经营单位应该安排用于配备劳动保护用品和进行安全生产培训的经费。

2)参加工伤社会保险

社会保险是国家和用人单位依照法律规定或者合同约定,在与用人单位存在劳动关系的劳动者暂时或者永久丧失劳动能力以及暂时失业时,为保证其基本生活需要,给予物质帮助的一种社会保障制度,它是社会保障体系的一个重要组成部分。我国目前已经建立起的社会保险包括养老保险、失业保险以及工伤保险等。其中工伤保险是指职工在劳动过程中因为生产安全事故或者患有职业病,暂时或者永久丧失劳动能力时,在医疗和生活上获得物质帮助的社会保险制度。《安全生产法》规定,生产经营单位必须依法参加工伤社会保险,为从业人员缴纳保险费。国家鼓励生产经营单位参加安全生产责任保险,具体办法由国务院安全生产监督管理部门会同国务院保险监督管理机构制定。

《建筑法》还规定,建筑施工企业必须为从事危险作业的职工办理意外伤害保险,支付保险费。这就是说,只要是从事危险作业的人员,不论是固定工,还是合同工,不论是正式工,还是农民工,其所在的建筑施工企业都必须为其办理意外伤害保险,并支付保险费。这种保险是强制的,它从法律上保障了职工意外伤害的经济补偿权利。

3)日常生产经营活动中的劳动保护

生产经营单位必须切实加强管理,保证职工在生产过程中的安全和健康,促进行业的发展。企业要努力改善劳动条件,注意劳逸结合,制定以防止工伤事故、职工中毒和职业病为内容的安全技术措施,长远规划和年度计划,并组织实施。要加强季节性劳动保护工作。夏季要防暑降温,冬季要防寒防潮,防止煤气中毒,雨季和台风来临之前,应对临时设施和电气设备进行检修,沿河流域的工地要做好防洪抢险准备,雨雪过后要采取防滑措施。

建筑施工企业在施工过程中,应遵守有关安全生产的法律法规和建筑行业的安全规章规程。企业法定代表人、项目经理、生产管理人员和工程技术人员不得违章指挥,强令作业人员违章作业,如因违章指挥令职工冒险作业,而发生重大伤亡事故或者造成其他严重后果的,要依法追究其刑事责任。

建筑施工企业及其他存在较多危险因素的单位应建立应急救援组织,如生产经营规模较小,则可不建立救援组织,但应指定兼职的应急救援人员,这些单位还必须配备必要的应急救援器材、设备,并进行经常性的维护保养,保证正常运转。

4)加强对女职工和未成年人的特殊保护

生产经营单位应根据女职工的不同生理特点和未成年工的身体发育情况,进行特殊保护。我国劳动法禁止安排女职工从事矿山井下、国家规定的第四级体力劳动强度的劳动和其他禁忌从事的劳动。不得安排女职工在经期从事高处、低温、冷水作业和国家规定的第三级体力劳动强度的劳动。不得安排女职工在怀孕期间从事国家规定的第三级体力劳动强度的劳动和孕期禁忌从事的劳动。对怀孕7个月以上的女职工,不得安排其延长工作时间以及夜班劳动。女职工生育享受不少于90天的产假。不得安排女职工在哺乳未满一周岁的婴儿期间从事国家规定的第三级体力劳动强度的劳动和哺乳期间禁忌从事的其他劳动,不得安排其延长工作时间和夜班劳动。

我国法律严禁雇佣未满16周岁的童工,对已满16周岁但尚未成年的职工,不得安排其从事矿山井下、有毒有害、国家规定的第四级体力劳动强度的劳动和其他禁忌从事的劳动。用人单位应当对未成年工定期进行健康检查。

任务 4 安全责任体系

建筑工程施工项目在建设中参建的单位主要有建设单位、勘察单位、设计单位、施工单位、工程监理单位及其他有关的单位,《建设工程安全生产管理条例》规定,参建单位必须遵守安全生产法律、法规的规定,保证建设工程安全生产,依法承担建设工程安全生产责任。

一、建设单位相关安全责任

建设单位为建设工程项目的投资方或建设方,在整个工程建设中居于主导地位。但长期以来,对建设单位的监督管理不够重视,对其安全责任也没有明确规定,由于建设单位的行为不规范,将直接或者间接导致安全事故的发生。因此,《建设工程安全生产管理条例》中明确规定,建设单位必须遵守安全生产法律、法规的规定,保证建设工程安全生产,依法承担建设工程安全生产的责任。

1. 依法办理有关批准手续

《建筑法》规定,有下列情形之一的,建设单位应当按照国家有关规定办理申请批准手续:

① 需要临时占用规划批准范围以外场地的;
② 可能损坏道路、管线、电力、邮电通信等公共设施的;
③ 需要临时停水、停电、中断道路交通的;
④ 需要进行爆破作业的;
⑤ 法律、法规规定需要办理报批手续的其他情形。

2. 向施工单位提供真实、准确和完整的有关资料

《建筑法》规定,建设单位应当向建筑施工企业提供与施工现场相关的地下管线资料,建筑施工企业应当采取措施加以保护。

《建设工程安全生产管理条例》进一步规定,建设单位应当向施工单位提供施工现场及毗邻区域内供水、排水、供电、供气、供热、通信、广播电视等地下管线资料,气象和水文观测资料,相邻建筑物和构筑物、地下工程的有关资料,并保证资料的真实、准确、完整。

3. 不得提出违法要求和随意压缩合同工期

《建设工程安全生产管理条例》规定,建设单位不得对勘察、设计、施工、工程监理等单位提出不符合建设工程安全生产法律、法规和强制性标准规定的要求,不得压缩合同约定的工期。

合同工期,是指在正常建设条件下,采取科学合理的施工工艺和管理方法,以现行国家颁布的工期定额为基础,结合项目建设的具体情况而定的是投资方与各参建单位均能获得满意的经济效益的工期。

4. 编制工程概算时应当确定建设工程安全费用

《建设工程安全生产管理条例》第二章第八条规定,建设单位在编制工程概算时,应当确定建设工程安全作业环境及安全施工措施所需费用。

工程概算,是指在初步设计阶段,根据初步设计的图纸、概算定额和概算指标、费用定额及其他有关文件,概略计算的拟建工程费用。建设单位在编制工程概算时,应当确定建设工程安全作业环境及安全施工措施所需费用,并向施工单位提供相应的费用。

5. 不得要求购买、租赁和使用不符合安全施工要求的用具设备等

建设单位不得明示或者暗示施工单位购买、租赁、使用不符合安全施工要求的安全防护用具、机械设备、施工机具及配件、消防设施和器材。

6. 申领施工许可证时应当提供有关安全施工措施的资料

按照《建筑法》规定,申请领取施工许可证应当具备的条件之一,就是"有保证工程质量和安全的具体措施"。

《建设工程安全生产管理条例》进一步规定,建设单位在申请领取施工许可证时,应当提供建设工程有关安全施工措施的资料。依法批准开工报告的建设工程,建设单位应当自开工报告批准之日起15日内,将保证安全施工的措施报送建设工程所在地的县级以上地方人民政府建设行政主管部门或者其他有关部门备案。

7. 依法实施装修工程和拆除工程

《建筑法》规定,涉及建筑主体和承重结构变动的装修工程,建设单位应当在施工前委托原设计单位或者具有相应资质条件的设计单位提出设计方案;没有设计方案的,不得施工。《建筑法》还规定。建设单位应当在拆除工程施工15日前,将下列资料报送建设工程所在地的县级以上地方人民政府建设行政主管部门或者其他有关部门备案:

① 施工单位资质等级证明;
② 拟拆除建筑物、构筑物及可能危及毗邻建筑的说明;
③ 拆除施工组织方案;
④ 堆放、清除废弃物的措施。

8. 建设单位违法行为应承担的法律责任

《建筑工程安全生产管理条例》规定,建设单位未提供建设工程安全生产作业环境及安全施工措施所需费用的,责令限期改正;逾期未改正的,责令该建设工程停止施工。

建设单位未将保证安全施工的措施或者拆除工程的有关资料报送有关部门备案的,责令限期改正,给予警告。

建设单位有下列行为之一的,责令限期改正,处20万元以上50万元以下的罚款;造成重大安全事故,构成犯罪的,对直接责任人员,依照刑法有关规定追究刑事责任;造成损失的,依法承担赔偿责任:

① 对勘察、设计、施工、工程监理等单位提出不符合安全生产法律、法规和强制性标准规定的要求的;
② 要求施工单位压缩合同约定的工期的;
③ 将拆除工程发包给不具有相应资质等级的施工单位的。

二、勘察、设计单位相关的安全责任

1. 勘察单位的安全责任

《建设工程生产安全管理条例》规定,勘察单位应当按照法律、法规和工程建设强制性标准进行勘察,提供的勘察文件应当真实、准确,满足建设工程安全生产的需要。勘察单位在勘察作业时,应当严格执行操作规程,采取措施保证各类管线、设施和周边建筑物、构筑物的安全。

2. 设计单位的安全责任

在建设工程项目确定后,工程设计就成为工程建设中最重要、最关键的环节,对安全施工项目有着重要的影响。

1) 按照法律、法规和工程建设强制性标准进行设计

《建设工程生产安全管理条例》规定,设计单位应当按照法律、法规和工程建设强制性标准进行设计,防止因设计不合理导致生产安全事故的发生。

2) 提出防范生产安全事故的指导意见和措施建议

设计单位应当考虑施工安全操作和防护的需要,对涉及施工安全的重点部位和环节在设计文件中注明,并对防范生产安全事故提出指导意见。

3) 提出保障施工作业人员安全和预防生产安全事故的措施建议

采用新结构、新材料、新工艺的建设工程和特殊结构的建设工程,设计单位应当在设计中提出保障施工作业人员安全和预防生产安全事故的措施建议。

4) 对设计成果承担责任

"谁设计、谁负责",设计单位和注册建筑师等注册执业人员应当对其设计负责。

3. 勘察、设计单位应承担的法律责任

《建设工程安全生产管理条例》规定,勘察单位、设计单位有下列行为之一的,责令限期改正,处10万元以上30万元以下的罚款;情节严重的,责令停业整顿,降低资质等级,直至吊销资质证书;造成重大安全事故,构成犯罪的,对直接责任人员,依照刑法有关规定追究刑事责任;造成损失的,依法承担赔偿责任:

① 未按照法律、法规和工程建设强制性标准进行勘察、设计的。

② 采用新结构、新材料、新工艺的建设工程和特殊结构的建设工程,设计单位未在设计中提出保障施工作业人员安全和预防生产安全事故的措施建议的。

③ 注册执业人员未执行法律、法规和工程建设强制性标准的,责令停止执业3个月以上1年以下;情节严重的,吊销执业资格证书,5年内不予注册;造成重大安全事故的,终身不予注册;构成犯罪的,依照刑法有关规定追究刑事责任。

三、工程监理、设备检验检测单位相关的安全责任

1. 工程监理单位的安全责任

工程监理是监理单位受建设单位的委托,依照法律、法规和建设工程监理规范的规定,对工程建设实施的管理。监理单位在施工合同签订前,主要是协助建设单位做好施工招标准备的各项工作;在施工合同签订后,监理单位则在建设单位的委托和授权范围内,以施工承包合同为依据,对工程的施工进行全面的监督和管理。工程监理单位主要的安全责任有以下几点。

1) 对安全技术措施或专项施工方案进行审查

《建设工程安全生产管理条例》规定,工程监理单位应当审查施工组织设计中的安全技术措施或者专项施工方案是否符合工程建设强制性标准。

2) 依法对施工安全事故隐患进行处理

工程监理单位在实施监理过程中,发现存在安全事故隐患的,应当要求施工单位整改;情况严重的,应当要求施工单位暂时停止施工,并及时报告建设单位。施工单位拒不整改或者不停

止施工的,工程监理单位应当及时向有关主管部门报告。

3）对建设工程安全生产承担监理责任

工程监理单位和监理工程师应当按照法律、法规和工程建设强制性标准实施监理,并对建设工程安全生产承担监理责任。

工程监理单位有下列行为之一的,责令限期改正,逾期未改正的,责令停业整顿,并处10万元以上30万元以下的罚款,情节严重的,降低资质等级,直至吊销资质证书,造成重大安全事故,构成犯罪的,对直接责任人员,依照刑法有关规定追究刑事责任,造成损失的,依法承担赔偿责任:

① 未对施工组织设计中的安全技术措施或者专项施工方案进行审查的;
② 发现安全事故隐患未及时要求施工单位整改或者暂时停止施工的;
③ 施工单位拒不整改或者不停止施工,未及时向有关主管部门报告的;
④ 未依照法律、法规和工程建设强制性标准实施监理的。

2. 设备检验检测单位的安全责任

《建设工程安全生产管理条例》规定,设备检验检测机构对检测合格的施工起重机械和整体提升脚手架、模板等自升式架设设施,应当出具安全合格证明文件,并对检测结果负责。

《特种设备安全检查条例》规定,特种设备的监督检验、定期检验、型式试验和无损检测应当由经核准的特种设备检验检测机构进行。特种设备检验检测机构,应当依照规定进行检验检测工作,对其检验检测结果、鉴定结论承担法律责任。

四、机械设备等单位相关的安全责任

1. 提供机械设备和配件单位的安全责任

《建筑工程安全生产管理条例》规定,为建设工程提供机械设备和配件的单位,应当按照安全施工的要求配备齐全有效的保险、限位等安全设施和装置。

2. 出租机械设备和施工机具及配件单位的安全责任

出租的机械设备和施工机具及配件,应当具有生产(制造)许可证、产品合格证。出租单位应当对出租的机械设备和施工机具及配件的安全性能进行检测,在签订租赁协议时,应当出具检测合格证明。禁止出租检测不合格的机械设备和施工机具及配件。

3. 施工起重机械和自升式架设设施安装、拆卸单位的安全责任

施工起重机械,是指施工中用于垂直升降或者垂直并水平移动重物的机械设备,如塔式起重机、施工外用电梯、物料提升机等。自升式架设设施,是指通过自有装置可将自身升高的架设设施,如整体提升脚手架、模板等。

1）安装、拆卸施工、起重机械和自升式架设设施必须具备相应的资质

《建设工程安全生产管理条例》规定,在施工现场安装、拆卸施工起重机械和整体提升脚手架、模板等自升式架设设施,必须由具有相应资质的单位承担。

2）编制拆装方案、指定安装措施和现场监督

《建设工程安全生产管理条例》规定,安装、拆卸施工起重机械和整体提升脚手架、模板等自升式架设设施,应当编制拆装方案、制定安全施工措施,并由专业技术人员现场监督。起重机械和自升式架设设施施工方案,应当在安装拆卸前向全体作业人员按照施工方案要求进行安全技

术交底。安装、拆卸单位专业技术人员应按照自己的职责,在作业现场实行全过程监控。

3) 出具自检合格证明、进行安全使用说明、办理验收手续的责任

施工起重机械和整体提升脚手架、模板等自升式架设设施安装完毕后,安装单位应当自检,出具自检合格证明,并向施工单位进行安全使用说明,办理验收手续并签字。

4) 依法对施工起重机械和自升式架设设施进行检测

施工起重机械和整体提升脚手架、模板等自升式架设设施的使用达到国家规定的检验检测期限的,必须经具有专业资质的检验检测机构检测。经检测不合格的,不得继续使用。

5) 机械设备等单位违法行为应承担的法律责任

《建设工程安全生产管理条例》规定,为建设工程提供机械设备和配件的单位,未按照安全施工的要求配备齐全有效的保险、限位等安全设施和装置,责令限期改正,处合同价款 1 倍以上 3 倍以下的罚款;造成损失的,依法承担赔偿责任。

出租单位出租未经安全性能检测或者经检测不合格的机械设备和施工机具及配件的,责令停业整顿,并处 5 万元以上 10 万元以下的罚款;造成损失的,依法承担赔偿责任。

施工起重机械和整体提升脚手架、模板等自升式架设设施安装、拆卸单位有下列行为之一的,责令限期改正,处 5 万元以上 10 万元以下的罚款;情节严重的,责令停业整顿,降低资质等级,直至吊销资质证书;造成损失的,依法承担赔偿责任:

① 未编制拆装方案、制定安全施工措施的;
② 未由专业技术人员现场监督的;
③ 未出具自检合格证明或者出具虚假证明的;
④ 未向施工单位进行安全使用说明,办理移交手续的。

五、政府部门安全监督管理的相关规定

1. 建设工程安全生产的监督管理体系

《建设工程安全生产管理条例》规定,国务院负责安全生产监督管理的部门依照《安全生产法》的规定,对全国建设工程安全生产工作实施综合监督管理。县级以上地方人民政府负责安全生产监督管理的部门依照《安全生产法》的规定,对本行政区域内建设工程安全生产工作实施综合监督管理。

国务院建设行政主管部门对全国的建设工程安全生产实施监督管理。国务院铁路、交通、水利等有关部门按照国务院规定的职责分工,负责有关专业建设工程安全生产的监督管理。

县级以上地方人民政府建设行政主管部门对本行政区域内的建设工程安全生产实施监督管理。县级以上地方人民政府交通、水利等有关部门在各自的职责范围内,负责本行政区域内的专业建设工程安全生产的监督管理。

建设行政主管部门或者其他有关部门可以将施工现场的监督检查委托给建设工程安全监督机构具体实施。

2. 审核发放施工许可证应对安全施工措施进行审查

(1) 建设行政主管部门在审核发放施工许可证时,应当对建设工程是否有安全施工措施进行审查,对没有安全施工措施的,不得颁发施工许可证。

(2) 建设行政主管部门或者其他有关部门对建设工程是否有安全施工措施进行审查时,不得收取费用。

3. 履行安全生产监督检查职责时有权采取的措施

县级以上人民政府负有建设工程安全生产监督管理职责的部门在各自的职责范围内履行安全监督检查职责时,有权采取下列措施:

① 要求被检查单位提供有关建设工程安全生产的文件和资料;
② 进入被检查单位施工现场进行检查;
③ 纠正施工中违反安全生产要求的行为;
④ 对检查中发现的安全事故隐患,责令立即排除;重大安全事故隐患排除前或者排除过程中无法保证安全的,责令从危险区域内撤出作业人员或者暂时停止施工。

4. 组织制订特大事故应急救援预案和组织重大生产安全事故的抢救工作

《安全生产法》规定,县级以上地方各级人民政府应当组织有关部门制订本行政区内特大生产安全事故应急救援预案,建立应急救援体系。

有关地方人民政府和负有安全生产监督管理职责的部门负责人接到重大生产安全事故报告后,应当立即赶到事故现场,组织事故抢救。

5. 淘汰严重危及施工安全的工艺、设备、材料及受理检举、控告和投诉

《建设工程安全生产管理条例》规定,国家对严重危及施工安全的工艺、设备、材料实行淘汰制度。具体目录由国务院建设行政主管部门会同国务院其他有关部门制定并公布。

县级以上人民政府建设行政主管部门和其他有关部门应当及时受理对建设工程生产安全事故及安全事故隐患的检举、控告和投诉。

任务 5 安全生产管理

建设工程施工前,施工单位负责项目管理的技术人员应当对有关安全施工的技术要求向施工作业班组、作业人员做出详细说明,并由双方签字确认。其目的在于强化责任意识,建立健全现场安全责任制度,促进安全生产。

一、施工方案报审制度

建筑施工企业在编制施工组织设计时,应当根据建筑工程的特点制定相应的安全技术措施,对专业性较强的工程项目,应当编制专项安全施工组织设计,并采取安全技术措施。施工单位应当在施工组织设计中编制安全技术措施和施工现场临时用电方案,对下列达到一定规模的危险性较大的分部分项工程编制专项施工方案,并附安全验算结果,经施工单位技术负责人、总监理工程师签字后实施,由专职安全生产管理人员进行现场监督(对达到一定规模标准且危险性较大的工程,由国务院建设行政主管部门会同国务院其他有关部门制定的除外):

① 基坑支护与降水工程;
② 土方开挖工程;
③ 模板工程;
④ 起重吊装工程;
⑤ 脚手架工程;
⑥ 拆除、爆破工程;

⑦ 国务院建设行政主管部门或者其他有关部门规定的其他危险性较大的工程。

对前款所列工程中涉及深基坑、地下暗挖工程、高大模板工程的专项施工方案,施工单位还应当组织专家进行论证、审查。

二、施工现场安全责任制度

施工现场安全由建筑施工企业负责。建设工程实行施工总承包的,由总承包单位对施工现场的安全生产负总责。总承包单位依法将建设工程分包给其他单位的,分包合同中应当明确各自的安全生产方面的权利和义务。总承包单位和分包单位对分包工程的安全生产承担连带责任。分包单位应当服从总承包单位的安全生产管理,分包单位不服从管理导致生产安全事故的,由分包单位承担主要责任。施工现场安全责任制度的具体内容如下。

1. 项目经理安全生产责任制

(1) 认真执行国家安全生产法律、法规以及规章制度;贯彻执行建筑施工安全强制性条文,落实安全防护经费。

(2) 制定本项目的安全管理制度和鉴定本项目部管理人员安全生产责任书。

(3) 组建项目部安全管理机构,配备专(兼)职安全管理人员。

(4) 每月组织一次安全检查和安全设备验收。

(5) 每月组织一次安全例会,组织学习安全知识,通报本月安全生产情况,布置下月安全生产工作,并做好会议记录。

(6) 及时给工人办理建筑意外伤害保险,发生安全事故及时上报,并组织抢救,对事故严格按"四不放过"的原则处理。

(7) 审查项目部管理人员安全管理目标,督促落实并组织定期考核。

(8) 审批安全技术措施,安排人力和物力计划。

(9) 现场施工用电、建筑施工垂直运输设备安装完毕,经自检合格后,向当地法定监测站申报验收。

(10) 组织工人三级安全教育,开展查隐患、查漏洞等形式的安全活动。

(11) 严格控制特种工持证上岗。

(12) 组织开展创安全文明施工现场"达标"活动,不断改善劳动者的工作环境和生活卫生条件。

(13) 审批当月《建筑工程施工安全月报表》。

2. 技术负责人安全生产责任制

(1) 参加项目工程的安全技术交底,并签字登记。

(2) 参加或组织编制安全技术措施,审查安全技术措施的可行性与针对性,并随时检查、监督、落实。

(3) 主持安全防护设施和设备的验收,控制不符合标准要求的防护设备、设施投入使用。

(4) 收集整理现场管理资料,保证检查验收资料与工程进度同步。

(5) 贯彻落实安全生产方针、政策,严格执行安全技术规程,并做记录。

(6) 制定施工组织设计和制订专项方案,细化安全技术措施,制订季节性和针对性施工方案,并制定安全技术交底单,及时解决执行中出现的问题。

(7) 参加安全生产检查,对施工中存在的不安全因素,从技术方面提出整改意见和办法予以消除。

（8）参加、配合因工伤亡及重大未遂事故的调查，从技术上分析事故原因，提出防范措施和意见。

3．安全员安全生产责任制

（1）参加项目部制定有关安全制度、措施，提出建设性意见。

（2）参加对新进场和转岗工人的三级安全教育以及安全技术交底。

（3）参加公司、项目的各种安全检查。

（4）参与班组安全活动，检查班组活动记录。

（5）及时对施工用电设备、塔式起重机、外脚手架等设施组织检验，并定期组织自验收。

（6）主持开展每月安全例会，并邀请领导参加，做好记录。上报每月安全报表。

（7）组织落实施工现场五牌一图、警示牌、安全标语、黑板报等安全宣传活动。

（8）组织学习国家有关安全生产方针、政策和《建筑施工安全检查标准》以及规范规程。

（9）严格遵守本企业、项目的安全管理制度和安全生产责任制。

（10）开展施工现场安全巡查，防止"四大"伤害事故。

（11）参加安全事故的调查处理。

（12）建立本企业、项目的工伤事故档案，发生事故及时上报。

（13）制止违章，执行安全生产奖惩制度，建立奖罚台账。

4．工长安全生产责任制

（1）依据法律法规、规范、标准组织安全生产，贯彻执行施工组织设计和安全技术措施。

（2）参加项目安全达标计划的制订和参加安全技术措施的制定，并组织实施。

（3）参加施工用电、外脚手架、建筑施工垂直运输设备等专项方案的编制，并组织实施，确保安全防护设施与进度同步。

（4）参加对各设备、设施的检查验收，提出整改意见，组织整改落实。

（5）负责现场的"扬尘"治理和其他文明施工措施。

（6）组织施工人员开展季节性的安全教育，并对教育内容进行记录。

（7）参与对新进场和转岗工人的三级教育。

（8）合理安排施工作业，做好交叉流水作业的安全防护。

（9）组织安全技术交底，督促班组长对操作人员进行交底。

（10）参加施工现场安全检查，防止"三违"的现象发生。

5．机电工长安全生产责任制

（1）负责项目机械设备的安全管理工作。

（2）掌握机械人员情况，并登记、造册，连同操作证复印件一同存入资料袋。

（3）按要求设置好机械五牌，经常教育机组人员遵章守纪，安全作业。

（4）参与机械设备的安装、调试及检查验收工作，并收集、整理调试及验收资料入档。

（5）经常检查机械安全使用状况及人员遵章守纪情况，发现隐患及时济助解决，发现违章及时纠正。

（6）负责安排机械设备的维护保养工作，督促机械操作人员做好"十字"作业。

（7）参加上级部门组织的机械检查及安全检查，做好记录并督促进行存在问题的整改。

（8）参与机械事故的调查、分析工作，吸取事故教训，拟定并实施措施。

6. 生产班组长安全生产责任制

（1）组织本班（组）人员开展学习安全操作规程活动。

（2）每天利用上班前15～20分钟组织本班（组）人员开展班前活动，并做好记录。

（3）认真做好工人转岗安全教育，并做好安全技术交底。

（4）组织本班（组）人员开展施工作业层安全巡检，及时消除隐患。

（5）执行安全管理制度、各工种安全技术规程。

（6）检查各班（组）成员劳动保护用品的使用情况，处罚违章行为。

（7）认真落实安全技术交底制度，并履行签字手续。

（8）参加安全检查和安全例会，汇报本班（组）的安全生产情况。

（9）合理安排本班（组）人员的工作，加强交叉作业的安全防护。对本班（组）人员在生产中的安全和健康负责。

（10）制止"三违"现象发生，有权拒绝违章指挥。

三、施工现场安全技术交底制度

《建设工程安全生产管理条例》规定，建设工程施工前，施工单位负责项目管理的技术人员应当对有关安全施工的技术要求向施工作业班组、作业人员做出详细说明，并由双方签字确认。由于施工现场高空与交叉作业及手工操作多、劳动强度大、作业环境复杂等因素，施工单位有必要对危险部位和施工技术要求、紧急救援或安全自救等作业安全事项向作业人员做出详细说明，以保证施工质量和安全生产。

1. 安全技术交底的基本要求

安全技术是指确保安全生产所需要的消除在施工过程中各种特定的不安全因素的安全保障措施手段，如警示、限控、保险、防护、救助等技术措施。安全技术交底是指把消除不安全因素和安全保障措施以及工程项目概况向作业人员做出说明并签字署名的行为。分部分项工程作业前和每天作业前，工程项目的技术人员和各施工班组长将工程项目和分部分项工程概况、施工方法、安全技术措施及要求向全体施工人员进行说明。安全技术交底的基本要求如下。

（1）实行三级交底制度、逐级交底，即由总承包单位向项目部技术人员、项目部技术人员向施工班组长、施工班组长向作业人员分别进行交底。

（2）交底必须具体、明确、针对性强。

（3）技术交底的内容应针对分部分项工程施工给作业人员带来的潜在危险因素和存在的问题。

（4）应优先采用新的安全技术措施。

（5）各工种的安全技术交底一般与分部分项安全技术交底同步进行。对施工工艺复杂、施工难度较大或作业条件危险的，应当单独进行各工种的安全技术交底。

（6）交底应当采用书面形式，即将每天参加交底的人员名单和交底内容记录在班组活动记录中。

2. 安全技术交底的主要内容

（1）工程项目和分部分项工程的概况。

（2）工程项目和分部分项工程的危险部位。

（3）针对危险部位采取的具体预防措施。

（4）作业中应注意的安全事项。
（5）作业人员应遵守的安全操作规程和规范。
（6）作业人员发现事故隐患应采取的措施和发生事故后应及时采取的躲避和急救措施。

四、施工现场安全检查制度

施工现场除应经常进行安全生产检查外，还应组织定期检查。施工总承包企业每季度进行一次，项目经理部每月进行一次，作业班组每周进行一次。施工现场安全检查要以查思想、查管理、查整改、查隐患、查事故处理为主要内容，要结合季节特点开展防洪、防雷电、防坍塌、防高空坠落、防煤气中毒等"五防"检查。安全检查的重点是违章指挥、违章作业，发现隐患，立即整改。对因特殊情况不能立即整改的要建立登记、整改、检查、销项制度。安全检查后应该编制安全检查报告，说明已达标、未达标项目，找出存在的问题，分析原因，制定纠正措施，及时消除安全隐患，确保安全生产。

五、施工现场安全防护管理制度

建筑施工企业应当在施工现场采取维护安全、防范危险、预防火灾等措施，有条件的，应当对施工现场实行封闭管理。施工现场对毗邻的建筑物、构筑物和特殊作业环境可能造成损害的，建筑施工企业应当采取安全防护措施。施工单位应当根据不同施工阶段和周围环境及季节、气候的变化，在施工现场采取相应的安全施工措施。施工单位对因建设工程施工可能造成损害的毗邻建筑物、构筑物和地下管线等，应当采取专项防护措施。在城市市区内的建设工程，施工单位应当对施工现场实行封闭围挡。

1. 建筑施工企业在施工现场所采取维护安全、防范危险的措施

（1）施工现场道路、上下水及采暖管道、电气线路、材料堆放、临时和附属设施等的平面布置，必须符合安全、卫生、防火要求，并加强管理。

（2）各种机电设备的安全装置和起重设备的限位装置，要配置齐全有效，建立定期维修保养长效机制制度，检修机械设备要同时检修防护装置。

（3）脚手架、井字架（龙门架）、安全网搭设必须经验收合格，方能使用。使用期间要指足专人维护保养加固。

（4）施工单位应当在施工现场入口处、施工起重机械、临时用电设施、脚手架、出入通道口、楼梯口、电梯井口、孔洞口、桥梁口、隧道口、基坑边沿、爆破物及有害危险气体和液体存放处等危险部位，设置明显的安全警示标志。在施工现场的沟、坎、深基坑等处，夜间要设红灯示警。这些安全警示标志未经施工负责人批准，不得移动和拆除。同时，安全警示标志还应当明显，便于作业人员识别。所有的安全警示标志必须符合国家标准。

（5）混凝土搅拌站、木工车间、沥青加工点及喷漆作业场所等，都要采取措施，限期使尘土浓度不超过国家标准规定的限值。

（6）施工现场、木工加工厂（车间）和储存易燃易爆器材的仓库，建立防火管理制度，备足防火设施和灭火器材，要经常检查，保持良好。

2. 施工现场暂停施工后的安全管理

施工现场暂时停止施工的，施工单位应当做好现场防护，所需费用由责任方承担，或者按照合同约定执行。施工现场因特殊原因需要暂停施工的，建设单位或施工单位应当将停工原因及停工时间向县级以上人民政府建设行政主管部门报告。停工前,施工单位应当对施工现场的安全防护设施进行检查,针对施工现场实际情况,采取相应措施,保证施工现场停工期间的安全,如切断施工总电源,所有配电箱、开关箱上锁;封闭进入建筑物、构筑物的通道;对机械设备、施工机具进行封存,在易燃、易爆品及有害危险气体和液体存放处派专人监护;安排值班人员做好现场保护等。施工单位应当根据不同施工阶段和周围环境及季节、气候的变化,在施工现场采取相应的安全施工措施。

3. 施工单位对施工现场采取封闭管理的措施

(1) 对在建的建筑物、构筑物使用密目式安全网封闭,这样既可保护作业人员的安全,防止高空坠物伤人,防止将不安全因素扩散到场外,又能避免扬尘外泄。

(2) 对施工现场实行封闭式管理,在施工现场设置大门,现场周围设置围墙、围挡,将施工现场与外界分离,确保无关人员不能随意进入施工现场。施工现场封闭围挡高度规定:施工现场位于一般路段的围挡不得低于1.8 m,在市区主要路段的围挡不得低于2.5 m。

4. 施工单位、对毗邻建筑物、构筑物、地下管线以及特殊作业环境可能造成损害时所采取的专项防护措施

建设工程在进行深基础施工、桩基础施工或爆破作业时,对周围环境特别是毗邻建筑物、构筑物等可能造成一定程度的损害。为此,施工单位应该根据建设单位、勘察单位提供的毗邻建筑物、构筑物等勘察文件,对施工现场毗邻建筑物、构筑物等进行实地勘查,制订专项防护和保护方案,以保证毗邻建筑物、构筑物的安全。

六、施工现场总平面管理

施工单位应当将施工现场的办公、生活区与作业区分开设置,并保持安全距离;办公、生活区的选址应当符合安全性要求。职工的膳食、饮水、休息场所等应当符合卫生标准。施工单位不得在尚未竣工的建筑物内设置员工集体宿舍。施工现场搭设的建筑物应当符合安全使用要求。施工现场使用的装配式活动房屋应当具有产品合格证。根据《建筑施工安全检查标准》(JGJ 59-2011)的规定,施工现场临时设施的搭建应当满足以下要求。

(1) 施工作业、材料存放区与办公、生活区应划分清晰,并应采取相应的隔离措施。办公区和生活区应当处于在建建筑物的坠落半径之外。如建筑物高度为2~5 m时,坠落半径为2 m;建筑物高度为30 m时,坠落半径为5 m(因条件限制,办公区和生活区设置在坠落半径区域内的,必须有防护措施)。

《施工现场临时用电安全技术规范(附条文说明)》(JGJ46-2005)的规定:在建工程不得在外电架空线路正下方施工、搭设作业棚、建造生活设施或堆放构件、架具、材料及其他杂物等。在建工程(含脚手架)的周边与架空线路的边线之间的最小安全操作距离如下:1 KV以下,安全距离为4 m;1~10 KV,安全距离为6 m;35~110 KV,安全距离为8 m;220 KV安全距离为10 m;330~550 KV,安全距离为15 m。

(2) 职工的膳食、饮水、休息场所等应符合国家规定的卫生标准,其基本要求是:

① 食堂应远离厕所、垃圾站、有毒有害场所,并取得卫生许可证;炊事人员必须持有身体健康证,卫生条件必须符合国家卫生防疫部门规定的标准等。

② 员工的饮水应当设置符合卫生标准的饮水器,饮水器具应定期消毒,并有专人负责。

③ 员工宿舍内不得设通铺、地铺,宿舍内住宿人员人均面积不应小于2.5 m²,且不得超过

16人;宿舍应设置可开启式窗户,床铺不得超过2层,通道宽度不应小于0.9 m。寒冷季节应当有保暖和防煤气中毒措施,炎热季节应当有消暑和防蚊虫叮咬措施等。

(3) 施工单位不得在尚未竣工的建筑物内设置员工集体宿舍。

(4) 施工现场使用的装配式活动房屋,生产厂家应按照国家规定的相关标准进行生产,房屋的结构、消防、环保、卫生、材料的选用等方面必须符合国家规定的设计规范标准,出厂时应附有产品合格证等相关资料。

七、施工现场消防管理

施工单位应当在施工现场建立消防安全责任制度,确定消防安全责任人,制定用火、用电、使用易燃易爆材料等各项消防安全管理制度和操作规程,设置消防通道、消防水源、配备消防设施和灭火器材并在施工现场入口处设置明显标志。

1. 建立健全施工现场消防安全责任制度

确保消防安全的关键在于建立健全消防安全责任制度。施工单位应当依据《中华人民共和国消防法》和《机关、团体、企业、事业单位消防安全管理规定》等法律、法规和规章的规定,根据施工现场的具体情况,有针对性地建立消防责任制度。其具体内容包括:消防安全要求、消防安全管理程序、消防安全责任人、消防安全培训要求等,并在项目经理部实行逐级防火责任制、岗位防火责任制等,切实做到"谁主管,谁负责;谁在岗,谁负责",保证消防法律、法规的贯彻执行,保证消防安全措施落到实处,从制度上预防消防安全事故的发生。

2. 建立健全各项消防安全管理制度和操作规程

施工单位应当在施工现场制定用火用电制度、易燃易爆危险物品管理制度、消防安全检查制度、消防设施维护保养制度、消防值班制度、职工消防教育培训制度等消防安全管理制度。同时,要结合施工现场的实际情况,制定用火用电、使用电焊气焊等岗位的消防安全操作规程。其中,易燃易爆危险物品包括:易燃易爆化学物品和民用爆炸物品。易燃易爆危险物品具有极大的火灾危险性和破坏性,如果在生产、储存、运输、销售或者使用等过程中不严加管理,极易造成严重灾害事故。对施工现场的这些物品,必须制定严格的安全管理制度和操作规程,作业人员要按照管理制度和操作规程的要求进行作业,保证安全施工。

3. 设置消防通道,配备消防器材和相关的消防设施

消防通道是指供消防人员和消防车辆等消防装备进入或穿越建筑物或在建筑物内能够通行的道路。规划建设消防通道应当保证道路的宽度、净高和平面设置,满足消防车通行和灭火作战的基本要求。消防水源是指市政消火栓、天然水源取水设施、消防蓄水池和消防供水管网等消防供水设施。规划建设消防供水设施应当保证消防供水设施的数量、水量、水压等满足灭火需要,保证消防车到达火场后能够就近利用消防供水设施,及时扑救火灾,控制火势蔓延的基本要求。消防设施一般是指固定的消防系统和设备,如火灾自动报警系统、各类自动灭火系统、消火栓、防火门等;消防器材是指移动的灭火器材、自救逃生器材,如灭火器、防烟面罩、缓降器等。施工单位应当在施工现场入口处设置明显的消防安全标志。消防安全标志是指用其表达与消防有关的安全信息的图形符号或者文字标志,包括火灾报警和手动控制的标志、火灾时疏散途径的标志、灭火设备的标志、具有火灾爆炸危险的物质或场所的标志等。消防安全标志的设置应当符合国家有关标准,同时施工单位还应当结合本单位防火工作的特点,有重点地进行消防安全知识的宣传教育,增强作业人员的消防安全意识,使作业人员了解本岗位的火灾特点,会使用灭火器材扑救初期火灾,会报火警,会自救逃生。

八、施工现场环境保护

建筑施工企业应当遵守有关环境保护和安全生产的法律、法规规定,采取控制和处理施工现场的各种粉尘、废气、废水、固体废物以及噪声、振动对环境的污染和危害的措施。施工单位应当遵守有关环境保护法律、法规的规定,在施工现场采取措施,防止或者减少粉尘、废气、废水、固体废物、噪声、振动和施工照明对人和环境的危害和污染。在城市市区内的建设工程,施工单位应当对施工现场实行封闭围挡。因此,建筑施工企业应当在施工现场采取措施防止环境污染和危害。同时,施工单位还应当根据有关法律的规定,采取积极有效的保护环境措施,促进生产,其具体措施包括:

① 使用密目式安全网对在建建筑物、构筑物进行封闭。
② 采取有效措施控制施工过程中的扬尘。
③ 对产生噪声和振动的施工机械和施工机具,应当采取消声、吸声、隔声、减振降噪等有效控制措施。
④ 不在施工现场烧融沥青或者焚烧含有有毒、有害化学成分的装饰废料、油毡、油漆、垃圾,防止有害气体污染环境。
⑤ 排水系统设置沉淀池,使施工产生的泥浆和生活污水不随意排放。
⑥ 施工车辆运输砂石、土方、渣土和建筑垃圾,采取密封、覆盖措施,避免泄露、遗撒,并按指定地点倾卸,防止固体废物污染环境。
⑦ 夜间施工严格按照建设行政主管部门和有关部门的规定执行,对施工照明器具的种类、灯光亮度加以严格控制,特别是在城市市区居民居住区内,应减少施工照明对城市居民的危害等。

任务 6 事故的应急救援和调查处理

施工现场一旦发生生产安全事故,应当立即实施抢险救援特别是抢救人员,迅速控制事态,防止事故进一步扩大,并依法向有关部门报告事故。事故调查处理应当坚持实事求是、尊重科学的原则,及时、准确地查清事故经过、事故原因和事故损失,查明事故性质,认定事故责任,总结事故教训提出整改措施,并对事故责任者依法追究责任。

一、生产安全事故的等级划分标准

1. 事故等级划分规定

国务院《生产安全事故报告和调查处理条例》规定,根据生产安全事故(以下简称事故)造成的人员伤亡或者直接经济损失,事故一般分为以下等级:

① 特别重大事故,是指造成 30 人以上死亡,或者 100 人以上重伤(包括急性工业中毒,下同),或者 1 亿元以上直接经济损失的事故。
② 重大事故是指造成 10 人以上 30 人以下死亡,或者 50 人以上 100 人以下重伤,或者 5000 万元以上 1 亿元以下直接经济损失的事故。

③ 较大事故,是指造成 3 人以上 10 人以下死亡,或者 10 人以上 50 人以下重伤,或者 1000 万元以上 5000 万元以下直接经济损失的事故。

④ 一般事故,是指造成 3 人以下死亡,或者 10 人以下重伤,或者 1000 万元以下直接经济损失的事故。

所称的"以上"包括本数,所称的"以下"不包括本数。

2. 事故等级划分考虑因素

1) 人员伤亡的数量(人身要素)

安全生产和事故调查处理都要以人为本,最大限度地保护从业人员和其他人员的生命安全。生产安全事故危害的最严重后果就是造成人员的死亡、重伤(中毒)。因此,人员伤亡数量应当列为事故分级的第一要素。

2) 直接经济损失的数额(经济要素)

生产安全事故不仅造成人员伤亡,还经常造成直接经济损失。要保护国家、单位和人民群众的财产权,还应根据造成直接经济损失的多少来划分事故等级。

3) 社会影响(社会要素)

有些生产安全事故的伤亡人数、直接经济损失数额虽然达不到法定标准,但是造成了恶劣的社会影响、政治影响和国际影响,也应当列为特殊事故进行调查处理,这是维护社会稳定的需要。

二、施工生产安全事故应急救援预案的规定

施工单位应当根据建设工程施工的特点、范围,对施工现场易发生重大事故的部位、环节进行监控,制定施工现场生产安全事故应急救援预案。实行施工总承包的,由总承包单位统一组织编制建设工程生产安全事故应急救援预案,工程总承包单位和分包单位按照应急救援预案,各自组建应急救援组织或者配备应急救援人员,配备救援器材、设备,并定期组织演练。

1. 施工生产安全事故应急救援预案的主要作用

(1) 事故预防。通过危险辨识、事故后果分析,采用技术和管理手段降低事故发生的可能性,使可能发生的事故控制在局部,防止事故蔓延。

(2) 应急处理。一旦发生事故,能快速反应处理故障或将事故消除在萌芽状态。

(3) 抢险救援。采用预定现场抢险和抢救的方式,控制或减少事故造成的损失。

2. 施工生产安全事故应急救援预案的编制、评审

《中华人民共和国突发事件应对法》规定,应急预案应当根据本法和其他有关法律、法规的规定,针对突发事件的性质、特点和可能造成的社会危害,具体规定突发事件应急管理工作的组织指挥体系与职责和突发事件的预防与预警机制、处置程序、应急保障措施以及事后恢复与重建措施等内容。

生产经营单位的应急预案按照针对情况的不同,分为综合应急预案、专项应急预案和现场处置方案。经营单位编制的综合应急预案、专项应急预案和现场处置方案之间应当互相衔接,并与所涉及的其他单位的应急预案相互衔接。

综合应急预案,应当包括本单位的应急组织机构及其职责、预案体系及响应程序、事故预防及应急保障、应急培训及预案演练等主要内容;专项应急预案,应当包括危险性分析、可能发生的事故特征、应急组织机构与职责、预防措施、应急处置程序和应急保障等内容;现场处置方案,

应当包括危险性分析、可能发生的事故特征、应急处置程序、应急处置要点和注意事项等内容。

应急预案的编制应当符合下列基本要求：

① 符合有关法律、法规、规章和标准的规定。
② 结合本地区、本部门、本单位的安全生产实际情况。
③ 结合本地区、本部门、本单位的危险性分析情况。
④ 应急组织和人员的职责分工明确，并有具体的落实措施。
⑤ 有明确、具体的事故预防措施和应急程序，并与其应急能力相适应。
⑥ 有明确的应急保障措施，并能满足本地区、本部门、本单位的应急工作要求。
⑦ 预案基本要素齐全、完整，预案附件提供的信息准确。
⑧ 预案内容与相关应急预案互相衔接。应急预案应当包括应急组织机构和人员的联系方式、应急物资储备清单等附件信息。

此外，《中华人民共和国消防法》《职业病防治法》《特种设备安全监察条例》《使用有毒物品作业场所劳动保护条例》等法规都规定了应当制订应急救援预案，并能根据实际情况变化对应急救援预案适时进行修订，定期组织演练。

《生产安全事故应急预案管理办法》规定，建筑施工单位应当组织专家对本单位编制的应急预案进行评审。评审应当形成书面纪要并附有专家名单。应急预案的评审应当注重应急预案的实用性、基本要素的完整性、预防措施的针对性、组织体系的科学性、响应程序的操作性、应急保障措施的可行性、应急预案的衔接性等内容。施工单位的应急预案经评审后，由施工单位主要负责人签署公布。

三、施工生产安全事故报告及采取相应措施的规定

《建筑法》规定，施工中发生事故时，建筑施工企业应当采取紧急措施减少人员伤亡和事故损失，并按照国家有关规定及时向有关部门报告。《建设工程安全生产管理条例》进一步规定，施工单位发生生产安全事故，应当按照国家有关伤亡事故报告和调查处理的规定，及时、如实地向负责安全生产监督管理的部门、建设行政主管部门或者其他有关部门报告；特种设备发生事故的，还应当同时向特种设备安全监督管理部门报告。实行施工总承包的建设工程，由施工总承包单位负责上报事故。

1. 事故报告的基本要求

《安全生产法》规定，生产经营单位发生生产安全事故后，事故现场有关人员应当立即报告本单位负责人。单位负责人接到事故报告后，应当迅速采取有效措施，组织抢救，防止事故扩大，减少人员伤亡和财产损失，并按照国家有关规定立即如实报告当地负有安全生产监督管理职责的部门，不得隐瞒不报、谎报或者拖延不报，不得故意破坏事故现场、毁灭有关证据。

1) 事故报告的时间要求

《生产安全事故报告和调查处理条例》规定，事故发生后，事故现场有关人员应当立即向本单位负责人报告；单位负责人接到报告后，应当于一小时内向事故发生地县级以上人民政府安全生产监督管理部门和负有安全生产监督管理职责的有关部门报告，情况紧急时，事故现场有关人员可以直接向事故发生地县级以上人民政府安全生产监督管理部门和负有安全生产监督管理职责的有关部门报告。事故报告应当及时、准确、完整，任何单位和个人对事故不得迟疑、漏报、谎报或者瞒报。

所谓事故现场,是指事故具体发生地点及事故能够影响和波及的区域,以及该区域内物品、痕迹等所处的状态。所谓有关人员主要是指事故发生单位在事故现场的有关人员,可以是事故的负伤者,或是在事故现场的其他工作人员。对发生人员死亡或重伤无法报告,且事故现场又没有其他工作人员时,任何首先发现事故的人都负有立即报告事故的义务。所谓立即报告,是指在事故发生后的第一时间用最快捷的报告方式进行报告。所谓单位负责人,可以是事故发生单位的主要负责人,也可以是事故发生单位主要负责人以外的其他分管安全生产工作的副职领导或其他负责人。

2)事故报告的内容要求

事故报告应当包括下列内容:

① 事故发生单位概况;

② 事故发生的时间、地点以及事故现场情况;

③ 事故的简要经过;

④ 事故已经造成或者可能造成的伤亡人数(包括下落不明的人数)和初步估计的直接经济损失;

⑤ 已经采取的措施;

⑥ 其他应当报告的情况。

2. 发生事故后应采取的相应措施

《建设工程安全生产管理条例》规定,发生生产安全事故,施工单位应当采取措施防止事故扩大,保护事故现场。需要移动现场物品时,应当标记和书面记录,妥善保管有关证物。

(1)《生产安全事故报告和调查处理条例》规定,事故发生单位负责人接到事故报告后,应当立即启动事故相应应急预案,或者采取有效措施,组织抢救。防止事故扩大,减少人员伤亡和财产损失。

事故发生后,生产经营单位应当立即启动相关应急预案,采取有效处置措施,组织开展先期应急工作,控制事态发展。对危险化学品泄漏等可能对周边群众和环境产生危害的事故,生产经营单位应当在向地方政府及有关部门进行报告的同时,及时向可能受到影响的单位、职工、群众发出预警信息,标明危险区域,组织、协助应急救援队伍和救助受害人员,疏散、撤离、安置受到威胁的人员,并采取必要措施防止发生次生、衍生事故。应急处置工作结束后,各企业应尽快组织恢复生产、生活秩序,配合事故调查组进行调查。

(2)妥善保护事故现场。

事故发生后,有关单位和人员应当妥善保护事故现场及相关证据,任何单位和个人不得破坏事故现场、毁灭相关证据。因抢救人员、防止事故扩大以及疏通交通等原因,需要移动事故现场物件的,应当做出标志绘制现场简图并做出书面记录,妥善保存现场重要痕迹、物证。

事故现场是追溯判断发生事故原因和事故责任人责任的客观物质基础。从事故发生到事故调查组赶赴现场,往往需要一段时间,而在这段时间里,许多外界因素,如对伤员救护、险情控制、周围群众围观等都会给事故现场造成不同程度的破坏,甚至还有故意破坏事故现场的情况。事故现场保护的好坏,将直接决定影响事故现场勘察。如果事故现场保护不好,一些与事故有关的证据就难以找到,不便于查明事故的原因,从而影响事故调查处理的进度和质量。

3. 事故的调查

《安全生产法》规定,事故调查处理应当按照实事求是、尊重科学的原则,及时、准确地查清事故原因,查明事故性质和责任,总结事故教训,提出整改措施,并对事故责任者提出处理意见。事故发生单位应当及时全面落实整改措施,负有安全生产监督管理职责的部门应当加强监督检查。

1) 事故调查的管辖

《生产安全事故报告和调查处理条例》规定,特别重大事故由国务院或者国务院授权有关部门组织事故调查组进行调查。

重大事故、较大事故、一般事故分别由事故发生地省级人民政府、设区的市级人民政府、县级人民政府负责调查。省级人民政府、设区的市级人民政府、县级人民政府可以直接组织事故调查组进行调查,也可以授权或者委托有关部门组织事故调查组进行调查。未造成人员伤亡的一般事故,县级人民政府也可委托事故发生单位组织事故调查组进行调查。上级人民政府认为必要时,可以调查由下级人民政府负责调查的事故。

特别重大事故以下等级事故,事故发生地与事故发生单位不在同一县级以上行政区域的,由事故发生地人民政府负责调查,事故发生单位所在地人民政府应当派人参加。

2) 事故调查组的组成与职责

根据事故的具体情况,事故调查组由有关人民政府、安全生产监督管理部门、负有安全生产监督管理职责的有关部门、监察机关、公安机关以及工会派人组成,并应当邀请人民检察院派人参加。事故调查组可以聘请有关专家参与调查。

事故调查组成员应当具有事故调查所需要的知识和专长,并与所调查事故没有直接利害关系。事故调查组组长由负责事故调查的人民政府指定。事故调查组组长主持事故调查组的工作。

事故调查组履行下列职责:

① 查明事故发生的经过、原因、人员伤亡情况及直接经济损失;

② 认定事故的性质和事故责任;

③ 提出对事故责任者的处理建议;

④ 总结事故教训,提出防范和整改措施;

⑤ 提交事故调查报告。

3) 事故调查报告的期限与内容

事故调查组应当自事故发生之日起 60 日内提交事故调查报告;特殊情况下,经负责事故调查的人民政府批准提交事故调查报告的期限可以适当延长,但延长的期限最长不超过 60 日,事故调查报告应当包括下列内容:

① 事故发生单位概况;

② 事故发生经过和事故救援情况;

③ 事故造成的人员伤亡和直接经济损失;

④ 事故发生的原因和事故性质;事故责任的认定以及对事故责任者的处理建议;

⑤ 事故防范和整改措施。

4) 事故的处理

《生产安全事故报告和调查处理条例》规定,重大事故、较大事故、一般事故,负有事故调查的人民政府应当自收到事故调查报告之日起15日内做出批复;特别重大事故,30日内做出批复,特殊情况下,批复时间可以适当延长,但延长时间最长不超过30日。

有关机关应当按照人民政府的批复,依照法律、行政法规规定的权限和程序,对事故发生单位和有关人员进行行政处罚,对负有事故责任的国家工作人员进行处分。

事故调查处理采用"四不放过"的原则,即事故原因未查清不放过,事故责任若未受到处理不放过,事故责任人和周围群众未受到教育不放过,防范措施未落实不放过。

四、违法行为应承担的法律责任

1. 制定事故应急救援预案违法行为应承担的法律责任

《生产安全事故应急预案管理办法》规定,生产经营单位应急预案未按照本办法规定备案的,由县级以上安全生产监督管理部门给予警告,并处5000元以上3万元以下罚款。

2. 事故报告采取相应措施违法行为承担的法律责任

《安全生产法》规定,生产经营单位主要负责人在本单位发生生产安全事故时,不立即组织抢救或者在事故调查处理期间擅离职守或者逃匿的,给予降职、撤职的处分,并依照有关生产安全事故调查处理的法律、行政法规的规定予以处罚;对逃匿的处15日以下拘留;构成犯罪的,依照刑法有关规定追究刑事责任。生产经营单位主要负责人对生产安全事故隐瞒不报、谎报或者拖延不报的,依照以上规定处罚。

《生产安全事故报告和调查处理条例》规定,事故发生单位主要负责人有下列行为之一的,处上一年年收入的40%至80%的罚款,属于国家工作人员的,并依法给予处分,构成犯罪的,依法追究刑事责任:

① 不立即组织事故抢救的;
② 伪造或者故意破坏事故现场的;
③ 转移、隐匿资金、财产,或者销毁有关证据、资料的;
④ 拒绝接受调查或者拒绝提供有关情况和资料的;
⑤ 在事故调查中作伪证或者指使他人作伪证的;
⑥ 事故发生后逃匿的。

3. 事故调查违法行为应承担的法律责任

《生产安全事故报告和调查处理条例》规定,参与事故调查的人员在事故调查中有下列行为的,依法给予处分;构成犯罪的,依法追究刑事责任:

① 事故调查工作不负责任,致使事故调查工作有重大疏漏的;
② 包庇、袒护负有事故责任的人员或者借机打击报复的。

4. 事故责任单位及主要负责人应承担的法律责任

《安全生产法》规定,生产经营单位发生生产安全事故造成人员伤亡、他人财产损失的,应当依法承担赔偿责任;拒不承担或者负责人逃匿的,由人民法院依法强制执行。生产安全事故的责任人未依法承担赔偿责任,经人民法院依法采取执行措施后,仍不能对受害人给予足额赔偿的,应当继续履行赔偿责任;受害人发现责任人有其他财产的,可以随时请求人民法院执行。

《生产安全事故报告和调查处理条例》规定,事故发生单位对事故发生负有责任的,依照下

列规定处以罚款:

① 发生一般事故的,处 10 万元以上 20 万元以下的罚款;

② 发生较大事故的,处 20 万元以上 50 万元以下的罚款;

③ 发生重大事故的,处 50 万元以上 200 万元以下的罚款;

④ 发生特别重大事故的,处 200 万元以上 500 万元以下的罚款。

事故发生单位主要负责人未依法履行安全生产管理职责,导致事故发生的,依照下列规定处以罚款,属于国家工作人员的,并依法给予处分,构成犯罪的,依法追究刑事责任:

① 发生一般事故的,处以一年年收入 30% 的罚款;

② 发生较大事故的,处以一年年收入 40% 的罚款;

③ 发生重大事故的,处以一年年收入 60% 的罚款;

④ 发生特别重大事故的,处以一年年收入 80% 的罚款。

事故发生单位对事故发生负有责任的,由有关部门依法暂扣或者吊销其有关证照;对事故发生单位负有事故责任的有关人员,依法暂停或者撤销其与安全生产有关的职业资格、岗位证书;事故发生单位主要负责人受到刑事处罚或者撤职处分的,自刑罚执行完毕或者受处分之日起,5 年内不得担任任何生产经营单位的主要负责人。

案例分析 9-1

1. 背景

某市在建高层建筑,总建筑面积约 6000 平方米,地下 2 层,地上 18 层,建设单位与施工单位签订了施工总承包合同,并委托监理单位进行工程监理,开工前,施工单位对工人进行了三级安全教育。在基础工程施工中,由于是深基坑工程,项目经理部按照设计文件和施工技术标准编制了基坑支护及降水工程专项施工组织方案,经项目经理签字后组织施工。同时,项目经理安排负责质量检查的人员兼任安全工作。当土方开挖至坑底设计标高时,监理工程师发现基坑四周地表出现大量裂纹,坑边部分土石有滑落现象,即向现场作业人员发出口头通知,要求停止施工,撤离相关作业人员。但施工作业人员担心拖延施工进度,对监理通知不予理睬,继续施工。随后,基坑发生大面积坍塌,基坑下 6 名作业人员被埋,该建筑公司项目经理部向有关部门紧急报告事故情况,闻讯赶到的有关领导,指挥公安民警、武警战士和现场工人实施了紧急抢险工作,将伤者立即送往医院进行救治,事故共造成 3 人死亡、2 人重伤、1 人轻伤。事故发生后,经查施工单位未办理意外伤害保险。

2. 问题

(1) 本事件有哪些不妥?

(2) 本案中的施工安全事故应定为哪种等级的事故?

(3) 事故发生后,施工单位应采取哪些措施?

3. 分析

(1) 分析本案中,施工单位存在如下违法问题。

① 专项施工方案审批程序错误。《建设工程安全生产管理条例》第二十六条规定,施工单位对达到一定规模的危险性较大的分部分项工程编制专项施工方案后,须经施工单位技术负责

人、总监理工程师签字后实施。而本案中的基坑支护和抗水工程专项施工方案仅由项目经理签字后即组织实施施工,这种做法是违法的。

② 安全生产管理环节严重缺失。《建设工程安全生产管理条例》第二十三条规定,"施工单位应当设立安全生产管理机构,配备专职安全生产管理人员。"第二十六条还规定,对分部分项工程专项施工方案的实施,"由专职安全生产管理人员进行现场监督"。本案中,项目经理部安排质量检查人员兼任安全管理人员,明显违反了上述规定。

③ 施工作业人员安全生产自我保护意识不强。《建设工程安全生产管理条例》第三十二条第二款、第三款规定:"作业人员有权对施工现场的作业条件、作业程序和作业方式中存在的安全问题提出批评、检举和控告,有权拒绝违章指挥和强令冒险作业。在施工中发生危及人身安全的紧急情况时,作业人员有权立即停止作业或者在采取必要的应急措施后撤离危险区域。"本案中,施工作业人员迫于施工进度压力冒险作业,也是造成安全事故的重要原因。

④ 施工单位未办理意外伤害保险。《建设工程安全生产管理条例》第三十八条规定:"施工单位应当为施工现场从事危险作业的人员办理意外伤害保险。意外伤害保险费由施工单位支付。"意外伤害保属于强制性保险,必须依法办理。

(2) 应定为较大事故。《生产安全事故报告和调查处理条例》第三条规定,较大事故,是指造成3人以上10人以下死亡,或者10人以上50人以下重伤,或者1000万元以上5000万元以下直接经济损失的事故。

(3) 事故发生后,依据《生产安全事故报告和调查处理条例》第九条、第十四条、第十六条的规定,施工单位应采取下列措施:

① 报告事故。事故发生后,事故现场有关人员应立即向本单位负责人报告;单位负责人接到报告后,应当于一小时内向事故发生地县级以上人民政府安全生产监督管理部门和负有安全生产监督管理职责的有关部门报告。情况紧急时,事故现场有关人员可以直接向事故发生地县级以上人民政府安全生产监督管理部门和负有安全生产监督管理职责的有关部门报告。

② 启动事故应急预案,组织抢救。事故发生单位负责人接到事故报告后,应当立即启动事故相应应急预案或者采取有效措施,组织抢救,防止事故扩大,减少人员伤亡和财产损失。

③ 事故现场保护。事故发生后,有关单位和人员,应当妥善保护事故现场以及相关证据,任何单位和个人不能破坏事故现场、毁灭相关证据。因抢救人员、防止事故扩大,以及疏通交通等原因,需要移动现场物件的,应当做出标志,绘制现场简图并做出书面记录,妥善保存现场重要痕迹、物证。

案例分析9-2

1. 背景

某施工现场发生了生产安全事故,堆放石料的料堆坍塌,将一些正在工作的工人掩埋,最终导致3名工人死亡。工人张某在现场目睹了整个事故的全过程,于是立即向本单位负责人报告。由于张某看到的是掩埋了5名工人,他就推测这5名工人均已经死亡。于是向本单位负责人报告说5名工人遇难,此数字与实际数字不符。你认为该工人是否违法?

2. 分析

不违法。依据《安全生产法》,事故现场有关人员应当立即报告本单位负责人,但并不务求如实报告。因为在进行报告的时候,报告人未必能准确知道伤亡人数,所以,即使报告数据与实际数据不符,也并不违法。

但是,如果报告人不及时报告,就会涉嫌违法。因为可能由于其报告的不及时而使得救援迟缓,伤亡扩大。

1. 简述建筑安全生产管理的方针和原则。
2. 建设工程安全生产责任是如何规定的?
3. 简述施工单位的施工安全生产责任。
4. 从业人员在安全生产保障方面享有哪些权利?
5. 安全技术措施一般包括哪些内容?安全技术交底一般包括哪些内容?
6. 如何保障施工现场周边环境的安全?
7. 简述施工现场应采取的消防安全措施。
8. 简述生产安全事故的等级划分标准。
9. 简述施工生产安全事故应急救援预案的主要作用和事故报告的主要内容。
10. 工程监理单位的安全责任有哪些?

学习情境 10 土地管理法律制度

【学习目标】
  (1) 理解《中华人民共和国土地管理法》(以下简称《土地管理法》)的基本内容。
  (2) 掌握我国土地所有权和使用权的内容。
  (3) 掌握《土地管理法》对土地作用和保护的基本制度。
  (4) 熟悉我国土地利用总体规划的概念、编制原则和作用。
  (5) 掌握国有建设用地使用权的获得方式和期限。
  (6) 了解违反土地管理法律制度的法律责任。

【能力目标】
  (1) 运用我国现行土地管理法律制度的基本理论,分析与土地有关的各种法律问题的能力。
  (2) 具备有效解决有关土地纠纷的能力。

【引例导入】
  2009年1月5日,A市房地产企业B通过拍卖方式取得C市一宗国有建设用地使用权,面积1万平方米,出让年限50年,出让价款5 000万。当天,房地产企业B与C市国土资源局签订了国有建设用地使用权出让合同。2009年1月20日,房地产企业B按照合同约定一次性付清全部国有土地出让价款。2009年1月30日,房地产企业B持出让合同和土地使用权出让金支付凭证,按规定申请办理土地登记,领取《国有土地使用证》。请分析以下问题:
  (1) 本案例中谈的是哪类土地法律关系?
  (2) 本案例中土地法律关系的主体和客体分别是什么?
  (3) 房地产企业B应向哪个机构申请土地登记?
  (4) 房地产企业B何时取得出让土地使用权?
  (5) 如果房地产企业未按规定申请土地登记,土地出让合同是否有效?

任务 1 土地管理法律制度概述

  马克思曾说:"土地是一切生产和一切存在的源泉。"这句话说明了土地对人类的重要性。土地是人类可利用的一切自然资源中最基本、最宝贵的资源,也是人类赖以生存和发展的基础。然而,土地资源的稀缺性和人类生活需求的无限性造成了土地供求与利用关系中的巨大矛盾,如何从法律的角度有效地规范和调整土地关系,保护与合理利用土地资源成为世界各国政府和人民所关注的基本问题。据 2013 年 12 月 30 日国土资源部、国家统计局发布的第二次全国土地调查的主要数据成果显示:全国耕地 13 538.5 万公顷(1 公顷=10 000 平方米);从人均耕地来看,全国人均耕地 0.101 公顷,不到世界人均水平的一半。从建设用地来看,建设用地从 2918.0 万公顷增加到 3500.0 万公顷,虽然与经济社会发展要求相适应,但许多地方建设用地格局失衡、利用粗放、效益不高,建设用地矛盾仍很突出。因此,珍惜土地,严格保护和合理利用每一寸土地,对于我国来说更具有特别重要的意义。

一、土地的概念与特征

(一) 土地的概念

土地的概念十分的宽泛。我们可以从不同的角度来进行解读。从地理学的角度来看,土地指地球的陆地及与陆地相连的、被水所覆盖部分的低洼地所组成的统一体,包括陆地、内陆水域、滩涂、岛屿等。从经济学的角度来看,土地是自然赐予人类的资源、资产,既包括自然资源,又包括人类劳动而形成的资产,其范围为陆地以上和以下的三维空间范围的全部资源。从政治的角度来看,土地是一个国家的领土的一部分,国家对任何主体拥有的土地拥有领土主权,土地既受国家保护,又受到国家利益的制约(如征用)。从法学的角度来理解,土地可以看作是具有一定经济价值并为人们所控制和利用的财产,它体现了一定的人与人之间的社会关系。

我国现行的法律并没有对土地下定义,只是《土地管理法》根据土地的用途将土地分为三类:农用地、建设用地和未利用土地。农用地是指直接用于农业生产的土地,包括耕地、林地、草地、农田水利用地、养殖水面等。建设用地是指建造建筑物、构筑物的土地,包括城乡住宅和公共设施用地、工矿用地、交通水利设施用地、旅游用地、军事设施用地等。未利用土地是指农用地和建设用地以外的土地。

(二) 土地的特性

土地有着不同于其他自然资源的特性,具体可归纳为自然特性和经济特性两个方面。

1. 土地的自然特性

土地的自然特性是土地自然属性的反映,是土地所固有的,与人类对土地的利用与否没有必然的联系。土地的自然特性主要表现在以下几个方面。

1) 土地地理位置的固定性

土地的空间位置是固定的,不能移动。土地位置的固定性决定了土地的有用性和适用性。随着土地位置的不同而有较大的变化,这就要求人们必须因地制宜地利用土地;同时也决定了土地市场是一种不完全市场,不是实物交易,而是土地产权流动的市场。

2) 土地面积的有限性

土地是自然产物,从总体上来说,土地具有不可再生性,其面积是有限的。人类可以改良土地,改变土地形态,提高土地质量,人类不能创造土地,填海、围湖仅仅是改变土地用途,没有增加土地的面积。土地面积有限,迫使人们必须节约、集约地利用土地资源。

3) 土地质量的差异性

由于土地自身的条件(地质、地貌、土壤、植被、水文等),以及相应的气候条件(光照、温度、雨量等)的差异,因而造成土地的巨大自然差异性。另外,由于距离市场的远近以及交通条件的不同,使得土地的位置对土地的质量也有很大影响。这两个方面都导致土地质量存在差异性。土地质量的差异性,要求人们因地制宜地合理利用各类土地资源,确定土地利用的合理结构与方式,以取得土地利用最佳综合效益。

4) 土地利用的耐久性

无论是除土地之外的生产资料,还是生活资料,它们都会在使用中丧失其使用价值,然而土地则能始终被人类使用,永远不会丧失它的使用价值。但土地利用的耐久性并不意味着人类可以向土地无节制地索取。为了实现对土地永续利用,在土地管理工作中必须贯彻可持续发展的战略,做好土地利用规划,适当地限制土地权利人的利用行为。

2. 土地的经济特性

土地的经济特性是指人们在利用土地的过程中,在生产力和生产关系方面表现的特性。土地的经济特性,是以土地资源的自然特性为基础,具体表现在以下五个方面。

1) 土地供给的稀缺性

一方面,土地本身面积的有限性和位置的固定性这两个自然特性导致了土地供给的稀缺性;另一方面,全球人口的急剧增加,使得人均土地面积减少。此外,不同用途的土地面积是有限的,往往不能完全满足人们对各类用地的需求,也是土地稀缺性的一个原因。

2) 土地利用的多方向性

土地的使用价值有很多种,即可以用作农业耕地、工业建设用地、住宅用地等。由于这一特性,对一块土地的利用,常常同时产生两个以上用途的竞争,并可以从一种用途转换到另一种用途。这种竞争常使土地趋于最佳用途和最大经济效益。人们在利用土地时,考虑土地的最有效利用原则,使土地的用途和规模、利用方法等均为最佳。

3) 土地利用方向变更的困难性

土地一旦进入实用就很难再做调整。例如,已经建设好的工业厂房用地,短时期内不可能再进行农业耕种。土地利用的变更需要较长的时间,具有一定的难度。土地利用方向变更的困难这一特性,要求人们在编制土地利用规划确定土地用途时,要认真调查研究,充分进行可行性论证,以便做出科学、合理的决策,决不能朝令夕改,任意改变土地用途。

4) 土地报酬递减的可能性

土地利用报酬递减规律,是指在技术不变、其他要素不变的前提下,对相同面积的土地不断追加某种要素的投入所带来的报酬的增量(边际报酬)迟早会出现下降。如房地产开发经营中,为了要提高土地的使用效率,也许开发商会尽可能地提高土地的容积率,增加建筑物的高度和楼层,因为在土地价格为一定量的前提下,建筑一个平房与建筑一个高楼,投资利润是不同的,这就形成越是地价高昂的地方,楼层高度越是向上发展的现象,这也是美国纽约华尔街上多是摩天大厦的主要原因。但这并不表明建筑楼层越高,投资利润就越大。建筑楼层超过一定的投资临界点是,投资利润反而会下降。美国1992年9月11日刊登在《全国不动产杂志》上的《办公大楼经济高度》一文中指出,在美国中西部的某城市,曾经做过这样一种研究,在一块160英尺(1英尺=0.3048米)×172英尺的价值150万美元的土地上,建筑一座5层大楼的投资利润是4.36%;建筑一座10层大楼的投资利润是6%;建筑一座15层大楼的投资利润是6.32%;建筑一座20层大楼的投资利润是7.05%;建筑一座25层大楼的投资利润是6.72%;建筑一座30层大楼的投资利润是5.65%。这清楚地表明,建筑利润在达到20层前是不断递增的,超过20层,则建筑物的投资利润就会递减。

虽然现代科学技术是不断发展,但是土地报酬递减对土地的集约化利用会产生一定的影响。

5) 土地利用后果的社会性

土地是自然生态系统的基础因子,土地互相联结在一起,不能移动和分割,因此,每块土地和每一区域土地利用的后果,不仅影响本区域内的自然生态环境和经济效益,而且必然影响到邻近地区甚至整个国家和社会的生态环境和经济效益,产生巨大的社会后果。如在一块土地上建设一座有污染的工厂,就会给周围地区带来环境污染;在一个城市中心的繁华地段建设一座占地很多而单位面积效益较低的仓库,不仅使该地段的土地效益不能充分发挥,而且还影响城市繁华地段综合效益的提高。

土地利用后果的巨大社会性,要求任何国家都要以社会代表的身份,对全部土地的利用进行宏观的规划管理、监督和调控。

土地的合理利用能够促进人类社会健康发展,有利于社会经济的发展。反之,则阻碍经济的发展。土地所承接的经济活动的合理配置有助于提高土地利用价值,土地利用后果具有正面积极的作用。土地的合理运用会对整个社会产生积极的影响。

二、土地管理法的概念、立法目的和内容

(一) 土地管理法的概念

什么是土地管理法? 土地管理法是指对国家运用法律和行政的手段对土地财产制度和土地资源的合理利用所进行管理活动予以规范的各种法律规范的总称。为了加强土地管理,维护土地的社会主义公有制,保护、开发土地资源,合理利用土地,切实保护耕地,促进社会经济的可持续发展,根据宪法,制定土地管理法。

土地管理法是调整人们在开发、利用、管理和保护土地过程中所形成的权利和义务关系的法律规范的总和。

土地管理法有广义和狭义之分。狭义的土地管理法是指1986年6月25日第六届全国人大常务委员会第十六次会议通过,根据1988年12月29日第七届全国人民代表大会常务委员会第五次会议第一次修正,1998年8月29日第九届全国人民代表大会常务委员会第四次会议修订,根据2004年8月28日第十届全国人民代表大会常务委员会第十一次会议第二次修订的《土地管理法》。广义的土地管理法除了《土地管理法》外,还包括《中华人民共和国土地管理法实施条例》《基本农田保护条例》《划拨土地使用权管理暂行办法》《土地监察暂行规定》《土地利用总体规划编制审批规定》《确定土地所有权和使用权的若干规定》《建设用地计划管理办法》等。

2012年11月28日,国务院常务会议讨论通过了《中华人民共和国土地管理法修正案(草案)》,对农村集体所有制征收补偿制度进行了修改。

(二) 土地管理法的立法目的

《土地管理法》第一条规定:"为了加强土地管理,维护土地的社会主义公有制,保护、开发土地资源,合理利用土地,切实保护耕地,促进社会经济的可持续发展,根据宪法,制定本法。"这条规定明确了土地管理法的立法目的。具体来讲,主要有以下几点。

1) 维护土地的社会主义公有制

《中华人民共和国宪法》第十条规定:"城市的土地属于国家所有。农村和城市郊区的土地,除由法律规定属于国家所有的以外,属于集体所有;宅基地和自留地、自留山,也属于集体所有。

国家为了公共利益的需要,可以依照法律规定对土地实行征收或者征用并给予补偿。任何组织或者个人不得侵占、买卖或者以其他形式非法转让土地。土地的使用权可以依照法律的规定转让。一切使用土地的组织和个人必须合理地利用土地。"

《土地管理法》依照宪法的规定,重申"中华人民共和国实行土地的社会主义公有制,即全民所有制和劳动群众集体所有制"。土地公有制是我国土地制度的基础和核心,是社会主义制度的基本特征。在实行市场经济的条件下,土地公有制和土地市场化并存,以土地所有权和使用权分离的方式实现土地的商品化。依法维护土地的社会主义公有制,主要就是要维护国家所有权不受侵犯,因此具有十分重要的意义。

2)加强土地管理

随着我国经济社会的发展,建设用地大量增长,大量侵占耕地,耕地面积锐减,违法用地情况也日益严重。加强对土地的管理,防止国有土地资源流失,保护耕地,对于土地资源十分有限的我国来说,显得十分重要,加强对土地管理的最重要的方法莫过于进行土地立法,用国家强制力来加强对土地的管理。土地管理立法是保证规范地管理土地的前提与基础,能够推进建立并强化土地管理的法律秩序,促进人们在保护、利用、管理土地过程中遵循自然规律和经济规律。

3)保护、开发土地资源,合理利用土地,切实保护耕地

《土地管理法》确立了"十分珍惜、合理利用土地和切实加强保护耕地的基本国策";实行土地用途管制制度,"编制土地利用总体规划,规定土地用途";实行占用耕地补偿制度,规定各级政府必须采取措施,确保本行政区域内耕地总量不得减少,新增建设用地的土地有偿使用费均用于耕地开发;建立基本农田保护制度,收回了征用耕地的审批权,提高了使用耕地的补偿标准;禁止破坏、闲置和荒芜耕地;开发利用土地必须保护和改善生态环境;鼓励综合整治土地,提高耕地质量。

4)促进社会经济的可持续发展

当前,走可持续发展的道路已经成为世界各国的共同选择。土地作为一种自然资源,它的存在是非人力所能创造的,土地本身的不可移动性、地域性、整体性、有限性是固有的,人类对它的依赖和永续利用程度的增加也是不可逆转的。可持续发展道路将土地利用与生态环境保护结合起来,维护了人类社会整体的、长远的利益,促使人们尊重自然规律,更切实地按照自然规律的要求去保护土地、开发利用土地。因此,通过立法强化土地管理,保证对土地的永续利用,以促进社会经济的可持续发展,也是制定土地管理法的一项重要任务。

(三)《土地管理法》的基本内容

《土地管理法》分为八章,四十六条。

第一章:总则。明确了制定土地管理法的目的、基本土地制度、基本国策、土地用途管制制度、土地管理机构以及公民在土地管理中的权利和义务。

第二章:土地的所有权和使用权。规定了土地所有权和使用权的性质和范围及所有权和使用权争议的解决方法。

第三章:土地利用总体规划。对土地利用总体规划的编制、审批和实施做出了规定。

第四章:耕地保护。明确了耕地保护的内容与措施,主要对占用耕地的补偿制度、基本农田的保护制度等做出了规定。

第五章:建设用地。对建设用地的申请、使用与转让,农用地转建设用地的审批、征收土

的补偿安置、土地使用权的收回等做出了规定。

第六章：监督检查。对土地监督检查的方法、主体、权限和程序等做出了规定。

第七章：法律责任。规定了哪些行为属于违反土地管理的行为、行政处罚的种类、处罚的主体以及不服行政处罚的解决程序。

第八章：附则。规定了本法的适用范围以及本法的实行时间。

三、土地的所有权和使用权

（一）土地所有权

1. 土地所有权的概念

土地所有权是指土地所有权人对其拥有的土地实行占用、使用、收益、处分的权利，是土地所有制在法律上的体现。

我国土地所有权分为国家土地所有权和集体土地所有权两种不同的类型。《宪法》《中华人民共和国物权法》《土地管理法》对土地所有权都有明确规定。

2. 土地所有权的特征

（1）土地所有权是一项专有权，其权利主体具有特定性。土地所有权的权利主体只能是国家或农民集体，其他任何单位或个人都不享有土地所有权。这是由我国实行土地的社会主义公有制决定的。

（2）交易的限制性。《土地管理法》第二条第三款规定："任何单位和个人不得侵占、买卖或者以其他形式非法转让土地"。显然，土地所有权的买卖、赠与、互易和以土地所有权作为投资，均属非法，在民法上应视作无效。

（3）权属的稳定性。由于主体的特定性和交易的限制性，我国的土地所有权处于高度稳定的状态。除《土地管理法》第二条第四款规定"国家为了公共利益的需要，可以依法对土地实行征用"以外，土地所有权的归属状态不能改变。

（4）权能的分离性。土地所有权包括对土地的占有、使用、收益、处分的权利，是一种最全面、最充分的物权。在土地所有权高度稳定的情况下，为实现土地资源的有效利用，法律需要将土地使用权从土地所有权中分离出来，使之成为一种相对独立的物权形态并且能够交易。因此，现代物权法观念已由近代物权法的以"所有为中心"转化为以"利用为中心"。

（5）土地所有权的排他性。即土地所有权的垄断性，就是说一块土地只能有一个所有者，不能同时有多个所有者。马克思指出："土地所有权的前提是，一些人垄断一定量的土地，把它作为排斥其他一切人的、只服从自己个人意志的领域"。

（6）土地所有权的追及力。土地为他人非法占有时，无论转入何人或何单位控制，所有权人都可以向他主张权利。

3. 土地所有权的范围

根据土地所有权主体的不同，其所拥有的土地范围也不同。

1）国有土地所有权的范围

《土地管理法》第八条规定："城市市区的土地属于国家所有。农村和城市交区的土地，除由法律规定属于国家所有的以外，属于农民集体所有；宅基地和自留地、自留山，属于农民集体所有。"

《中华人民共和国土地管理法实施条例》第二条的规定,国家土地所有权的范围包括:①城市市区的土地;②农村和城市郊区中已经依法没收、征收、征购为国有的土地;③国家依法征收的土地;④依法不属于集体所有的林地、草地、荒地、滩涂及其他土地;⑤农村集体经济组织全部成员转为城镇居民的,原属于其成员集体所有的土地;⑥因国家组织移民、自然灾害等原因,农民成建制地集体迁移后不再使用的原属于迁移农民集体所有的土地。

2) 集体土地所有权的范围

农民集体所有的土地依法属于村农民集体所有的,由村集体经济组织或者村民委员会经营、管理。《宪法》规定,集体土地所有权的范围包括:①农村和城市郊区的土地,除由法律规定属于国家所有的以外,属于农民集体所有;②宅基地、自留地和自留山,属于农民集体所有。《土地管理法》第八条第二款重申了上述规定。

4．所有权的行使

1) 国家土地所有权

国家土地所有权的权利主体只能是国家,国家以外的任何国家机关、企事业单位或公民个人都不能成为国家土地所有权的各项权能。我国对国有土地采取统一领导、分级管理的原则。国家通过法律授权国务院和地方各级人民政府以及国家土地管理局和地方各级土地主管部门行使国家土地的所有权。

各级人民政府和政府的土地主管部门对国有土地所有权通过以下方法行使。①对已经被国家机关、企事业单位、社会团体和公民个人合法占用的国有土地,依照有关法律的规定确认使用者的土地使用权,并由县级以上人民政府登记造册,核发土地使用权证,并依法收取土地使用金。②出让、划拨国有土地的使用权。划拨和出让土地使用权是国有土地使用权行使的两种主要形式。③收回土地使用权。国家可以将国有土地交给国家机关、企事业单位、社会团体和个人使用,也有权依法予以收回。

根据《土地管理法》及有关法律的规定,在以下情况下,国家有权收回土地使用权:①用地单位已经撤销或者迁移的;②土地使用者未经原批准机关同意,连续两年未使用土地的;③土地使用者不按批准用途使用土地的;④铁路、公路、机场、矿场等经核准报废的;⑤出让的土地,土地使用权届满的;⑥划拨的土地因国家建设需要收回土地使用权的。

2) 集体土地所有权

集体土地所有权分为三种形式,其权利的主体也有所不同。乡(镇)农民群众集体所有的土地,其所有权由乡(镇)人民政府代表全乡(镇)农民行使;村农民群众集体所有的土地,由村民委员会代表全村农民行使;村内经济组织农民集体所有的土地,由该集体经济组织内的全体农民通过农民大会来行使。

行使集体土地所有权的内容主要有以下几点。①要求县级人民政府颁发土地所有权证,行使法律上对土地的占有权。②利用集体土地修建农用设施和进行农业生产。如修建水库、水渠、农用公路,种植农作物等。③可以将土地交集体经济组织内的农民做宅基地、自留地、自留山使用,或者通过承包经营合同发包给农民使用。④可以依法使用土地兴建乡村企业,或者以土地使用权作为出资与国有企业、集体企业或外商投资企业联营。⑤有权依法收回土地使用权。集体土地使用权在以下条件下可以收回:第一,使用集体土地的单位解散;第二,原用作宅基地的土地,房屋拆除后,房主不再在该基地上建房的;第三,使用集体土地的公民死亡,没有继承人或不宜由其继承人继续使用的;第四,土地使用者违法用地的;第五,土地使用者因建设需要,必须收回土地使用权的。

（二）土地使用权

《土地管理法》规定,任何单位和个人不得侵占、买卖或者以其他形式非法转让土地。土地使用应依法转让。国家依法实行国有土地有偿使用制度。但是,国家在法律规定的范围内划拨国有土地使用权的除外。

1. 土地使用权的概念

土地使用权是指土地使用人根据法律、合同的规定,在法律允许的范围内,对国家或集体所有的土地所享有的占有、使用、一定收益和在限定范围内进行处分的权利。其具体表现为土地使用人对土地可依法行使利用、出租、转让、抵押等权利,但其使用必须依照法律和合同的规定进行,不得擅自改变土地的用途,不得危害他人的合法权益。

2. 土地使用权的特征

① 土地使用权是基于法律的规定而产生的。如果没有法律的规定,便不会有土地使用权的合法性。

② 土地使用权是在国有土地和农民集体土地所有权的基础上派生出来的一种权利。也就是说土地使用是依据土地所有权的存在而存在,没有土地所有权便没有土地使用权。

③ 土地使用权是一种对土地的直接支配权。

④ 土地使用权的目的是获得土地的使用价值,从土地利用活动中获得经济利益和为其他活动提供空间场所。

⑤ 土地使用权具有一定的稳定性。一方面土地使用权人只要依法使用土地就不受他人干涉;另一方面土地使用权有一个相对较长的期限。

⑥ 土地使用权一般仅限于地面。根据宪法和有关法律的规定,地下矿藏、文物、埋藏物等属于国家。

3. 土地使用权的类型

1) 国有土地使用权

国有土地使用权包括单位和个人的使用权。国有土地,依其所处的地理位置,可以分为国有建设用地使用权和其他国有土地使用权。

① 国有建设用地使用权。国有建设用地使用权即城市规划区范围内的国有土地使用权。《中华人民共和国物权法》第一百三十五条规定"建设用地使用权人依法对国家所有的土地享有占有、使用和收益的权利,有权利用该土地建造建筑物、构筑物及其附属设施。"

② 其他国有土地使用权。其他国有土地使用权是指位于城市规划区以外的国有土地,包括一部分在城市以外的国有企事业单位用地、国有农场、林场、牧场用地,国有荒山、荒地,国有草原、森林、水面覆盖的土地等。对此《中华人民共和国物权法》做了相关规定,第一百二十三条规定:"依法取得的探矿权、采矿权、取水权和使用水域、滩涂从事养殖、捕捞的权利受法律保护。"第一百二十四条第二款规定:"农民集体所有和国家所有由农民集体使用的耕地、林地、草地以及其他用于农业的土地,依法实行土地承包经营制度。"

2) 集体土地使用权

我国实行家庭联产责任制后,集体土地广泛实行了土地所有权与使用权的分离。按照现行法律规定,集体土地使用权的形式主要包括土地承包经营权、宅基地使用权、集体建设用地使权等。

① 土地承包经营权。土地承包经营权,是指由公民或集体组织,对国家所有或集体所有的土地、山岭、草原、荒地、滩涂、水面等,依照承包合同的规定而享有的占有、使用和收益的权利。《物权法》第一百二十四条:农民集体所有和国家所有由农民集体使用的耕地、林地、草地以及其他用于农业的土地,依法实行土地承包经营制度。

② 集体建设用地使用权。《物权法》第一百三十五条规定:建设用地使用权人依法对国家所有的土地享有占有、使用和收益的权利,有权利用该土地建造建筑物、构筑物及其附属设施。

③ 宅基地使用权。宅基地使用权是指权利人依法对集体所有的土地享有占有和使用,有权依法利用该土地建造住宅及其附属设施的权利。《物权法》第一百五十二条规定:宅基地使用权人依法对集体所有的土地享有占有和使用的权利,有权依法利用该土地建造住宅及其附属设施。

4. 土地使用权的取得

1) 国有土地使用权的取得

《物权法》第一百三十七条规定:"设立建设用地使用权,可以采取出让或者划拨等方式。工业、商业、旅游、娱乐和商品住宅等经营性用地以及同一土地有两个以上意向用地者的,应当采取招标、拍卖等公开竞价的方式出让。"《物权法》第一百四十三条规定:"建设用地使用权人有权将建设用地使用权转让、互换、出资、赠与或者抵押,但法律另有规定的除外。"以上规定说明,国有土地使用权的取得方式有四种途径:一是通过行政划拨;二是有偿取得;三是转让取得;四是还可以通过继承或承担的方式取得(即公民死亡后,其所在城市的国有土地使用权由其继承人继承,法人终止时,其土地使用权由承担起权利和义务的组织享有)。

2) 集体土地的使用权的取得

《土地管理法》第十五条规定:农民集体所有的土地,可以由本集体经济组织以外的单位或者个人承包经营,从事种植业、林业、畜牧业、渔业生产;发包方和承包方应当订立承包合同,约定双方的权利和义务;土地承包经营的期限由承包合同约定;承包经营土地的单位和个人,有保护和按照承包合同约定的用途合理利用土地的义务。

集体农用地使用权取得的方式主要有承包经营、农用地使用权入股等方式。

① 承包经营。集体农用地承包经营是指集体将农用地使用权承包给本集体经济内部的成员经营,或按法定程序报批后,将农用地使用权承包给本集体经济组织以外的单位或者个人经营。

根据我国《土地管理法》和《农村土地承包法》等的规定:国家实行农村土地承包制度,农村土地承包采取农村集体经济组织内部的家庭承包方式;不宜采取家庭承包方式的荒山、荒沟、荒丘、荒滩等农村土地,可以采取招标、拍卖、公开协商等方式承包。农村集体经济组织成员有权依法承包由本集体经济组织发包的农村土地。任何组织和个人不得剥夺和非法限制农村集体经济组织成员承包土地的权利。国家依法保护农村土地承包方式的长期稳定,保护承包方的土地承包经营权,任何组织和个人不得侵犯。

同时,我国《土地管理法》规定,农民集体所有的土地,可以由本集体经济组织以外的单位或者个人承包经营,从事种植业、林业、畜牧业、渔业生产。农民集体所有的土地由本集体经济组织以外的单位或者个人承包经营的,必须经村民会议三分之二以上成员或者三分之二以上村民代表的同意,并报乡(镇)人民政府批准。

② 农用地使用权入股。农用地使用权入股是指农民集体经济组织将其农用地使用权作价,作为农业企业的资源股,并依法律和合同的规定按比例从农业企业盈利中分取红利。这是一种较新型的集体农用地使用权取得方式。

随着经济发展的不断全球化,加入世界贸易组织后,国内农业日渐延伸为国际农业,农产品参与国际农产品市场竞争,我国传统的以户为单位的承包经营方式日渐暴露其粗放、低效等缺点,新的农用地经营方式应运而生。农业企业、农业生产集团通过与集体经济组织协商,把农民集体的农用地,企业的资金、生产工艺和管理优势等结合起来,发展优质、高效农业,农民集体和农业企业都可从中获益。

5. 土地使用权的确定和确认

《土地管理法实施条例》第五条规定:"单位和个人依法使用的国有土地,由土地使用者向土地所在地的县级以上人民政府土地行政主管部门提出土地登记申请,由县级以上人民政府登记造册,核发国有土地使用权证书,确认使用权。其中,中央国家机关使用的国有土地的登记发证,由国务院土地行政主管部门负责,具体登记发证办法由国务院土地行政主管部门会同国务院机关事务管理局等有关部门制定。未确定使用权的国有土地,由县级以上人民政府登记造册,负责保护管理。"

《土地管理法实施条例》第四条规定:"农民集体所有的土地,由土地所有者向土地所在地的县级人民政府土地行政主管部门提出土地登记申请,由县级人民政府登记造册,核发集体土地所有权证书,确认所有权。农民集体所有的土地依法用于非农业建设的,由土地使用者向土地所在地的县级人民政府土地行政主管部门提出土地登记申请,由县级人民政府登记造册,核发集体土地使用权证书,确认建设用地使用权。设区的市人民政府可以对市辖区内农民集体所有的土地实行统一登记。"

任务 2 土地利用和保护

土地资源是人类最宝贵的自然资源,是人类社会存在和发展的物质基础。当今世界面临的几大问题——人口、资源、环境和粮食等,都与土地息息相关。土地资源可持续利用,就是指要保护土地的生产能力的持久性、永续性以及土地的生态稳定性。

长期以来,人们在开发利用土地资源的同时,忽视了土地保护,这种不合理的土地利用方式引起的问题日益突出,严重制约了我国的人口、资源、环境和社会经济的协调发展,在一定程度上威胁着我国的可持续发展战略。因此,《土地管理法》第三条明确把"十分珍惜、合理利用土地和切实保护耕地"作为我国的基本国策,要求各级人民政府采取措施,全面规划,严格管理,保护、开发。

一、土地用途管制制度

《土地管理法》第四条规定,国家实行土地用途管制制度。

土地用途管制制度是指国家为保证土地资源的合理利用,促进经济、社会和环境的协调发展,通过编制土地利用总体规划划定土地用途区域,确定土地使用限制条件,土地的所有者、使用者严格按照国家确定的用途利用土地的制度。严格限制农用地转为建设用地,控制建设用地总量,对耕地实行特殊保护。

根据土地利用总体规划,按土地用途,将土地分为农用地、建设用地和未利用地。

农用地是指直接用于农业生产的土地,包括耕地、林地、草地、农田水利用地、养殖水面等;建设用地是指建造建筑物、构筑物的土地,包括城乡住宅和公共设施用地、工矿用地、交通水利设施用地、旅游用地、军事设施用地等;未利用地是指农用地和建设用地以外的土地,如荒山、沙漠、冰川等。

二、土地利用总体规划

(一)土地利用总体规划的概念

土地利用总体规划是指人民政府依照法律规定,在一定的规划区域内,综合考虑社会和经济发展的需要、国土整治和资源与环境保护的要求、土地使用现状及实际供给能力等各项因素,对土地的开发、利用、治理和保护所做出的在时间上和在空间上的总体安排和设计方案。土地利用总体规划是国家集中统一管理土地的重要体现,是加强土地宏观管理和国家实行土地用途管制的依据,是指导土地所有者、土地使用者合理利用土地的依据,是规范土地所有者、使用者使用土地的政策依据,同时,也是规范土地管理者行为的尺度。

《土地管理法》第十七条规定:"各级人民政府应当依据国民经济和社会发展规划、国土整治和资源环境保护的要求、土地供给能力以及各项建设对土地的需求,组织编制土地利用总体规划。"

(二)土地利用总体规划的作用

1. 政府调节土地资源配置的重要手段

通过编制和实施土地利用总体规划,统筹安排各项建设发展用地指标和区域布局。通过规划和年度计划,从以下三个方面调控土地供应。

一是总量调控。从全局的角度来提出增加或者抑制资源供应的建议。

二是区域调控。制定不同区域的供地政策,引导区域产业布局逐渐优化。

三是分类调控。通过供地政策,促进产业结构调整。

2. 能够有效地解决土地利用中的重大问题

通过规划,划分土地利用区,实行土地用途管制,通过规划引导,明确哪些产业的用地优先供给,哪些产业的用地限制供给。水利、交通、能源、环境综合治理等基础设施和国家重点建设项目用地,重要的生态保护用地和旅游设施用地要给予保证。

3. 土地利用管理的重要依据

通过规划的引导、调控,实现土地资源集约合理利用,保障社会经济的可持续发展。

(三)土地利用总体规划的编制

1. 土地利用总体规划编制的依据

土地利用总体规划编制的依据主要有以下几种:①有关法律、法规和行政规章,如《土地管理法》《土地管理法实施条例》《基本农田保护条例》《土地利用总体规划编制审批办法》《土地利用总体规划技术规程》等;②国民经济和社会发展规划、国土规划及上级土地利用总体规划等;③当地土地利用状况、土地供给能力、土地需求状况等。

2. 土地利用总体规划的编制应遵循的原则

《土地管理法》第十九条规定,编制土地利用总体规划,应遵循下列原则。

1) 严格保护基本农田,控制非农业建设占用农用地

保护基本农田和控制非农业建设用地是一个问题的两个方面。城市化进程中,城镇的扩张是造成耕地减少的重要原因。要保护耕地,就要严格控制城镇和村庄建设用地规模。在编制土地利用总体规划时,要依据上级土地利用总体规划的建设用地控制指标,确定建设用地规模,并通过土地利用分区,将各类建设用地区体现在土地利用总体规划图上。同时划出基本农田保护区和一般耕地区,对耕地实行特殊保护。

2) 提高土地利用率的原则

在土地利用总体规划的编制中,要认真分析城乡各类用地特别是建设用地的潜力,严格控制城镇、村庄的用地规模,促进土地的集约利用。

3) 统筹安排各类、各区域用地

土地利用总体规划的对象是区域内的全部土地,编制中通过对土地开发、利用、整治、保护之间的关系,供需之间与各业之间用地矛盾、建设与吃饭之间矛盾等关系的协调,使土地利用总体规划符合国民经济和社会可持续发展的需要。

4) 保护和改善生态环境,保障土地的可持续利用

在土地利用总体规划编制中,要注意改善和保护生态环境,要保证耕地的保有量只增不减,这是我国社会经济可持续发展的基础和前提。

5) 占用耕地与开发复垦耕地相平衡

在土地利用总体规划编制中,特别是全国和省级土地利用总体规划,要体现占用耕地与开发复垦耕地相平衡。这不仅是治标上的平衡,更重要的是在土地利用分区上应得到体现。一是要规划出足够面积的基本农田保护区和一般耕地区;二是要规划出与耕地占用相匹配的耕地开垦区和土地整理区,保障占地者能够开垦或整理出足够的耕地。

3. 土地利用总体规划编制的程序

土地利用总体规划的编制程序一般可分为以下五个阶段。

1) 准备工作

其主要工作是组织准备、制订工作计划和工作方案。组织准备是为规划的编制成立规划领导小组和规划办公室,落实规划经费和工作人员,并进行分工。工作计划是对编制规划的任务、时间、经费、人员等方面的统一安排和部署。工作方案是对编制规划的目的、内容、方法、技术路线、工作步骤、成果要求等做出安排。

2) 调查研究分析

主要任务是收集和分析有关文件、资料,如上级土地利用总体规划、国民经济和社会发展规划、国土规划及其他相关规划以及土地利用的相关资料和数据,并根据需要进行外业调查核实;通过上述工作,要对规划范围内的土地利用现状、土地适宜性、土地利用潜力、土地供应能力和土地需求状况及规划环境影响做出确切的分析、评价和深入研究,明确土地利用存在的主要问题和应采取的对策。

3) 编制规划方案

主要任务是在调查研究分析,尤其是各项专题研究的基础上,划分土地利用区,拟定各类用地指标,编制规划方案,绘制规划图,对规划方案和图件广泛征求意见并进行科学论证。

4）制定规划实施的措施

为保障规划方案的落实和科学实施,需要制定相关的保障措施。规划实施的措施主要有法律法规措施、行政措施、经济措施和技术措施。

5）规划成果的评审

规划成果一般包括规划文本、规划说明、规划图件及规划附件等。为了保证规划成果的质量,由上级人民政府国土资源行政主管部门组织规划评审小组对规划成果进行评审。规划应当符合相关要求。对规划成果不合格的或部分内容不合格的,评审小组应提出纠正、修改或补充的具体意见,由规划编制单位进行修改。

4. 土地利用总体规划的内容

根据《土地利用总体规划编制审批规定》第十五条,国家、省、地级土地利用总体规划内容,主要应当包括下列各项。

（1）土地利用现状分析。分析土地利用自然与社会经济条件,土地资源数量、质量,土地利用动态变化规律,土地利用结构和分布状况,阐明土地利用特点和存在的问题。

（2）确定规划目标。在分析土地利用现状、供需趋势基础上,提出土地利用远期和近期目标。

（3）土地供需分析。分析现有建设用地、农用地整理、后备土地资源开发利用潜力,预测各类用地可供给量;分析研究国民经济和社会发展规划及各业发展规划对用地的需求,预测各类用地需求量;根据土地可供给量和各类用地需求量,分析土地供需趋势。

（4）土地利用结构和布局调整。根据规划目标、土地资源条件和区域生产力布局,提出区域土地利用方向、原则,调整土地利用结构,确定各业用地规模、重点土地利用区的区域布局和重点建设项目布局。

（5）编制规划供选方案。根据土地利用调控措施和保证条件,拟订供选方案,并对每个供选方案实施的可行性进行分析评价,提出推荐方案。

（6）拟定实施规划的政策措施。

5. 土地利用总体规划的实施和修改

土地利用总体规划一经批准,必须严格执行。在土地利用总体规划的期限内,由于某些不可抗力或不可预料因素的出现,致使已经批准的土地利用总体规划不能适应社会和经济发展的要求,需要对规划确定的土地利用指标和布局进行适当的调整,即修改土地利用总体规划。

规划的修改必须十分慎重,否则会影响规划的严肃性和权威性。确需修改的,应严格按照法律规定的修改程序、修改审批权限办理,即按原报批程序,报原批准机关批准;未经批准,不得改变土地利用总体规划确定的土地用途。

土地利用总体规划在下列情况下可以修改。

① 经国务院批准的大型能源、交通、水利等基础设施建设用地,需要改变土地利用总体规划的,根据国务院的批准文件修改土地利用总体规划。

② 经省、自治区、直辖市人民政府批准的能源、交通、水利等基础设施建设用地,需要改变省级人民政府批准的土地利用总体规划的,根据省级人民政府的批准文件修改土地利用总体规划;需要改变国务院批准的土地利用总体规划的,根据国务院的批准文件修改土地利用总体规划;修改后的土地利用总体规划应当报原批准机关批准。

③ 由于上级规划的修改,需要逐级规划做出相应修改的,由上一级人民政府通知下一级人

民政府做出相应修改,并报原批准机关备案。

(四) 耕地保护

《土地管理法》第三条"十分珍惜和合理利用土地,切实保护耕地是我国的基本国策"需要长期坚持。最近十几年来,我国因为非农业建设占用而减少的耕地大约占耕地减少面积的40%(其他的减少原因主要有农业结构调整、灾毁等)。耕地面积大量减少直接威胁农业发展。为此,必须确保一定数量和质量的耕地。目前耕地保护方面的制度主要有耕地占用补偿制度、耕地总量动态平衡制度和基本农田保护制度。

1. 耕地占用补偿制度

《土地管理法》第三十一条规定:国家保护耕地,严格控制耕地转为非耕地。国家实行占用耕地补偿制度。非农业建设经批准占用耕地的,按照"占多少,垦多少"的原则,由占用耕地的单位负责开垦与所占用耕地的数量和质量相当的耕地;没有条件开垦或者开垦的耕地不符合要求的,应当按照省、自治区、直辖市的规定缴纳耕地开垦费,专款用于开垦新的耕地。省、自治区、直辖市人民政府应当制订开垦耕地计划,监督占用耕地的单位按照计划开垦耕地或者按照计划组织开垦耕地,并进行验收。

其具体内容包括以下几个方面。

(1) 任何建设占用耕地都必须履行开垦耕地的义务。无论是国家重点工程、城市建设,还是乡镇企业、农村村民建住宅,占用耕地都必须履行开垦耕地的义务。

(2) 开垦耕地的责任者是占用耕地的单位。责任者分为以下三种情况。

一是城市建设用地统一征地后供地的,承担造地义务的为市、县人民政府,造地的费用可以打入建设用地的成本,但责任必须由县、市政府承担。

二是城市建设用地区外建设项目用地,承担开垦耕地义务的是建设单位,县、市人民政府土地行政主管部门负责监督和验收。

三是村庄、集镇建设占用耕地,承担开垦耕地义务的是农村集体经济组织或村民委员会,县、市人民政府土地行政主管部门负责监督和验收。

(3) 开垦耕地的资金必须落实。建设单位和地方人民政府要根据需要落实开垦耕地的资金。

(4) 开垦耕地的地块应当落实。各地在制定土地利用总体规划时,应当根据当地土地资源的状况制定耕地后备资源开发的区域,使建设单位有地可开。

(5) 没有条件开垦,或开垦耕地不符合要求的,建设单位可以缴纳耕地开垦费,由地方政府土地行政主管部门履行造地义务。没有条件开垦是指建设单位没有开垦的人力和机械,而无法从事土地开垦工作。开垦的耕地不符合要求是指耕地开垦的数量和质量没有达到规定的指标。

2. 耕地总量动态平衡制度

《土地管理法》第三十三条:省、自治区、直辖市人民政府应当严格执行土地利用总体规划和土地利用年度计划,采取措施,确保本行政区域内耕地总量不减少;耕地总量减少的,由国务院责令在规定期限内组织开垦与所减少耕地的数量与质量相当的耕地,并由国务院土地行政主管部门会同农业行政主管部门验收;个别省、直辖市确因土地后备资源匮乏,新增建设用地后,新开垦耕地的数量不足以补偿所占用耕地的数量的,必须报经国务院批准减免本行政区域内开垦耕地的数量,进行易地开垦。

3. 基本农田保护制度

我国人多地少,耕地后备资源贫乏,如何保护我国宝贵的耕地资源,并合理利用,成为我国迫在眉睫的大事。划定基本农田保护区,对基本农田保护区内的耕地实行特殊保护,是经实践证明保护耕地的有效方法。

《土地管理法》《基本农田保护条例》规定国家实行基本农田保护制度。

1) 基本农田和基本农田保护区的概念

基本农田是指根据一定时期人口和国民经济对农产品的需求以及对建设用地的预测而确定的长期不得占用的和基本农田保护区规划期内不得占用的耕地。基本农田是耕地中的精华,是维护国家粮食安全最基本的依靠。

基本农田是从战略的高度出发,为满足一定时期的人口和国民经济对农产品的需求而必须确保的耕地的最低需求量,老百姓称之为"吃饭田""保命田"。

基本农田保护区,是指为对基本农田实行特殊保护而依据土地利用总体规划和依照法定程序确定的特定保护区域。

2) 基本农田保护区的范围

《土地管理法》第三十四条和《基本农田保护条例》第十条明确了下列耕地应当根据土地利用总体规划划入基本农田保护区,严格管理。

① 经国务院有关主管部门或者县级以上地方人民政府批准确定的粮、棉、油生产基地内的耕地。
② 有良好的水利与水土保持设施的耕地,正在实施改造计划以及可以改造的中、低产田。
③ 蔬菜生产基地。
④ 农业科研、教学试验田。
⑤ 国务院规定应当划入基本农田保护区的其他耕地。

各省、自治区、直辖市划定的基本农田应当占本行政区域内耕地的百分之八十以上。

根据土地利用总体规划,铁路、公路等交通沿线,城市和村庄、集镇建设用地区周边的耕地,应当优先划入基本农田保护区;需要退耕还林、还牧、还湖的耕地,不应当划入基本农田保护区。

基本农田保护区以乡(镇)为单位进行划区定界,由县级人民政府土地行政主管部门会同同级农业行政主管部门组织实施。

任务 3 建设用地

《土地管理法》第四条规定:建设用地是指建造建筑物、构筑物的土地,包括城乡住宅和公共设施用地、工矿用地、交通水利设施用地、旅游用地、军事设施用地等。从广义上来讲,建设用地是指一切非农建设和农业建设用地。依据《土地管理法》的规定,建设用地可以分为国有建设用地和农民集体所有建设用地。为了规范建设用地的管理,国家发展和改革委员会、国家土地管理局于1996年颁布了《建设用地计划管理办法》;国土资源部于1988年颁布了《建设用地审查报批管理办法》,2001年颁布了《建设项目用地预审管理办法》等行政法规。

一、国有建设用地

(一) 国有建设用地的概念和种类

国有建设用地是指国家进行各项经济、文化、国防建设以及举办社会公共事业所需要使用的土地,包括城市市区的土地,铁路、公路、机场、国有企业、港口等国家所有土地中的建设用地。国家对国有建设用地管理实行的是所有权和使用权分离的制度,即国有土地的所有权属于国家,不可流动,而土地使用权可以依法流动,即国有土地使用权可以出让(或划拨)、转让、出租、抵押等。

《土地管理法》第五十三条规定:经批准的建设项目需要使用国有建设用地的,建设单位应当持法律、行政法规规定的有关文件,向有批准权的县级以上人民政府土地行政主管部门提出建设用地申请,经土地行政主管部门审查,报本级人民政府批准。

国有建设用地主要有城镇居民住宅用地和公共设施用地、工矿区用地、交通用地、水利建设用地、旅游区用地、军事设施用地及其他有特殊要求的用地。

(二)国有建设用地使用权的取得

《土地管理法实施条例》第二十九条规定,国有土地有偿使用的方式包括国有土地使用权出让、国有土地租赁、国有土地使用权作价出资或者入股。

《土地管理法》第五十四条规定,建设单位使用国有土地,应当以出让等有偿使用方式取得,但是,下列建设用地,经县级以上人民政府依法批准,可以以划拨方式取得:

① 国家机关用地和军事用地;
② 城市基础设施用地和公益事业用地;
③ 国家重点扶持的能源、交通、水利等基础设施用地;
④ 法律、行政法规规定的其他用地。

国有土地有偿使用的方式一般采用合同的形式进行。划拨方式属于使用权的无偿授予,一般采用行政文件的形式。

《土地管理法》第五十六条规定:"建设单位使用国有土地的,应当按照土地使用权出让等有偿使用合同的约定或者土地使用权划拨批准文件的规定使用土地;确需改变该幅土地建设用途的,应当经有关人民政府土地行政主管部门同意,报原批准用地的人民政府批准。其中,在城市规划区内改变土地用途的,在报批前,应当先经有关城市规划行政主管部门同意。"

1. 建设用地使用权出让

《中华人民共和国城市房地产管理法》第十二条规定:"土地使用权出让,可以采取拍卖、招标或者双方协议的方式。商业、旅游、娱乐和豪华住宅用地,有条件的,必须采取拍卖、招标方式;没有条件,不能采取拍卖、招标方式的,可以采取双方协议的方式。采取双方协议方式出让土地使用权的出让金不得低于按国家规定所确定的最低价。"可见建设用地使用权出让最基本的缔约方式是协议、拍卖、招标、挂牌四种。

1) 协议出让

协议出让是指国家以协议的方式将建设用地使用权在一定年限内出让给土地使用者,由土地使用者向国家支付土地出让金的行为。协议出让意味着在建设用地使用权出让合同的订立过程中,只有作为出让人的国家和作为受让人的特定土地使用者双方参与。虽然这种出让方式操作简便、灵活,交易成本低廉,但是交易不够透明,缺乏竞争,容易导致暗箱操作,滋生腐败,损害国家利益。为了防止协议出让方式的弊端,我国现行法严格限制了协议出让的土地的范围,禁止对商业、旅游、娱乐和商品住宅等经营性用地通过协议方式出让。对其他用地,如果同一地块有两个或两个以上意向用地者的,也不得采用协议方式出让。此外,以协议方式出让时,出让金不得低于按国家规定所确定的最低价。

2) 拍卖出让

拍卖出让是指出让人发布拍卖公告,由出让人在指定时间、地点以公开竞价的形式将建设用地使用权出让给最高应价者的行为。如果对土地使用者、土地的用途等无特殊要求,单纯以最大限度获取土地出让金为目的,那么采取拍卖的方式是一种理想的选择。

3) 招标出让

招标出让是指出让人发布招标公告或投标邀请书,邀请特定的或不特定的公民、法人的出价结果确定建设用地使用权人的行为。

上述四种方式中,协议出让属于非公开竞价的方式,其他三种属于公开竞价的方式。

由于公开竞价更能保证建设用地使用权出让的公平、公开、公正,《物权法》第一百三十七条规定,工业、商业、旅游、娱乐和商品住宅等经营性用地以及同一土地有两个以上意向用地者的,应当采取招标、拍卖等公开竞价的方式出让。

2. 建设用地使用权划拨

建设用地使用权划拨是指县级以上人民政府依照相关法律规定的权限和审批程序,将国有土地无偿地交付给符合法律规定的条件的土地使用者,土地使用者因此取得建设用地使用权的行为。与出让不同,划拨是国家为了维护国家利益和社会公共利益需要,依照严格的法律程序授予用地者土地使用权,本质上是一种非市场化的建设用地使用权的设定方式。《城市房地产管理法》第二十三条规定:土地使用权划拨,是指县级以上人民政府依法批准,在土地使用者缴纳补偿、安置等费用后将该幅土地交付其使用,或者将土地使用权无偿交付给土地使用者使用的行为;依照本法规定以划拨方式取得土地使用权的,除法律、行政法规另有规定外,没有使用期限的限制。

以划拨的方式设立建设用地使用权存在不少弊端,因而对划拨方式的适用范围应该予以限制。《物权法》第一百三十七条第三款规定:严格限制以划拨方式设立建设用地使用权;采取划拨方式的,应当遵守法律、行政法规关于土地用途的规定。《城市房地产管理法》规定,下列建设用地的土地使用权,确属必需的,可以由县级以上人民政府依法批准划拨:①国家机关用地和军事用地;②城市基础设施用地和公益事业用地;③国家重点扶持的能源、交通、水利等项目用地;④法律、行政法规规定的其他用地。

(三) 国有建设用地使用权的期限

通过划拨取得建设用地使用权的,除法律、行政法规另有规定外,没有使用期限的限制。

通过出让取得建设用地使用权的,根据《中华人民共和国城镇国有土地使用权出让和转让暂行条例》第十二条规定,按照土地的不同用途,土地使用权出让的最高年限为:

① 居住用地 70 年;
② 工业用地 50 年;
③ 教育、科技、文化、卫生、体育用地 50 年;
④ 商业、旅游、娱乐用地 40 年;
⑤ 综合或者其他用地 50 年。

每一块土地的实际使用年限,在最高年限内,由出让方和受让方双方商定。根据我国《物权法》的规定,建设用地使用权转让、互换、出资、赠予的,当事人应当采取书面形式订立相应的合同。合同的期限由当事人约定,但不得超过建设用地使用权的剩余期限。

（四）国有建设用地的使用和收回

《土地管理法》规定了国有建设用地的使用和收回,具体有以下内容：

第五十五条规定：以出让等有偿使用方式取得国有土地使用权的建设单位,按照国务院规定的标准和办法,缴纳土地使用权出让金等土地有偿使用费和其他费用后,方可使用土地；新增建设用地的土地有偿使用费,30%上缴中央财政,70%留给有关地方人民政府,都专项用于耕地开发。

第五十六条规定：建设单位使用国有土地的,应当按照土地使用权出让等有偿使用合同的约定或者土地使用权划拨批准文件的规定使用土地；确需改变该幅土地建设用途的,应当经有关人民政府土地行政主管部门同意,报原批准用地的人民政府批准；其中,在城市规划区内改变土地用途的,在报批前,应当先经有关城市规划行政主管部门同意。

国有土地使用权的收回,是指人民政府依照法律规定,收回用地单位和个人的国有土地使用权的行为。《土地管理法》第五十八条规定,有下列情形之一的,由有关人民政府土地行政主管部门报经原批准用地的人民政府或者有权批准的人民政府批准,可以收回国有土地使用权：

① 为公共利益需要使用土地的。
② 为实施城市规划进行旧城区改建,需要调整使用土地的。
③ 土地出让等有偿使用合同约定的使用期限届满,土地使用者未申请续期或者申请续期未获批准的。
④ 因单位撤销、迁移等原因,停止使用原划拨的国有土地的。
⑤ 公路、铁路、机场、矿场等经核准报废的。

依照前面规定收回国有土地使用权的,对土地使用权人应当给予适当补偿。

二、农村集体建设用地

（一）农村集体建设用地的概念

农村集体建设用地,即农村非农业建设用地,是指农民集体所有的用于建造建筑物、构筑物的土地,包括原有的建设用地和经批准办理农用地转用手续的农用地。《土地管理法》中所称"乡（镇）村建设"也是指非农业建设。从地域范围来讲,农村集体建设用地是城镇以外,广大农村和集镇范围的建设占用土地的总和。乡（镇）村建设所占有的土地为农民集体所有。乡（镇）村企业、农村居民对农民集体所有的土地只享有使用权。农村集体建设用地是农村土地的重要组成部分,是农民建造住宅的物质保障,也是农村发展非农经济以及兴建乡村公共设施和兴办乡村公益事业的基本物质要素。

（二）使用农民集体所有建设用地的范围

《土地管理法》第四十三条规定,有下列三种情况可以使用农民集体所有的建设用地。

① 兴办乡镇企业使用本集体经济组织农民集体所有的土地。包括乡镇办企业使用本乡镇集体所有土地,村办企业使用本村集体所有土地,村民组办企业使用本村民组集体所有土地。
② 农村村民建设住宅使用本集体经济组织农民集体所有土地。即村民建设住宅使用本乡或本村、村民组集体所有的土地。排除了村民跨乡或村建住宅和城市居民使用集体土地建住宅的可能。

③ 乡(镇)村公共设施和公益事业建设经使用农民集体所有的土地。乡(镇)村公共设施包括：乡村级道路、乡村级行政办公、农技推广、供水排水、电力、电信、公安、邮电等行政办公、文化科学、生产服务和共用事业设施；公共事业包括学校、幼儿园、托儿所、医院(卫生所)、敬老院等教育、医疗卫生设施。这些设施无论是用本集体还是其他集体所有的土地，经批准是允许的。

(三) 集体建设用地使用权的获得

在集体所有的土地上设立的建设用地使用权，根据我国《物权法》的规定，集体所有的土地作为建设用地的，应当依照土地管理法等法律规定办理。

乡(镇)村公益用地使用权。农村集体经济组织或者由农村集体经济组织依法设立的公益组织，在经过依法审批后，对用于本集体经济组织内部公益事业的非农业用地所享有的建设用地使用权。根据《土地管理法》和《中华人民共和国土地管理法实施条例》的规定，乡(镇)村公共设施、公益事业建设，需要使用土地的，经乡(镇)人民政府审核，向县级以上地方人民政府土地行政主管部门提出申请，按照省、自治区、直辖市规定的批准权限，由县级以上地方人民政府批准。

乡(镇)村企业建设用地。农村集体经济组织使用乡(镇)土地利用总体规划确定的建设用地兴办企业，或者与其他单位、个人以土地使用权入股、联营等形式共同举办企业的，应当持有关批准文件，向县级以上地方人民政府土地行政主管部门提出申请，按省、自治区、直辖市规定的批准权限，由县级以上地方人民政府批准。如果其中涉及占用农用地的，应当依照土地管理法的有关规定办理审批手续。

(四) 农民集体所有建设用地的审批

《土地管理法》第五十九条规定，乡镇企业、乡(镇)村公共设施、公益事业、农村村民住宅等乡(镇)村建设，应当按照村庄和集镇规划，合理布局，综合开发，配套建设；建设用地，应当符合乡(镇)土地利用总体规划和土地利用年度计划，并依照下列规定办理审批手续。

1. 乡镇企业用地审批

农村集体经济组织使用乡(镇)土地利用总体规划确定的建设用地兴办企业，或者与其他单位、个人以土地使用权入股、联营等形式共同举办企业的，应当持有关批准文件，向县级以上地方人民政府土地行政主管部门提出申请，按照省、自治区、直辖市规定的批准权限，由县级以上地方人民政府批准；其中，涉及占用农用地的，依照农用地转用的有关规定办理审批手续。

2. 乡(镇)村公共设施、公益事业建设用地审批

乡(镇)村公共设施、公益事业建设，需要使用土地的，经乡(镇)人民政府审核，向县级以上地方人民政府土地行政主管部门提出申请，按照省、自治区、直辖市规定的批准权限，由县级以上地方人民政府批准；其中，涉及占用农用地的，依照农用地转用的有关规定办理审批手续。

3. 农村住宅用地的审批及有关规定

农村村民一户只能拥有一处宅基地，其他基地的面积不得超过省、自治区、直辖市规定的标准。农村村民建住宅，应当符合乡(镇)土地利用总体规划，并尽量使用原有的宅基地和村内空闲地。农村村民住宅用地，经乡(镇)人民政府审核，由县级人民政府批准；其中，涉及占用农用地的，依照农用地转用的有关规定办理审批手续。农村村民出卖、出租住房后，再申请宅基地的，不予批准。

4. 农用地转用审批

关于农用地转用的批准，《土地管理法》有明确规定：省、自治区、直辖市人民政府批准的道路、管线工程和大型基础设施建设项目,国务院批准的建设项目占用土地,涉及农用地转为建设用地的,由国务院批准。

在土地利用总体规划城市和村庄、集镇建设用地规模范围内,为实施该规划而将农用地转为建设用地的,按土地利用年度计划分批次由原批准土地利用总体规划的机关批准。在已批准的农用地转用范围内具体建设项目用地可以由市、县人民政府批准。

上述规定以外的建设项目占用土地,涉及农用地转为建设用地的,由省、自治区、直辖市人民政府批准。

(五)集体建设用地的收回

《土地管理法》第六十五条规定,农村集体经济组织报经原批准用地的人民政府批准,可以收回土地使用权,这是指可以收回农民集体建设用地的使用权,不包括农用地使用权和农村集体土地的承包经营权。按照规定,可以收回土地使用权的情况为以下几种。

① 为乡(镇)村公共设施和公益事业建设,需要使用土地的。
② 不按照批准的用途使用土地的。
③ 因撤销、迁移等原因而停止使用土地的。

收回集体土地使用权不能由所有权人任意行使,应当经过原批准用地人民政府批准。为乡(镇)村公共设施和公益事业建设需要使用土地,而收回农民集体所有的土地使用权的,对土地使用权人应当给予适当补偿。

任务 4 案例分析

案例 10-1

学校食堂不能租出去经营

1. 背景

2003年4月,新疆某镇个体户汤某承租某镇中学闲置食堂房屋办养鸡场。镇土地管理所发现后,对其做了调查取证,并报县国土资源管理局对汤某以非法占地为由给予了相应的处罚。镇中学校长杨某认为:汤某租赁的是房屋而不是土地,只需要在房地产管理部门办理登记手续就行了。汤某租赁的房屋是学校闲置多年不用的食堂用房,收取租金主要用于弥补教学经费的不足,是合理的,没有必要再向土地管理部门缴纳土地出让金。

2. 问题

国土资源管理局的处罚和杨某的观点,大家怎么看?

分析:租赁房屋时承载房屋的土地也随之出租,土地和在其之上的房屋是不能分开的。某镇中学出租房屋给汤某办养鸡场,是违法改变土地用途和非法出租土地的行为,本案违法主体应是镇中学。

地租地价理论认为,房租是一种混合租金,其中有一部分是属于地租,而另一部分是属于建筑物本身。《中华人民共和国城市房地产管理法》《中华人民共和国城镇国有土地使用权出让和转让暂行条例》,国家土地管理局《划拨土地使用权管理暂行办法》等法律法规和政策都表明,在出让、租赁、转让、抵押处理房屋和土地时,必须遵循"地随房走"或"房随地走"的原则,两者不能分开。划拨土地使用权的出租,《新疆维吾尔自治区城镇国有土地使用权出让和转让暂行办法》第二十四条规定了限制条件,必须由划拨土地使用权的出租方办理出让手续,与市、县人民政府土地管理部门签订土地使用权出让合同,补缴出让金,办理登记手续后,方可出租土地使用权。由此可见,杨某认为"汤某租赁的是房屋而不是土地,只需要在房地产管理部门办理登记手续"这一观点显然是不正确的,与上述法律法规的规定相悖。

本案的违法主体应是镇中学。《土地管理法》第五十六条规定:建设单位使用国有土地的,应当按照土地使用权出让等有偿使用合同的约定或者土地使用权划拨批准文件的规定使用土地,确需改变该幅土地建设用途的,应当经有关人民政府土地行政管理部门同意,报原批准用地的人民政府批准;其中,在城市规划区之内改变土地用途的,在报批前,应当先经有关城市规划行政主管部门同意。镇中学是以公益事业而划拨土地使用权,若要改变用途,理应提交确需改变土地用途的申请书,依照法定的程序办理审批手续,经批准后,方可按新批准的土地用途使用土地。事实上,某镇中学却未经批准擅自将房屋出租给以营利为目的的汤某办养鸡场,改变了土地用途,违反了该条款的规定,构成了改变土地用途的违法行为,是本案的违法主体。

非法占地是指单位或个人未经批准,擅自占用土地,采用欺骗手段骗取批准占用土地,以及超过批准的数量多占土地的行为,其显著的特征就是行为人没有取得任何批准文件而擅自占用的土地。

结论:针对本案,当事人之间事实的法律关系是土地转让关系,其违法行为的表现形式是以其他形式非法转让土地,这里以本案当事人签订的房屋租赁合同为构成要件。由此可见,县国土资源局认定汤某非法占地给予处罚,明显适用法律不当,违法主体认定错误,违法主体应是镇中学。但汤某与镇中学之间租赁房屋的行为属于民法调节的范畴,不受法律保护。

土地管理部门应处理某镇中学,因为镇中学既是房屋所有权人,又是土地使用权的享有者,出租房屋时连同划拨土地使用权一起出租,其行为未经县级以上人民政府批准,未补缴土地租金,也没有办理划拨土地使用权出租手续。依据《中华人民共和国城镇国有土地使用权出让和转让暂行条例》"对未经批准擅自转让、出租、抵押划拨土地使用权的单位和个人,市、县人民政府土地管理部门应当没收其非法收入,并根据情节,处以罚款"的规定,县国土资源局应依法收缴镇中学所收租金中包含的土地收益部分,并对其违法行为,根据情节给予处罚。

案例 10-2

1. 背景

甲养殖场在 A 市的北郊,占地约 4800 平方米。2005 年 1 月甲得知该市将对城北路进行城市规划,道路要从其养殖场中心通过,占去养殖场土地面积 1500 平方米。于是甲在没有向 A 市国土局办理申请用地手续的情况下,擅自以拆除其中养鸡场为名,与私人签订了协议,将 20 户住宅和巷道地共 3100 平方米出卖给该养殖场的干部、职工建住房。该养殖场负责人到规划办、城建办协商议定,由建房买地的职工直接到规划办、城建办办理手续,并领取城市建房许可证。A 市国土资源管理局发现后,对此案立案查处。后报经市人民政府批准,依据《土地管理法》的相关规定做出收回养殖场非法转让的 3100 平方米土地使用权的处罚决定。

2. 问题

本案中甲养殖场的行为有哪些违法之处？

答：我国《土地管理法》第二条规定：任何单位和个人不得侵占、买卖或者以其他形式非法转让土地。该法第四条规定：使用土地的单位和个人必须严格按照土地利用总体规划确定的用途使用土地。因此，任何单位和个人使用国有土地，必须按照批准的用途使用，不得私自改变使用性质，非法转让土地。本案中，甲养殖场的养鸡场所使用的土地是国家划拨的国有土地，其用途是饲养鸡。甲养殖场利用 A 市规划城北路要经过养鸡场的有利条件，未经土地管理部门依法审批，擅自将用途为饲养用地的土地卖给干部和职工建设个人住房，从中获取经济利益，其行为的违法之处有以下两点：①非法改变土地用途；②非法转让土地。基于此，甲养殖场必须承担相应的法律责任。《土地管理法》第五十六规定：建设单位使用国有土地的，应当按照土地使用权出让等有偿使用合同的约定或者土地使用权划拨批准文件的规定使用土地；确需改变该幅土地建设用途的，应当经有关人民政府土地行政主管部门同意，报原批准用地的人民政府批准。其中，在城市规划区内改变土地用途的，在报批前，应当先经有关城市规划行政主管部门同意。《土地管理法》第七十三条规定：买卖或者以其他形式非法转让土地的，由县级以上人民政府土地行政主管部门没收违法所得；对违反土地利用总体规划擅自将农用地改为建设用地的，限期拆除在非法转让的土地上新建的建筑物和其他设施，恢复土地原状，对符合土地利用总体规划的，没收在非法转让的土地上新建的建筑物和其他设施；可以并处罚款；对直接负责的主管人员和其他直接责任人员，依法给予行政处分，构成犯罪的，依法追究刑事责任。

案例 10-3

1. 背景

2004 年 4 月 22 日，某水泥厂与某建设公司订立《建设施工合同》及《合同总纲》，双方约定：由某建筑公司承建水泥厂第一条生产线主厂房及烧成车间配套。张某等 163 人原系东山村东新村民组村民。市委组织部、市体委、省公安厅、市中级人民法院、市交通局汽车运输七场、省消防总队等八个单位与东山村东新村民组、东山村村民委员会、乡政府签征地合同，被征土地 54.67 亩。征地单位依据征地合同的约定，共支付乡政府征地补偿费、安置补助费人民币 1 626 466 元，乡政府累计拨付东山村村民委员会 885 185 元。该村委会得此款后向被征土地村民发放安置补助费 699 738 元。后村民委员会修建水果批发市场又占用东山村东新村民组部分土地，支付该村村民土地补偿费人民币 1 000 000 元，村民先后共得款 799 738 元。此后，该村村民对乡政府及村民委员会发放的征地补偿费、安置补助费数额产生异议，认为其应得的征地补偿费、安置补助费被乡政府和村委会截留，未用于兴办公益事业和解决农民就业，侵犯了该村村民的合法利益。为此，张某等 163 人在向有关部门反映无结果的情况下，于 1997 年 4 月 7 日向省高级人民法院提起诉讼，请求判令乡政府及村民委员会返还被侵占的安置补助费。

2. 案例评析

《中华人民共和国土地管理法实施条例》第二十六条规定：土地补偿费归农村集体经济组织所有；地上附着物及青苗补偿费归地上附着物及青苗的所有者所有。征用土地的安置补助费必须专款专用，不得挪作他用。需用安置的人员由农村集体经济组织安置的，安置补助费支付给农村集体经济组织，由农村集体经济组织管理和使用；由其他单位安置的，安置补助费支付给安置单位；不需要统一安置的，安置补助费发放给安置人员个人或者征得被安置人员同意后用于支付被安置人员的保险费用。市、县和乡（镇）人民政府应当加强对安置补助费使用情况的监督。由此可见，国家征地所产生的土地补偿费、安置补助费属于农民集体经济组织所有。被征土地所产生的附着物和青苗补助费，属于附着物和青苗的所有者所有。2004年12月30日至2005年1月16日，最高人民法院曾就征地补偿费、安置补助费的权属如何认定，批复江西省高级人民法院，进一步明确：征地补偿费、安置补助费，属于农民集体经济组织所有，由该组织管理、经营，且于发展生产，安排就业，不得分给个人，挪作他用或平调。本案原东新村民组建制被撤销，仍保留村民委员会机构，安置补助费应归农民集体经济组织所有。因此，一审法院裁定张某163人非被征土地产生的安置补助费的权利人，适用法律正确。《土地管理法》第四十九条赋予农民集体经济组织对安置补偿费安排、使用、管理的权利，同时农民集体经济组织应当就征地补偿费、安置补助费的收支状况向集体经济组织的成员公布，接受监督，禁止侵占、挪用。本案乡政府、村民委员会未就征地单位支付的1 626 466元征地补偿费、安置补助费的收支状况向东新村民组的村民公布，其行为违反了上述法律规定。张某等163人与乡政府、村民委员会管理、使用因征地产生的征地补偿费及安置补助费引起的争议，不属于平等主体之间的民事纠纷，不应当由人民法院作为民事案件受理。一审法院以张某等163人不具备本案原告主体资格为由，裁定驳回其起诉，认定事实清楚，适用法律正确。

参 考 文 献

[1] 全国一级建造师执业资格考试用书编写委员会.建设工程法规及相关知识[M].4版.北京：中国建筑工业出版社,2015.
[2] 许崇华,郭颖,代莎莎.建设工程法规[M].武汉：华中科技大学出版社,2014.
[3] 郑润梅.建设法规教程[M].北京：化学工业出版社,2012.
[4] 马凤玲.建设法规[M].北京：中国建筑工业出版社,2014.
[5] 叶胜川.工程建设法规[M].4版.武汉：武汉理工大学出版社,2014.
[6] 卢新海,黄善林.土地管理概论[M].上海：复旦大学出版社,2014.
[7] 王凯.工程建设法规[M].北京：清华大学出版社,2014.
[8] 陈东佐.建筑法规概论[M].北京：中国建筑工业出版社,2008.
[9] 刘黎虹,韩丽红.工程建设法规与案例[M].北京：机械工业出版社,2015.
[10] 何佰洲.工程建设法规教程[M].北京：中国建筑工业出版社,2009.